Neue Medienwelten -
Herausforderungen für die Kriminalprävention?

Ausgewählte Beiträge des 16. Deutschen Präventionstages

(30. und 31. Mai 2011 in Oldenburg)

Herausgegeben von
Erich Marks und Wiebke Steffen

Mit Beiträgen von:
Günter Dörr; Reiner Fageth; Bernd Fuchs; Michaela Goecke; Stephan Humer; Jan Janssen; Leo Keidel; Ilsu Kim; Ursula Kluge; Kerstin Koletschka; Gerd Koop; Claudia Kuttner; Olaf Lobermeier; Erich Marks; David McAllister; Karla Schmitz; Christian Schwägerl; Gerd Schwandner; Walter Staufer; Wiebke Steffen; Jürgen Stock; Rainer Strobl; Heike Troue

Forum Verlag Godesberg GmbH 2013

Bibliographische Information der Deutschen Nationalbibliothek

Die Deutsche Nationalbibliothek verzeichnet diese Publikation in der
Deutschen Nationalbibliographie: detailierte bibliografische Daten
sind im Internet über http://dnb.d-nb.de abrufbar.

Satz und Layout: Karla Schmitz und Kathrin Geiß
Coverdesign: Konstantin Megas, Mönchengladbach

Gesamtherstellung: BoD - Books on Demand , Norderstedt
Printed in Germany

978-3-942865-04-3 (Printausgabe)
978-3-942865-05-0 (eBook)

Inhalt

Vorwort der Herausgeber

Mit diesem Dokumentationsband wird einerseits ein Gesamtüberblick über den 16. Deutschen Präventionstag gegeben, der unter der Schirmherrschaft des Niedersächsischen Ministerpräsidenten David McAllister am 30. und 31. Mai 2011 in Oldenburg stattgefunden hat. Andererseits wird das Schwerpunktthema des Kongresses „Neue Medienwelten – Herausforderungen für die Kriminalprävention?" hier mit jenen Beiträgen dokumentiert, die uns die Referenten mit speziellem Bezug zum Schwerpunktthema zur Verfügung gestellt haben. Mit diesem Buch, das als Printausgabe sowie als eBook im Forum Verlag Godesberg erscheint, schließt sich die letzte noch offene Dokumentationslücke für den 16. Deutschen Präventionstag.

In englischer Sprache ist bereits 2012 eine Zusammenfassung des 5. Internationalen Forums erschienen, das im Rahmen des 16. DPT stattfand: *Marc Coester & Erich Marks (Eds.):* International Perspectives of Crime Prevention 4 – Contributions from the 4th and the 5th Annual International Forum 2010 and 2011 within the German Congress on Crime Prevention, Mönchengladbach 2012, ISBN 978-3-942865-00-5 (Printausgabe) und 978-3-942865-01-2 (eBook).

Wie in den Vorjahren, so ist auch der 16. Kongress in der Internetdokumentation des Deutschen Präventionstages unter www.praeventionstag.de/nano.cms/16-DPT umfassend dokumentiert. Hier finden sich

- Abstracts, Präsentationen und Referenteninformationen sowie (teilweise) auch Schriftfassungen aller Vorträge, Projektspots und Workshops, inkl. der Vorlesungen im Rahmen der Schüleruniversität;
- das wissenschaftliche Kongressgutachten;
- die Oldenburger Erklärung des Deutschen Präventionstages und seiner Veranstaltungspartner;
- die Kongressevaluation;
- eine Liste aller Fachorganisationen, die sich an der kongressbegleitenden Ausstellung mit einem Infostand, einer Sonderausstellung, einem Infomobil oder einem Poster beteiligt haben zusammen mit Abstracts zu allen Präsentationen in diesem Kongressbereich;
- eine Dokumentation des Kongressbereiches „Werkstatt" mit den dazugehörenden Teilbereichen DPT-Bühne, Filmforum, den Oldenburger Sonderveranstaltungen unter dem Motto „Eine ganze Stadt macht Prävention";
- Fotos aus allen Kongressbereichen inkl. eCard-Funktionen.

Unser besonderer Dank gilt an dieser Stelle dem Bundesministerium für Familie, Senioren, Frauen und Jugend (BMFSFJ) für die finanzielle Förderung des 16. Deutschen Präventionstages, durch die auch die Veröffentlichung dieser Buchdokumentation ermöglicht wurde. Wir danken den gastgebenden Veranstaltungspartnern, der Stadt Oldenburg und dem Präventionsrat Oldenburg (PRO) sowie dem Land Niedersachsen und dem Landespräventionsrat Niedersachsen (LPR) für ihre inhaltliche und finanzielle Unterstützung. Für ihre umfängliche und langfristige Unterstützung und die aktive Mitwirkung im Programmbeirat danken wir gleichermaßen den ständigen Veranstaltungspartnern, dem Fachverband für Soziale Arbeit, Strafrecht und Kriminalpolitik (DBH), der Polizeilichen Kriminalprävention der Länder und des Bundes (ProPK), der Stiftung Deutsches Forum für Kriminalprävention (DFK) und dem WEISSEN RING e.V.

In bewährter Weise haben sich Kathrin Geiß um Texterfassung und Gestaltung dieses Buches, Karla Schmitz um die Endredaktion und Carl Werner Wendland um die verlegerische Betreuung gekümmert, wofür wir herzlich danken.

Erich Marks und Wiebke Steffen

I. Der 16. Deutsche Präventionstag im Überblick

Deutscher Präventionstag und Veranstaltungspartner

Oldenburger Erklärung des 16. Deutschen Präventionstages

30. und 31. Mai 2011 in Oldenburg

Neue Medienwelten – Herausforderungen für die Kriminalprävention?

Neue Medienwelten – das sind die digitalen Welten, die seit dem Ausgang des 20. Jahrhunderts das gesellschaftliche Leben und das Leben des Einzelnen grundlegend verändert haben. Die neuen – digitalen – Medien, allen voran das Internet und das Handy, sind selbstverständlich geworden und aus dem Alltag nicht mehr wegzudenken.

2010 sind fast 50 Millionen oder 70% der deutschsprachigen Bevölkerung ab 14 Jahren online; zu 100% nutzen die jüngeren Altersgruppen der 14- bis 29-Jährigen das Netz und auch bei den Handys besteht bei ihnen „Vollversorgung". Offline sind vor allem die älteren Jahrgänge, wobei der „digitale Graben" jetzt etwa bei den 65-Jährigen verläuft.

Das Basismedium der digitalisierten Welt, das **Internet**, hat sich zum universellen, multifunktionalen Kommunikations-, Informations- und Unterhaltungsmedium mit Texten, (Bewegt)Bildern und Tönen entwickelt. Noch nie zuvor hat ein Medium innerhalb so kurzer Zeit - von noch nicht einmal zwei Jahrzehnten - einen so hohen Verbreitungsgrad erreicht.

Die neuen, digitalen Medien bieten ohne jeden Zweifel viele positive Anwendungsmöglichkeiten – allerdings auch problematische Bereiche, Risiken und Gefahren bis hin zur Kriminalität. Damit sind die digitalen Medien Herausforderungen für die Kriminalprävention.

Deshalb hat der 16. Deutsche Präventionstag die neuen Medienwelten zu seinem Schwerpunktthema gemacht. Auf der Basis des Gutachtens von Dr. Wiebke Steffen „Neue Medienwelten – Herausforderungen für die Kriminalprävention?" geben der Deutsche Präventionstag und seine Veranstaltungspartner DBH-Bildungswerk, Landespräventionsrat Niedersachsen (LPR), Polizeiliche Kriminalprävention der Länder und des Bundes (ProPK), Präventionsrat Oldenburg (PRO), Stiftung Deutsches Forum für Kriminalprävention (DFK), WEISSER RING diese **„Oldenburger Erklärung"** ab.

Die „digitale Revolution" bringt nicht nur große Potenziale, sondern auch Gefahren und Risiken mit sich

Wie in der analogen Welt gibt es auch in der digitalen Welt Regelverletzungen und Normverstöße bis hin zur Kriminalität. Grundsätzlich gibt es alle Kriminalitätsgefahren, die außerhalb des Internets bestehen, nun auch im Internet. Dazu kommen problematische, in irgendeiner Form schädliche Verhaltensweisen, die durch das Internet erst ermöglicht ggf. auch gefördert werden. Außerdem können sie durch die für das Internet typischen Rahmenbedingungen an Brisanz gewinnen. Zu nennen sind hier etwa die Automatisierbarkeit, die räumliche Entgrenzung, die Anonymität, die schnelle Verbreitung der Inhalte, ihre Kopierbarkeit und Weiterverbreitung, die (dauerhafte) Speicherung („das Netz vergisst nichts"). Insgesamt gilt das Gefährdungs- und Schadenspotenzial der Internet-Kriminalität als hoch mit deutlich zunehmender Tendenz, auch weil sich die Täter veränderten technischen Gegebenheiten sehr schnell anpassen und enorme Innovationsfähigkeiten zeigen.

*Der **Deutsche Präventionstag** fordert nachdrücklich, das Internet nicht zum rechtsfreien Raum werden zu lassen. Es gilt, eine Balance zwischen dem Recht auf Informations- und Meinungsfreiheit und den berechtigten Schutzbedürfnissen der Internetnutzer zu finden. Gerade weil ein großes wirtschaftliches und politisches Interesse an der Nutzung digitaler Medien und dem freien, ungehinderten Zugang zum Internet besteht, müssen die Internetnutzer darauf bauen können, dass der Rechtsstaat durch Rahmenbedingungen die Vertraulichkeit und Integrität informationstechnischer Systeme sicherstellt.*

Davon unabhängig gilt es, weiterhin alle Anstrengungen zu unternehmen, die Internetnutzer – und zwar alle Anwendergruppen - über die möglichen Folgen der zunehmenden Online-Kriminalität und hier insbesondere über die des Identitätsdiebstahls aufzuklären, sie noch stärker für die Risiken zu sensibilisieren sowie sinnvolle Schutzmaßnahmen zur Verfügung zu stellen. Wegen der – gerade auch in zeitlicher Hinsicht – begrenzten Wirkung (sicherheits)technischer Ansätze und Maßnahmen muss das menschliche Verhalten als wichtiger kriminogener Faktor in Zusammenhang mit Delinquenz im Internet in den Mittelpunkt der Betrachtungen gestellt werden.

Wenig gesichertes Wissen zu den Risiken und Gefahren der digitalen Medien

Die Warnungen vor den nahezu ungebremsten Anreizen und Möglichkeiten des Internets in Hinblick auf seine missbräuchliche Nutzung stehen in deutlichem Widerspruch zum tatsächlichen Wissen über die mit dem Internet verbundenen Gefahren und Risiken. Das liegt zum einen an dem hier – im Vergleich zur „analogen" Kriminalität – möglicherweise noch größeren Dunkelfeld. Zum andern liegt es aber auch an der Neuheit vieler Gefahren im Sinne einer allgemeinen – oder auch spezifischen, etwa altersspezifischen – Bedrohung sowie der rasanten Entwicklung der digitalen Medien und den schnellen Veränderungen im Nutzungs- und Nutzerverhalten. Viele Medienangebote sind erst eine viel zu kurze Zeit auf dem „Markt", um sie in Hinblick auf ihre mittel- oder gar langfristige Wirkung beurteilen zu können. Es fehlen breit angelegte, repräsentative kriminologische Studien ebenso wie langfristig angelegte Panel- und Längsschnittuntersuchungen. Die Aufgeregtheit der Debatte steht in keinem Verhältnis zum Wissen über die Risiken und deren mögliche (dauerhafte) Auswirkungen.

*Der **Deutsche Präventionstag** hält es für äußerst wichtig, sowohl breit angelegte repräsentative kriminologische Studien als auch langfristig angelegte Panel- und Längsschnittuntersuchungen durchzuführen. Eine evidenzbasierte Kriminalpolitik erfordert eine hinreichend verlässliche Datengrundlage, die es dringend zu schaffen gilt. Dabei ist zu prüfen, ob die Untersuchung der neuen Medien nicht auch neue (empirische) Methoden und Vorgehensweisen erforderlich macht.*

Hohe Aufmerksamkeit findet das Internet als Risiko für die Heranwachsenden

In der öffentlichen Wahrnehmung stellt das Internet vor allem für die Heranwachsenden ein großes Risiko dar. Zu den Risiken zählen vor allem ein allzu sorgloser Umgang mit den eigenen Daten, Auswirkungen von Gewaltdarstellungen und insbesondere von Computerspielen auf das eigene Verhalten, übermäßiger Medienkonsum bis hin zur Computersucht, Konfrontation mit Pornographie und sexueller Belästigung, politisch motivierte Kriminalität und Extremismus, Cybermobbing und Cyberbullying, aber auch Verletzung von Persönlichkeits- und Urheberrechten. Allerdings liegen bislang kaum verlässliche Angaben darüber vor, wie viele Heranwachsende tatsächlich schon mit problematischen Inhalten in Berührung gekommen sind und welche Auswirkungen diese Inhalte auf sie haben (oder auch nur haben könnten) bzw. ob, wie häufig und wie lange die jungen Menschen riskantes, zu sorgloses oder sogar strafrechtlich relevantes Verhalten zeigen.

*Der **Deutsche Präventionstag** warnt davor, beim „digitalen-Medien-Risikodiskurs" die Fallstricke und Argumente des „herkömmlichen" medialen und kriminalpolitischen Diskurses über Jugendkriminalität und Jugendgefährdung zu wiederholen. Es wäre falsch hinsichtlich der digitalen Medien Probleme vor allem bei „der Jugend" zu vermuten, sie für normloser und bedenkenloser zu halten als die Erwachsenengeneration und zu befürchten, „die könnten so bleiben, wie sie jetzt sind".*

*Der **Deutsche Präventionstag** weist nachdrücklich darauf hin, dass die meisten Jugendlichen offensichtlich vernünftig mit dem Computer umgehen können und durchaus die Balance zu anderen Aktivitäten finden – so wie sie auch in der analogen Welt im allgemeinen die Herausforderungen ohne größere Auffälligkeiten bewältigen und gut ins Leben finden (Wiesbadener Erklärung des 12. DPT). Es gibt für **den Deutschen Präventionstag** keinen Grund anzunehmen, dass die „digitale" Jugendkriminalität und Jugendgefährdung anderen Bedingungen und Gesetzmäßigkeiten unterliegt als die „analoge" Jugendkriminalität. Deshalb sollte sie hier wie dort mit „Augenmaß" betrachtet und beurteilt werden.*

*Der **Deutsche Präventionstag** hält es gleichwohl für erforderlich, die Sorgen um die Medienkompetenz der jungen Generation, die Ängste vor Risiken und Gefahren im Netz sowie das Misstrauen gegenüber ihrem „digitalen" Verhalten aufzugreifen. Dringend erforderlich sind möglichst langfristig angelegte kriminologische Untersuchungen zum Medien- und Kommunikationsverhalten der Heranwachsenden. Beson-*

ders berücksichtigt werden sollten dabei die Aspekte „Nutzungsmotive" und „individuelle Wahrnehmungsprozesse".

Kriminalprävention in der digitalen Welt: Menschen befähigen, Schutzmechanismen schaffen

Unter der Voraussetzung, dass auch in der digitalen Welt das entscheidende – konstitutive – Merkmal von Kriminalprävention gegeben ist, ein klares Verständnis darüber zu haben, was als „erlaubt – nicht erlaubt" bzw. „erwünscht – nicht erwünscht" gelten soll – die digitale Welt also nicht für sich in Anspruch nimmt, ein rechts- und regelungsfreier Raum zu sein -, kann Kriminalprävention in der digitalen Welt vor allem drei Strategien verfolgen, um die Gefahren und Risiken zu verhindern bzw. zu vermindern: Kriminalprävention durch rechtliche sowie (sicherheits)technische Regelungen, Maßnahmen und Empfehlungen; Kriminalprävention durch Jugendmedienschutz; Kriminalprävention durch Medienkompetenz.

*Auch wenn die Internetnutzer und ihr Verhalten für Wirkung und Wirksamkeit kriminalpräventiver Anstrengungen und Maßnehmen von entscheidender Bedeutung sind, fordert der **Deutsche Präventionstag** nachdrücklich, die Kriminalprävention durch rechtliche, sowie (sicherheits)technische Maßnahmen und Empfehlungen zu verstärken und nicht zu minimieren. Politik wie Wirtschaft müssen sich ihrer Verantwortung für den Schutz der Anwender, für ihr Vertrauen in die Sicherheit des Netzes, ihrer Persönlichkeitsrechte und ihrer Daten bewusst sein und entsprechend handeln. Dem Staat kommt die Aufgabe zu, das Internet als freiheitliches Medium zu schützen; die Bürger müssen darauf bauen können, dass der Rechtsstaat durch Rahmenbedingungen die Vertraulichkeit und Integrität informationstechnischer Systeme sicherstellt. Insbesondere sind auch die Anstrengungen der polizeilichen Kriminalprävention auszubauen und zu verstärken mit dem Ziel, die Sicherheit im Umgang mit den neuen Medien zu verbessern, über Gefahren und Straftaten zu informieren sowie mit anderen Akteuren auf diesem Feld zu kooperieren.*

*Der **Deutsche Präventionstag** hält den in Deutschland vorhandenen gesetzlichen Jugendmedienschutz für grundsätzlich geeignet, um problematische Inhalte von Kindern und Jugendlichen fernzuhalten – gerade vor dem Hintergrund, dass die Einflussnahme vieler Eltern auf den Medienumgang ihrer Kinder abnimmt bzw. sich nicht wenige Eltern tendenziell aus der Verantwortung verabschiedet haben, weil sie hinsichtlich des Umgangs mit den neuen Medien nicht über das erforderliche Wissen verfügen. Auch deshalb hält es der **Deutsche Präventionstag** für erforderlich, die Voraussetzungen für ein Risikomanagement im Jugendschutz weiter zu verbessern.*

*Der **Deutsche Präventionstag** begrüßt alle Anstrengungen, die Medienkompetenz aller Nutzer digitaler Medien weiter zu verbessern mit dem Ziel, die Chancen der digitalen Medien nutzen und ihre Risiken vermeiden zu können. Hinsichtlich der Medienkompetenz von Kindern und Jugendlichen fordert der **Deutsche Präventionstag**,* *ihren medialen Nutzungs- und Ausdrucksformen Wertschätzung entgegen zu bringen, anzuerkennen, dass sie den Medien keineswegs hilflos ausgeliefert sind und den Freiraum der digitalen Welt brauchen. Gleichwohl brauchen sie auch Unterstützung. Da nicht davon ausgegangen werden darf, dass diese Unterstützung in allen Fällen von den Eltern erbracht werden kann, ist insbesondere die Schule gefordert, Medienkompetenz zu vermitteln. Der Deutsche Präventionstag fordert, Schulen und Lehrkräfte entsprechend zu befähigen und den Prozess der Integration digitaler Medien in die schulische Alltagspraxis evaluierend zu begleiten.*

Hinsichtlich der Herausforderungen für die Kriminalprävention verweist der 16. Deutsche Präventionstag auf die Verhandlungen des 12. , 13., 14. und 15. Deutschen Präventionstages, die Forderungen und Appelle der „Wiesbadener Erklärung", der „Leipziger Erklärung", der „Hannoveraner Erklärung sowie der „Berliner Erklärung". Ihre Aktualität und Dringlichkeit bestehen unvermindert fort.

Oldenburg, 31. Mai 2011

Erich Marks / Karla Schmitz

Zusammenfassende Gesamtdarstellung des 16. Deutschen Präventionstages

Die jährlich stattfindenden Deutschen Präventionstage verfolgen das Ziel, Kriminalprävention ressortübergreifend, interdisziplinär und in einem breiten gesellschaftlichen Rahmen darzustellen, zu erörtern und zu stärken. Dieser Beitrag soll auch aus dokumentarischen Gründen einen Überblick über die Struktur und die zahlreichen Themen, Sektionen und Foren des 16. Deutschen Präventionstages vermitteln, der am 30. und 31. Mai 2011 in der Weser-Ems Halle Oldenburg stattfand.

Leitbild des Deutschen Präventionstages

Das Selbstverständnis und die Rahmenziele sind kongressübergreifend in einem Leitbild formuliert: Der Deutsche Präventionstag wurde 1995 als nationaler jährlicher Kongress speziell für das Arbeitsfeld der Kriminalprävention begründet. Von Beginn an war es das Ziel, Kriminalprävention ressortübergreifend, interdisziplinär und in einem breiten gesellschaftlichen Rahmen darzustellen und zu stärken. Nach und nach hat sich der Deutsche Präventionstag auch für Institutionen, Projekte, Methoden, Fragestellungen und Erkenntnisse aus anderen Arbeitsfeldern der Prävention geöffnet, die bereits in mehr oder weniger direkten Arbeitszusammenhängen stehen. Neben der weiterhin zentral behandelten Kriminalprävention reicht das erweiterte Spektrum des Kongresses von der Suchtprävention oder der Verkehrsprävention bis hin zu den verschiedenen Präventionsbereichen im Gesundheitswesen.

Der Kongress wendet sich insbesondere an Verantwortungsträger der Prävention aus Behörden, Gemeinden, Städten und Kreisen, Gesundheitswesen, Jugendhilfe, Justiz, Kirchen, Medien, Politik, Polizei, Präventionsgremien, Projekten, Schulen, Sport, Vereinigungen und Verbänden, Wissenschaft, etc..

Der Deutsche Präventionstag will als jährlich stattfindender nationaler Kongress:

- aktuelle und grundsätzliche Fragen der verschiedenen Arbeitsfelder der Prävention und ihrer Wirksamkeit vermitteln und austauschen,
- Partner in der Prävention zusammenführen,
- Forum für die Praxis sein und Erfahrungsaustausch ermöglichen,
- Internationale Verbindungen knüpfen und Informationen austauschen helfen,
- Umsetzungsstrategien diskutieren,
- Empfehlungen an Praxis, Politik, Verwaltung und Wissenschaft erarbeiten und aussprechen.

Programmbeirat

Zur Vorbereitung eines jeden Präventionstages wird ein Programmbeirat[1] gebildet, in dem der Veranstalter sowie die gastgebenden und ständigen Veranstaltungspartner repräsentiert sind. Der Programmbeirat ist zuständig für inhaltliche Gestaltungsfragen des jeweilig anstehenden Kongresses sowie für Ausblicke und erste Vorplanungen künftiger Kongresse.

Der - wie in den Vorjahren veröffentlichte - Aufruf zur Einreichung von Vortragsthemen wurde wiederum sehr positiv aufgenommen und ergab eine große Zahl von Vorschlägen und Bewerbungen, die die Zahl der limitierten Vortragseinheiten in den verschiedenen Foren erneut deutlich überstieg.

Partner

Das Engagement und die Verbundenheit der DPT-Partner sind ein zentraler Baustein für das Gelingen des Kongresses. Allen beteiligten Entscheidungsträgern und Repräsentanten der DPT-Partner sei besonders herzlich für ihr Engagement gedankt. Insgesamt 41 Organisationen und Institutionen haben sich in unterschiedlichen Formen und vielfältigen Rollen ausdrücklich als offizielle Partner des 16. Deutschen Präventionstages mit ihrem Logo, ihrem guten Namen sowie personellen und finanziellen Ressourcen eingebracht. Ein ebenso herzlicher Dank gilt erneut dem Bundesministerium für Familie, Senioren, Frauen und Jugend sowie weiteren Bundesministerien und nachgeordneten Behörden für die Förderung des 16. Deutschen Präventionstages. Im Einzelnen waren beteiligt:

Der 16. Deutsche Präventionstag wurde gefördert vom Bundesministerium für Familie, Senioren, Frauen und Jugend (BMFSFJ)

Gastgebende Veranstaltungspartner

- Land Niedersachsen

- Stadt Oldenburg

Ständige Veranstaltungspartner

- DBH-Bildungswerk

- Polizeiliche Kriminalprävention der Länder und des Bundes (ProPK)

- Stiftung Deutsches Forum für Kriminalprävention (DFK)

- WEISSER RING e. V.

---

[1] Renate Engels (DBH-Bildungswerk); Prof. Dr. Hans-Jürgen Kerner (Deutsche Stiftung für Verbrechensverhütung und Straffälligenhilfe - DVS); Gerd Koop, JVA Oldenburg und Präventionsrat Oldenburg, Erich Marks (Deutscher Präventionstag - DPT); Andreas Mayer (Polizeiliche Kriminalprävention der Länder und des Bundes – ProPK); Corinna Metzner (WEISSER RING e. V.); Jürgen Mutz (Deutsche Stiftung für Verbrechensverhütung und Straffälligenhilfe – DVS);
Karla Schmitz (Deutscher Präventionstag - DPT); Norbert Seitz (Stiftung Deutsches Forum für Kriminalprävention - DFK); Dr. Wiebke Steffen (Deutscher Präventionstag - DPT); Susanne Wolter, Landespräventionsrat Niedersachsen

Kooperationspartner und Sponsoren

- AOK Niedersachsen
- Bündnis für Demokratie und Toleranz – gegen Extremismus und Gewalt
- Bundesamt für Sicherheit in der Informationstechnik
- Bundeskriminalamt
- Bundesministerium der Justiz (BMJ)
- Bundesministerium für Familie, Senioren, Frauen und Jugend (BMFSFJ)
- Bundesministerium des Innern (BMI)
- Bundeszentrale für gesundheitliche Aufklärung (BZgA)
- Bundeszentrale für politische Bildung (bpb)
- Deutsche Bahn AG
- Deutsche Post DHL
- Deutsche Sportjugend im Deutschen Olympischen Sportbund (dsj)
- Deutsche Vereinigung für Jugendgerichte und Jugendgerichtshilfen e.V. (DVJJ)
- Deutsches Jugendinstitut (dji)
- Deutschland sicher im Netz e. V.
- Freiwillige Selbstkontrolle Multimedia-Diensteanbieter e.V.
- Kriminologisches Forschungsinstitut Niedersachsen (KFN)
- Landespräventionsrat Niedersachsen (LPR)
- Landessparkasse zu Oldenburg LzO
- Metro AG
- Öffentliche Versicherungen Oldenburg
- Präventionsrat Oldenburg (PRO)
- proVal
- Stiftung Kriminalprävention
- VHS Oldenburg
- Weser-Ems Halle Oldenburg

Partnerkongresse

- Deutscher Familiengerichtstag (DFGT)
- Deutscher Jugendgerichtstag (DJGT)
- Österreichischer Präventionskongress

Internationale Partner

- European Forum for Urban Security, Paris (EFUS)
- International Centre for the Prevention of Crime, Montreal (ICPC)

- Korean Institute of Criminology (KIC)
- VPA – Violence Prevention Alliance der WHO

Medienpartner
- Deutschlandfunk
- Nordwest-Zeitung NWZ
- Lokalsender oldenburg eins

Der 16. Deutsche Präventionstag gliederte sich in die nachfolgend aufgeführten Bereiche:
- Plenen
- Vorträge zum Schwerpunktthema
- Vorträge im Offenen Forum
- Projektspots
- Fünftes Internationales Forum (AIF) des Deutschen Präventionstages
- Kongressbegleitende Ausstellung mit Infoständen, Infomobilen und Sonderausstellungen
- Posterpräsentationen
- Filmforum
- DPT-Bühne
- Begleitveranstaltungen

Plenen

Eröffnungsplenum
- Begrüßung und Eröffnung durch den Geschäftsführer des Deutschen Präventionstages
  Erich Marks
- Grußwort des Niedersächsischen Ministerpräsidenten und Schirmherrn des 16. Deutschen Präventionstages
  David McAllister
- Grußwort des Oberbürgermeisters der Stadt Oldenburg
  Prof. Dr. Gerd Schwandner
- Grußwort des Präsidenten des Koreanischen Instituts für Kriminologie
  Prof. Dr. Ilsu Kim
- Grußwort des Bischofs der Evangelisch-Lutherischen Kirche in Oldenburg
  Jan Janssen
- Einführende Bemerkungen der DPT-Gutachterin zum Schwerpunktthema des 16. Deutschen Präventionstages
  Dr. Wiebke Steffen

- Keynote der Direktorin der Bundeszentrale für gesundheitliche Aufklärung
  „Neue Medienwelten – Herausforderungen für die Prävention"
  Prof. Dr. Elisabeth Pott
- Künstlerischer Beitrag:
  Gesund und fit, mach auch mit! Gesundheitsprojekt ‚Klasse 2000'
  Grundschule, Bloherfelde

Plenum am Nachmittag – Montag, 30. Mai 2011
- Wie organisiert man erfolgreich kommunale Präventionsarbeit?
  Gerd Koop, Vorsitzender des Präventionsrats Oldenburg
- Das Bündnis White IT als Plattform für den gemeinsamen Kampf gegen
  Kinderpornographie
  Uwe Schünemann, Niedersächsischer Minister für Inneres und Sport, Hannover
- Präventives Handeln als politische Aufgabe der Kommunen, der Länder u. des
  Bundes
  Prof. Dr. Günter Dörr, Landesinstitut für Präventives Handeln, St. Ingbert
  in Vertretung für Annegret Kramp-Karrenbauer, Ministerin für Arbeit, Familie,
  Prävention, Soziales und Sport des Saarlandes
- „Das Anthropozän: Tatort oder Keimzelle?"
  Christian Schwägerl, Freier Wissenschaftsjournalist, Berlin
- „Diener. Zwischen Alten und Neuen Medien"
  Prof. Dr. Markus Krajewski, Bauhaus-Universität Weimar
- Künstlerischer Beitrag:
  Zivilcourage ist...! Theaterszene aus „Romeo, Julia und ich"
  Jugendtheater Rollentausch Oldenburg und Theater AG der Hauptschule
  Kreyenbrück Oldenburg

Plenum am Vormittag – Dienstag, 31. Mai 2011
- Verantwortung von Wirtschaftsunternehmen für die Gesellschaft
  Dr. Werner Brinker, Vorsitzender des Vorstandes der EWE AG, Oldenburg
- Einbindung der Wirtschaft in den Deutschen Präventionstag
  Dr. Frank Quante, Vorsitzender des Fördervereins Präventionsrat Oldenburg
- Soziale Netzwerke – mehr als eine Kommunikationsplattform. Gefahren bei
  Facebook, Twitter und Co.
  Andrew Noack, Leiter Geschäftsentwicklung Bundes- und Landesbehörden,
  Sophos GmbH, Aachen
- Sicherheit und Selbstbestimmung in Sozialen Netzwerken
  Philippe Gröschel, Referent Medienpolitik, Jugendschutzbeauftragter, VZnet
  Netzwerke Ltd., Berlin

- Der digitale Konsument: wie werden Verbraucher im Jahr 2015 einkaufen?
  Holger Gottstein, Boston Consulting, München
- Sicherheit von persönlichen Bilddaten im Internet – Vor- und Nachteile von elektro-nischen und gedruckten Produkten
  Reiner Fageth, CeWe Color AG, Oldenburg
- Everywhere Commerce: Chancen und Risiken für Konsumenten, Händler und Marken
  Björn Feddersen, hmmh AG, Bremen
- Sicherheit beim Online-Shopping mit Hilfe von Bezahlsystemen am Beispiel von PayPal
  Inken Tietz, PayPal Deutschland GmbH, Europarc Dreilinden

Abschlussplenum
- International Cybercrime: Ergebnisse des Annual International Forum
  Prof. Dr. Jürgen Stock, Vizepräsident des Bundeskriminalamtes, Wiesbaden
- „Oldenburger Erklärung" des Deutschen Präventionstages
  Dr. Wiebke Steffen, Gutachterin des Deutschen Präventionstages, Heiligenberg (Baden) / München
- Resumée des Kongresspräsidenten
  Prof. Dr. Hans-Jürgen Kerner, Universität Tübingen
- Neue Medien, Wertebildung, Verhalten und Kontrolle
  Prof. Dr. Dr. Manfred Spitzer, Universitätsklinikum Ulm
- Ausblick und Verabschiedung
  Erich Marks, Geschäftsführer des Deutschen Präventionstages, Hannover
- Die musikalische Begleitung des gesamten Plenums des 16. Deutschen Präventionstages erfolgte durch die *Jazzcombo des Polizeimusikkorps Niedersachsen*

Vorträge

Schwerpunktthema
Zum Schwerpunktthema „Neue Medienwelten – Herausforderungen für die Kriminalprävention?" wurden 27 Vorträge angeboten. Ziel der thematischen Auswahl der einzelnen Themen war es, das Schwerpunktthema des Kongresses, ergänzend zum Kongressgutachten, systematisch und in seinen zentralen Aspekten zu erfassen und zu dokumentieren.

- Gemeinsam für mehr IT-Sicherheit – Synergien durch Kooperation
  Matthias Gärtner, Bundesamt für Sicherheit in der Informationstechnik BSI, Bonn
  Heike Troue, Deutschland sicher im Netz e.V. (DsiN), Berlin

- Medien-Mensch – Menschenbilder in Hip-Hop, sozialen Netzwerken und Computerspielen
  Walter Staufer, Bundesprüfstelle für jugendgefährdende Medien, Bonn

- Der virtuelle Anti-Gewalt-Campus in Second Life
  Thomas Jäger, Universität Koblenz-Landau

- Was wissen wir über unsere User? - ARD/ZDF-Onlinestudie 1997 – 2010
  Beate Frees, ZDF, Mainz

- Live Hacking-so brechen Hacker in IT-Netze ein und wie kann ich mich schützen!
  Sebastian Schreiber, SySS GmbH, Tübingen
  Markus Wortmann, Sicheres Netz hilft e.V., Eschborn

- Die Polizei - mein neuer Facebook-Freund?
  Dr. Christian Grafl, Universität Wien

- Kriminalprävention und Medienpädagogik Hand in Hand
  Bernd Fuchs, Polizeidirektion Heidelberg
  Ursula Kluge, Aktion Jugendschutz Baden Württemberg, Stuttgart

- Internetsoziologie - Zwischenruf eines neuen Forschungsfeldes
  Dr. Stephan Humer, Universität der Künste Berlin

- Computerspielabhängigkeit als neue Form der Suchterkrankung
  Prof. Dr. Christian Pfeiffer, Kriminologisches Forschungsinstitut Niedersachsen, Hannover

- Web@Train: Konfrontative Medienpädagogik zu Chancen und Gefahren bei den Neuen Medien
  Damaris Freischlad, Institut für Gewaltprävention, Selbstbehauptung und Konflikttraining I-GSK, Berlin

- Wer hilft Hannes? - ein Medienprojekt für die Schule
  Leo Keidel, Polizeidirektion Waiblingen
  Michael Schladt, Feuerwehr Backnang

- Jugendschutz im Internet - Wie funktioniert die Selbstkontrolle der Wirtschaft?
  Sabine Frank, Freiwillige Selbstkontrolle Multimedia-Diensteanbieter e.V.
  Otto Vollmers, Freiwillige Selbstkontrolle Multimedia-Diensteanbieter e.V., Berlin

- Sicherheit im Umgang mit neuen Medien - eine Herausforderung für die Polizei
  Harald Schmidt, Polizeiliche Kriminalprävention der Länder und des Bundes (ProPK), Stuttgart

- Was macht mein Kind im Internet? Akt. Entwicklungen – Gefährdungen – Medienempfehlungen
  Walter Staufer, Bundesprüfstelle für jugendgefährdende Medien, Bonn

- Cybercrime- Erfahrungen und Maßnahmen in der EU
  Dr. Ireen Christine Winter, Universität Wien

- Altersklassifizierung durch die Anbieter - ein System der FSM
  Otto Vollmers, Freiwillige Selbstkontrolle Multimedia-Diensteanbieter e.V., Berlin
- Effektive Nutzung von (neuen) Medien in der Suchtprävention der BZgA
  Michaela Goecke, Bundeszentrale für gesundheitliche Aufklärung (BZgA), Köln in Vertretung für Frau Prof. Pott
- Die aktuellen Phänomene der Internetkriminalität und deren Bekämpfungsmöglichkeiten
  Michael Mahnke, Landeskriminalamt Niedersachsen, Hannover
- Entwicklung neuer Medien und kriminalpolitische Herausforderungen in Korea
  Dr. Won-Sang LEE, Korean Institute of Criminology (KIC), Seoul
- Staatsfeind WikiLeaks
  Marcel Rosenbach, Der Spiegel, Berlin
- Onlinespielsucht - Koreanische Erfahrungen und Projekte
  Hark-Mo Daniel PARK, Korean Institute of Criminology (KIC), Seoul
  Dr. Ji-Young SON, Judicial Research & Training Institute of the Supreme Court (Korea)
- Der Inhalt ist das Entscheidende! „FAIRStändnis für neue Medien – Medienethik und Zivilcourage fördern"
  Heidi Sekulla und Claudia Wierz, kontextmedien GbR, Gernsheim
  Marco Weller, Netzwerk gegen Gewalt, Wiesbaden
- "Chatten-aber sicher?!"
  Kerstin Koletschka, Wildwasser Oldenburg e.V.
- Initiativen der Internetwirtschaft für ein sicheres Netz
  Thomas Mosch, BITKOM - Bundesverband Informationswirtschaft, Telekommunikation und neue Medien e.V., Berlin
- "Individualisierte Mediennutzung - das Ende der Kontrolle?" - Eltern-Medien-Trainer im Einsatz
  Eva Hanel und Andrea Urban, Landesstelle Jugendschutz Niedersachsen, Hannover
- Rechtsschutz bei „Cyber-Mobbing" und „Cyber-Stalking" – eine Bestandsaufnahme
  Astrid Ackermann, Deutscher Juristinnenbund, Frankfurt
- Soziale Online-Netzwerke als Erfahrungs- und Entwicklungsraum.- Potentiale und Risiken für jugendliche Nutzerinnen und Nutzer
  Claudia Kuttner, Universität Leipzig

Offenes Forum

Im Offenen Forum wurden in 30 Vorträgen aktuelle Themen der Kriminalprävention im engeren und weiteren Sinne bearbeitet, die nicht unmittelbar mit dem Schwerpunktthema bzw. einem anderen Vortragsforum korrespondieren.

- Ergebnisse der Arbeit der Unabhängigen Beauftragten zur Aufarbeitung des sexuellen Kindesmissbrauchs
  Dr. Christine Bergmann, Bundesministerin a.D., Unabhängige Beauftragte zur Aufarbeitung des sexuellen Kindesmissbrauchs, Berlin

- Das Jugend(gerichts)hilfeb@rometer - aktuelle Daten zur Jugendgerichtshilfe
  Bernd Holthusen und Dr. Sabrina Hoops, Deutsches Jugendinstitut e. V., München

- Gewaltprävention im städtischen Raum am Beispiel von Townships in Südafrika
  Alastair Graham and Noahmaan Hendricks, City of Cape Town
  Michael Krause, AHT Khayelitsha Consortium, Cape Town
  Udo Lange, AHT Group AG, Essen
  Wolfgang Theis, KfW Entwicklungsbank, Frankfurt

- Gemeinsam für einen hohen Sicherheitsstandard im öffentlichen Personenverkehr
  Prof. Gerd Neubeck, Deutsche Bahn AG, Berlin

- Gewaltberichterstattung im Fernsehen: Wie die Medien ihre eigene Wirklichkeit schaffen
  Dr. Thomas Hestermann, Medienbüro Hannover

- StoP! - Stadtteile ohne Partnergewalt. Community Organizing als Methode zur Prävention häuslicher Gewalt
  Tanja Chawla und Prof. Dr. Sabine Stövesand, Hochschule für angewandte Wissenschaften, Hamburg

- Zur Bedeutung der Implementierung des Präventionsgedankens in der ErzieherInnenausbildung
  Angelika Förster, Freie Wissenschaftlerin u. Dozentin für Kriminologie und Sozialpädagogik an der FS Alice-Eleonoren-Schule, Darmstadt

- Neue Medienwelten. Neue Deliktformen im öffentlichen Personenverkehr?
  Dirk Fleischer, Deutsche Bahn AG, Berlin

- Sicherheit in Schulen - technische Krisenprävention Amok
  Lars Petermann und Andreas Szygiel, Initiative Sicherheit in Schulen e. V., Berlin

- Misshandlungen in staatlichen und gesellschaftlichen Subsystemen - subkulturelle Gemeinsamkeiten und Prävention
  Prof. em. Dr. Arthur Kreuzer, Justus-Liebig-Universität Gießen / WEISSER RING e. V.

- Kompetenzen fördern – Stärken sichtbar machen. Präventiver Charakter von kultureller Bildung
  Jörg Kowollik, Jugendkulturarbeit e.V., Oldenburg
  Christiane Maaß, Stadt Oldenburg

- Sicherheitshaus: ein Krimineller – ein Maßnahmenpaket
  Julia Mölck, Kommune Alkmaar, Niederlande

- Urheberrechtsverletzungen und Raubkopien – der Aufklärungsansatz von RESPE©T COPYRIGHTS

Dr. Norbert Taubken, Zukunft Kino Marketing GmbH - Initiative RESPE©T COPYRIGHT, Berlin

- Interaktives Computerspiel für einen lebendigen Unterricht
  Julia Rübsam, Deutsche Bahn, Regio Nord, Hannover

- Korruption: (K)ein Thema in der Sozialen Arbeit?
  Prof. Dr. Ruth Linssen, Fachhochschule Münster
  Prof. Dr. Sven Litzcke, Fachhochschule Hannover

- Zur Entstehung und zu kriminologischen Folgen kindlicher Wertorientierungen
  Prof. Dr. Dieter Hermann, Universität Heidelberg / WEISSER RING e. V.
  Dr. Angelika Treibel, Universität Heidelberg

- Prävention als kommunale Bildungsverantwortung – die „Delmenhorster Präventionsbausteine"
  Olaf Meyer-Helfers, Allgemeiner Sozialer Dienst, Delmenhorst
  Prof. Dr. Anke Spies, Carl von Ossietzky Universität Oldenburg

- "Sex-Sklavin" und "Messer-Monster" - Wenn Medien über Gewalt berichten
  Claudia Fischer, Freie Journalistin, Medienpädagogin, Bielefeld

- 1001 Präventionsprogramme - welches ist für mich?
  Frederick Groeger-Roth, Dr. Burkhard Hasenpusch und Britta Richter, Landespräventionsrat Niedersachsen, Hannover

- Jugendgewalt im Fokus polizeilicher Präventionsstrategien
  Andreas Mayer, Polizeiliche Kriminalprävention der Länder und des Bundes (ProPK), Stuttgart

- Piraterieprävention: Eine neue Herausforderung für deutsche Sicherheitsbehörden
  Jens Reimann, Bundespolizei, Neustadt

- Wirksame Angebote – mehr Verbindlichkeit – gezielte Intervention, Das 10-Säulen-Konzept des Hamburger Senats „Handeln gegen Jugendgewalt"
  Monika Becker-Allwörden, Leitstelle "Handeln gegen Jugendgewalt", Hamburg
  Peter Daschner, Landesschulrat a. D., Koordinator des Senatskonzepts; Hamburg

- Auftakt eines neuen Netzwerkes für kommunale Kriminalprävention: Das Deutsch-Europäische Forum für Urbane Sicherheit e.V. (DEFUS)
  Dr. Wilfried Blume-Beyerle, Landeshauptstadt München
  Dr. Claudia Heinzelmann, Deutsch-Europäisches Forum für Urbane Sicherheit e.V. (DEFUS), Hannover
  Dr. Martin Schairer, Landeshauptstadt Stuttgart
  Sebastian Sperber, European Forum for Urban Security (EFUS), Paris

- WebGIS-Präventionslandkarte: Medienunterstützung für die Kriminalprävention
  Romy Dudek, Wiebke Janßen, Prof. Dr. Winfried Schröder, Prof. Dr. Yvette Völschow und Julia-Nadine Wirsbinna, Universität Vechta
  Walter Sieveke, Polizeikommissariat Vechta

- Sicherungsverwahrung und Medien
  Peter Reckling, DBH-Fachverband für Soziale Arbeit, Strafrecht und Kriminalpolitik, Köln

- Allies - Developing Teachers and Parents Alliance for early Violence Prevention in pre-School
  Dr. Sari Manninen, University of Oulu, Faculty of Education

- Der Weg zu einer sicheren Stadt - die Sicherheitsberichte der Stadt Luzern
  Dr. Tillmann Schulze, Ernst Basler + Partner AG, Zollikon (Schweiz)

- Häuser des Jugendrechts / Jugendrechtshäuser - Erfolgreiche Versuche der Vernetzung?
  Dr. Helmut Fünfsinn und Daniela Winkler, Hessisches Ministerium der Justiz, für Integration und Europa, Wiesbaden

- Was bedeutet der WHO Titel "safe community" für ein Kommune bei Reduzierung von Verletzungen und Gewalttaten? - Delmenhorst als erste deutsche Kommune im weltweiten Netzwerk.
  Dr. Johann Böhmann, Klinikum Delmenhorst

- Kompetent im Netz. Lebenswelten Jugendlicher verstehen – präventiv handeln
  Christoph Haas, agentur prevent gmbh, Fachagentur für Prävention und Gesundheitsförderung, Oldenburg

Projektspots

Projektspots sind praxisbezogene Kurzvorträge von 15 Minuten Dauer bzw. Projektvorstellungen zu verschiedenen aktuellen Themen der (Kriminal-)Prävention. Es wurden insgesamt 59 Projektspots angeboten.

- Prävention sexueller Gewalt in Grundschulen - Erfahrungen und Wirkungen
  Dorothea Czarnecki und Dr. Michael Herschelmann, Kinderschutz-Zentrum Oldenburg

- Reintegration durch Aktivierung arabischer Familien
  Ismail Ünsal, EJF gAG, Berlin

- Sexueller Missbrauch an Jungen und Mädchen in Chaträumen
  Marion Rochel, Polizeipräsidium Gelsenkirchen

- "Spass oder Gewalt" – Lernplattform zu sexualisierter Gewalt
  Hannes Jähnert, cream e.V. Berlin und Brandenburg

- "Minderjährige Schwellen- und Intensivtäter"; Niedersächsisches Landesrahmenkonzept
  Pia Magold, Landeskriminalamt Niedersachsen, Hannover

- Oldenburg wird Oldenbunt- Förderung kreativer Jugendkultur
  Lukas Krieg, Jugendfreizeitstätte Offene Tür Bloherfelde, Oldenburg

- Partnergewalt gegen ältere Frauen - Befunde und Perspektiven für Prävention und Intervention
  Barbara Nägele, Zoom - Gesellschaft für prospektive Entwicklungen e.V., Göttingen

- www.8ig.tv! Einsatz neuer Medien in der polizeilichen Prävention
  Rolf Nägeli, Stadtpolizei Zürich

- Den Stillen eine Stimme geben - everyone is a star
  Leo Keidel, Polizeidirektion Waiblingen

- Je früher, desto besser
  Dorothea Nakas, Bündnis für Demokratie und Toleranz - gegen Extremismus und Gewalt, Berlin

- BLIND DATE – Ein Medienpaket zur Prävention von Chatroom-Risiken
  Wiro Nestler, Polizei Hamburg

- Ausstiege aus rechtsextremen Szenen - ein Arbeitsfeld der Prävention
  Stefan Saß, AussteigerhilfeRechts, Hannover

- Der Rettungsring - Helfende Hände in der ganzen Stadt
  Claudia Hein, Präventionsrat Oldenburg (PRO)
  Dr. Ralph Hennings, Ev. Stadtkirchenarbeit an der Lambertikirche Oldenburg

- Challenging Hate Crime - Developing Local Solutions informed by International Learning
  Pat Conway, Northern Ireland Association for the Care and Resettlement of Offenders (NIACRO), Belfast
  Dr. Harald Weinböck, Violence Prevention Network e. V., Berlin

- Bundesprogramm "Zusammenhalt durch Teilhabe" Extremismusprävention im ländlichen Raum
  Ute Seckendorf, Bundeszentrale für politische Bildung (bpb), Berlin

- Fit für die Ausbildung mit der Sommerakademie
  Arne Schneider, Stadt Laatzen

- Noteingang - Hier finden Kinder Hilfe
  Dagmar Buchwald, Präventionsrat Frankfurt a. M.

- Resilienz und Opferwerdung im Kindes- und Jugendalter
  Dr. Melanie Wegel, Universität Tübingen

- Sponsoring – Spendenwesen – Mäzenatentum Neue Geldquellen für Ihre Projekte?!
  Dirk Högemann, Volksbank Bad Oeynhausen-Herford eG

- Denke global - handle regional! - Bildung für nachhaltige Entwicklung und Prävention - das Regionale Kompetenzzentrum für nachhaltige Entwicklung (RCE) Oldenburger Münsterland
  Andreas Hoenig und Detlev Lindau-Bank, Universität Vechta

- Bedingungen für Kooperation in stadtteilbezogenen Netzwerken
  Alexander Bähr und Dr. Rainer Hoffmann, Hochschule für Öffentliche Verwaltung Bremen
  Uwe Hoffmann, Senator für Inneres und Sport Bremen

- "WARNSIGNALE häuslicher Gewalt – erkennen und handeln"
  Brigitta Rennefeld, Dachverband Frauenberatungsstellen NRW e.V., Gladbeck

- Gewaltprävention für Mädchen und Frauen mit Behinderung
  Kristine Gramkow, Deutscher Behindertensportverband e.V., Duisburg

- Was sind gute Nachrichten? - Prävention und die Perspektive von lokalem Bürgerradio und -TV
  Melanie Blinzler, Präventionsrat Oldenburg (PRO)
  Dörthe Bührmann, Lokalsender oldenburg eins

- Netzwerk gegen sexuelle Gewalt an Menschen mit Behinderung - Prävention und Beratung
  Sonja Biermann, Kreispolizeibehörde Paderborn
  Astrid Schäfers, Caritasverband für das Erzbistum Paderborn e.V.

- Haftvermeidung durch soziale Integration, HSI Transnational
  Elisa Marchese und Clemens Russell, xit GmbH, Berlin

- Bibliotheken als Akteure der Präventionsarbeit
  Jochen Dudeck, Präventionsrat Nordenham

- CyberTraining - Ein Trainingsmanual zum Thema Cybermobbing
  Thomas Jäger, Universität Koblenz-Landau

- Kritische Betrachtung des Anti-Gewalt-Trainings Hannover
  Jessica Kraus, Universität Hannover

- "Laufend kaufen - Jugend kalkuliert" - ein Projekt zur Schuldenprävention
  Anja Stache, Verein Bremische Straffälligenbetreuung, Bremen

- Ausweg - Geldverwaltung statt Ersatzfreiheitsstrafe
  Kai Kupka, Diakonisches Werk Oldenburg, Straffälligenhilfe der freien Wohlfahrt in Niedersachsen

- Das Regionalmonitoring Bremen-Oldenburg – ein Instrument zur Früherkennung
  Ulrich Goritzka, Polizei Bremen

- Medienkompetenz und Jugendschutz in NRW
  Torben Kohring, ComputerProjekt Köln e.V.
  Jan Lieven, Arbeitsgemeinschaft Kinder- und Jugendschutz (AJS) Landesstelle NRW e.V.
  Horst Pohlmann, Fachhochschule Köln

- Streiten lernen mit Kindern in Kita und Grundschule
  Helga Lange, Balance of Power e.V., Rostock

- Konfrontatives Soziales Training (KST) - Haltungen und Einstellungen nachhaltig verändern
  Dr. Christoph Schallert, Johannes-Gutenberg-Universität Mainz

- Zusammenwirken von Frühen Hilfen und Kinderschutz am Beispiel des Modellprojektes Pro Kind
  Kristin Adamaszek, Stiftung Pro Kind, Bremen

- Das internationale Zentrum für Kriminalprävention ICPC
  Erich Marks, Deutscher Präventionstag, Hannover

- Das Exemplarische im Projekt "Knast trotz Jugendhilfe?"
  Arnd Richter, HUjA e.V., Wiesbaden

- Charta für eine demokratische Nutzung von Videoüberwachung
  Sebastian Sperber, European Forum for Urban Security (EFUS), Paris

- Schutz von Kindern und Jugendlichen vor Pädokriminalität im Internet
  Rainer Becker, Deutsche Kinderhilfe e.V., Berlin

- Übergangsmanagement: Zwischen JVA, AJSD und freien Trägern
  Stefan Bock, Niedersächsisches Justizministerium, Hannover

- Wertorientierungen und Problemverhalten bei Schülern unterschiedlicher Konfession
  Dr. Melanie Wegel, Universität Tübingen

- Cyber Cops! Prävention durch Peer-to-Peer Projekte!
  Birgit Thinnes, Kreispolizeibehörde Minden-Lübbecke

- "Wir können auch anders" - Nachhaltige Präventionsarbeit in Schulen zum Thema Zivilcourage
  Klaus Fritzensmeier, Polizeidirektion OldenburgDorit Schierholz, Christian-Hülsmeyer-Schule Barnstorf

- Kooperative Sicherheitspolitik in der Stadt (KoSiPol)
  Marcus Kober, Europäisches Zentrum für Kriminalprävention e. V., Münster

- 10 Jahre Stiftung Opferhilfe Niedersachsen
  Dr. Stefan von der Beck, Oberlandesgericht Oldenburg

- Initiative White IT. Was kann das Bündnis aus Wirtschaft, Wissenschaft, Opferschutzverbänden und Verwaltung zum Schutz von Missbrauchsdarstellungen bewirken?
  Anna Bartels und Markus Mischuda, Niedersächsisches Ministerium für Inneres und Sport, Hannover

- Ausbildung und Rückfall im österreichischen Jugendstrafvollzug
  Dr. Ireen Christine Winter, Universität Wien

- Good Practice des Übergangsmanagements vom Strafvollzug in die Freiheit in einer Datenbank
  Kerstin Schreier, DBH e.V. - Fachverband f. Soziale Arbeit, Strafrecht und Kriminalpolitik, Halle

- Gewaltprävention und Neue Medien
  Dorothea Nakas, Bündnis für Demokratie und Toleranz - gegen Extremismus und Gewalt, Berlin
- Prävention gegen Rechtsextremismus
  Maren Brandenburger, Niedersächsisches Ministerium für Inneres und Sport, Hannover
- Prävention oder Resozialisierung? Ein Mentorenprojekt für den hessischen Strafvollzug
  Lutz Klein, Berufsfortbildungswerk des DGB (bfw), Gießen
- Kinderpornographie - wer kennt schon die Wirklichkeit?
  Arnd Hüneke, Leibniz Universität Hannover
- Sicherheit an Haltestellen des ÖPNV mit Hilfe moderner Fahrscheinautomaten mit SOS-Funktion
  Tobias Harms und Ludwig Nerb, Augsburger Verkehrsgesellschaft mbH
- Schuldenregulierung und Kriminalprävention
  Frank Stemmildt, Hessisches Ministerium der Justiz, für Integration und Europa, Wiesbaden
- Qualifizierung zur "Fachkraft Opferberatung"
  Dr. Olaf Lobermeier, proVal - Gesellschaft für sozialwissenschaftliche Analyse, Beratung und Evaluation, Hannover
- Älter werden - sicher unterwegs mit Bus und Bahn, Angebot der Bochumer Ordnungsparter für ältere ÖPNV Wieder- und Neueinsteiger
  Gunnar Cronberger, BOGESTRA AG Bochum
  Rolf Greulich, Polizeipräsidium Bochum
- Winnender Medienscout - Schülerbericht (School-meets-media)
  Dr. Bojan Godina, Institut für kulturrelevante Kommunikation und Wertebildung (IKU), Nürtingen
  Harald Grübele, vimotion, Burgstetten
- Bürgermut tut allen gut - Nachbarschaften gegen Häusliche Gewalt aktivieren im ländl. Raum
  Christina Runge, Landkreis Diepholz
  Doris Wieferich, Verein zum Schutz misshandelter Frauen und Kinder im Landkreis Diepholz e.V.

Fünftes Internationales Forum (AIF) des Deutschen Präventionstages[2]

An den Beratungen des 16. DPT und des 5th AIF haben neben zahlreichen Teilnehmenden aus Deutschland auch 81 Kolleginnen und Kollegen aus insgesamt 20 Ländern[3] teilgenommen. Konferenzsprache war Englisch. Die Beratungen des 5. Internationalen Forums des Deutschen Präventionstages wurden in englischer Sprache in
einem gesonderten Dokumentationsband veröffentlicht:

Marc Coester & Erich Marks (Eds.): International Perspectives of Crime Prevention 4
– Contributions from the 4. Annual International Forum 2010 within the German Congress on Crime Prevention; erschienen im Forum Verlag Godesberg, Mönchengladbach
2012, ISBN 978-3-942865-00-5 (Printausgabe) und 978-3-942865-01-2 (eBook).

Im Einzelnen wurden folgende Vorträge angeboten:

- New Technologies and Cybercrime
  Helmut Ujen, Federal Criminal Police Office

- The current level of threat concerning Malware and digital Identity Theft
  Mirko Manske, Federal Criminal Police Office

- Media Security – Who is Responsible?
  Frank Ackermann, eco – Association of the German Internet Industry

- Social Networks and their Danger
  Frank Tentler, Media Consultant

- Cybercrime Prevention – A European solution?
  Marc Arno Hartwig, European Commission

- The Anti-Botnet Advisory Centre
  Sven Karge, eco – Association of the German Internet Industry
  Cornelia Schildt, Federal Office for Information Security

Die zahlenmäßige Entwicklung der internationalen Teilnehmenden an den Deutschen
Präventionstagen seit dem Jahr 2004 ergibt sich aus der folgenden Tabelle.

	9. DPT	10. DPT	11. DPT	12. DPT	13. DPT	14. DPT	15. DPT	16. DPT
Teilnehmende	27	23	37	40	73	80	192	81
Staaten	9	10	14	14	33	27	36	20

---

[2]   Zur Konzeption und weiteren Hintergrundinformationen zum AIF s. http://www.aif-prevention.org

[3]   Belgien; Dänemark; Finnland; Frankreich; Gambia; Irland; Kamerun; Demo. Volksrepublik Korea; Kroatien; Luxemburg; Republik Moldau; Niederlande; Österreich; Peru; Saudi-Arabien; Schweiz; Republik
Serbien, Südafrika; Tschechische Republik; Vereinigtes Königreich

DPT-Universität

In Kooperation mit der Carl von Ossietzky Universität Oldenburg fanden im Rahmen der DPT-Uni 2011 zwei Vorlesungen statt, die von insgesamt 1.100 Schülerinnen und Schülern besucht wurden:

- Allein unter Freunden? Unterwegs in SchülerVZ, Facebook & Co.
  Prof. Dr. Olaf Zawacki-Richter, Carl von Ossietzky Universität Oldenburg, Institut für Pädagogik

- Neue Medien und Lernen
  Prof. Dr. Dr. Manfred Spitzer, Universitätsklinikum Ulm

Kongressbegleitende Ausstellung

Die kongressbegleitende Ausstellung des 16. Deutschen Präventionstages gliederte sich in 171 Infostände, 12 Sonderausstellungen, 5 Infomobile und 22 Posterpräsentationen.

Infostände

- Aktion "Sportler setzen Zeichen" - WEISSER RING e. V.
- Anonyme Drogenberatung Delmenhorst
- Arbeitsgemeinschaft Kinder- und Jugendschutz (AJS) Landesstelle NRW e.V.
- Arbeitskreis gegen Gewalt und sexuelle Misshandlungen in Familie und Gesellschaft
- AWO Bezirksverband Weser-Ems e.V.
- babybedenkzeit GbR
- Bremer Institut für Pädagogik und Psychologie - bipp
- Buchhandlung Büchergilde
- Bundesamt für Migration und Flüchtlinge
- Bundesamt für Sicherheit in der Informationstechnik (BSI)
- Bundesarbeitsgemeinschaft für Straffälligenhilfe
- Bundesarbeitsgemeinschaft Täterarbeit Häusliche Gewalt
- Bundeskriminalamt
- Bundesministerium der Justiz/Bundesamt für Justiz
- Bundespolizei
- Bundesprüfstelle für jugendgefährdende Medien
- Bundesstadt Bonn
- Bundesverband Individual- und Erlebnispädagogik e.V.
- Bundesverwaltungsamt
- Bundeszentrale für gesundheitliche Aufklärung
- Bundeszentrale für politische Bildung

- Bündnis für Demokratie und Toleranz - gegen Extremismus und Gewalt
- BV Arbeit und Leben Nds Ost I
- BV Arbeit und Leben Nds Ost II
- Carl von Ossietzky Universität Oldenburg
- CJD Chemnitz
- Comic On! Theaterproduktion Köln
- "conTour" Kompetenzagentur
- DBH-Fachverband für Soziale Arbeit, Strafrecht und Kriminalpolitik
- Delmenhorster-Jugendhilfe-Stiftung I
- Delmenhorster-Jugendhilfe-Stiftung II
- Deutsche Bahn AG
- Deutsche Sportjugend im Deutschen Olympischen Sportbund e.V. (dsj)
- Deutsche Vereinigung für Jugendgerichte und Jugendgerichtshilfen e.V. (DVJJ)
- Deutscher Behindertensportverband e.V.
- Deutscher Ju-Jutsu Verband e.V.
- Deutsches Jugendinstitut e.V.
- Deutsch-Europäisches Forum für Urbane Sicherheit e.V. (DEFUS)
- Deutschland sicher im Netz e.V. (DsiN)
- Diakonisches Werk Delmenhorst/Oldenburg-Land
- Diakonisches Werk Oldenburg
- Diakonisches Werk Oldenburg-Stadt - Projekt KING-Kompetent Integration gestalten
- Die Kinderschutz-Zentren
- Dolphin Media Germany AG
- EJF gAG
- EU-Initiative klicksafe
- European Forum for Urban Security (EFUS)
- Evangelische Familien-Bildungsstätte
- EXEO e. V.
- Fachstelle Sucht der Diakonie im Landkreis Oldenburg
- Förderverein Gewaltfrei Lernen e.V.
- fragFINN e.V.
- Frauennotruf Cloppenburg e.V. / BISS (Beratungs- und Interventionsstelle bei häuslicher Gewalt für die Polizeiinspektion Cloppenburg/ Vechta)
- Freikirche der Siebenten-Tags-Adventisten K.d.ö.R.

- GdP Gewerkschaft der Polizei
- gegen-missbrauch e.V.
- Gemeinde Ganderkesee
- Gesundheit im Kindesalter e.V. / Delmenhorster Institut für Gesundheitsförderung
- Glen Mills Academie Deutschland e. V.
- Hessisches Ministerium der Justiz, für Integration und Europa
- ICPC - International Centre for the Prevention of Crime
- Institut für kulturrelevante Kommunikation und Wertebildung (IKU)
- Jugendamt Dortmund
- Jugendamt Landkreis Oldenburg I
- Jugendamt Landkreis Oldenburg II
- Justizvollzug NRW
- Justizvollzugsanstalt Wiesbaden
- Katholische Bundes-Arbeitsgemeinschaft Straffälligenhilfe im Deutschen Caritasverband
- Kinderschutz-Zentrum Oldenburg
- Kölner Haus des Jugendrechts
- Kommunaler Präventionsrat der Stadt Rödermark
- Konfliktschlichtung e. V. Oldenburg
- Kooperationsstelle Kriminalprävention Bremen
- Kooperative Migrationsarbeit Niedersachsen (KMN), Nieders.Ministerium f. Soziales, Frauen, Familie, Gesundheit und Integration
- Koordinierungsstelle Gewaltprävention im Staatlichen Schulamt Weilburg
- Kreispolizeibehörde Minden-Lübbecke
- Kriminalpräventionsverein Papenburg e.V.
- Landeshauptstadt Hannover
- Landeskommission Berlin gegen Gewalt
- Landeskriminalamt Baden-Württemberg
- Landeskriminalamt Mecklenburg-Vorpommern
- Landeskriminalamt Niedersachsen
- Landeskriminalamt Sachsen
- Landeskriminalamt Thüringen
- Landespräventionsrat Brandenburg
- Landespräventionsrat Niedersachsen

- Landespräventionsrat Sachsen – LPR Sachsen
- Landesprogramm "Weltoffenes Sachsen"
- Landesrat für Kriminalitätsvorbeugung Mecklenburg-Vorpommern
- Landkreis Emsland - KomA
- Lehren-Forschen-Lernen e.V.
- Lokalsender oldenburg eins
- Männerwohnhilfe Oldenburg e.V.
- Mediationsbüro der VHS Emden e.V.
- Mediationsstelle BRÜCKENSCHLAG e.V.
- MENTOR Die Leselernhelfer Landesverband Niedersachsen e.V.
- MoreKids4Music e.V.
- Nachtwanderer Initiativen im Bundesgebiet
- Netzwerk gegen Gewalt
- Netzwerk Gewaltprävention und Konfliktregelung Münster
- Niedersächsische Landesmedienanstalt (NLM)
- Niedersächsische Landesstelle für Suchtfragen
- Niedersächsisches Kultusministerium
- Niedersächsisches Ministerium für Inneres und Sport
- Oberlandesgericht Oldenburg
- Oldenburgische AIDS-Hilfe
- Oldenburgische Bürgerstiftung
- Ostfalia - Hochschule für angewandte Wissenschaften
- Pabst Science Publishers
- Papilio e.V.
- Polizei Bremen
- Polizei Hamburg
- Polizei Hessen
- Polizei Rhein-Sieg-Kreis
- Polizeidirektion Gotha
- Polizeidirektion Hannover
- Polizeidirektion Oldenburg/Polizeiinspektion Wilhelmshaven-Friesland / Landkreispräventionsrat Friesland
- Polizeidirektion Osnabrück I
- Polizeidirektion Osnabrück II

- Polizeidirektion Osnabrück III
- Polizeidirektion Osnabrück IV
- Polizeiinspektion Cloppenburg/ Vechta, PD Oldenburg
- Polizeiinspektion Cuxhaven / Wesermarsch
- Polizeiinspektion Delmenhorst/Oldenburg-Land
- Polizeiinspektion Diepholz
- Polizeiinspektion Oldenburg-Stadt/Ammerland - PD Oldenburg
- Polizeiinspektion Verden/Osterholz - Polizeidirektion Oldenburg
- Polizeiliche Kriminalprävention der Länder und des Bundes (ProPK)
- Polizeipräsidium Bereich III Landeskriminalamt Brandenburg
- Polizeipräsidium Bielefeld
- PP Duisburg
- Präventionsrat Bremen West I
- Präventionsrat Bremen-Nord II
- Präventionsrat der Stadt Verden (Aller)
- Präventionsrat Gelsenkirchen
- Präventionsrat Hildesheim
- Präventionsrat im Harlingerland e.V.
- Präventionsrat Lohne
- Präventionsrat Oldenburg (PRO)
- Präventionsrat Wildeshausen
- Projekt des Hessischen Kultusministeriums "Gewaltprävention und Demokra-tielernen"
- Rat für Kriminalitätsverhütung in Schleswig-Holstein
- Regiestelle "TOLERANZ FOERDERN - KOMPETENZ STÄRKEN"
- Respekt e.V.
- Salfeld Computer GmbH
- Schauspielkollektiv Neues Schauspiel Lüneburg
- Schnuerschuh Theater
- Seniorpartner in School e.V. - Bundesverband
- Sign-Projekt - agentur prevent gmbh, fachagentur für prävention und gesund-heitsförderung, Oldenburg
- SKM Lingen e.V.
- SOFY - Mit Sofy sicher unterwegs

- Staatsanwaltschaft Gera
- Stadt Delmenhorst I
- Stadt Delmenhorst II
- Stadt Rotenburg
- Stadtverwaltung Saarbrücken
- Stiftung Deutsches Forum für Kriminalprävention
- Stiftung Opferhilfe Niedersachsen
- Stiftung Pro Kind
- Strafgefangenen- und Krankenseelsorge e.v.
- theaterpädagogische werkstatt gGmbH
- TOA-Servicebüro
- Triple P - Deutschland GmbH
- Universität Erlangen
- Verband Wohneigentum Niedersachsen e. V.
- Verbund der nds. Frauen- und Mädchenberatungsstelle gegen Gewalt
- Verein Programm Klasse2000 e.v.
- Verein zur Förderung der Methode Puppenspiel e. V. (VPKV)
- WEISSER RING e.V.
- Wilde Bühne e.V. Bremen
- Wildwasser Oldenburg e.V.

Sonderausstellungen
- **ContRa e.V.**
  Wanderausstellung zum Thema Rechtsextremismus
- **Dachverband Frauenberatungsstellen NRW e.V.**
  Warnsignale häuslicher Gewalt – erkennen und handeln
- **HUjA e.V.**
  "Knast trotz Jugendhilfe?" Das Wiesbadener Partizipationsprojekt von HUjA e.V.
- **Kreispolizeibehörde Paderborn**
  Wanderausstellung "Sicherheitstipps für Seniorinnen und Senioren"
- **Kriminalpräventionsrat Osnabrück**
  "GefahrlOS" – ein Querschnitt von Präventionsprojekten aus Osnabrück
- **Niedersächsisches Ministerium für Inneres und Sport**
  Verfassungsschutz gegen Extremismus - Demokratie schützen vor Rechts- und Linksextremismus

- **Niedersächsisches Ministerium für Inneres und Sport**
  Muslime in Niedersachsen - Probleme und Perspektiven der Integration

- **PETZE-Institut für Gewaltprävention gGmbH**
  ECHT KRASS! Eine Wanderausstellung zur Prävention von sexueller Gewalt unter Jugendlichen

- **Polizeiinspektion Goslar**
  Goslarer Zivilcouragekampagne - Gesicht zeigen und 110 anrufen!

- **Sign-Profilschulen, Realschule Hochheider Weg Oldenburg und andere**
  „Starke Kunst von starken Schülern"

- **Stiftung Pro Kind**
  „Frühe Hilfen bieten Perspektiven – Pro Kind in Sachsen"

- **Verbund der nds. Frauen- und Mädchenberatungsstelle gegen Gewalt**
  Der richtige Standpunkt: Gegen Gewalt an Frauen und Mädchen!

Infomobile
- **Tipipfade e.V.**
  Zeltprojekt LUCAS - Begegnungen im Tipi & das Fach TROST- ein Redestab-ritual macht Schule

- **Bundespolizei**
  „Grenzüberschreitende Kriminalität im Transportgewerbe"

- **Präventionsverein Himmelpforten**
  Cocktail-Anhänger „SMARTER OHNE KATER!"

- **Verkehrsregion Ems-Jade**
  Der Einsteigerbus: Ein Sicherheits- und Informationsprogramm für Kinder und Erwachsene

- **Landkreis Vechta**
  Schutzengelprojekt der Landkreise Cloppenburg und Vechta

Posterpräsentationen
- **Deutsches Institut für Sucht- und Präventionsforschung (DISuP)**
  Das Deutsche Institut für Sucht- und Präventionsforschung (DISuP)

- **Deutsches Institut für Sucht- und Präventionsforschung**
  Identifizierung von Risikofaktoren für den Konsum illegaler Substanzen bei SchülerInnen

- **Deutsches Institut für Sucht- und Präventionsforschung**
  Risikofaktoren für die Ausübung von körperlicher Gewalt bei SchülerInnen in Köln

- **Drogenhilfe Schwaben gGmbH**
  Jugendbereich KLEE der Drogenhilfe Schwaben

- **Förderverein JVA Holzstraße e.V., Wiesbaden**
  Interventionsfabrik gegen Extremismus - Ein Theaterprojekt
- **Freikirche der Siebenten-Tags-Adventisten im Norddeutschen Verband**
  Enditnow
- **gegen-missbrauch e.V.**
  gegen-missbrauch e.V.
- **Justizvollzugsanstalt Hannover**
  Niedersachsen auf KURS - Kooperation zur Rückfallprävention bei Sexualstraftätern
- **Landespräventionsrat Niedersachsen & Ostfalia - Hochschule für angewandte Wissenschaften**
  Masterstudiengang Master of Arts Präventive Soziale Arbeit - Schwerpunkt Kriminologie und Kriminalprävention
- **Malteser Werke gGmbH**
  Schule atmosfairisch - ein systemischer Ansatz zur Gewaltprävention
- **Phantastische Bibliothek Wetzlar**
  Vorlesen in Familien: ein sozialpräventives Projekt der Phantastischen Bibliothek Wetzlar
- **Polizeidirektion Heidelberg**
  Schülerworkshops für mehr Medienkompetenz
- **Respekt e.V.**
  Respekt! – Jugend im Verein
- **Schnuerschuh Theater**
- **Stefanie Preyer**
  Das episodische Gedächtnis bei Opiatabhängigkeit
- **Ulrike Hanko**
  Das episodische Gedächtnis von Gewalttätern in Bezug auf ihre erste und letzte Gewalttat
- **Universität Halle**
  Neue Medien und die Prävention sexueller Gewalt an Kindern
- **Universität Hamburg**
  (Kriminal-)Prävention durch Gesundheitsförderung
- **Universität Vechta**
  (Un)Sicherheitsempfinden, Kriminalitäts- und Präventionsaufkommen im Landkreis Vechta
- **Universität Vechta**
  „Stammspieler statt Bankdrücker" Jungenarbeit als Gewaltprävention im Jugendzentrum Zeven

- **Verein Programm Klasse2000 e.V.**
  Klasse2000 – Stark und gesund in der Grundschule
- **Zukunft Kino Marketing GmbH**
  Urheberrechtsverletzungen und Raubkopien – der Aufklärungsansatz von
  RESPE©T COPYRIGHTS

Filmforum

Im Filmforum des 16. Deutschen Präventionstages wurden die folgenden 13 Filme
gezeigt und diskutiert.

- **Games come**
  In medias res - SocialMedia Productions, Hennef
- **DsiN-Film-Kampagne für sicheres Verhalten im Netz**
  Deutschland sicher im Netz e. V., Berlin
- **"... und Du bist weg!"**
  Polizeiinspektion Schwerin
- **Ein geiles Los**
  Stiftung "Verantwortung statt Gewalt", Weilburg
- **Flagge zeigen! Videoclips für Zivilcourage**
  Landeshauptstadt Düsseldorf
- **"Balu und Du - ein Mentorenprojekt für Grundschulkinder"**
  Universität Osnabrück
- **El Sistema**
  MoreKids4Music e.V., Darmstadt
- **Siegerbeitrag Papenburger Zukunftswettbewerb 2011 Kategorie Film/Video**
  Kriminalpräventionsverein Papenburg e.V.
- **X wird fertig gemacht - und (was machst) Du?**
  Präventionsrat Oldenburg (PRO)
- **Blind Date**
  Polizei Hamburg
- **Gefangene gegen Rechtsextremismus - Ein Theaterprojekt -**
  Förderverein JVA Holzstraße e.V., Wiesbaden
- **"Netzangriff" - Die Polizei klärt Schüler über Cybermobbing auf**
  Polizeiliche Kriminalprävention der Länder und des Bundes (ProPK), Stuttgart
- **Friedensschlag**
  hand in gAG / Work and Box Company, Taufkirchen

Bühne

Auf der DPT-Bühne des 16. DPT wurden 12 Bühnenstücke angeboten, die von 2.257 Zuschauern besucht wurden:

- **17 1/2 Minuten Kalte Wut - ein Theaterstück über Gewalt an Schulen**
  Wilde Bühne e.V. Bremen

- **Prävention mit Musik**
  Präventionsrat Hildesheim

- **„Erste Stunde" von Jörg Menke- Peitzmeyer - Interaktives Klassenzimmerstück zum Thema Mobbing, Gewalt und Ausgrenzung**
  Schauspielkollektiv Neues Schauspiel Lüneburg

- **"Der lange Weg zum Glück" - Ein modernes Musical/Tanztheater von und mit Flüchtlingen aus Blankenburg**
  Ibis e.V., Oldenburg

- **Aufregung bei Frau Keller "Die miesen Tricks der Ganoven an der Wohnungstür"**
  PP Duisburg

- **Netz-Dschungel – Neue Medien in Grundschulen**
  Polizeidirektion Oldenburg / Pädagogische Puppenbühne (PäPP) Delmenhorst

- **Circophonie- ein Circuscocktail der Zirkusschule Seifenblase (und der IGS Flötenteich)**
  Zirkusschule Seifenblase, Oldenburg

- **Nimm die Hand da weg!**
  ParaVida; Institut für angewandte Gewaltprävention, Köln

- **Rockmusik Schulband „Provisorisch!"**
  Herbartgymnasium Oldenburg

- **Passt oder passt nicht**
  Kuringa Wedding, Berlin

- **mystory Rap**
  Förderverein für theaterpädagogische Jugendarbeit Oldenburg Süd e. V. / Hauptschule Kreyenbrück, Petersfehn 2

- **X-Vision, RAP mit Jugendlichen aus dem Quartier Laerheide/Hustadt in Bochum**
  Polizeipräsidium Bochum

Begleitveranstaltungen

- 7. Niedersächsische Präventionstag im Rahmen des 16. Deutschen Präventionstages
- 2. Niedersächsisches Spitzengespräch kommunale Kriminalprävention
- Mitgliederversammlung des Deutsch-Europäischen Forums für urbane Sicherheit (DEFUS)

- Treffen der Vorsitzenden sowie der Geschäftsführerinnen und Geschäftsführer der Landespräventionsgremien
- Gemeinsames Treffen der AG Kripo und des UA FEK
- Sitzung des Programmbeirates des 16. Deutschen Präventionstages
- 18. DVS-Stiftungstag
- Arbeitstreffen der Geschäftsführerinnen und Geschäftsführer der Landespräventionsgremien
- „Städtenetzwerk Kriminalprävention"
- Alumnitreffen der Beccaria-Fachkräfte Kriminalprävention
- oeins-Radio live vom DPT

Oldenburger Rahmenprogramm

Unter dem Motto **„Eine ganze Stadt macht Prävention"** fanden rund um den 16. Deutschen Präventionstag in der Stadt Oldenburg verschiedene Projektvorstellungen und Aktionen statt, an denen sich insgesamt ca. 8.000 Personen beteiligten:

- Benefizkonzert der Blindfische – Rockmusik für Kinder
- Mehrsprachige Bücherausstellungen und Zweisprachige Lesungen
  Vorstellung von (Kinder-) Büchern in verschiedenen Sprachen. „Griffbereit" und „Rucksack" (Amt für Jug., Fam. u. Schule) mit Grundschulen in Oldenburg
- Sicherheit im Stadtteil
  Handlungsmöglichkeiten zur Förderung kommunaler Prävention, Bürgerverein Eversten
- Tag der offenen Tür
  Besichtigung einer Freizeit- und Begegnungsstätte
  AWO Freizeit- und Begegnungsstätte „Frisbee",
  EFI - Projekt, AWO Migrationsberatung
- Geöffnete Türen – Einblicke in die theaterpädagogische Praxis mit Oldenburger Jugendlichen:
  - Kurlandtheater: „Die Sucht", Internationales Jugendprojektehaus (IJP)
  - Staatstheater, Theaterclub Musik: „Käthchen von Heilbronn"
  - Jugendclub der Kulturetage: „Warum in die Fremde schweifen?", Internationales Jugendprojektehaus (IJP)
  - Jugendtheater Rollentausch & Theater AG der Hauptschule Kreyenbrück: „global total – die Welt in meinen Händen", Freizeitstätte Kreyenbrück
  - Junges Theater Bloherfelde (JTB): „Ich wünsch mir die Welt ...", Offene Tür Bloherfelde
  - Staatstheater Theaterclub Tanz: „Penthesilea" Fliegerhorst Oldenburg
    Prävention in den religiösen Gemeinden – ein interreligiöser Dialog

- LAN Party Workshop
  Einblick in die Welt der Computerspiele, Ev. Familienbildungsstätte und Volks-
  hochschule Oldenburg
- Infostände
  WEISSER RING e.V. / Kinderschutz-Zentrum /Kinderschutzbund / Griffbereit
  und Rucksack / Präventionsrat
- Darwins Erbe - Gastspiel des Theaters an der Parkaue, Berlin, mit Publikums-
  gespräch, Staatstheater
- Benefizkonzert der Gruppe Raven
  Irische und schottische Folklore
- „Neue Medien aus der Perspektive straffälliger junger Menschen"
  Stehcafé mit Ausstellung, Jugendhilfe im Strafverfahren, Amt für Jug., Fam. u.
  Schule
- Präventionsarbeit der Bürgervereine
  Mit einem ungewöhnlichen Puzzle wird die vielfältige Präventionsarbeit in
  den Stadtteilen gezeigt. Die Puzzleteile werden mit einem Sternmarsch zum
  Kongress gebracht.
  ASTOB (Arbeitsgemeinschaft Stadtoldenburger Bürgervereine)
- Ausstellung von Graffiti-Kunst
  Gezeigt werden Werke aus dem Präventionsprojekt „Förderung kreativer Ju-
  gendkultur", Offene Tür Bloherfelde
- Der Bahnhof als Tor zum DPT
  Präventionsarbeit der Bundespolizei im Bahnhof, Bundespolizei/Inspektion Bad
  Bentheim, Deutsche Bahn AG, NordWestBahn
- Täter-Opfer-Ausgleich und Schulmediation
  Vorstellung des Films „Täter-Opfer-Ausgleich", Rollenspiel, Konfliktschlich-
  tung e.V.
- „Mediation für alle"
  Mediation im sozialen Nahraum, Konfliktschlichtung e.V.
- Infostände
  Amt für Jugend, Familie und Schule / städtische Freizeit und Begegnungsstätten
  sowie Gemeinwesenzentren
- „Verstimmte Helden"
  SchülerInnen stellen die Unverletzbarkeit von stark oder heroisch wirkenden
  Figuren in Frage.
  Edith-Ruß-Haus für Medienkunst, Comeniusschule, Förderschule Schwerpunkt
  Lernen, Studierende des BA, Materielle Kultur
- Sternmarsch und Menschenbild
  Schüler/innen und Polizeiinspektion Oldenburg-Stadt /Ammerland

- Zorro

Ein Zeichen für jedermann und jede Frau zur Stärkung der Zivilcourage ganz-oldenburg.de, Präventionsrat Oldenburg

Teilnehmende und Besucher

Die zahlenmäßige Entwicklung der Kongressteilnehmenden und –besucher der vergangenen Jahre ergibt sich aus der nachfolgenden Tabelle:

	registrierte Kongressteil- nehmende	registrierte Besucher der Bühne und der DPT-Universität	Gesamtzahl der registrierten Teilnehmenden und Besucher
5. DPT, Hoyerswerda, 1999	610	-	610
6. DPT, Düsseldorf, 2000	1.214	-	1.214
7. DPT, Düsseldorf, 2001	1.226	-	1.226
8. DPT, Hannover, 2003	1.219	50	1.269
9. DPT, Stuttgart, 2004	1.235	750	1.985
10. DPT, Hannover, 2005	1.907	1.550	3.457
11. DPT, Nürnberg, 2006	1.442	780	2.222
12. DPT, Wiesbaden, 2007	1.901	1.624	3.525
13. DPT, Leipzig, 2008	1.744	2.400	4.144
14. DPT, Hannover 2009	2.129	718	2.847
15. DPT, Berlin 2010	2.728	1.691	4.419
16. DPT, Oldenburg 2011	2.579	7.917	10.496

Dokumentation

Die Gesamtdokumentation der Programme und der einzelnen Präsentationen der jährlichen Deutschen Präventionstage erfolgt grundsätzlich über das Internet sowie in Buchform. Die zentralen Programmpunkte und Beiträge aller bisherigen Kongresse sind auf der Homepage „www.praeventionstag.de" dokumentiert und stehen dort auch als Downloads zur Verfügung, sofern die Referenten der vergangenen Jahre entsprechende Dokumente zur Verfügung gestellt haben. Diese Dokumentation wird ständig weiterentwickelt und steht als benutzerfreundliche Internetdatenbank zur Verfügung.

Seit dem 5. Deutschen Präventionstag im Jahr 1999 werden Kongresskataloge mit Abstracts zu allen Präsentationen und Programmpunkte gedruckt. Buchdokumentationen wurden bislang zum 4. DPT (1998), zum 11. DPT (2006), zum 12. DPT (2007) sowie zum 13. DPT (2008) vorgelegt und werden seit dem 12. Kongress (2007) jährlich als Sammelband zum jeweiligen Schwerpunktthema der Kongresse veröffentlicht.

Wiebke Steffen

Gutachten
für den 16. Deutschen Präventionstag
30. & 31. Mai 2011 Oldenburg

„Neue Medienwelten –
Herausforderungen für die Kriminalprävention?"

Wiebke Steffen
Heiligenberg (Baden) / München

Inhalt

Vorbemerkung

Neue Medienwelten – das sind die digitalen Welten, die seit dem Ausgang des 20. Jahrhunderts das gesellschaftliche Leben und das Leben des Einzelnen grundlegend verändert haben. Nicht zu Unrecht wird dieser durch Digitalisierung und Computer ausgelöste Wandel sowohl der Technologie als auch (fast) aller Lebensbereiche als *digitale Revolution* bezeichnet und in seinen Auswirkungen mit denen der industriellen Revolution verglichen[1] - allerdings fand – findet – der durch die digitale Revolution ausgelöste Umbruch in einem ungleich kürzeren Zeitraum statt.

So hat sich etwa mit dem *Internet* innerhalb von nicht einmal zwei Jahrzehnten[2] eine neue – digitale –Technik verbreitet, die weite Teile der alltäglichen Gewohnheiten in unserer Gesellschaft verändert hat und zu Recht als ein mit der Erfindung des Buchdrucks vergleichbarer kulturrevolutionärer Umbruch gesehen wird.[3] Kaum eine andere Technologie hat sich so schnell verbreitet und wird so vielfältig eingesetzt wie das Internet.[4]

Der Begriff der *Informationsgesellschaft* steht für unsere heutige, auf Informations- und Kommunikationstechniken basierende Gesellschaft. Eine Gesellschaft, die „grundlegend geprägt ist von der Zunahme der Quantität, der Komplexität und der wirtschaftlichen und sozialen Bedeutung von Information sowie der Technologien zu ihrer Übermittlung ... Die Digitalisierung ermöglicht neue Formen der Verbreitung und Verfügbarmachung von Informationen, die letztlich darauf hinauslaufen können, dass jegliche Information zu jedem Zeitpunkt an jedem Ort empfangen werden kann. Das stellt das bisherige System klassischer Informationsangebote mit ihren relativ klar verteilten Funktionen in Frage."[5]

Da die „neuen Medienwelten" einem stetigen Wandel und dynamischen Veränderungen unterworfen sind, macht es wenig Sinn, bei der Analyse der digitalen Medien – in diesem Gutachten hinsichtlich ihrer „Herausforderungen für die Kriminalprävention" - nach der jeweiligen Konkretisierung, der Art und Form der jeweiligen Geräte („hardware") zu unterscheiden. Zumal mit der technischen Entwicklung die *Konvergenz* der Geräte einhergeht: verschiedene Anwendungen können mit unterschiedlichen Geräten

---

[1] http://de.wikipedia.org/wiki/Digitale_Revolution ; Abrufdatum 11.2.2011.

[2] Am 30.4.1993 wurde vom Kernforschungszentrum in Genf (CERN) der von dem Physiker Tim Berners-Lee für das Internet entwickelte WWW-Standard zur kostenlosen Nutzung freigegeben, ein System, in dem die Nutzer mit so genannten „Links" von einer Seite des Internets zur nächsten gelangen können. Dieses System machte das Internet sehr leicht benutzbar; in der Folge entwickelte es sich von einer Technik des Informationsaustausches einiger Weniger (Forscher und Militärs) zum Informations-, Kommunikations- und Shoppingcenter breiter Bevölkerungsschichten. Weltweit hatten 1993 1,8 Millionen Computer einen Internetanschluss; im April 2010 waren es mehr als 758 Millionen (Quelle: WWW. – drei Buchstaben verändern die Welt. Frankfurter Allgemeine Sonntagszeitung Nr. 32 vom 15.8.2010).

[3] Weiner 2011,42; 16. Shell-Jugendstudie 2010,101.

[4] ARD/ZDF-Medienkommission 2007,1.

[5] Hasebrink/Domeyer 2010,49.

genutzt werden und bestimmte Funktionen sind nicht mehr zwingend an bestimmte Geräte gebunden.[6] Beispielhaft dafür ist das *Handy* und seine Entwicklung zu einem „multifunktionalen Handy", mit dem man auch ins Internet gehen kann („mobiles Internet"), Kurzmitteilungen und eMails schreiben, Musik und Radio hören, fernsehen, Fotos und Videos machen, GPS/Ortungsfunktionen nutzen, von den unzähligen weiteren Anwendungsmöglichkeiten durch die „Apps"[7] ganz zu schweigen - unter vielem anderen kann man mit dem Handy auch telefonieren.[8]

Die neuen – digitalen – Medien sind selbstverständlich geworden und aus dem Alltag nicht mehr wegzudenken.[9] Sie dienen der Information, der Entspannung und der Unterhaltung, sind wichtige Kommunikationsplattformen.[10] Sie bieten ohne jeden Zweifel viele positive Anwendungsmöglichkeiten – allerdings auch *problematische Bereiche, Risiken und Gefahren bis hin zur Kriminalität*: „Wie im realen Leben finden sich auch in den digitalen Welten Regelverletzungen und Normverstöße bis hin zu kriminellem Verhalten".[11] Außerdem bleibt es beispielsweise bei der Nutzung des Internets und insbesondere der kommunikativen Erfahrungs- und Handlungsräume des Social Web[12] nicht aus, dass auch unangenehme Erfahrungen – etwa mit problematischen Inhalten oder negativen bzw. unerwünschten Wirkungen des eigenen Onlineverhaltens – gemacht werden.[13]

Damit ist klar: Die neuen – digitalen - Medien sind auch eine Herausforderung für die *Kriminalprävention*. Und das nicht nur in dem allgemeinen Sinne, dass noch mit jedem neuen Medium – ob mit Schrift, Buch, Film, Fernsehen oder eben jetzt mit

---

[6]   JIM-Studie 2010, 3; *Hasebrink/Domeyer* (2010, 50) weisen darauf hin, dass nur ein medienübergreifender Ansatz der zunehmenden Konvergenz und Crossmedialität heutiger Medienumgebungen gerecht werden könne.

[7]   „Applications", auf das Handy ladbare zusätzliche Anwendungsprogramme, beispielsweise Online-Dienste von Tageszeitungen, Wetterberichte, Fahrpläne u.v.m. Apple etwa betreibt den größten aller App-Stores in dem sich derzeit mehr als 350.000 kleine Programme für alle Probleme des Alltags finden (Süddeutsche Zeitung Nr. 38 vom 16.2.2011).

[8]   „Was ein Telefon ist, das hat sich doch in den letzten fünf Jahren völlig verändert. Das Telefonieren ist zur Nebensache geworden." (Aus einem Interview der Süddeutschen Zeitung vom 14.2.2011 mit Albert Shum, Microsofts Chefdesigner für die Software mobiler Geräte).

[9]   „Das Internet ist eine Basisstruktur unseres Zusammenlebens geworden" (Bundesministerium des Innern 2010).

[10]   Außerdem gilt die Informations- und Kommunikationstechnologie als der entscheidende Wachstumsmotor der globalisierten Wissensgesellschaft (Weiner 2011, 46).
„Für die Bürgerinnen und Bürger, für Wirtschaft und Wissenschaft ist ein freier, ungehinderter Zugang zum Internet von großer Bedeutung und entscheidet mit über den Wohlstand unserer Gesellschaft." (Deutscher Bundestag 2010).
„Der kompetente Umgang mit den neuen Medien und insbesondere dem Internet ist heute eine Schlüsselqualifikation ... Mindestens ebenso wichtig ist: Eine wissensbasierte Volkswirtschaft wie die deutsche kann nur mit Internet-kundigen Arbeitnehmern und Verbrauchern im internationalen Wettbewerb bestehen." (www.bmwi.de)

[11]   Bliesener 2007.

[12]   Das Web 2.0, auch Social Web oder „Mitmachnetz" genannt, besteht als Phänomen im Internet seit 2006.

[13]   Hasebrink/Lampert 2011, 9.

Computer, Handy, Internet – die Befürchtung einherging, es könne zu schweren Schädigungen bei den Nutzern führen, die Gesellschaft zum Schlechteren bringen, Moral senken, Kriminalität erhöhen.[14]

Sondern auch in einem für die digitalen Medien ganz spezifischen Sinn: Kriminalprävention setzt ein klares Verständnis darüber voraus, was als „erlaubt – nicht erlaubt" bzw. „erwünscht – nicht erwünscht" gelten soll. Voraussetzung für Kriminalprävention sind deshalb auch in der digitalen Welt Regeln: Werte, Normen, Verhaltenserwartungen und –vorschriften, Gesetze etc. Nur wenn solche Regeln grundsätzlich gegeben sind, kann Kriminalprävention die Herausforderung annehmen, Risiken und Gefahren zu vermindern, Chancen und Ressourcen zu erhöhen.

In einer digitalen Welt dagegen, die für sich in Anspruch nimmt, ein rechts- und regelungsfreier Raum zu sein, ein Raum, in dem alles erlaubt ist und nichts verboten werden darf, fehlt Kriminalprävention die für sie notwendige Voraussetzung.

0
Zusammenfassung

Neue Medienwelten – das sind die digitalen Welten, die seit dem Ausgang des 20. Jahrhunderts das gesellschaftliche Leben und das Leben des Einzelnen grundlegend verändert haben. Die neuen – digitalen –Medien, allen voran das Internet und das Handy, sind selbstverständlich geworden und aus dem Alltag nicht mehr wegzudenken. Sie dienen der Information, der Entspannung und der Unterhaltung, sind wichtige Kommunikationsplattformen. Sie bieten ohne jeden Zweifel viele positive Anwendungsmöglichkeiten – allerdings auch problematische Bereiche, Risiken und Gefahren bis hin zur Kriminalität. Damit können die digitalen Medien auch Herausforderungen für die Kriminalprävention sein.

Deshalb hat der 16. Deutsche Präventionstag die neuen Medienwelten zu seinem Schwerpunktthema gemacht – mit der Frage, ob sie Herausforderungen für die Kriminalprävention darstellen. Das Gutachten zum Schwerpunktthema gibt auf diese Frage Antworten, indem es

- zunächst die Nutzer digitaler Medien und deren Nutzungsverhalten beschreibt – als den mögliche Adressaten der Kriminalprävention,

- dann die Risiken der digitalen Medien für die Nutzer darstellt – als den möglichen Herausforderungen für die Kriminalprävention,

- um schließlich die Antworten der Kriminalprävention auf die mit den digitalen Medien für ihre Nutzer verbundenen Risiken zu diskutieren.

---

[14] Groebel 2006, 7.

Da die „neuen Medienwelten" einem stetigen Wandel und dynamischen Veränderungen unterworfen sind, macht es wenig Sinn, im Gutachten nach der jeweiligen Konkretisierung, der Art und Form der digitalen Medien zu unterscheiden. Zumal die Medienkonvergenz fortschreitet: Verschiedene Anwendungen können mit unterschiedlichen Geräten genutzt werden und bestimmte Funktionen sind nicht mehr zwingend an bestimmte Geräte gebunden. Der Schwerpunkt liegt auf dem Basismedium der digitalisierten Welt, dem **Internet**, das seit Anfang dieses Jahrhunderts eine rasante Verbreitung gefunden und sich zum universellen, multifunktionalen Kommunikations-, Informations- und Unterhaltungsmedium mit Texten, (Bewegt)Bildern und Tönen entwickelt hat.

Zu 1) Die Nutzer digitaler Medien und ihr Nutzungsverhalten

Das Internet ist Alltag geworden

2010 sind fast 50 Millionen Deutsche oder 70% der deutschsprachigen Bevölkerung ab 14 Jahren online. Drei Viertel von ihnen sind täglich im Netz. 1997 nutzten nur 6,5% der Deutschen oder 4 Millionen Onlinedienste.

Insbesondere für Jugendliche und junge Erwachsene, aber auch schon für Kinder, sind Internet und digitale Medien selbstverständliche Bestandteile des täglichen Lebens: Inzwischen nutzen alle 14- bis 19-Jährigen das Internet – 2010 ist für diese Altersgruppe die 100%-Marke erreicht, auch bei Handys besteht „Vollversorgung" –fast alle (98,4%) der 20- bis 29-Jährigen und 90% der 12- bis 13-Jährigen, knapp 70% der 10- bis 11-Jährigen und immerhin 25% der 6-bis 7-Jährigen.

Offline sind vor allem die ab 60-Jährigen mit knapp 44% Onlinenutzer bei den 60- bis 69-Jährigen und nur noch 14% bei den ab 70-Jährigen.

Web 2.0: Nutzung steigt, Interesse an aktiver Teilhabe sinkt

Kommunikation ist der zentrale Nutzungsaspekt im Internet. Entsprechend haben die **Sozialen Netzwerke** an Akzeptanz gewonnen: Fast 40% der Internetnutzer ab 14 Jahren haben ein eigenes Profil in einer Onlinecommunity und über 80% der 14- bis 19-Jährigen. Insbesondere für die Jugendlichen ist das Bewegen in Sozialen Netzwerken Bestandteil ihres Medienalltags und ein Ritual der Internetnutzung.

Auch die anderen Web 2.0 Anwendungen – wie Onlineenzyklopädien und Videoportale – werden intensiv genutzt. Allerdings hat der „Mitmachgedanke" keine Breitenwirkung entfacht. Dem wesentlichen Web 2.0-Prinzip, nach dem Mehrwert durch Partizipation entsteht, fühlt sich nur eine Minderheit verpflichtet, die beisteuert, was von der Masse abgerufen wird.

Computerspiele sind in der Mitte der Gesellschaft angekommen

Rund ein Viertel der Bevölkerung beschäftigt sich mit digitalen Spielen. Insbesondere für die junge Generation sind sie ein alltäglicher Bestandteil des Medienrepertoires:

Fast zwei Drittel der Kinder spielen, 60% der 14- bis 17-Jährigen und immerhin noch rund die Hälfte der 18- bis 19-Jährigen. Jungen bzw. Männer spielen deutlich häufiger als Mädchen bzw. Frauen. Dabei bevorzugen ältere Spieler das Solo-Spielen, wohingegen soziale Spielformen bei den Jüngeren dominieren: Das Bild vom isolierten Dauergamer, der Tag und Nacht spielt und keinerlei soziale Kontakte unterhält, ist zwar eingängig, greift aber viel zu kurz und sollte nicht länger typisch für eine ganze Generation sein.

Großes wirtschaftliches und politisches Interesse an der Nutzung digitaler Medien und dem freien, ungehinderten Zugang zum Internet
Hinter der „digitalen Revolution" und insbesondere der rasanten Entwicklung des Internets stehen ganz massive wirtschaftliche und politische Interessen. Eine wissensbasierte Volkswirtschaft wie die deutsche könne nur mit Internet-kundigen Arbeitnehmern und Verbrauchern im internationalen Wettbewerb bestehen. Den Onliner-Anteil in der Bevölkerung zu erhöhen, bedeute daher auch, den Wirtschaftsstandort Deutschland zu stärken. Die digitale Integration sei ein wichtiges Ziel, der freie, ungehinderte Zugang zum Internet von großer Bedeutung für die Bürgerinnen und Bürger, für Wirtschaft sowie Wissenschaft; er bestimme mit über den Wohlstand unserer Gesellschaft.

Diese Wertung – und die hinter ihr stehenden Interessen – wirken sich entscheidend darauf aus, ob – und wenn ja wo – im digitalen Raum, im „Internet als Medium der Freiheit", soziale, rechtliche oder anderweitige Regeln gelten, Grenzen gewollt sind und gezogen werden.

Zu 2) Risiken digitaler Medien

Wenig gesichertes Wissen über die mit dem Internet verbundenen Gefahren und Risiken
Bislang liegen nur ansatzweise verlässliche Angaben über die Risiken und Gefahren der digitalen Medien vor. Nicht nur wegen des hier – im Vergleich zur „analogen" Kriminalität - möglicherweise noch größeren Dunkelfeldes, sondern auch wegen der Neuheit vieler Gefahren im Sinne einer allgemeinen – oder auch spezifischen, etwa altersspezifischen – Bedrohung sowie der rasanten Entwicklung der digitalen Medien und den schnellen Veränderungen im Nutzer- und Nutzungsverhalten. Es fehlen breit angelegte, repräsentative kriminologische Studien ebenso wie langfristig angelegte Panel- und Längsschnittuntersuchungen – die Aufgeregtheit der Debatte um die Risiken steht in keinem Verhältnis zum Wissen über die Risiken und deren mögliche (dauerhafte) Auswirkungen.

Grundsätzlich gibt es alle (Kriminalitäts)Gefahren, die außerhalb des Internets bestehen, nun auch im Internet
Allerdings existieren im „Cyberspace" andere Rahmenbedingungen, die bewirken, dass es Bereiche und Merkmale der „Cyberkriminalität" gibt, die typisch „cyber" sind wie die Automatisierbarkeit, die räumliche Entgrenzung, die Anonymität, die

schnelle Verbreitung der Inhalte, die Kopierbarkeit und Weiterverbreitung, die Speicherung („das Netz vergisst nichts").

Hohe Aufmerksamkeit findet das Internet als Risiko für die Heranwachsenden
In der öffentlichen Wahrnehmung stellt das Internet vor allem für die Heranwachsenden ein großes Risiko dar, obwohl die erwachsenen Nutzer mindestens ebenso häufig gefährdet sind oder riskantes Verhalten zeigen. Dominierendes Thema ist neben der Debatte um die Auswirkungen von Mediengewalt, insbesondere von Gewalt in Computerspielen, der Schutz von Kindern und Jugendlichen vor sexuellem Missbrauch durch eine strikte Verfolgung der Kinderpornographie. Allerdings liegen bislang kaum verlässliche Angaben darüber vor, wie viele Heranwachsende tatsächlich schon mit problematischen Inhalten wie Pornographie und Gewaltdarstellungen in Berührung gekommen sind und welche Wirkungen das für die Heranwachsenden gehabt hat bzw. haben könnte.

Einen breiten Raum nimmt in der Diskussion um Risiken für Heranwachsende durch digitale Medien auch das Thema Cybermobbing ein, das sicherlich kein Einzelfall mehr ist und zunehmen dürfte. Gesichertes Wissen fehlt jedoch auch hier.

Gewalt- und Suchtpotenzial von Computerspielen im Fokus der Jugend-Medien-Gewalt-Debatte
Das Thema „Medien und Gewalt" hat in der Wissenschaft – wie der Politik, den Medien und der Öffentlichkeit – ungebrochen Konjunktur. Dabei wird das Risiko einer negativen, insbesondere aggressionsfördernden Wirkung von Mediengewalt auf Kinder und Jugendliche als besonders gravierend eingeschätzt. Die Befunde der Forschung sprechen jedoch dafür, dass Mediengewalt allenfalls einen moderaten Effekt hat und violente Mediendarstellungen nur einen Faktor in einem komplexen Geflecht von Ursachen für die Entstehung von Gewalt darstellen. Insbesondere haben sich auch violente Computerspiele bislang nicht als wirkungsstärker erwiesen als andere Formen der Mediengewalt. Hinsichtlich einer Computerspielsucht sprechen die bisherigen Befunde dafür, dass dieses Phänomen existiert, aber deutlich von einem intensiven Computerspielkonsum unterschieden werden muss und in seiner Häufigkeit nicht überschätzt werden sollte.

Die meisten Kinder und Jugendlichen können vernünftig mit den digitalen Medien umgehen
Allzu großzügiger Umgang mit den eigenen Daten, übermäßiger Medienkonsum, riskantes, sorgloses oder sogar strafrechtlich relevantes Verhalten wird den Heranwachsenden vorgeworfen und trifft sicherlich auch in dem einen oder anderen Fall zu. Wie in der „analogen" Welt kommt es auch in der digitalen Welt zu devianten Verhaltensweisen. Es gibt aber keinen Grund dafür anzunehmen, dass die „digitale Jugendkriminalität" anderen Bedingungen und Gesetzmäßigkeiten unterliegt als die „analoge Jugendkriminalität". Deshalb sollte sie hier wie dort mit „Augenmaß" be-

trachtet und beurteilt werden. Zumal die meisten Kinder und Jugendlichen vernünftig mit den digitalen Medien umgehen können.

Zu 3) Die Antworten der Kriminalprävention auf die Herausforderungen durch die digitalen Medien

Die spezifische Herausforderung der digitalen Medien: Weniger klare Handlungsnormen und soziale Kontrollmechanismen – das Internet als rechtsfreier Raum?
Das entscheidende – konstitutive – Merkmal von Kriminalprävention ist es, ein klares Verständnis darüber zu haben, was „erlaubt – nicht erlaubt" bzw. „erwünscht – nicht erwünscht" ist. Diese Voraussetzung ist schon in der analogen Welt, viel ausgeprägter aber noch in der digitalen Welt, in unterschiedlichem Ausmaß gegeben bzw. zu schaffen. Sie ist in der digitalen Welt nur dann gegeben, wenn (prinzipiell) Einigkeit darüber besteht, dass auch für die digitale Welt grundsätzlich die Regeln der analogen Welt gelten. Sie ist dann nicht gegeben, wenn dieser digitalen Welt ein Sonderstatus zugestanden wird, in dem „Normalitätsstandards" außer Kraft gesetzt werden: Das Internet als rechts- und regelungsfreier Raum, in dem auch die Kriminalprävention nichts verloren hat.

Kriminalprävention in der digitalen Welt: Menschen befähigen, Schutzmechanismen schaffen
Unter der Bedingung, dass ihre grundsätzlichen Voraussetzungen gegeben sind, lassen sich vor allem diese Strategien der Kriminalprävention in der digitalen Welt benennen: Kriminalprävention durch rechtliche sowie (sicherheits)technische Regelungen, Maßnahmen und Empfehlungen; Kriminalprävention durch Jugendmedienschutz; Kriminalprävention durch Medienkompetenz.

1
Die Adressaten der Kriminalprävention: Die Nutzer der digitalen Medien und ihr Nutzungsverhalten
Zur digitalen Infrastruktur und zum digitalen Nutzungsverhalten werden seit Jahren regelmäßige - zumeist jährlich wiederholte - Erhebungen durchgeführt. Der Schwerpunkt liegt dabei auf dem **Internet**, auch weil „keine neue Medienentwicklung .. die Gemüter so erregt und einen solchen Hype ausgelöst (hat) wie das Internet, das seit Anfang dieses Jahrhunderts eine rasante Verbreitung gefunden hat. Vom textorientierten Transportmittel für den Austausch von Informationen und Daten unter Insidern hat es sich inzwischen zum universellen Kommunikations-, Informations- und Unterhaltungsmedium mit Texten, (Bewegt)Bildern und Tönen entwickelt".[15] Noch nie habe ein Medium innerhalb so kurzer Zeit einen so hohen Verbreitungsgrad geschafft – das Internet könne als das „Basismedium der digitalisierten Welt" gelten.[16]

---

[15] Ridder/Engel 2010, 523.

[16] (N)ONLINER Atlas 2010, 8.

1.1
Erhebungen zur digitalen Infrastruktur und zum digitalen Nutzungsverhalten

Das Gutachten bezieht sich hinsichtlich des digitalen Nutzungsverhaltens der deutschsprachigen **Bevölkerung ab 14 Jahren** vor allem:

- Auf die **ARD/ZDF-Onlinestudienreihen**, die seit 1997 jährlich die Entwicklung der Internetnutzung sowie den Umgang der Nutzer mit den medialen Angeboten[17] in Deutschland untersuchen. Als Langzeitstudien konzipiert, umfassen sie einen weitgehend konstanten Standardteil, der die Vergleichbarkeit von den Anfängen der Internetentwicklung bis heute ermöglicht; der ‚variable' Teil des Fragenprogramms und der Stichprobenanlage wurde mehrfach modifiziert, um der Entwicklung des Internets gerecht zu werden. Bis 2009 wurde eine national repräsentative Stichprobe auf Basis der Deutschen ab 14 Jahren gebildet; 2010 wurde die Grundgesamtheit um alle in Deutschland lebenden deutschsprachigen Ausländer erweitert. 2010 umfasste die Stichprobe 2.577 Personen aus der Grundgesamtheit der 70,6 Millionen deutschsprachigen Erwachsenen ab 14 Jahren; mit 1.804 Personen – Ausschöpfungsrate 70% - konnte ein vollständiges Interview realisiert werden.[18] Für die Beschreibung der Onlinenutzer weist die Studie zwei Kennwerte aus: Diejenigen, die „zumindest gelegentlich das Internet nutzen" sowie jene, die „innerhalb der letzten vier Wochen" im Internet waren. Außerdem geht die Studie nicht nur auf die Nutzung der verschiedenen Onlineanwendungen ein, sondern auch auf die Nutzung anderer Medien wie Fernsehen, Radio und Zeitungen/Zeitschriften. Auftraggeber der Untersuchung ist die ARD/ZDF-Medienkommission.

- Auf den **(N)ONLINER Atlas** der *Initiative D21*[19] und weiterer „Sponsoren, Partner und ideeller Träger", darunter das Bundesministerium für Wirtschaft und Technologie, der seit 2001 jährlich zu „Nutzung und Nichtnutzung des Internets, Strukturen und regionaler Verteilung" erstellt wird. Befragt wird mit computergestützten Telefoninterviews eine repräsentative Stichprobe der deutschsprachigen Wohnbevölkerung ab 14 Jahren mit Festnetz-Telefonanschluss im Haushalt (2010: 30.705 Interviews). Der (N)Onliner Atlas will „auf der Basis großer Fallzahlen belastbare, empirische Informationen zu Onlinern, Offlinern und Nutzungsplanern[20] in Deutschland, ihren jeweiligen demografischen Strukturen und

---

[17] Und zwar mit allen Medien, nicht nur mit den digitalen.

[18] Van Eimeren/Frees 2010.

[19] Die **Initiative D21** ist Deutschlands größte Partnerschaft von Politik und Wirtschaft für die Informationsgesellschaft. Sie umfasst ein parteien- und branchenübergreifendes Netzwerk von 200 Mitgliedsunternehmen und - institutionen sowie politischen Partnern aus Bund, Ländern und Kommunen. Ihr Ziel ist es, die Digitale Gesellschaft mit gemeinnützigen, wegweisenden Projekten zu gestalten und Deutschland in der digitalen Welt des 21. Jahrhunderts gesellschaftlich und wirtschaftlich erfolgreich zu machen (aus den Unterlagen zur Pressekonferenz ((N)ONLINER Atlas 2010 am 8. Juli 2010; weitere Informationen unter www.initiatived21.de).

[20] Onliner= Nutzer des Internets, unabhängig von Ort und Grund der Nutzung; Nutzungsplaner= Nichtnutzer

regionalen Verteilungen, kurz: eine wichtige Grundlage für Entscheidungen in Politik, Wirtschaft, Wissenschaft und Gesellschaft" liefern.[21]

Hinsichtlich des digitalen Nutzungsverhaltens von **Kindern, Jugendlichen und jungen Erwachsenen**[22] bezieht sich das Gutachten vor allem auf die vom *Medienpädagogischen Forschungsverbund Südwest* (MPFS)[23] regelmäßig durchgeführten KIM- und JIM-Studien:

- Die Studienreihe **KIM** (Kinder+Medien, Computer+Internet) wird seit 1999 als repräsentative Basisuntersuchung zum Mediennutzungsverhalten der 6- bis 13-Jährigen durchgeführt. Zuletzt wurde Ende Februar 2011 die KIM-Studie 2010 veröffentlicht, eine repräsentative Befragung von 1.200 Kindern und deren Haupterzieher im Frühsommer 2010.

- Die Studienreihe **JIM** (Jugend, Information, (Multi-)Media) wird seit 1998 jährlich als repräsentative Studie zum Medienumgang der 12- bis 19-Jährigen durchgeführt. Als Langzeitstudie konzipiert, wird auf größtmögliche Kontinuität der Fragestellungen geachtet und die Grundkonzeption in weiten Teilen fortgeschrieben. Es werden jedoch notwendige Anpassungen an die veränderte Medienwelt vorgenommen, in der Öffentlichkeit diskutierte Themen und Entwicklungen aufgegriffen und aktuelle Fragestellungen beantwortet. Für die JIM-Studie 2010 wurde eine - für die Grundgesamtheit der etwa 7 Millionen Jugendlichen im Alter von 12 bis 19 Jahren in Telefon-Haushalten in Deutschland - repräsentative Stichprobe von 1.208 Jugendlichen telefonisch befragt. Neben Gerätebesitz, Medien- und Freizeitaktivitäten wurde auch die subjektive Wichtigkeit der Medien erhoben.[24]

Außerdem wurden berücksichtigt

- Die 2011 veröffentlichte **BITKOM-Studie „Jugend 2.0**. Eine repräsentative Untersuchung zum Internetverhalten von 10- bis 18-Jährigen".[25]

- Die Ergebnisse einer Untersuchung des Medienkonvergenz Monitoring **„Soziale Online-Netzwerke-Report 2010"**, die auf einer Onlinebefragung von mehr als

---

mit der Absicht, innerhalb der nächsten 12 Monate das Internet zu nutzen; Offliner= Nichtnutzer ohne Nutzungsplanung (N)ONLINER Atlas 2010, 9).

[21] Einführung in die Untersuchung und Methodensteckbrief (N)ONLINER Atlas 2010.

[22] In den ARD/ZDF- und Initiative D21-Studien werden nur Personen ab 14 Jahren befragt und die Altersgruppe der 14- bis 19-Jährigen auch nicht weiter differenziert. Das genaue Alter der befragten Jugendlichen ist jedoch wichtig und zu beachten, da sich gerade in Kindheit und Jugend der Medienumgang sehr rasch verändert (Hasebrink/Lampert 2011, 3).

[23] Der MPFS ist eine Kooperation der Landesanstalt für Kommunikation Baden-Württemberg (LFK) und der Landeszentrale für Medien und Kommunikation Rheinland-Pfalz (LMK); die Durchführung der Studie erfolgt in Zusammenarbeit mit dem Südwestrundfunk (SWR).

[24] JIM-Studie 2010, 3.

[25] BITKOM: Bundesverband Informationswirtschaft, Telekommunikation und neue Medien e.V.

6.000 Nutzerinnen und Nutzern sozialer Netzwerkplattformen zwischen 12 und 19 Jahren und auf qualitativen Interviews mit 31 Jugendlichen desselben Alters basieren.[26]

- Die Befunde der europaweiten Studie „EU Kids Online II", eine Befragung 9- bis 16-Jähriger zur Onlinenutzung von Kindern in Europa, insbesondere zu Risiken und negativen Erfahrungen.[27]

Alle diese Untersuchungen sind quantitativ angelegte Befragungen, überwiegend telefonisch oder online. Zum Teil werden sie durch qualitative Einzel- oder Gruppeninterviews ergänzt. In methodischer Hinsicht gelten damit alle Bedenken, die gegenüber der Methode Befragung angebracht sind. Von der Verständlichkeit der Fragen bis hin zur sozialen Erwünschtheit der Antworten. Verbessert wird die Aussagekraft bei den Langzeitstudien durch die regelmäßigen Wiederholungen und die dadurch gegebenen Kontrollmöglichkeiten bzw. durch qualitativ-orientierte Ergänzungen.

1.2
Das digitale Nutzungsverhalten der Bevölkerung ab 14 Jahren

Bei den *ARD/ZDF-Online-Studien* ist ein historischer Rückblick nicht nur möglich, sondern auch lohnenswert. Zeigt er doch, wie rasant die Entwicklung der digitalen Medien und hier insbesondere des Internets verlaufen ist und wie schwierig sie selbst für Fachleute einzuschätzen und zu prognostizieren war – was wohl auch zukünftig der Fall sein wird.

„Onlinemedien in Deutschland von qualifizierter Minderheit genutzt" – so das Fazit der **1997** zum ersten Mal durchgeführten *ARD/ZDF-Online-Studie* (in diesem ersten Jahr noch: ARD-Online-Studie).[28] 6,5% der Deutschen ab 14 Jahren oder 4,11 Millionen nutzten Onlinedienste: Vor allem Männer, auf drei Onlineanwender kam eine Anwenderin. Der „Internet-Pionier" war 20-39 Jahre alt (66%), berufstätig (69%) und formal hoch gebildet (62% Abitur bzw. Studium). Mehr als die Hälfte (59%) nutzten Onlinemedien nur am Arbeitsplatz. Die Studie vermutete eine *„ Vielzahl von Hürden für starke Ausweitung des Onlinepotentials"* : eine Ausweitung des Onlinepotentials auf einen Anteil von über 10% in der Bevölkerung werde wohl nur dann erreicht werden können, wenn verschiedenen Barrieren – wie Handhabung, Verfügbarkeit, Anschaffungs- und Nutzungskosten – abgebaut würden.

---

[26] Das Projekt Medienkonvergenz Monitoring (MeMo) wird am Bereich Medienpädagogik und Weiterbildung der Universität Leipzig durchgeführt und von der Sächsischen Landesanstalt für privaten Rundfunk und neue Medien gefördert (www.medienkonvergenz-monitoring.de).

[27] Repräsentative Befragung von über 25.000 Kindern im Alter von 9 bis 16 Jahren, die das Internet nutzen, sowie je eines Elternteils im Frühjahr/Sommer 2010 in 25 europäischen Ländern; Schwerpunkt: Risiken und negative Erfahrungen; Ziel der Untersuchung: Schaffung einer empirischen Basis für politische Entscheidungen zum sicheren Umgang mit dem Internet. Die englischsprachige Gesamtuntersuchung ist unter www.eukidsonline.net abrufbar. Für Deutschland beteiligt sich das Hans-Bredow-Institut an diesem Projekt. Ein Überblick über die europäischen Ergebnisse wurde im Januar 2011 veröffentlicht (www. hans-bredow-institut.de).

[28] van Eimeren/Oehmichen/Schröter 1997.

Bereits im nächsten Jahr der Studie – 1998 – war diese 10-Prozent-Grenze jedoch (mit 10,4% Onlinenutzern) schon überschritten, 1999 titelte die Studie „Wird Online Alltagsmedium?", 2003 wurde erstmals die 50-Prozent-Hürde überschritten (mit 53,5% Onlinenutzern); Experten hatten die mittelfristige Wachstumsgrenze für die Internetverbreitung bei rund 50% angesetzt.[29] 2004 vermutete die Studie „Internetverbreitung in Deutschland: Potenzial vorerst ausgeschöpft?" um 2006 festzustellen: „Das Internet erlebt zur Zeit – angetrieben durch schnellere Zugangswege in Verbindung mit multimedialen Anwendungen und Web 2.0 – eine zweite Gründerzeit."[30]

2010 wird als „Phase der Konsolidierung" bezeichnet: 69,4% der Personen ab 14 Jahren oder 49,0 Millionen weisen der ARD/ZDF-Onlinestudie zufolge eine gelegentliche Onlinenutzung auf: „Für die Onlinenutzer ist das Internet inzwischen ebenso Alltag wie Fernsehen, Radio und Tageszeitung, ohne das bislang ein Verdrängungswettbewerb zwischen alten und neuen Medien, zwischen linearer und nicht-linearer Nutzung festzustellen ist."[31]

Die **Struktur der Internetnutzer** und der **Internetnutzung** hat sich nach der rapiden Entwicklung der Anfangsjahre in den letzten Jahren nur wenig verändert:[32]

- Die Nutzung nach **Altersgruppen** zeigt, dass alle (100%) der 14- bis 19-Jährigen inzwischen das Internet nutzen, fast alle (98,4%) der 20- bis 29-Jährigen, neun von zehn (89,9%) der 30- bis 39-Jährigen, acht von zehn (81,9%) der 40- bis 49-Jährigen und sieben von zehn (68,9%) der 50- bis 59-Jährigen. Die Internetverbreitung liegt bei den 60- bis 69-Jährigen bei 43,6% und fällt bei den ab 70-Jährigen auf 13,9% zurück. Die „Generationenkluft", der „digitale Graben", verläuft der Studie zufolge jetzt bei den unter und den ab 65-Jährigen. Das **Durchschnittsalter** der Onliner liegt bei rund 39 Jahren (Fernsehen: 49 Jahre).

- **Geschlechtsunterschiede** („gender gaps") werden geringer: 2010 nutzen 63,5% der Frauen das Internet gegenüber 75,5% der Männer. Allerdings nutzen Männer in allen Altersklassen das Internet nach wie vor anders als Frauen: Männer sind häufiger und länger im Netz, nutzen nahezu alle Internetanwendungen häufiger als Frauen (Ausnahme: Onlinecommunities, also Social Networks bzw. Social Media wie Facebook oder die VZ-Gruppe) und neigen stärker dazu, dem Internet gegenüber anderen Medien den Vorzug zu geben.

---

[29] van Eimeren/Gerhard/Frees 2003, 338.

[30] van Eimeren/Frees 2006, 402.
2006 prägte Tim O'Reilly den Begriff Web 2.0, das „Mitmachnetz", das nach einer euphorischen Einführungsphase in eine Phase der Konsolidierung eingetreten ist. Offensichtlich fühlt sich auch nur eine Minderheit dem wesentlichen Web 2.0 -Prinzip verpflichtet, nach dem Mehrwert durch Partizipation entsteht. Der Mitmachgedanke – Weblogs, Wikipedia, Foto- und Videocommunitys, Soziale Netzwerke/ Communitys, Soziale Lesezeichensammlungen, Twitter – entfache keine Breitenwirkung, sondern bleibe beschränkt auf eine Gruppe von Onlinern, die beisteuerten, was von der Masse abgerufen werde (Busemann/Gscheidle 2010, 359ff).

[31] van Eimeren/Frees 2010, 334.

[32] van Eimeren/Frees 2010, 335ff.

- Bei den **Onlineanwendungen** werden E-Mail-Kommunikation und Suchmaschinen mit Abstand am häufigsten genutzt (84%). Ebenfalls hoch platziert bleiben die zielgerichtete Suche nach Inhalten und das Homebanking. Deutlich zurückhaltender zeigt sich die Mehrheit weiterhin bei Anwendungen, die einen **aktiveren Umgang** mit dem Internet verlangen: Der Abruf von Videos und Audios, die Teilnahme an Gesprächsforen und Newsgroups, Onlinespiele usw. zählen für weniger als ein Fünftel zur Nutzungsroutine. **Kommunikation** ist der zentrale Nutzungsaspekt im Internet, scheint sich jedoch mehr und mehr in die Sozialen Netzwerke (Social Networks) zu verlagern.

- Entsprechend haben die **Sozialen Netzwerke** weiter an Akzeptanz gewonnen – mit deutlichen altersspezifischen Unterschieden: Im Durchschnitt nutzen 32% die Onlinecommunities, bei den 14- bis 29-Jährigen sind es 79%. Inzwischen besitzen 39% ein eigenes Profil, ganz überwiegend in privaten Communities, nicht selten in mehreren.

- Hinsichtlich **Nutzungsfrequenz** und **Verweildauer** sind deutliche Anstiege festzustellen: Durchschnittlich waren die Nutzer an 5,7 Tagen in der Woche im Netz, 76% waren das „gestern" und zwar für 136 Minuten/Tag (Selbsteinschätzung). Männer sind häufiger und länger im Netz als Frauen, die längsten Verweildauerzeiten haben die 14-bis 29-Jährigen (mit 157 Minuten).

- Voraussetzung für die Nutzung der (digitalen) Medien ist die entsprechende Ausstattung mit **Geräten**: Rund drei Viertel aller Haushalte besitzen einen PC oder Laptop; zwei Drittel aller Haushalte verfügten 2010 über einen schnellen Breitbandanschluss (DSL oder VDSL). So gut wie in jedem deutschen Haushalt stehen Radios (Vollversorgung seit 50 Jahren) und Fernseher (Vollversorgung seit Mitte der 1970er Jahre).[33]

- Der durchschnittliche tägliche **Medienkonsum** (alle Medien) liegt bei etwas weniger als 10 Stunden (543 Minuten, eine Viertelstunde weniger als 2005). Die meiste Zeit wurde mit 220 Minuten/Tag dem Fernsehen gewidmet, die Radionutzung steht mit 187 Minuten an zweiter Stelle. An dritter Stelle steht die Nutzung des Internets (136 Minuten). Deutlich zurückgegangen ist das Lesen von Printmedien (mit 23 Minuten für die Tageszeitung und 22 Minuten für Bücher). Insgesamt scheint die bisher festzustellende kontinuierliche Ausweitung des **Medienzeitbudgets** gestoppt; das Budget für Mediennutzung scheint an zeitliche Grenzen zu stoßen.[34]

- Obwohl das **Internet** auch die Inhalte anderer Medien verbreiten kann, ist es heute noch kein bedeutender Verbreitungsweg für die klassischen Medien. Man könne jedoch davon ausgehen, dass die Onliner erwarten, auch die Angebote der

---

[33] ARD-Forschungsdienst 2010, 525.

[34] Ridder/Engel2010, 535. Die Daten zur „Mediennutzung im Intermediavergleich" stammen aus der *ARD/ ZDF-Langzeitstudie Massenkommunikation*, die 1964 erstmals durchgeführt wurde. Anlass damals: die mit dem Aufkommen des Fernsehens entbrannte Wettbewerbsauseinandersetzung zwischen Print- und elektronischen Medien. Die Untersuchung wird etwa alle fünf Jahre wiederholt, zuletzt 2010 (Ridder/ Engel2010, 523).

klassischen Medien Fernsehen, Radio und Tageszeitung im Netz vorzufinden –
und dass die Anbieter solcher klassischer Medieninhalte im Wettbewerb mit dem
Internet stehen.[35]

Deutlich werden Entwicklungen im Nutzerverhalten auch bei den Antworten auf die
– in der *ARD/ZDF-Langzeitstudie Massenkommunikation*[36] - seit 1970 immer wieder
gestellte „Inselfrage" („Was würden Sie sehr stark/stark vermissen ..."): 2010 führt
(wie schon 2000 und 2005) der Hörfunk die Rangreihe mit 52% an, gefolgt vom
Fernsehen mit 45%, der Tageszeitung mit 42% und dem Internet mit 38% - im Jahr
2000 hätten nur 8% der Deutschen das Internet sehr stark/stark vermisst.

Die Befunde des **(N)Onliner Atlas 2010** bestätigen hinsichtlich der Nutzung und
Nichtnutzung des Internets die Ergebnisse der ARD/ZDF-Onlinestudien und er-
gänzen sie um einige demographische Daten – etwa zum Haushaltsnettoeinkom-
men, zur Beschäftigung, zur Ortgröße, zum Bildungsabschluss – vor allem aber zu
Aspekten der regionalen Verteilung nach Regierungsbezirken und Bundesländern
(wie es die Bezeichnung „Atlas" nahe legt).[37]

Interessant ist bei dem **Vergleich** der beiden großen, repräsentativen Langzeitstudi-
en zur Onlinenutzung die „politische" Ausrichtung durch die jeweiligen Auftraggeber, die vor allem bei der Interpretation der Ergebnisse deutlich wird:

·   Hinter der *ARD/ZDF-Onlinestudie* stehen die ARD/ZDF-Medienkommission
     - und damit die Interessen von Fernsehen und Hörfunk, deren Rolle in der
     digitalen Welt, gegenüber dem Internet als Konkurrenz und Herausforderung.[38]

·   Hinter dem (N)ONLINER Atlas stehen mit der Initiative D21 ganz klare wirt-
     schaftliche Interessen deren Ziel es ist, „Deutschland in der digitalen Welt des
     21. Jahrhunderts gesellschaftlich und wirtschaftlich erfolgreich zu machen."[39]

---

[35]   Ridder/Engel 2010, 532.

[36]   Van Eimeren/Ridder 2011, 4f.

[37]   72% der Deutschen oder 48,3 Millionen Personen über 14 Jahre sind online; Männer (79,5%) deutlich
       häufiger als Frauen (64,8%), Abnahme der Internetnutzung mit steigendem Alter; Zunahme der Internet-
       nutzung mit dem Bildungsgrad; sichtbarer Zusammenhang zwischen Internetnutzung und Einkommen
       sowie Berufstätigkeit; das Stadt-Land-Gefälle bleibt grundsätzlich bestehen; Bremen sichert seinen Spit-
       zenplatz im Länderranking.

[38]   „Die ARD/ZDF-Onlinestudie 2010 zeigt, dass es keinen Verdrängungswettbewerb zwischen Fernsehen
       und Hörfunk einerseits und dem Internet andererseits gibt. Die Grenzen zwischen TV, Radio und Inter-
       net sind fließend und zwar sowohl für die Anbieter als auch für die Nutzer. Mit unseren hochwertigen
       Inhalten, die wir frei und unentgeltlich im Netz bereitstellen, kommen wir den Erwartungen der Nutzer
       entgegen, die jederzeit und überall auf diese zugreifen wollen." (So der stellvertretende Vorsitzende der
       ARD/ZDF-Medienkommission und Intendant des Hessischen Rundfunks, Dr. Helmut Reitze; www.ard-
       zdf-onlinestudie.de ; Abfragedatum: 21.11.2010).

[39]   www.initiatived21.de.
       „Eine wissensbasierte Volkswirtschaft wie die deutsche kann nur mit Internet-kundigen Arbeitnehmern
       und Verbrauchern im internationalen Wettbewerb bestehen. Den „Onliner"-Anteil in der Bevölkerung zu
       erhöhen bedeutet daher auch, den Wirtschaftsstandort Deutschland zu stärken. Für das Bundesministerium

Entsprechend steht auch im Mittelpunkt des (N)ONLINER Atlas die besorgte Frage danach, ob mit der Tatsache, dass das Internet inzwischen ein Massenmedium geworden sei, nun auch der **digitale Graben** schon zugeschüttet, die digitale Kluft schon geschlossen sei: „Aus unserer Sicht ist die Antwort jeweils ein klares „Nein" ... Die Nicht-Nutzung des Internets, dem Basismedium dieser digitalisierten Welt, bedeutet eine Nicht-Teilhabe an Informations-, Kommunikations- und Partizipationsmöglichkeiten, sowie eine Einschränkung des individuell zur Verfügung stehenden Produkt- und Dienstleistungsangebots ... Gut jeder vierte Deutsche ist auch 2010 eben noch nicht online".[40]

Diese ohne Einschränkungen positive Haltung zu einer – intensiven - Nutzung des Internets wird auch in einer *Sonderstudie der Initiative D21* im Rahmen des (N)ON-LINER Atlas zu den **„Nutzertypen"** deutlich.[41] Aus den Dimensionen „Digitales Potenzial" (Infrastruktur, Kompetenz, Wissen) und „Einstellungen und Nutzung" (Nutzungsintensität, Nutzungsvielfalt, Einstellungen)[42] werden sechs Nutzertypen gebildet: Digitale Außenseiter (28%), Gelegenheitsnutzer (28%), Berufsnutzer (7%), Trendnutzer (20%), Digitale Profis (12%), Digitale Avantgarde (5%). Nach dieser Einstufung seien knapp zwei Drittel der deutschen Bevölkerung „noch nicht in der digitalen Welt angekommen – für unsere Wissens- und Informationsgesellschaft zweifellos auf Dauer kein tragbarer Zustand".[43] Lediglich 14% der „digitalen Außenseiter" sähen in der Nutzung des Internets viele Vorteile – „um diese Gruppe von der digitalen Welt zu begeistern, muss den Außenseitern stärker als bisher der Nutzen von digitalen Medien vermittelt werden".[44]

Dass man die **Offliner-„Problematik"** auch anders sehen kann, zeigt die *ARD/ZDF-Offlinestudie*, die 2009 zuletzt vorgelegt worden ist: „Wenn im Jahr 2009 trotz einer scheinbaren Allgegenwart des Internets immerhin noch jeder dritte Deutsche keinen Internetanschluss hat, dann muss es für diese Gruppe nach wie vor zwingende Gründe geben."[45]

---

für Wirtschaft und Technologie ist deshalb die „Digitale Integration" ein wichtiges Ziel." (www.bmwi. de/BMWi/Navigation/Technologie-und-Innovation/Digitale-Welt/digitale-Gesellschaft;   Abrufdatum: 15.2.2011.

[40] (N)ONLINER Atlas 2010, 8.

[41] Initiative D21, 2010b.

[42] Dabei wertet die Studie das digitale Potenzial „durchweg positiv", während Einstellungen und Nutzung „differenzierter und neutraler" zu betrachten seien, da bei einer übermäßigen Nutzung und unreflektierten Einstellungen diese Dimension auch ins Negative umschlagen könne (2010, 8). Tatsächlich findet sich diese Differenzierung in der Beschreibung und Wertung der Nutzertypen jedoch nicht wieder. Im Gegenteil: Während die „digitalen Außenseiter" mit „wachsender Sorge" durchwegs negativ gesehen werden, kommt die nur positive Einschätzung der „digitalen Avantgarde" – fast zehn Stunden täglich am Computer, höchste Nutzungsvielfalt – schon in deren Bezeichnung zum Ausdruck.

[43] Initiative D21 2010b,4.

[44] Initiative D21 2010b,13.

[45] Gerhards/Mende 2009, 370

Die Internetdistanz sei nicht allein aus den Faktoren Alter, Geschlecht und Berufstätig-
keit zu erklären, auch wenn diese große Relevanz hätten: Knapp zwei Drittel (62,4%)
aller ab 60-jährigen Frauen und gut zwei Drittel (66,2%) aller ab 60-Jährigen – immerhin 14 Millionen Personen - sowie knapp zwei Drittel aller Nicht-Berufstätigen nutzen
kein Internet. Aus der Perspektive der MedienNutzerTypologie (MNT)[46] ließen sich
rund die Hälfte der Offliner als „Zurückgezogene" und „Häusliche" beschreiben.

Viele der heutigen Offliner hätten sich durchaus mit den Vor- und Nachteilen des
Internets auseinandergesetzt. Aber: Ihnen reichten die Informations- und Unterhaltungsangebote der traditionellen Medien wie Fernsehen, Radio und Print vollkommen
aus. Einen **Mehrwert** des Internets gegenüber diesen Medien könnten die Offliner
nicht erkennen. Das sei seit Jahren ihr Hauptargument dagegen, online zu sein: Man
brauche das Internet weder beruflich noch privat, habe weder Lust noch Zeit, sich mit
dem Internet zu beschäftigen und gebe sein Geld lieber für andere Anschaffungen aus.
Außerdem sei das Internet nach wie vor ein Medium, das viele **Gefahrenpotenziale**
in sich berge: Internet könne eine Sucht sein, problematisch seien auch die im Netz
verbreiteten Inhalte – 38% der Offliner halten die Informationen im Netz für nicht
glaubwürdig - sowie die Sicherheit der eigenen Daten.[47]

Fazit der Studie: Für eine weitere Verbreitung des Internets brauche es auf die verschiedenen Zielgruppen bzw. Nutzertypen und deren Bedürfnislage ausgerichtete Strategien und
eine die vorhandene Skepsis aufgreifende Kommunikation. Die Berührungsängste der
Offliner mit der neuen Technologie könnten durch entsprechende Kursangebote abgebaut
werden. Handlungsbedarf gebe es auch bei der Netzsicherheit und dem Datenschutz.[48]

Offline zu sein kann also seine guten Gründe haben – und das Onliner-Verhalten etwa der
„Digitalen Profis" oder der „Digitalen Avantgarde" muss nicht unbedingt vorbildhaft und
erstrebenswert sein – es sei denn aus Sicht von Politik, Wirtschaft und Medien, die tatsächlich kein „ernsthaftes Interesse an dem reflektierten, kreativen und kritischen Mediennutzer
haben, den sie unablässig als Leitbild der Mediengesellschaft vor sich hertragen ... (ein) aus
der Sicht der Medienpädagogik wohl als ausreichend medienkompetent geltende Mediennutzer wäre der lebendige Alptraum der Medienindustrie, der Medien und der Politik."[49]

---

[46]   Definition der 10 MNT bei Gerhards/Mende 2009, 367.

[47]   Gerhards/Mende 2009, 370ff. Interessant ist in diesem Zusammenhang ein Interview mit dem Entertainer
       Udo Jürgens (76) über die Lust an der Selbstentblößung im Internet, das Leben ohne Computer und seinen
       neuen Anti-Google-Song (Süddeutsche Zeitung vom 23.3.2011).

[48]   Gerhards/Mende 2009, 376.
       Ein weit verbreitetes Argument gegen das Internet, dieses mache die Menschen einsam und desorientiert,
       wurde kürzlich durch eine *Studie des ifo Institutes für Wirtschaftsforschung* widerlegt. Denn: Die Studie
       „liefert Evidenz dafür, dass das Internet (im Gegensatz zum Fernsehen) Menschen verbindet und nicht
       aus ihnen kontaktarme Sonderlinge macht ... Unsere Ergebnisse legen nahe, dass das Internet tatsächlich
       einen ursächlich positiven Effekt auf das Sozialkapital der Menschen hat." (Bauernschuster u.a. ifo
       Schnelldienst 21/2010, 16 und www.cesifo-group.de; Abfragedatum: 16.11.2010).

[49]   Weiner 2011, 46 (näheres zur Medienkompetenz in Kap. 3.5). Siehe zur Kritik an den digitalen Medien
       auch das Buch „Payback" von *Frank Schirrmacher*, mit dem er das Gefühl der digitalen Überforderung

1.3

Die „Digital Natives"

„Studien haben gezeigt, dass die meisten Kinder und Jugendlichen vernünftig mit dem Computer umgehen und die Balance zu anderen Aktivitäten durchaus finden. "[50]

Wer heutzutage aufwächst, gehört zu den so genannten *Digital Natives*[51]: Für Kinder, Jugendliche und viele junge Erwachsene sind Internet und digitale Medien selbstverständliche Bestandteile des täglichen Lebens.[52] Ihr Medien- und Kommunikationsverhalten ist Gegenstand vieler Untersuchungen: Weil ihnen bei der Mediennutzung Pioniercharakter zugeschrieben wird[53] - Jugendliche als Innovatoren bzw. Early Adopters[54] -, weil sie mit den digitalen Medien (zumindest technisch) besser umgehen können und sie intensiver nutzen als ihre Eltern – und jugendspezifisches Verhalten macht Erwachsene immer misstrauisch und besorgt -, weil sie tatsächlich durch ihren Medienkonsum unerwünschte Nebenwirkungen erleiden bzw. Risiken ausgesetzt sein könnten.[55]

Trotz dieser vielen Studien bleiben Aussagen zum Medienumgang der „Digital Natives" und seiner möglichen Folgen durch eine „doppelte Dynamik" erschwert: „Zum einen verändert sich der Medienumgang in Kindheit und Jugend sehr rasch; innerhalb weniger Monate ergeben sich zum Teil gravierende Verschiebungen in den Vorlieben und Nutzungsweisen, weshalb das genaue Alter der Jugendlichen in den verschiedenen Studien zu beachten ist. Zum andern sind die raschen Veränderungen auf der

---

aufgreift - die „Ich-Erschöpfung - wenn der Kopf nicht mehr mitkommt" – und dazu auffordert, eine aktive Rolle in der digitalen Entwicklung zu übernehmen.

[50] Interview mit dem Schweizer Medienpsychologen Daniel Süss in der Neuen Zürcher Zeitung vom 6.10.2010 (www.nzz.ch/nachrichten/panorama/die_jugendlichen_brauchen_diesen_freiraum ; Abfragedatum: 6.10.2010).

[51] „Mit der Bezeichnung ‚Digital Natives' für diese Nutzergeneration wird zum Ausdruck gebracht, dass ihnen das Internet quasi schon in die Wiege gelegt ist – im Gegensatz zu den ‚Digital Immigrants' den digitalen Einwanderern, die das Internet erst im Erwachsenenalter und mit entsprechenden Integrationsanstrengungen und –schwierigkeiten kennengelernt haben." (Ridder/Engel 2010, 523). „In die Wiege gelegt" wurde es also erst den ab etwa 1995 geborenen Kindern - was übrigens nicht heisst, dass ihnen damit auch die Medienkompetenz in die Wiege gelegt wurde (siehe dazu Kap.3.5).

[52] Editorial zu Heft 3/2011 Aus Politik und Zeitgeschichte „Jugend und Medien".

[53] Hasebrink/Lampert 2011, 3.

[54] Klingler 2008, 634.

[55] Insofern ähnelt die Diskussion „Jugend und Medien" sehr der seit Jahrzehnten geführten Diskussion zu „Jugend und (Gewalt-)Kriminalität" – einem Bereich, in dem Klagen über die Jugend offensichtlich zur Menschheitsgeschichte gehören, als traditionell sorgenvoller bis verzweifelter, ja ängstlicher Blick der Erwachsenen auf die junge Generation (Steffen 2008, 233).
So warnt etwa *Spitzer* „Vorsicht Bildschirm" und folgert aus Ergebnissen der Gehirn- und Gesundheitsforschung "Bildschirm-Medien machen dick und krank, wirken sich in der Schule ungünstig auf die Aufmerksamkeit und das Lesen lernen der Kinder aus und führen zu vermehrter Gewaltbereitschaft sowie tatsächlicher Gewalt." (2005, 281).
Süss schließlich weist darauf hin, dass „im öffentlichen Diskurs zum Verhältnis von Heranwachsenden und Medien .. drei normative Positionen (dominieren) ... ‚Kulturpessimismus', ‚Kritischer Medien-Optimismus' und ‚Euphorische Medien-Promotion'" (2004,15f.).

Ebene der Übertragungswege, der technischen Endgeräte und der angebotenen Medi-
en- und Kommunikationsdienste zu berücksichtigen, die dazu führen, dass innerhalb
weniger Monate Angebote in den Medienrepertoires von Jugendlichen eine entscheidende Rolle bekommen, die zuvor völlig unbekannt waren."[56]

So gibt es zwar Untersuchungsreihen, die wie die KIM-Studien (6- bis 13-Jährige)
und die JIM-Studien (12- bis 19-Jährige) als „Basisuntersuchungen zum Medienumgang" seit 1998 bzw. 1999 regelmäßig durchgeführt und in ihren Standardteilen
fortgeschrieben werden. Aber da mit ihnen unterschiedliche Personengruppen desselben Alters bzw. derselben Altersgruppen über die Zeit befragt werden, können sie
nur Aussagen über die Entwicklung des Medienumgangs zwischen verschiedenen
Kalenderjahren machen. Panel-Studien dagegen, also regelmäßige Erhebungen bei
denselben Personen, die im Sinne einer Lebensverlaufs- oder Entwicklungsforschung
Aussagen über den Altersverlauf des Medienumgang, seiner Chancen wie Risiken,
erlauben würden,[57] wurden bislang – soweit ersichtlich – kaum durchgeführt.[58] Außerdem sind auch viele Medienangebote – etwa die des Social Webs – erst eine viel
zu kurze Zeit auf dem „Markt" (oder schon wieder verschwunden, wie etwa „Second
Life"), um sie in Hinblick auf ihre mittel- oder gar langfristige Bedeutung für die
Heranwachsenden beurteilen zu können.

1.3.1
Kinder in der digitalen Welt

Immer wieder und schon vor der „digitalen Revolution" wurde und wird das Thema
„Kinder und Medien" in verschiedenen Zusammenhängen diskutiert: Mal wird der
Fernsehkonsum thematisiert, mal die Fragen, ob Kinder heute überhaupt noch lesen,[59]
welche Rolle das Radio angesichts der Entwicklung des MP3-Players noch spielt,
oder die Themen Abofallen beim Handy, Spielsucht, Gewaltspiele etc. Kennzeich-
nend ist für diese Diskussion, dass sie häufig nur auf Einzelfällen und individuellen
Erfahrungen basiert - und die Gesamtentwicklung wie die differenzierte Betrachtung
dieses komplexen Themas angesichts der bestehenden Befürchtungen und des berech-

---

[56]   Hasebrink/Lampert 2011, 3. Das gilt etwa für das Web 2.0, das Social Web, das erst seit Mitte der 2000er
        Jahre (2006 wurde der Begriff von Tim O'Reilly geprägt) eine Rolle spielt, aber bereits „als charakterisie-
        rendes Merkmal der heutigen Heranwachsenden angesehen wird" (Hasebrink/Lampert 2011, 3)

[57]   In der Kriminologie werden solche Paneldaten - allerdings viel zu selten, auch weil methodisch sehr auf-
        wendig – erhoben, um Aussagen über die Kontinuität bzw. den Abbruch (persistenter) Delinquenzverläufe
        machen zu können (Boers 2009; Steffen 2009, 88ff.)

[58]   Das *Kriminologische Forschungsinstitut Niedersachsen (KFN)* begleitet 3.000 Kinder über drei Jahre hin-
        weg - vom 11./12. bis zum 15./16. Lebensjahr, um diejenigen herauszufiltern, die in die Computerspiel-
        abhängigkeit hineingerutscht sind (Interview mit Christian Pfeiffer KJM 2010,149).

[59]   Die Frage nach dem Einfluss der Bildschirmmedien auf die Lesefreude und die Lesekompetenz der Her-
        anwachsenden ist ein „anhaltendes Thema in der Debatte über Kinder und Medien ... War es in den
        1920er-Jahren die Skepsis in Bezug auf die Effekte des Kinos, in den 1950er-Jahren solche der Comics, so
        waren es in den 1970er-Jahren das Fernsehen, in den 1980er-Jahren das Video und in den 1990er-Jahren
        die Computerspiele, welchen man die Verantwortung für eine abnehmende Lesekompetenz der Kinder
        zuschrieb." (Süss 2004, 15).

tigten Interesses an der Vermeidung von Fehlentwicklungen aus dem Blick geraten.[60]

Inzwischen liegen jedoch mehrere repräsentative Studien zur Mediennutzung der Kinder vor, die geeignet sind, die Diskussion durch Fakten – durchaus auch überraschende - zu versachlichen. Wobei allerdings gerade bei den Kindern die oben erwähnte rasche, altersabhängige Änderung ihres Verhaltens die Bewertung der Befunde erschwert, wenn etwa Aussagen zur Mediennutzung der – in dieser Hinsicht viel zu großen - Gruppe der „6-bis 13-Jährigen" gemacht werden. Ausgewertet wurden vor allem die umfassenden KIM-Studien, die seit 1999 wiederholt – 2010 zum achten Male – zum Medienverhalten der 6- bis 13-jährigen durchgeführt worden sind. Ergänzend herangezogen wurden die innerhalb der BITKOM-Untersuchung „Jugend 2.0" für die Altersgruppe der 10- bis 12-Jährigen gesondert ausgewiesenen Ergebnisse und die Befunde der EU-weiten Studie „EU Kids Online" für die deutschen Kinder.[61]

Ergebnisse der KIM-Studien zum Medienumgang der 6- bis 13-Jährigen

Auch im digitalen Medienzeitalter sind für die Kinder immer noch **„Freunde und Freundschaft"** am wichtigsten – nahezu alle Kinder geben diesem Bereich den ersten Platz in ihrem Interessenspektrum, Mädchen noch etwas häufiger als Jungen. Dem entspricht, dass das Treffen mit Freunden (94%) und auch das „Draußen-Spielen" zu den Lieblingsbeschäftigungen gehören. Ein großer Teil der Kinder verbringt die Freizeit auch mit der Familie (74%) oder treibt Sport (70%), knapp ein Drittel besucht eine Jugendgruppe, knapp ein Fünftel macht selbst Musik – und knapp die Hälfte liest regelmäßig Bücher (nicht für die Schule und Mädchen deutlich häufiger als Jungen).[62]

Unter den medialen Aktivitäten steht das **Fernsehen** nach wie vor an erster Stelle: 95% der Kinder sehen mindestens einmal pro Woche fern, 76% (fast) jeden Tag. Nahezu die Hälfte der Kinder (45%) hat ein Fernsehgerät, das sie selbstbestimmt im eigenen Zimmer nutzen können.[63] Ohnehin erfolgt ein großer Bereich der Mediennutzung allein und somit auch eigenständig.[64] Mit großem Abstand zu den anderen Medien geben die Kinder auch an, auf das Fernsehen am wenigsten verzichten zu können; das gilt insbesondere beim Zusammensein mit der Familie. Neben dem Fernsehen ist vor allem **Musikhören** für viele Befragte (81%) ein beliebter Zeitvertreib.

---

[60]   KIM-Studie 2010, 3.

[61]   Ausführliche Angaben zu den Untersuchungen finden sich in Kap. 1.1

[62]   KIM-Studie 2010, 9f.

[63]   Damit muss wohl der Kampf um „Keine Bildschirmgeräte in den Kinderzimmern", wie er beispielsweise von *Christian Pfeiffer* vehement geführt wird (s. dazu etwa seine Aussagen im Interview bei Stöcker 2011,17), als „verloren gegangen" angesehen werden.

[64]   Wenn Medien im familiären Rahmen genutzt werden, dann vor allem Radio und Fernsehen, während Musik hören und die Nutzung von PC- und Konsolenspielen eher im Freundeskreis stattfinden (KIM-Studie 2010,11).

Spielen ist ein wichtiges Element der Kindheit – und auch in der digitalen Welt hat das Spielen für Kinder einen hohen Stellenwert.[65] Mehr als die Hälfte der Kinder (57%) haben eine (tragbare oder fest installierte) Spielkonsole; außerdem werden Computerspiele offline gespielt, deutlich seltener online. Fast zwei Drittel der Kinder spielen regelmäßig, also mindestens einmal in der Woche, 16% täglich und knapp ein Viertel nie – mit deutlichen Unterschieden zwischen Jungen (drei Viertel regelmäßige Spieler, nur 16% Nichtspieler) und Mädchen (50% regelmäßige Spielerinnen, 32% Nichtspielerinnen). Mit dem Alter nimmt die Nutzungshäufigkeit zu: Von den 12- bis 13-Jährigen spielt knapp jeder Fünfte (fast) jeden Tag und nur 14% „nie".

Exzessive Spieler mit einer Spieldauer von mehr als drei Stunden pro Tag sind selten: 1% der 10- bis 11-Jährigen und 2% der 12- bis 13-Jährigen. Kinder informieren sich über neue Spiele vor allem (85%) im Freundeskreis – und beachten keineswegs immer die Altershinweise der USK[66], wenn sie diese denn überhaupt bemerken: Immerhin zwei Fünftel der Kinder, denen die Alterskennzeichnung schon einmal aufgefallen ist (drei Viertel der Spieler), geben an, schon einmal Spiele gespielt zu haben, für die sie eigentlich zu jung waren.[67]

Drei Viertel der Kinder nutzen **Computer**, über die Hälfte regelmäßig. Zumeist zum Spielen, zum Arbeiten für die Schule (Dinge im Internet nachlesen, Lernprogramme nutzen)[68] sowie für das Schreiben von Texten. Je jünger die Kinder sind, umso seltener können sie über einen eigenen Computer verfügen: 5% der unter 10-Jährigen, 18% der 10- bis 11-Jährigen und ein Drittel der bei den 12- bis 13-Jährigen.[69]

Auch die Nutzung des **Internets** durch die Kinder findet statt, allerdings nicht mit derselben „dynamischen Entwicklung" wie bei den Jugendlichen (s.u.): Im Schnitt nutzen 57% der Kinder das Internet zumindest selten (90% der 12- bis 13-Jährigen, 25% der 6- bis 7-Jährigen). Die Kinder, die das Internet nutzen, tun das deutlich intensiver als früher, überwiegend von zu Hause aus.[70]

---

[65] KIM-Studie 2010,44ff. Das bestätigt auch die vom Bundesministerium für Bildung und Forschung (BMBF) geförderte **Studie des Deutschen Jugendinstitutes** München (DJI) „Digital Divide – Digitale Kompetenz im Kindesalter", eine von November 2007 bis Januar 2008 durchgeführte Befragung von 1.000 Kindern im Alter zwischen 10 und 11 sowie 13 bis 14 Jahren, die bereits am DJI-Kinderpanel teilgenommen hatten.

[66] USK: Unterhaltungssoftware Selbstkontrolle, zuständig für die Prüfung der Computer- und Konsolenspiele (s.u. Kap. 3.4).

[67] KIM-Studie 2010, 50.

[68] Die **Schule** ist bei den Kindern ein wichtiger Förderer und Anlass für die Computernutzung: Knapp die Hälfte der Computernutzer kommt in der Schule mit Computern in Berührung (KIM-Studie 2010, 27ff.); woraus sich auch eine Verantwortung der Schule für die Förderung der Medienkompetenz ergibt, s.u. Kap. 3.5.

[69] KIM-Studie 2010,25.

[70] KIM-Studie 2010,30f.

Ebenso sind die **sozialen Netzwerke** inzwischen bei den Kindern angekommen: 43% (2008: 16%) nutzen zumindest einmal in der Woche Online-Communities. Zwei Fünftel der Internet-Nutzer sind in einem sozialen Netzwerk angemeldet. Mädchen häufiger als Jungen, ältere Kinder deutlich häufiger als die jüngeren. Diese Häufigkeit überrascht, da die meisten Anbieter erst ab zwölf Jahren oder noch später das Anlegen eines Profils, also eines „Steckbriefs" mit Fotos und Angaben zur Person, erlauben. Die dafür erforderlichen Daten werden von den Kindern bereitwillig eingestellt – kaum überraschend ist Datenschutz für sie ein eher schwer zugängliches Thema.[71]

Trotz der zahlreichen Kommunikationsmöglichkeiten – zu den eben genannten kommt noch das Handy, das auch bei den Kindern eine immer größere Rolle spielt[72] - bleibt das **persönliche Treffen mit den Freunden** die häufigste und üblichste Form des Austausches. Für etwa ein Drittel der Kinder zwischen 10 und 13 Jahren spielen ohnehin die Kommunikationsmöglichkeiten via Internet im Freundeskreis (noch) keine Rolle. Zwei Drittel treffen sich jeden oder fast jeden Tag „von Angesicht zu Angesicht mit ihren Freunden und zwar außerhalb der Schule". An zweiter Stelle folgt der Kontakt per Festnetztelefon, dann der Austausch per SMS oder Handy-Telefonat, online in einer Community oder per E-Mail.[73]

Mit zunehmendem Alter werden Internet, Computer und Handy deutlich häufiger als eine der drei wichtigsten Freizeitaktivitäten genannt, während Spielen, Fernsehen und Zusammensein mit Eltern und Familie an Bedeutung verlieren.[74]

Eltern und der Medienumgang ihrer Kinder

Bei Kindern – je jünger, umso ausgeprägter – wird der Medienumgang maßgeblich von ihrem unmittelbaren Umfeld geprägt, insbesondere vom Elternhaus. Es gehört zu den grundlegenden Erziehungsaufgaben der **Eltern**, ihren Kindern auch den richtigen Umgang mit den Medien zu vermitteln und vor allem auf einen altersentsprechenden Umgang mit den Medien zu achten. Nach den Ergebnissen der KIM-Studie kann davon jedoch keineswegs immer ausgegangen werden. Im Gegenteil: An der Befragung der Eltern (der Haupterzieher) wird deutlich, wie weit Theorie und Praxis im „Spannungsfeld Computer und Internet" oftmals auseinander fallen.

---

[71] KIM-Studie 2010,34ff. Nicht nur die „mangelnde Datensparsamkeit" kann ein Gefährdungspotenzial darstellen, sondern auch „unangenehme Begegnungen" beim Chatten oder die Konfrontation mit ungeeigneten Inhalten. Näheres dazu im Kap. 2.2.

[72] Bereits die 6- bis 7-Jährigen haben zu 14% ein Mobiltelefon zur Verfügung, bei den 8- bis 9-Jährigen jedes dritte Kind, bei den 10-bis 11-Jährigen fast drei Viertel und bei den 12- bis 13-Jährigen 90% (KIM-Studie 2010, 52).

[73] KIM-Studie 2010,56.

[74] KIM-Studie 2010,11. Die BITKOM-Untersuchung bestätigt diese Bedeutung des zunehmenden Alters für die Mediennutzung durch Kinder.

Obwohl die Mehrheit der Eltern[75] das Internet für eine „gefährliche Plattform für Kinder" halten, Computer sowie Internet „zunehmend ambivalent und verunsichert gegenüber stehen" und zwei Drittel sich dafür aussprechen, dass Kinder nur mit Unterstützung von **Filterprogrammen** surfen sollten, ist nur auf 14% der Computer mit Internetzugang, die auch von Kindern genutzt werden, ein Filterprogramm installiert.[76] Fast die Hälfte der Eltern (41%) lässt nach eigenen Angaben ihr Kind ohne Aufsicht ins Internet gehen.[77]

Ebenso gibt das **digitale Spielen** der Kinder den Eltern oft Anlass zu Sorge und Diskussion – gleichwohl werden diese Spiele ganz überwiegend von den Eltern ihren Kindern zur Verfügung gestellt. Und nur 12% der Befragten gaben an, „fast alle" Spiele ihres Kindes schon einmal selbst ausprobiert zu haben, 15% immerhin „eine Auswahl" von Spielen – die große Mehrheit kennt also keines der Spiele ihres Kindes aus eigener Anschauung.

Auch mit der **Vorbildwirkung** der eigenen Mediennutzung ist es nicht weit her: Als „bestes" Medium gilt nach wie vor das Buch, aber nur 12% der befragten Haupterzieher halten Bücher für sich selbst für unverzichtbar. Für mehr als die Hälfte (59%) ist dagegen das Fernsehen unverzichtbar – dem sie hinsichtlich der Nutzung durch ihre Kinder jedoch „diffuse Ängste" entgegenbringen.[78]

1.3.2
Jugendliche in der digitalen Welt

„ Das Internet hat für Jugendliche herausragende Bedeutung, aber es verdrängt nicht Freundschaften und Schule. "[79]

Digitale Medien sind für Jugendliche selbstverständliche Bestandteile des täglichen Lebens. Inzwischen ist das Internet das von ihnen am meisten genutzte Medium – Jugendliche sind die am besten vernetzte Altersgruppe[80] - und hier ist es dann das Social Web, das als charakterisierendes Merkmal der heutigen Heranwachsenden angesehen wird[81]: „Das Bewegen in Sozialen Online-Netzwerken gehört für die große Mehrheit der heutigen Jugend zum Medienalltag ... Die Zugehörigkeit zu einem oder mehreren Sozialen Online-Netzwerken ist heute eine Selbstverständlichkeit."[82]

---

[75] Vier Fünftel (81%) der befragten Haupterzieher (KIM-Studie 2010, 64)

[76] KIM-Studie 2010, 64f.

[77] Immerhin geben fast drei Viertel (72%) der Eltern an, dass bei der Anschaffung eines **Mobiltelefons** für ihr Kind – gut die Hälfte der 6- bis 13-Jährigen hat ein eigenes Mobiltelefon – die Möglichkeit zur Sperrung eines mobilen Internetzugangs „sehr wichtig/wichtig" war (KIM-Studie 2010,67f.)

[78] KIM-Studie 2010,58f.

[79] BITKOM-Präsident Scheer anlässlich der Vorstellung der Studie „Jugend 2.0" (www.bitkom. org/66700_66689.aspx ; Abrufdatum: 3.2.2011)

[80] BITKOM Presseinfo (26.1.2011)

[81] Hasebrink/Lampert 2011, 3.

[82] Schorb u.a. 2010, 7 und 67; *Schorb u.a.* verstehen unter sozialen Online-Netzwerken kommunikativ

1.3.2.1
Nutzung und Nutzungsverhalten

Während zum Zeitpunkt der ersten *JIM-Studie 1998* nur 5% der Jugendlichen[83] das Internet zumindest mehrmals in der Woche nutzten und nur 8% eine eigenes Handy zur Verfügung hatten,[84] sind zum Zeitpunkt der *JIM-Studie 2010* nicht nur die Haushalte, in denen Jugendliche heute aufwachsen, nahezu vollständig mit Computern (100%) und Internet (98%) ausgestattet, sondern inzwischen haben auch fast vier Fünftel (79%) der 12- bis 19-Jährigen einen Computer oder Laptop zur eigenen Verfügung. Der Anteil an Internet-Nutzern liegt bei 98% und zeigt keine Unterschiede hinsichtlich Geschlecht, Alter oder Bildung. Ein eigener Internetzugang, der eine mehr oder weniger selbstbestimmte Nutzung erlaubt, steht 52% der Jugendlichen zur Verfügung.[85] Und bei der Handynutzung dokumentiert die JIM-Studie 2010 „**Vollversorgung**". Praktisch jeder Jugendliche zwischen 12 und 19 Jahren hat ein eigenes Handy.

Hinsichtlich der **Wichtigkeit der Medien und ihrer Bedeutung im Alltag** rangiert die Nutzung des **Internets** allerdings für die Jugendlichen noch (etwas)[86] hinter ihrer wichtigsten Medienbeschäftigung: dem Hören von **Musik**[87]. An dritter Stelle liegt die **Handynutzung**.[88] Für fast zwei Drittel (62%) der Mädchen, aber nur ein gutes Drittel (39%) der Jungen, ist das **Lesen** von Büchern sehr wichtig/wichtig – „allen kulturpessimistischen Befürchtungen zum Trotz, hat das Medium Buch bei den Jugendlichen in den vergangenen zehn Jahren keinen Bedeutungsverlust hinnehmen müssen".[89] **Fern zu sehen ist** für 52% der Mädchen und 59% der Jungen von Bedeutung. Ein markanter Unterschied zwischen den Geschlechtern zeigt sich bei der Nutzung von **Computer-/Videospielen**: Für zwei Drittel der Jungen (63%) ist das wichtig/sehr wichtig, 55% der Jungen zählen zu den regelmäßigen (täglich/mehrmals in der Woche) Spielern; dagegen ist nur für 29% der Mädchen diese Nutzung von Bedeutung und nur 14% zählen zu den regelmäßigen Spielerinnen.[90]

Interessant sind in diesem Zusammenhang auch die Antworten der 14- bis 29-Jährigen auf die in der *ARD/ZDF-Langzeitstudie Massenkommunikation* immer wieder gestellte „Inselfrage" („Welches Medium würden Sie sehr stark/stark vermissen …"

---

orientierte Plattformen, bei denen Beziehungspflege im Mittelpunkt steht (2010, 4).

[83] In den JIM-Studienreihen sind das die 12- bis 19-Jährigen

[84] Klingler 2008, 625

[85] JIM-Studie 2010, 25; im Altersverlauf steigt die Besitzrate von 65% bei den 12- bis 13-Jährigen auf 86% bei den 18- bis 19-Jährigen an. Hinsichtlich der formalen Bildung haben 70% der Jugendlichen mit Hauptschulhintergrund einen eigenen Computer, bei Realschülern und Gymnasiasten 80%.

[86] Mit 87% der Mädchen und 86% der Jungen (JIM-Studie 2010, 13).

[87] Ist für 92% der Mädchen und 90% der Jungen wichtig bzw. sehr wichtig (JIM-Studie 2010, 13).

[88] 86% der Mädchen, 75% der Jungen (JIM-Studie 2010, 13).

[89] JIM-Studie 2010, 23.

[90] JIM-Studie 2010, 12f.

bzw. „Für welches Medium würden Sie sich entscheiden ...“). 2010 würde diese Altersgruppe 2010 vor allem das Internet vermissen (72%), gefolgt vom Fernsehen (41%), dem Hörfunk (36%) und der Tageszeitung (24%). Wenn sie sich entscheiden müssten, zeigten sich „dramatische Einbußen für das Fernsehen“: 70% würden sich für das Internet entscheiden, 16% für das Fernsehen, 9% für den Hörfunk und 1% für die Tageszeitung.[91]

Bei der **Internetnutzung** ist die Kommunikation (Online-Communities, Chat, E-Mail, Instant Messenger) das zentrale Element: Fast die Hälfte der Onlinezeit (46%)[92] entfällt auf diesen Bereich, mit 54% nutzen die Mädchen noch häufiger als die Jungen (39%) das Internet als Plattform, um mit anderen in Verbindung zu sein bzw. zu bleiben. Ein Viertel der Onlinezeit wird für „Unterhaltung“ aufgewendet (Musik, Videos, Bilder), 17% entfallen auf „Spiele“ (Jungen 24%, Mädchen 6%; mit zunehmendem Alter gehen diese Anteile deutlich zurück). Nur 14% der Nutzungszeit nimmt die Suche nach Informationen ein,[93] dieser Anteil steigt allerdings mit dem Alter.[94]

Bei der **Kommunikation** stehen 2010 die **Online-Communities** an erster Stelle:[95] Nur 16% der Jugendlichen nutzen die sozialen Netzwerke gar nicht, 71% suchen mindestens mehrmals pro Woche entsprechende Plattformen auf. Mädchen nutzen die Netzwerke häufiger als Jungen, Gymnasiasten und Realschüler häufiger als Hauptschüler, ältere Jugendliche häufiger als jüngere.[96]

Im Durchschnitt nutzen die jugendlichen Onliner 1,6 Angebote, Mädchen sind mit 1,8 genutzen Plattformen etwas vielseitiger als Jungen (mit 1,4 Angeboten). Insgesamt ist nach dem starken Zulauf, den die Communities von 2008 auf 2009 erlebten, „mittlerweile so etwas wie Alltag, Ruhe und Unaufgeregtheit eingekehrt: Das Gros der Jugendlichen hat sich inzwischen im Social Web organisiert, mit einem eklatanten Zuwachs der Intensivnutzer ist bei der derzeitigen Angebotsstruktur im Bereich der Online-Communities erst einmal nicht zu rechnen.“[97]

---

[91]   Allerdings sei, so die Studie, „dieses Ergebnis nicht mit einer Abkehr von Fernsehinhalten gleichzusetzen. Vielmehr dürfte bei einem Großteil der Befragten ... die Erkenntnis ausschlaggebend gewesen sein, dass das Internet als All-in-one-Medium jede Art der Mediennutzung erlaubt.“ (van Eimeren/Ridder 2011, 5f.)

[92]   Die tägliche Nutzungsdauer (Montag-Freitag) beläuft sich nach Selbsteinschätzung der Jugendlichen auf 138 Minuten/Tag, kein nennenswerter Anstieg gegenüber dem Vorjahr. Ein gewisser Sättigungsgrad scheint erreicht zu sein (JIM-Studie 2010, 27f.)

[93]   Obwohl Kinder und Jugendliche aller Altersgruppen „begeistert Websites mit Informationen für die Schule besuchen – mit 85 Prozent ist dieses Genre das meistgenutzte. Die Schule ist damit vermutlich der stärkste Treiber für das Internet: Sie hat dieses Medium zum normalen Bestandteil der Erziehung gemacht“ (Schneider/Warth 2010, 473)

[94]   Alle Angaben JIM-Studie 2010, 28f.

[95]   2009 stellten noch die Instant-Messenger wie ICQ oder MSN bei den Jugendlichen die häufigste Art des Informationsaustausches dar (JIM-Studie 2010, 41).

[96]   JIM-Studie 2010, 41.

[97]   JIM-Studie 2010, 42.
       Interessant sind in diesem Zusammenhang die Ergebnisse der qualitativen und quantitativen Studie „Die

1.3.2.2
Die Bedeutung der Sozialen Online-Netzwerke für Jugendliche

Die Angebote des Social Web kommen insbesondere den Bedürfnissen der Jugendlichen nach Kommunikation, Selbstdarstellung und Vernetzung entgegen[98] und helfen damit dabei, die „vordringlichsten Entwicklungsaufgaben im Jugendalter" zu bewältigen: „die Selbst- und die Sozialauseinandersetzung, also die Beschäftigung mit der Frage nach der eigenen Identität und nach der sozialen Position insbesondere in der Peer Group (Gleichaltrigengruppe). Im Vordergrund stehen also gruppenbezogene Informationsbedürfnisse,[99] es geht um den steten Abgleich, was ‚in' und was ‚out' ist, es geht um die kontinuierliche Beobachtung der sozialen Beziehungen innerhalb der Peer Group und die eigene Stellung darin. Vor diesem Hintergrund stellen Online-Communities … hoch relevante Angebote dar; gerade die 15- bis 17-Jährigen gehören zu den intensivsten Nutzern dieser Angebote."[100]

Neue Erkenntnisse zur „Aneignung von Netzwerkplattformen durch 12- bis 19-Jährige, die einen tiefer gehenden Einblick in die alltägliche Bedeutung der Sozialen Online-Netzwerke für Heranwachsende bieten und aus medienpädagogischer Sicht zentrale Fragestellungen in den Mittelpunkt rücken" liefert der *„ Medienkonvergenz Monitoring Soziale Online-Netzwerke-Report 2010 (MeMo 2010). "*[101]

Lieblings-Websites der Kids – Entstehung, Zusammensetzung und Entwicklung des Relevant Set im Internet", die von der Elements of Arts GmbH in Kooperation mit Marktforschungsinstituten durchgeführt worden ist. Dabei wird unter „Relevant Set" die Entstehung, der Aufbau und der Einfluss medialer und persönlicher Kommunikation auf die Lieblings-Websites der Kids verstanden. Der Studie zufolge nutzen die Jugendlichen nur wenige Websites, die sie regelmäßig besuchen; im Durchschnitt 5,9. Vier Faktoren seien für die „große Treue der Kids zu den bekannten Websites verantwortlich": Vertrautheit mit den Angeboten, die Peer Group, das Angebot ist altersgerecht, kein echter Bedarf nach Neuem. Man könne die Zielgruppe der Kinder und Jugendlichen als „Gewohnheitstäter" oder „Wiederholungstäter" bezeichnen, was „natürlich für Seitenbetreiber Vor- und Nachteile" habe. Um ins Relevant Set zu gelangen, müssten „die Inhalte eines Onlineangebots den Entwicklungsstand und die damit einhergehenden Interessen und Bedürfnisse der anvisierten Zielgruppe berücksichtigen". Es gelte, „die Zielgruppe dort abzuholen, wo sie sich medial oder im Hinblick auf ihre Interessen" aufhalte (Schneider/Warth 2010, 471-482).

[98]   Lampert u.a. 2009, 275; Wagner u.a. 2009; s dazu auch proJugend 2/2009 "Generation web 2.0".

[99]   Nach *Hasebrink/Domeyer* (2010, 54ff.) beziehen sich **gruppenbezogene Bedürfnisse** auf Informationen aus und über die für Menschen relevanten Bezugsgruppen. Der stete Austausch von Informationen und Erfahrungen, die Verständigung über gemeinsame Interessen und Ziele sowie die Herstellung von Vertrauen und Integration innerhalb dieser Gruppen und damit die Gemeinschaftsbildung seien wesentliche Voraussetzungen für die Positionierung der Menschen in der Gesellschaft und ihre Identitätsbildung. Im Mittelpunkt gruppenbezogener Bedürfnisse ständen soziale Funktionen wie der Austausch von Informationen und Erfahrungen, die Vernetzung von Menschen untereinander sowie die soziale Positionierung. Die neuen Kommunikationsdienste im Bereich der Social Software ermöglichten eine erhebliche Ausweitung der Reichweite der entsprechenden gruppenbezogenen Kommunikation und der damit verbundenen Community-Bildung.

[100] Hasebrink/Domeyer 2010, 60f. Siehe dazu auch die *16. Shell Jugendstudie*, die bei der „Typologie der jugendlichen Internetnutzer" zwischen „Gamern" – höchste Anteile bei den 12- bis 14-Jährigen -, „Digitalen Netzwerkern" – höchste Anteile bei den 15- bis 17-Jährigen -, den „Multi-Usern" und den „Funktions-Usern", beide Typen vor allem bei den ab 18-Jährigen (2010, 105 ff.).

[101] Schorb u.a. 2010,4. Das Projekt Medienkonvergenz Monitoring wird am Bereich für Medienpädagogik und Weiterbildung der Universität Leipzig durchgeführt und von der Sächsischen Landesanstalt für privaten Rundfunk und neue Medien gefördert. Es beobachtet aktuelle Entwicklungen in der konvergenzbezogenen

Das Bewegen in Sozialen Netzwerken – wie SchülerVZ, Facebook & Co. –, zumeist in zwei und mehr Plattformen (das gilt vor allem für weibliche und ältere Nutzer), ist für die große Mehrheit der befragten Jugendlichen Bestandteil ihres Medienalltags und ein Ritual der Internetnutzung. Nur sehr wenige Jugendliche entscheiden sich gegen eine Präsenz in Netzwerk-Angeboten – allerdings nur zum Teil aufgrund eigener Überzeugungen.[102]

Zumeist gelangen die Heranwachsenden über Freunde und Mitschüler in die Sozialen Online-Netzwerke, die „so stark in den Alltag der Gleichaltrigengruppen integriert sind, dass Jugendliche unter dem **sozialen Druck** stehen, auf diesen Netzwerkplattformen präsent zu sein."[103] Die Zugehörigkeit zu einem oder mehreren Netzwerken ist „heute eine Selbstverständlichkeit … Es ist unumgänglich, in einem Soziale Online-Netzwerk zu sein." **Hauptmotive** dafür seien „die Fortsetzung der mündlichen Kommunikation mit anderen Mitteln oder das ununterbrochene Zusammensein mit Immer-den-Selben, der Aushandlungsprozess um die Einbettung in die Gleichaltrigengruppe".[104]

Für die Heranwachsenden sind die Netzwerkplattformen „in erster Linie Plattformen zur interpersonalen Kommunikation, zum **Austausch mit Personen, die sie aus ihrem sozialen Nahraum** kennen. Die oft geäußerten Befürchtungen, Jugendliche würden in Sozialen Online-Netzwerken ein ‚zweites Leben' aufbauen, das von ihrem ‚echten Leben' weitgehend losgelöst ist, bewahrheiten sich … nicht … Das Interesse Jugendlicher gilt vornehmlich ihrer Peergroup". Die wichtigste Funktion ist die interpersonale Kommunikation und Interaktion mit Freunden und Bekannten, also die Pflege von bestehenden sozialen Beziehungen sowie der Aufbau von neuen sozialen Beziehungen und die Nutzung der Präsentations- und Kommunikationsmöglichkeiten „für die Entwicklung einer sozial anerkannten und subjektiv stimmigen Persönlichkeit". Dabei nehmen die Heranwachsenden nicht – wie oft behauptet – andere Identitäten an, sondern legen „großen Wert auf eine zumindest nach subjektiven Kriterien authentische Selbstdarstellung und auf authentisches Auftreten."[105]

In weiten Bereichen seien reale und digitale Kommunikation komplementär, die Jugendlichen „wechseln also, wenn sie kommunizieren und interagieren, nicht die

---

Medienaneignung Jugendlicher; darüber hinaus fokussiert das Medienkonvergenz Monitoring auf die Prozesse der Identitätsarbeit Jugendlicher mit dem konvergenten Medienensemble (www.uni-leipzig.de). Der **Report 2010** beruht auf einer 2008/2009 durchgeführten Onlinebefragung von mehr als 6.000 Nutzern sozialer Netzwerkplattformen zwischen 12 und 19 Jahren und auf qualitativen Interviews mit 31 Jugendlichen desselben Alters. Unter Sozialen Online-Netzwerken bzw. Netzwerkplattformen werden kommunikativ orientierte Plattformen verstanden, bei denen die Beziehungspflege im Mittelpunkt steht (Schorb u.a. 2010, 4f.).

[102] MeMo 2010,15.

[103] MeMo 2010,15f.

[104] MeMo 2010, 67ff.

[105] MeMo 2010,39f.

Handlungsräume vom realen ins virtuelle und vice versa, sondern sie bleiben im gleichen und ihrem Lebensraum, nur an unterschiedlichen Orten und unter Nutzung unterschiedlicher Instrumente ... Das **soziale Netzwerk** ist ein Kommunikations- und Interaktionsraum, der die **personale Kommunikation des realen Raums im digitalen fortsetzt.**"[106]

Die Nähe von digitaler und physischer Realität zeige sich auch darin, dass sich die soziale Realität in den Sozialen Online-Netzwerken spiegele: Es fänden sich gleiche soziokulturelle Differenzen – etwa hinsichtlich des mit der Bildung zusammenhängenden Verhaltensrepertoires -, Geschlechterunterschiede – Mädchen bewerteten die sozial-kommunikativen Funktionen der Netzwerkplattformen höher als Jungen – und Altersunterschiede. So nutzt etwa die Gruppe der Jüngeren bis ungefähr 14 Jahre „das Netz als Hilfestellung für eine ihrer wichtigsten Entwicklungsaufgaben ... sich von den dominanten Lebens- und Erziehungsinstitutionen zu emanzipieren ... Die Sozialen Online-Netzwerke sind in ihren Augen Räume, in denen sie sich in ihre Gleichaltrigengruppe einordnen und sich in ihr verankern können. Das Netz ist hier, ebenso wie der Jugendtreff, ein Ort, an dem sich unbeeinflusst von Erwachsenen die Gleichaltrigen treffen."[107]

2
Die Herausforderungen der Kriminalprävention: Risiken digitaler Medien

Die „digitale Revolution" zeigt einerseits ein enormes technisches, ökonomisches und auch freiheitliches Potenzial,[108] auf der anderen Seite sind damit aber auch Gefahren und Risiken verbunden.[109] Dabei konzentriert sich die Diskussion zum einen auf die mit dem **Internet** verbundenen Gefahren und Risiken[110]. Hinsichtlich Kri-

---

[106] Schorb u.a. 2010,66ff. Das entspricht der von *Humer* (2007, 67ff) vertretene These, dass es „ein entscheidender Fehler" sei, die digitale Welt als ‚virtuelle Welt' zu umschreiben. Denn alles, was im digitalen Raum wirke, wirke auch real. Die digitale Welt sei ein Teil der realen Welt und keineswegs ‚virtuell'.

[107] MeMo 2010,66.

[108] Eindrucksvoll deutlich wurde und wird dieses „freiheitliche Potenzial" beispielsweise an der Rolle, die das Internet oder auch Dienste wie Twitter bei den jüngsten Protestbewegungen etwa in Tunesien und Ägypten spielt(e). Bisher habe das Internet vor allem Technologie und Kommunikation verändert. In der aktuellen Phase verändere es auch Gesellschaft und Politik (Andrian Kreye: Sehnsucht nach der digitalen Revolution; www.sueddeutsche.de/digital/2.220/internet-und-demokratie-sehnsucht; Abrufdatum: 7.2.2011).

[109] „Die ‚digitale Revolution' stellt auch die Kriminologie und die internationale Kriminalpolitik vor neue Herausforderungen ... (Sie) zeigt einerseits ein enormes technisches, ökonomisches und auch freiheitliches Potential, auf der anderen Seite sind damit wie selbstverständlich auch neue Gefahren und Risiken verbundenn, zu denen verschiedene neuartige Formen abweichenden und kriminellen Verhaltens zu rechnen sind, die in der großen Mehrzahl auf die neuen (welt-)gesellschaftlichen Interaktionsformen im Internet zurückzuführen sind und für die sich immer mehr der international gebräuchliche Begriff ‚cybercrimes' durchzusetzen beginnt." (www.cyber-crime.info/eine-seite/; Abrufdatum: 16.2.2011).

[110] Das entspricht den Studien zum Mediennutzungsverhalten, bei denen auch ganz eindeutig das Internet im Mittelpunkt des Interesses steht.
„Das Internet ist ein weites Tummelfeld für Kriminelle ... Die grenzenlos schnelle Verbreitung und die vielfältige Nutzung sind nicht die einzigen Besonderheiten des Cyberspace. Eine Schwierigkeit ist ... auch, dass kriminelle Taten ohne Augenzeugen aus jeder guten Stube begangen werden können. Mit ge-

minalität und gefährlichen Verhaltensweisen kann das Internet in dreifacher Weise genutzt werden: Als Werkzeug oder **Mittel** strafbarer Handlungen (beispielsweise Verbreitung kinderpornographischen Materials, Anbahnung von Kontakten); als **Ziel** krimineller Aktivitäten (beispielsweise Malware oder Denial-of-Service-Angriffe); als **Ort** krimineller Handlungen und gefährlicher Verhaltensweisen (beispielsweise Cyberbullying).[111]

Zum andern konzentriert sich die Diskussion auf die Gefahren und Risiken, die mit der Nutzung der digitalen Medien für **Heranwachsende**, für Kinder und Jugendliche verbunden sind. Der „digitale-Medien-Risikodiskurs" ähnelt damit der von dem „herkömmlichen" medialen, kriminalpolitischen und kriminologischen Diskurs gewohnten Schwerpunktsetzung: Auch bei den „analogen" (Kriminalitäts-)Risiken stehen junge Menschen als (potenzielle) Täter und (potenzielle) Opfer im Mittelpunkt. Zwar fallen Heranwachsende überproportional häufig als Täter auf,[112] doch schon unter dem Gesichtspunkt der Deliktsschwere müsste die Erwachsenenkriminalität im Mittelpunkt des Interesses stehen.[113] Ähnliches dürfte für die digitalen Medien gelten, wenn es etwa um Wirtschaftskriminalität, Betrugsdelikte, Identitätsdiebstahl, Cyberstalking, Pornographie, Gewaltverherrlichung oder Rechtsextremismus und Rassismus geht.

Und noch eines fällt bei der Analyse der „digitalen Risiken" auf: Während in der analogen Welt traditionell das Täterrisiko betont wird – und die Opferperspektive vernachlässigt wird, insbesondere bei jugendlichen Opfern – scheinen die Internetnutzer vor allem Gefahr zu laufen, Opfer zu werden[114] – von Tätern, die sich im und hinter dem Internet verbergen, zwar da, aber im wahrsten Sinne scheinbar nicht zu „fassen" sind.

Allerdings – und das gilt für den gesamten Bereich dieser Kriminalität, nicht nur für die der jungen Täter und Opfer - sind **erst ansatzweise verlässliche Angaben über die Risiken und Gefahren der digitalen Medien** verfügbar. Nicht nur wegen des hier möglicherweise noch größeren Dunkelfeldes[115] ist die Kenntnis über die „digitale Kriminalität" deutlich schlechter als über die „analoge Kriminalität", sondern auch wegen der Neuheit vieler Gefahren im Sinne einer allgemeinen Bedrohung – erst seit

---

ringem Aufwand können große Wirkungen erzielt und Datenspuren rasch verwischt werden." (NZZOnline vom 21.9.2010; www.nzz.ch/nachrichten/schweiz/cybercrime_und_das_strafrecht; Abfragedatum: 21.9.2010).

[111] Bliesener 2007.

[112] Und auch als Opfer, zumindest im Bereich der Gewaltkriminalität; dann sind sie nicht nur Opfer von Gewalt Gleichaltriger, sondern sehr oft Opfer von Gewalt Erwachsener (Steffen 2008).

[113] Die sog. age-crime-Kurve (Altersverteilung der Kriminalität) ist allerdings keine Besonderheit der Gegenwart, sondern lässt sich nachweisen, seit es Kriminalstatistiken gibt, also seit Ende des 19. Jahrhunderts; außerdem besitzt sie universelle Gültigkeit (Steffen 2008, 234).

[114] Ausnahmen sind etwa die – häufig jungen – Täter urheberrechtlicher Verstöße (NZZOnline vom 21.9.2010; www.nzz.ch/nachrichten/schweiz/cybercrime_und_das_strafrecht; Abfragedatum: 21.9.2010)

[115] Also der Straftaten, die zwar begangen – oder zumindest versucht – werden, aber nicht bei den Instanzen der Strafverfolgung angezeigt werden und deshalb auch nicht in das Hellfeld der Kriminalstatistiken gelangen.

2003 sind über 50% der Bevölkerung online, das Web 2.0 gibt es erst seit 2006 -, wegen der rasanten Entwicklung der digitalen Medien (beispielsweise die zur Medienkonvergenz) sowie der schnellen Veränderungen im Nutzer- und Nutzungsverhalten.

2.1
Cyberkriminalität

Die Cyberkriminalität umgibt in der öffentlichen Diskussion eine Aura des Geheimnisvollen und Konspirativen."[116]

2.1.1
Begriff und Merkmale

Der Begriff „Cyberkriminalität" bezeichnet diejenige Kriminalität, die im Cyberspace[117] stattfindet. Cyberkriminalität ist in der Regel ökonomisch motivierte Kriminalität – urheberrechtliche Verstöße, Betrügereien, Industriespionage. Hinzu treten die Verbreitung von kinderpornografischen und sonstigen verwerflichen, inkriminierten Schriften, aber auch Cybermobbing und –stalking sowie die Nutzung des Internets zur Kommunikation unter Terroristen. „Cyberkriminalität ist aber nicht zur Gewaltkriminalität zu zählen und auch nicht mit dieser vergleichbar.[118] Fälle schwerster Kriminalität finden nicht im Internet statt, sondern praktisch nur leichtere bis mittlere Kriminalitätsbereiche."[119]

---

[116] Brodowski/Freiling 2011, 11; die Autoren haben, gefördert durch das Bundesministerium für Bildung und Forschung, im März 2011 eine sehr lesenswerte Untersuchung vorgelegt mit dem Ziel, „die nur diffus wahrgenommene Bedrohungslage und die individuell, politisch und gesellschaftlich gefühlte Machtlosigkeit gegenüber Cyberkriminalität ... - wenigstens ein wenig – ins rechte Licht zu rücken ... um die Informationstechnologie und den Cyberspace zu entmystifizieren" (2011,11f).

[117] Die Wendung „cyber" ist aus dem Kybernetikbegriff entstanden und stellt einen Bezug her zum Einsatz von Informations- bzw. Computertechnologie. Die Entwicklung der Cyberkriminalität ist eng verbunden mit der Entwicklung *vernetzter* Computersysteme: Herrschte zunächst ‚im Netz' ein Klima der Offenheit und Kreativität, in dem Informationen und Gedanken frei ausgetauscht wurden – dieser soziale Raum wurde ‚Cyberspace' genannt -, gewannen mit seinem Wachstum, spätestens seit Mitte der 1990er Jahre, finanzielle und kommerzielle Interessen zunehmend an Bedeutung – und damit kam auch die Kriminalität, zunächst nur vereinzelt und „eher in Form ethisch-motivierter Hacker". Heute dominiert „eine finanziell motivierte, professionelle Kriminalität den Cyberspace" (Brodowski/Freiling 2011, 11)

[118] Das dürfte nicht ganz zutreffend, wenn Cybermobbing und Cyberbullying wie Mobbing und Bullying in der analogen Welt als – allerdings überwiegend psychische und verbale - Gewaltkriminalität eingeordnet werden.

[119] Brodowski/Freiling 2011,11, 188.
Wenn mit „Fälle schwerster Kriminalität" etwa Tötungsdelikte gemeint sein sollten, trifft diese Bewertung wahrscheinlich zu. Ansonsten kommt es unter (materiellen) Schaden her bei der Cyberkriminalität auch zu sehr schweren Straftaten, etwa im Bereich des cCrime (s. KPMG 2010) oder bei „Denial of Service"-Angriffen, mit denen Dienste eines Servers durch eine mutwillig herbeigeführte Überlastung arbeitsunfähig gemacht werden (www.de.wikipedia.org/wiki/Denial_of_Service; Abfragedatum: 13.3.2011).
Eine *Studie des Fraunhofer-Instituts für Kommunikation, Informationsverarbeitung und Ergonomie* in Wachtberg bei Bonn weist auf die große Bedrohung hin, die durch **Botnetze**, tausende von verbundenen ferngesteuerten Computern entstünden. Die organisierte Kriminalität bediene sich dieser Computer-Netze, um Privatpersonen und Unternehmen finanziellen Schaden zuzufügen. Die daraus resultierenden kriminellen Gewinne überstiegen mittlerweile die Gewinne im Drogenhandel (www.fkie.fraunhofer.de/botnetstudie; Abfragedatum: 29.3.2011).
Und noch ein weiterer Hinweis auf mögliche Fälle schwerer Kriminalität: Zum 1. April 2011 hat unter Fe-

Im Prinzip gibt es jedoch alles, was es ohne das Internet gab, nun auch im Internet – allerdings existieren im Cyberspace andere Rahmenbedingungen, die bewirken, dass es „Bereiche der Cyberkriminalität gibt, die spezifisch „cyber" sind, in denen also ein Handlungsbedarf entsteht und die mit spezifischen technischen und juristischen Mitteln verfolgt werden müssen. Für alles andere sollten die Schutzmöglichkeiten in Betracht gezogen werden, die bereits ohne das Internet erfolgreich zur Anwendung kamen". Typisch „cyber" sind vor allem diese Merkmale:[120]

- *Automatisierbarkeit*: Im Cyberspace kann man Aktivitäten programmieren und durch Computer ausführen lassen. Ein konstanter Aufwand kann durch *massenhafte Ausführung ein Vielfaches an Wirkung erzielen.*

- *Flüchtigkeit*: Computerdaten sind nicht „greifbar" und „beständig", sondern regelmäßig flüchtig. Spuren verwischen so schneller als in der realen Welt.

- *Räumliche Entgrenzung*: Virtualisierung und Vernetzung führen dazu, dass programmierte Handlungen unabhängig vom realen Ort durchgeführt werden können. Prinzipiell sind nur der Ein- und Ausstiegspunkt einer Aktivität in den Cyberspace lokalisierbar, alles andere nicht. Die räumliche Entgrenzung und die dadurch verursachte inhärente Transnationalität sind „ein handfestes Problem für die transnationale Strafdurchsetzung".[121]

- *Kopierbarkeit*: Beliebige Artefakte können im Cyberspace perfekt kopiert werden, also auch Authentifizierungsinformationen. Aktivitäten können innerhalb des Cyberspace nicht mehr zweifelsfrei einer realen Identität zugeordnet werden.[122]

- *Angreifbarkeit*: IT-Systeme[123] enthalten Schwachstellen, die von Angreifern ausgenutzt werden können, um schädliches Verhalten des IT-Systems zu erzeugen.

Über die **Täter** von Cyberkriminalität gibt es wenig gesicherte Erkenntnisse.[124] Wenn die IT-Systeme als Tatmittel eingesetzt werden, kommen praktisch alle klassischen Täter auch als Cyberkriminelle in Frage (etwa bei Urheberrechtsverletzungen oder Kinderpornographie). Sind die IT-Systeme das Angriffsobjekt, dann kommen nach den Kriterien „Motivation" und „Fähigkeiten" vor allem diese Gruppen von Tätern in Frage:

---

derführung des Bundesamtes für Sicherheit in der Informationstechnologie (BSI) und mit direkter Beteiligung des Bundesamtes für Verfassungsschutz (BfV) und des Bundesamtes für Bevölkerungsschutz und Katastrophenhilfe (BBK) das Nationale Cyber-Abwehrzentrum als Bestandteil der vom Bundesministerium des Innern (BMI) erarbeiteten Cyber-Sicherheitsstrategie für Deutschland seine Arbeit aufgenommen (www.bsi.bund.de; Abfragedatum 1.4.2011).

[120] Siehe dazu und zum Folgenden Brodowski/Freiling 2011,53.
[121] Brodowski/Freiling 2011,56.
[122] Die im Internet verwendeten Identitäten müssen in keinem Zusammenhang mit der realen Identität eines Benutzers stehen. Im Cyberspace ist es viel einfacher, die Identität einer anderen Person anzunehmen, als in der realen Welt (Brodowski/Freiling 2011,53f.). Siehe zur Identitätsproblematik insbesondere auch *Humer* 2007; *Borges u.a.* 2010.
[123] IT-Systeme = Systeme der Informationstechnologie.
[124] Siehe dazu und zum Folgenden Brodowski/Freiling 2011,63f.

- So genannte Innentäter, durch die viele IT-Sicherheitsvorfälle in Unternehmen und Behörden verursacht werden.

- Im Bereich des „Hacking" sind in der Regel weltweit vernetzte kriminelle Gruppen aktiv, die nicht in das typische Raster der klassischen Kriminalität fallen.[125]

- Die so genannten „Script-Kiddies", die „Kleinkriminellen" der Cyberkriminalität sind dagegen näher am Raster der klassischen Kriminalität: Eine Gruppe von Straftätern, die zahlenmäßig zunimmt, in der Regel Personen mit mangelndem Grundlagenwissen – „schließlich wird es dem technisch ambitionierten Jugendlichen durch die starke Automatisierung und die Verbreitung von Malware-Frameworks immer leichter, menschliche Schwächen sowie technische Schwachstellen auszunutzen."

Die wesentlichen unmittelbaren **Opfer** von Cyberkriminalität sind Behörden, Regierungen, Unternehmen sowie Privatpersonen.

Schwer zu beantworten sei die Frage nach dem **Umfang** und den **Schäden** der Cyberkriminalität, nach ihrem Einfluss auf die Gesellschaft und die Wirtschaft. Dunkelfeldproblematik, übertriebene wie untertriebene Darstellungen wirkten sich negativ auf die realistische Wahrnehmung des Problems aus: „Zur Bezifferung der Schäden von Cyberkriminalität in Deutschland wäre es sinnvoll, eine breit angelegte, repräsentative, kriminologische Studie durchzuführen." Denn: „Eine evidenzbasierte Kriminalpolitik erfordert eine hinreichend verlässliche Datengrundlage, die dringend zu schaffen ist."[126]

2.1.2
Daten zum Hellfeld der digitalen Kriminalität

Zur Informations- und Kommunikationskriminalität (IuK-Kriminalität)[127] veröffentlicht das Bundeskriminalamt (BKA) jährlich ein Bundeslagebild, zuletzt für das Jahr 2009.[128] Es kommt zu der Gesamtbewertung: „Das Gefährdungs- und Schadenspo-

---

[125] Siehe zur „negativen Konnotation", den der Begriff des Hackens inzwischen bekommen hat, das Manuskript zur Sendung „Hack-Braten" des Deutschlandfunks vom 26.12.2010 (www.dradio.de/dlf/sendungen/wib/1350458/drucken/); Abrufdatum: 10.1.2011).

[126] Brodowski/Freiling 2011,75, 188; siehe zu den „negativen Erfahrungen" der Nutzer unten (2.1.3) die Ergebnisse der vom BITKOM in Auftrag gegebenen Befragung (www.bitkom.org/de/presse/66442_65010.aspx; Abfragedatum 2.3.2011); zur Computerkriminalität in der deutschen Wirtschaft die von der KPMG AG in Auftrag gegebene „e-crime-Studie 2010".

[127] „Die IuK-Kriminalität umfasst alle Straftaten, die unter Ausnutzung der Informations- und Kommunikationstechnik oder gegen diese begangen werden. Das Lagebild IuK-Kriminalität behandelt spezielle Phänomene der IuK-Kriminalität, bei denen Elemente der EDV wesentlich für die Tatausführung sind. Grundlage für den statistischen Teil des Lagebildes sind die Daten der Polizeilichen Kriminalstatistik (PKS). Grundlage für die phänomenologischen Aussagen des Lagebildes sind sowohl Erkenntnisse aus dem Kriminalpolizeilichen Nachrichtenaustausch zu ‚Sachverhalten der Kriminalität im Zusammenhang mit Informations- und Kommunikationstechnik' als auch externe Quellen." (Bundeslagebild 2009)

[128] IuK-Kriminalität Bundeslagebild 2009 – Pressefreie Kurzfassung –
Siehe zur IuK-Kriminalität auch die Vorträge und Diskussionsbeiträge auf der Herbsttagung des BKA vom

tential der IuK-Kriminalität ist unverändert hoch ... (sie) ist durch eine besondere Dynamik gekennzeichnet, weil sich die Täter veränderten technischen Gegebenheiten sehr schnell anpassen und enorme Innovationsfähigkeiten zeigen."

Fast die Hälfte der in der PKS erfassten 50.254 Fälle der IuK-Kriminalität[129] entfallen auf den Computerbetrug,[130] am zweithäufigsten ist das Ausspähen/Abfangen von Daten.

Dabei sei von einem großen Dunkelfeld auszugehen: Sei es, dass erfolgreich durchgeführte Straftaten nicht erkannt würden, sei es, dass aufgrund technischer Sicherungseinrichtungen eine große Anzahl von Straftaten über das Versuchsstadium nicht hinauskomme.

Das gestiegene Gefährdungspotenzial ließe sich an der zum Einsatz kommenden Schadsoftware, einem steigenden Ausmaß arbeitsteiligem Vorgehen sowie aus der deutlichen qualitativen Steigerung im Bereich des sog. „Social Engenieering"[131] erkennen.

Zu den im BKA-Bundeslagebild besonders erwähnten IuK-Kriminalitätsarten gehören:

- **Diebstahl digitaler Identitäten**
  Die digitale Identität definiert die persönlichen Möglichkeiten und Rechte Einzelner im Internet und ermöglicht auf diese Weise Aktivitäten im Netz. Konkret handelt es sich um alle Nutzer-Accounts, also z.b. um Zugangsdaten zu Online-Vertriebsportalen, Social-Networking Plattformen, Bankkonten u.ä.; auch Kreditkarten sind Bestandteil der digitalen Identität. Bekannt geworden ist der Identitätsmissbrauch im Internet in Deutschland seit 2004 durch das Phänomen des „Phishing" (s.u.) im Online-Banking.[132]

2010 wurde eine umfassende Studie zum „Identitätsdiebstahl und Identitätsmissbrauch im Internet. Rechtliche und technische Aspekte"[133] veröffentlicht. Schwerpunkte der Studie liegen auf der systematischen Darstellung gegenwärtiger Angriffe und der künftigen Entwicklung von Angriffen, der Bedeutung des

---

20. bis 22. November 2007 „Tatort Internet – eine globale Herausforderung für die Innere Sicherheit".

[129] Das gilt für die IuK-Kriminalität i.e.S (s.o.); weitere rund 207.000 Delikte wurden mit dem Tatmittel Internet registriert; das sind bei 6 Millionen im Jahr 2009 insgesamt registrierten Straftaten immer noch relativ geringe Häufigkeiten.

[130] Computerbetrug: Täuschungshandlungen, die gegenüber Computern oder Automaten in der Absicht begangen werden, sich einen rechtswidrigen Vermögensvorteil zu verschaffen. Tatbestandsmerkmale: Es muss eine Datenverarbeitung vorliegen, die beeinflusst wird (beispielsweise durch die unbefugte Verwendung von Daten)(de.wikipedia.org/wiki/Computerbetrug)

[131] Social Engineering: Vortäuschen eines Sachverhalts, um das Opfer zum gewünschten Verhalten, in der Regel dem Öffnen von E-Mail-Anhängen oder Ansteuern infektiöser Seiten über Links oder auch die manuelle Eingabe von entsprechenden Internetadressen zu bewegen (Bundeslagebild 2009).

[132] Borges u.a. 2010, 13.

[133] Borges u.a. 2010; die Studie entstand im Auftrag des Bundesamts für Sicherheit in der Informationstechnik und wurde vom Bundesministerium des Innern finanziert.

neuen Personalausweises und des damit ermöglichten elektronischen Identitäts-
nachweises für die Bekämpfung von Identitätsmissbrauch, der Strafbarkeit und
Strafverfolgung von Tätern sowie der Haftung für Identitätsmissbrauch.[134]

- **Phishing:**
  2009 wurden dem BKA 2.923 Sachverhalte im Phänomenbereich Phishing[135]
  gemeldet, deutlich mehr als im Vorjahr. Auch im Hinblick auf das Schadenspotenzial ist Phishing weiterhin ein Schwerpunkt im Bereich der IuK-Kriminalität.
  Die Täter erweisen sich als sehr anpassungsfähig in Bezug auf neu eingeführte
  Sicherungsmechanismen (wie der Einführung des iTan-Verfahrens) und bedienen sich bei der Verbreitung der Schadsoftware immer verfeinerter Varianten.

  Allerdings wird es für die Täter zumindest in Deutschland immer schwerer, im
  Bereich des Phishing erlangte Kontozugangsdaten auch einzusetzen.

2.1.3
Internetnutzer als Opfer von Online-Kriminalität

Im September 2010 warnten das BKA und der BITKOM[136] in einer gemeinsamen
Pressekonferenz[137] vor einer weiteren Professionalisierung von Betrugsmethoden.
Internet-Nutzer müssten sich gegen neue Formen der Online-Kriminalität wappnen.
Neben aktueller PC-Sicherheitssoftware und der Strafverfolgung werde die aktive
Mitwirkung der Internet-Nutzer immer wichtiger.[138]

Einer **Erhebung** für den BITKOM zufolge seien Viren und andere Schadprogramme
die häufigste Erfahrung mit Online-Kriminalität: 43% (22 Millionen) der deutschen
Netznutzer ab 14 Jahren gaben an, dass ihr Computer schon einmal mit Schadpro-
grammen infiziert worden sei; bei 7% (3,5 Millionen) der Nutzer wurden schon einmal persönliche Zugangsdaten– für Shops und Auktionshäuser, Online-Communities,
Foren und E-Mail-Konten - ausspioniert; 11% (6 Millionen) der Nutzer wurden durch
einen Geschäftspartner im Internet betrogen; 5% (2,5 Millionen) der Internet-Nutzer
haben einen finanziellen Schaden durch Datendiebstähle oder Schadprogramme erlit-

---

[134] Borges u.a. 2010, 13; Für *Humer* (2007, 210) ist Identitätsdiebstahl mittlerweile eines der größten Inter-
netprobleme. Milliardenschäden seien die Folge, vom Vertrauensverlust in die moderne Technik ganz zu
schweigen.

[135] „Phishing ist der Bankraub des 21. Jahrhunderts" (www.spiegel.de/netzwelt/netzpolitik/0,1518,dru
ck-694588,00.html). Als Kunstwort aus „password" und „fishing" ist „Phishing" eine Form des Identitätsdiebstahls. Fingierte E-Mails sollen den Empfänger veranlassen, persönliche Daten für das online-banking
wie Zugangsdaten, Passwörter, Transaktionsnummern usw. zu übermitteln. Mittlerweile werden zwei
Drittel der Schadcodes durch den bloßen Aufruf von Webseiten verbreitet und nur noch ein Drittel via
E-Mail. Mit der Identität des Geschädigten können online (nahezu) alle Geschäfte abgewickelt werden
(www.polizei-beratung.de).

[136] Bundesverband Informationswirtschaft, Telekommunikation und neue Medien

[137] www.bitkom.org/de/presse/66442¬_65010.aspx; Abrufdatum: 2.3.2011.

[138] Die allerdings zu wünschen übrig lässt, wie die Ergebnisse der BSI-Bürgerumfrage zur Internetsicherheit
zeigen (s.u. Kap. 3.3)

ten; 2% sind schon einmal Opfer eines Betruges beim Internet-Banking geworden, der durchschnittliche Schaden der Phishing-Fälle lag bei 3.500 €.

Der Erhebung zufolge ist die **Mehrheit der Befragten skeptisch in puncto Sicherheit**: 56% meinen, dass ihre persönlichen Daten im Internet völlig oder eher unsicher seien. Etwa jeder Vierte verzichtet aus Sicherheitsgründen auf Internetaktivitäten wie Online-Banking oder Online-Shopping – auf der anderen Seite ist jeder fünfte Internet-Nutzer ohne Virenschutz, jeder Dritte ohne Firewall. Immerhin – und anders als in „analogen" Kriminalitätsbereichen – halten nur 36% der Internetnutzer den Staat „vorrangig für den Schutz der persönlichen Daten von Internet-Nutzern" für zuständig, 55% sehen die Verantwortung bei den Internet-Nutzern selbst.[139]

2.2
Risiken digitaler Medien für Heranwachsende

„Hohe Medienaufmerksamkeit findet das Internet als Risiko für die Heranwachsenden im Zusammenhang von Themen wie Konsumerismus, Gewalt, Pornographie und sexuelle Belästigung, aber auch Rechtsextremismus und Rassismus."[140]

In der öffentlichen Wahrnehmung stellt das Internet ein großes Risiko vor allem für die Heranwachsenden dar:[141] Allzu sorgloser Umgang mit den eigenen Daten, Auswirkungen von Gewaltdarstellungen und insbesondere von Computerspielen auf das eigene Verhalten, übermäßiger Medienkonsum bis hin zur Computersucht, Konfrontation mit Pornographie und sexueller Belästigung, Rechtsextremismus und Rassismus, Cybermobbing und Cyberbullying, aber auch Verletzung von Persönlichkeits- und Urheberrechten, um nur die wichtigsten Risiken zu nennen, denen Heranwachsende als Opfer – der eindeutige Schwerpunkt der vorliegenden Studien liegt auf den Gefährdungsaspekten für Kinder und Jugendliche -, aber auch als Täter im Netz ausgesetzt sein können.[142] Allerdings sind **erst ansatzweise verlässliche Angaben** darüber verfügbar, wie viele Heranwachsende tatsächlich mit solchen problematischen Inhalten schon in Berührung gekommen sind bzw. riskantes, sorgloses oder sogar strafrechtlich relevantes Verhalten zeigen.[143]

---

[139]   Alle Angaben aus dem „BITKOM Statement IT-Kriminalität Prof. Kempf" bei der o.g. Pressekonferenz.

[140]   Bonfadelli 2010.

[141]   Insbesondere die Diskussion über das Social Web ist von dieser risikozentrierten Perspektive geprägt, beispielsweise durch Warnungen vor Cybermobbing, Datenexhibitionismus und Verunglimpfung von Lehrern (Lampert u.a. 2009,276).
       Allerdings sind die Erwachsenen, was sicheres Verhalten im Netz angeht, auch nicht gerade vorbildhaft, s.o.

[142]   Einen ausgezeichneten Überblick über die Gefahren für Kinder und Jugendliche (mit Präventionstipps) gibt die Broschüre „Im Netz der neuen Medien. Eine Handreichung für Lehrkräfte, Fachkräfte in der außerschulischen Jugendarbeit und Polizei" des *Programms Polizeiliche Kriminalprävention* (vom Dezember 2010). Für die Zielgruppe der jungen Nutzer selbst ist von der *Initiative „klicksafe"* die Broschüre „Spielregeln im Internet. Durchblicken im Rechte-Dschungel" erstellt worden, die auf die häufigsten Risiken eingeht und aus der Sicht der Internetnutzer über die eigenen Rechte und Pflichten informiert, aber auch über die der anderen Internetnutzer (2010).

[143]   Solche Angaben sind etwa der Untersuchung „EU Kids Online" zu entnehmen, der BITKOM-Studie „Ju-

So kommt etwa die Untersuchung „**EU Kids Online**"[144] insgesamt zu dem Ergebnis, dass „Kinder nicht so häufig mit den Risikobereichen wie Cybermobbing oder sexuellen Inhalten und Belästigungen in Kontakt kommen, wie man es durch die umfangreiche Medienberichterstattung zu diesem Thema erwarten könnte. Immer noch werden Kinder deutlich häufiger im realen Leben, also z.B. auf dem Schulhof, als im Internet gemobbt."[145] Außerdem führten Risiken nicht unbedingt zu negativen Erfahrungen; so würden insbesondere Risiken mit sexuellen Inhalten nur von wenigen Kindern als verletzend wahrgenommen. Im europäischen Vergleich kämen die deutschen Kinder offenbar eher selten mit Risiken des Internets in Kontakt; das liege aber auch daran, dass sie das Internet etwas weniger häufig und auch weniger vielfältig nutzten.

Aus **Sicht der Jugendlichen**[146] selbst sind die größten Gefahren im Internet die Sorge vor Abzocke und Betrug (44%), vor Viren (42%), vor Datenklau bzw. dem Missbrauch von Daten (28%) und vor Cybermobbing (25%). Die großen Sorgen der Erwachsenen – vor Pädophilen, vor falschen bzw. gefährlichen Leuten im Netz – teilen dagegen nur jeweils 5% der befragten Jugendlichen. Dabei sehen die Jungen vor allem Probleme und Gefahren „technischer" Art, vor denen sie sich durch die Installation von Virenschutzprogrammen zu schützen versuchen. Mädchen sind besorgter, wenn es um eher „persönliche" Bereiche geht – „wenig von sich preisgeben" ist deshalb die von ihnen gewählte Schutzoption.

Auf ein **ganz spezifisches Risiko** für Jugendliche, insbesondere in den sozialen Netzwerken, das selten problematisiert wird, weist der Soziale Online-Netzwerke-Report 2010 hin:[147] Regelverletzendes Verhalten als Konstituens von Jugend[148] findet selbstverständlich auch in Sozialen Online-Netzwerken statt.

---

gend 2.0", den Studien „Gewalt und Porno im Web 2.0" der Hochschule der Medien Stuttgart (Grimm 2011), dem MeMo 2010 (Schorb u.a. 2010), und der JIM-Studie 2010, die nach „Gefahren im Internet aus der Sicht der Jugendlichen" fragt – ein Aspekt, der zumeist unberücksichtigt bleibt.
Im Auftrag des Bundeskriminalamtes wurde vom Methodenzentrum der **Universität Koblenz-Landau** 2009 eine Untersuchung zu „Sicherheitsrisiken für Computeranwender im häuslichen Umfeld durch kindliche und jugendliche PC-Nutzer (SirUP)" durchgeführt mit dem Ziel, bei gemeinsam genutzten Computern das Nutzungsverhalten von Kindern und Jugendlichen im Internet mit Blick auf die Gefahren für weitere Nutzer aus ihrem unmittelbaren Lebensumfeld zu untersuchen (Bundeskriminalamt 2010c).

[144] Gesamtbericht „Risks and safety on the internet"
(www.eukidsonline.net); Zusammenfassung der Ergebnisse
unter www.hans-bredow-institut.de/webfm send/521.
In dieser repräsentativen Untersuchung wurden rund 25.000 europäische Kinder zwischen 9 und 16 Jahren und je ein Elternteil aus 25 Ländern zu ihren Erfahrungen im Umgang mit dem Internet befragt. Im Fokus der Untersuchung standen vor allem Onlinerisiken wie Pornographie, Cybermobbing und Internetkontakte mit nicht persönlich bekannten Personen.

[145] Interview SCHAU HIN! vom 31.1.2011 mit Claudia Lampert, die für das Hans-Bredow-Institut im deutschen EU Kids Online-Forschungsteam mitgearbeitet hat.

[146] JIM-Studie 2010, 46ff.

[147] Schorb u.a. 2010, 70ff

[148] Siehe dazu etwa die „Wiesbadener Erklärung" des 12. Deutschen Präventionstages 2007: „Jugendliche haben noch zu allen Zeiten Grenzen überschritten, Sanktionsspielräume ausgetestet, Abenteuer im Rahmen ihrer Möglichkeiten gesucht und Anerkennung unter Gleichaltrigen angestrebt. Dabei ist es schon immer zu Normverstößen, also auch zu grundsätzlich strafrechtlich relevanten Verhaltensweisen, gekommen."

Aber während die Verfehlungen von Jugendlichen im realen Raum als (fast) „notwendig" gelten und mit dem Heranwachsen in Vergessenheit geraten („Jugendsünden"), gilt das nicht für solche im Netz. Hier begleite die „Jugendsünde" den Menschen zu jeder Zeit und an jedem Ort seines Lebens.

Da die Jugendlichen jedoch reales Handeln und das Handeln auf Netzwerkplattformen gleich setzten, implizierten sie auch gleiche Erfahrungsmuster und Handlungsfolgen für beide Bereiche. „Dies bedeutet, dass die unterschiedlichen Folgen gleichen Handelns in den beiden Sozialbereichen nicht ins Bewusstsein der jugendlichen Akteure treten. Sie begehen die gleichen Regelübertretungen ohne zu reflektieren, dass es im Netz keinen Ort und keine Zeit des Vergessens gibt."

2.2.1
Konfrontation mit und Wirkungen von Gewalt

Zwar sind, wie gezeigt, die mit der Nutzung des Internets verbundenen Risiken vielfältig und lassen sich nicht auf Auswirkungen von Gewaltdarstellungen auf das (Gewalt)Verhalten der Nutzer reduzieren[149], gleichwohl gehören Theorien und Studien zu den Wirkungen von Fernsehen und Internet auf Gewalt zu den traditionellsten Beziehungshypothesen im Zusammenhang von Medien und Kriminalität.[150]

2.2.1.1
Konfrontation mit Gewalt

Bevor auf die Debatte um Mediengewalt und ihre Auswirkungen vor allem auf junge Menschen eingegangen wird, sollte geklärt werden, in welchem Ausmaß Heranwachsende mit Gewalt in den digitalen Medien konfrontiert werden und in welchem Ausmaß sie diese Gewalt „konsumieren". Diese Klärung ist allerdings nicht so einfach – wieder einmal wird der Kontrast deutlich, der zwischen der Aufgeregtheit der Debatte um Risiken in den digitalen Medien vor allem für junge Menschen und dem (gesicherten) Wissen darüber besteht.

Die *JIM-Studien* fragen in diesem Zusammenhang nur nach der Nutzung von gewalthaltigen Computerspielen (s.u.). *Jugendschutz.net* berichtet zwar über die Ergebnisse der Recherchen und Kontrollen auch hinsichtlich des Risikos „Ungeeignete Inhalte" – wie Rechtsextremismus, Islamismus, Gewaltfilme und Hip-Hop (=Gewaltverherrlichung und Pornographie auf Videoportalen) - und dokumentiert 2009 beispielsweise 420 Fundstellen in Suchmaschinen, die zu Exekutionsvideos führten oder 212 pornographische und gewaltverherrlichende Videos auf Videoplattformen wie YouTube. Es belegt seine Aussage „Darstellungen extremer Gewalt sind im Internet für Jugendliche leicht zugänglich" jedoch nicht mit Angaben darüber, wie oft Jugendliche diesen Zugang zu Gewaltfilmen und anderen Gewaltdarstellungen tatsächlich - zufällig oder

---

[149] So auch Gugel 2011, 18.
[150] Groebel 2006, 7.

absichtlich - finden.[151]

Auch die 2008 veröffentlichte Studie „*Gewalt im Web 2.0*"[152] geht im Schwerpunkt auf andere Themen ein, etwa darauf

- wie Jugendliche an Gewaltvideos im Internet gelangen – nämlich zu 70% gezielt über ihre Peergroup, am zweithäufigsten über Links, immerhin die Hälfte „zufällig" und ein Drittel über Suchmaschinen oder öffentliche Chats;

- mit welcher Art von Gewalt sie konfrontiert werden – nämlich zumeist mit fiktionaler Gewalt, aber zur Hälfte auch mit als echt oder authentisch einzustufenden Videos (Krieg, Folter, Hinrichtungen, Unfälle mit Unglücksopfern), die nach allen Erkenntnissen ein höheres Wirkungsrisiko bei Kindern und Jugendlichen haben;

- wie sie darauf reagieren – nämlich besonders beeindruckt von Darstellungen extremer realer Gewalt und extremer realer Verletzungen sowie von Szenen, bei denen sie sich mit dem gezeigten Opfer oder der Situation stark identifizierten;

- warum sie Gewaltvideos konsumieren – aus Unterhaltungs- und Sensationssuche, aber auch wegen der Faszination der schrecklichen Bilder, aus Lust an der Angst und um den „Kick" des Aushaltenkönnens.

Aber die Studie macht auch Angaben dazu, ob die befragten 12- bis 19-jährigen schon einmal Gewalt im Netz gesehen haben: Das gilt (2008) für 25% derjenigen, die das Internet nutzen. 48% der Befragten hat Freunde oder Mitschüler, denen gewalthaltige Seiten bekannt sind.[153]

2.2.1.2
Wirkungen von Gewalt

„Das Thema ‚Medien und Gewalt' hat in der Wissenschaft ungebrochen Konjunktur und beschäftigt die unterschiedlichsten Disziplinen."[154] Dabei wird das Risiko einer negativen, insbesondere aggressionsfördernden Wirkung von Mediengewalt auf Kinder und Jugendliche – im Vergleich zum Risiko für Erwachsenen – als besonders gravierend eingeschätzt.[155]

---

[151] Jugendschutz.net Bericht 2009,9f.
        In der vom *Kriminologischen Forschungsinstitut Niedersachsen* 2007/2008 durchgeführten Befragung von ca. 45.000 Schüler/innen der 9. Jahrgangsstufe gaben ca. 90% an, „mindestens selten" Gewalt- oder Horrorfilme (ab 18 Jahren) gesehen zu haben (Baier u.a. 2010,25).

[152] Grimm u.a. 2009.

[153] (Erhebliche) Unterschiede in der Angabe der Häufigkeiten, mit denen man selbst bzw. Freunde solche Seiten kennen, sind ein Hinweis auf den so genannten „Third-Person-Effekt" – ein Phänomen der verzerrten Wahrnehmung, dass andere Menschen einer Beeinflussung oder schlechten Eigenschaft sehr viel häufiger unterliegen als man selbst. Dieser Effekt wiederum deutet darauf hin, dass „man selbst", also die befragten Jugendlichen, tatsächlich (sehr viel) häufiger als angegeben gewalthaltige Seiten kennen (JIM-Studie 2010,40).

[154] Kunczik/Zipfel 2010 a, 15.

[155] Möller 2011, 19.

„Eingeschätzt" trifft nach wie vor den Kern der „Medien-Gewalt-Debatte": Denn die meisten der Untersuchungen zu den Wirkungen von Mediengewalt sind „kurzfristige Momentaufnahmen", während Langzeit- bzw. Panelstudien, in denen dieselben Probanden über einen längeren Zeitraum hinweg mehrfach befragt werden, aufgrund des hohen zeitlichen und finanziellen Aufwandes noch immer die Ausnahme sind, auch wenn ihre Zahl in den letzten Jahren deutlich zugenommen hat. Darunter finden sich inzwischen auch einige deutsche Untersuchungen. Nur solche Studien bieten die Möglichkeit, kumulative Effekte zu untersuchen und Aussagen über die **Kausalrichtung des Zusammenhangs** von Mediengewalt und Gewaltverhalten zu machen: Macht mediale Gewalt aggressiv (Wirkungsthese), sind es eher gewalttätige Individuen, die sich zu entsprechenden Inhalten hingezogen fühlen (Selektionsthese) oder gibt es Hinweise für beide Wirkungsrichtungen (Wechselwirkungsprozess im Sinne einer Abwärtsspirale).[156]

Angesichts der Fülle und Vielfalt der Publikationen ist eine regelmäßige **Bestandsaufnahme** sinnvoll - eine Aufgabe, der sich *Kunczik* und *Zipfel* bereits zum zweiten Mal im Auftrag des Bundesministeriums für Familie, Senioren, Frauen und Jugend gestellt haben: Ihr 2004 vorgelegter Bericht „Medien und Gewalt" stellte die Befunde der Forschung seit 1998 dar, der 2010 veröffentlichte Bericht „Medien und Gewalt" die Befunde der Forschung 2004 bis 2009.

Diese systematische und methodenkritische Recherche der zwischen 2004 und 2009 (und einiger Anfang 2010) veröffentlichten deutsch- und englischsprachigen Publikationen aus allen an der Medien-und-Gewalt-Forschung beteiligten Disziplinen, kommt für die negativen Auswirkungen medialer Gewaltdarstellungen[157] auf die Entstehung von Aggression sowie die Auslösung von Angst zu diesen **Ergebnissen**[158] und **Schlussfolgerungen**:

-   Bedauerlicherweise habe die **Nutzungsperspektive** in der Medien-und-Gewalt-Forschung bislang deutlich weniger Aufmerksamkeit gefunden als der Wirkungsaspekt, obwohl die Kenntnis der Zuwendungsmotive zu violenten Medieninhalten eine wichtige Voraussetzung dafür sei, um Verarbeitungsmechanismen und schließlich auch Effekte von Mediengewalt verstehen zu können.[159]

-   In Bezug auf **Wirkungsmechanismen** von Mediengewalt greife die heutige For-

---

[156]   Kunczik/Zipfel 2010a, 382f.; Darstellung und Bewertung der deutschen Langzeituntersuchungen 398ff.

[157]   Dem Fokus der Forschung entsprechend liegt der Schwerpunkt auf Ergebnissen zur Film- und Fernseh- sowie zur Computerspielgewalt. Internet- und Handygewalt wird nur insoweit berücksichtigt, wie es um Effekte auf diesem Wege vermittelter Gewaltdarstellungen geht. Die Bedeutung von Internet und Handy als Mittel der Gewaltausübung (Cyber- bzw. Mobile Bullying) ist nicht Gegenstand des Berichts (Kunczik/Zipfel Kurzfassung 2010a, 2).

[158]   Siehe zum Folgenden Kunczik/Zipfel 2010 a, 470ff.

[159]   Nutzungsmotive bei Heranwachsenden könnten beispielsweise die Integration in die Peer-Group sowie die Möglichkeit des Experimentierens im Rahmen von Identitätsbildungsprozessen sein (Kunczik/Zipfel 2010 a, 470).

schung im Wesentlichen auf dasselbe Repertoire an Theorien zurück, wie das in der Vergangenheit der Fall gewesen sei.

- Die Annahme, dass **Mediengewalt nicht unter allen Umständen für jeden Rezipienten gleich gefährlich** sei, könne mittlerweile als in der Forschung allgemein akzeptiert gelten.

- Dementsprechend läge ein deutlicher Schwerpunkt aktueller Studien auf verschiedenen **Einflussgrößen**, die den Zusammenhang zwischen Gewaltdarstellungen und Rezipientenaggression moderierten, wie etwa die Person des Rezipienten und sein soziales Umfeld, inhaltliche Eigenschaften der Gewaltdarstellungen, situative Bedingungen ihrer Nutzung sowie Besonderheiten des Mediums, in dem Gewaltdarstellungen präsentiert werden.

- Gut abgesichert sei der Befund, demzufolge das **soziale Umfeld** einen ganz zentralen Einflussfaktor darstelle: „Als stärker gefährdet gelten Kinder, die in Familien mit einem hohen bzw. unkontrollierten Medien(gewalt)konsum aufwachsen und in Familie, der Schule und/oder ihrer Peer-Group auch in der Realität viel Gewalt erleben (so dass sie hierin einen normalen Problemlösungsmechanismus sehen) bzw. Entfremdungs- und Ausgrenzungserfahrungen machen."[160]

- Als besonders gefährdet könnten auch Personen gelten, bei denen sich Einstellungen und Verhaltensmuster bereits zu einer **aggressiven Persönlichkeit** verfestigt hätten, was wiederum mit einer Präferenz für violente Inhalte einhergehe und in einem Wechselwirkungsprozess münde.

Die **Insgesamt-Bewertung** der Autoren:

„Das Gesamtmuster der Befunde spricht dafür, dass **Mediengewalt** einen Einfluss auf die Aggression des Rezipienten haben kann, der **Effekt allerdings allenfalls als moderat** einzuschätzen ist und violente Mediendarstellungen nur *einen* Faktor in einem **komplexen Geflecht von Ursachen** für die Entstehung von Gewalt darstellen. Hieraus folgt auch, dass **einfache Lösungen**, die nur an einer Stelle (wie z.B. dem Konsum violenter Computerspiele ansetzen) **zu kurz greifen**. Darüber hinaus ist zu konstatieren, dass diverse, z.T. miteinander interagierende inhaltliche und rezipientenbezogene Faktoren den Zusammenhang zwischen Mediengewalt und Gewaltverhalten moderieren. Aus diesem Grund ist eine **differenzierte Betrachtung des Risikopotentials verschiedener Arten von Mediengewalt und der Gefährdung verschiedener Personengruppen** erforderlich. In diesem Zusammenhang ist festzuhalten, dass sich violente Computerspiele entgegen allgemeiner Annahmen bislang nicht als wirkungsstärker erwiesen haben als andere Formen von Mediengewalt und dass es **insbesondere problematische soziale Umfelder** (v.a. eigene Gewalterfahrung in der Familie) sind, die das Wirkungsrisiko gewalthaltiger Medien erhöhen ... (Weitere Forschungsarbeit) sollte auch die **Nutzungsmotive** von Mediengewalt und

---

[160] Kunczik/Zipfel 2010 a, 473.

individuelle Wahrnehmungsprozesse noch stärker in den Blick nehmen ... Wünschenswert sind nach wie vor **langfristig angelegte Längsschnittuntersuchungen** .. eine rein korrelative Betrachtung im Rahmen von Querschnittstudien verspricht hingegen wenig weiterführende Resultate."[161]

Diese abgewogene Wertung steht in wohltuenden Kontrast zu der üblichen Aufgeregtheit der Debatte um Medienkonsum und Mediengewalt. *Maase* weist in diesem Zusammenhang auf den „Kampf gegen Schmutz und Schund" hin, der vor 100 Jahren im deutschen Kaiserreich geführt wurde und in dessen Zentrum der Umgang Halbwüchsiger mit neuen Medien – Kino und Groschenheften – stand. Die historische Untersuchung liefere einen hilfreichen Spiegel für die heutige Debatte um Jugend, Mediengewalt und Verrohung.[162] Bereits Anfang der 1990er Jahre bezeichnete *Maase* den Kampf gegen Mediengewalt als „Schundkampf-Ritus", den es zu überwinden gelte: Angesichts von spektakulären Verbrechen, die scheinbar durch Mediengewalt ausgelöst würden und in der Öffentlichkeit immer hohe Beachtung fänden, neigten nicht nur Politiker dazu, das Fernsehen oder Computerspiele als Hauptverantwortliche für eine angebliche Verrohung der Gesellschaft zu sehen.[163]

2.2.1.3
Gewalt- und Suchtpotenzial von Computerspielen

Die Medien-Gewalt-Debatte und insbesondere die Jugend-Medien-Gewalt-Debatte fokussiert – und das nicht erst in jüngster Zeit – insbesondere die negativen Auswirkungen des Konsums von Computerspielen auf die Entstehung von Gewalt(bereitschaft) und Computerspielsucht.[164] Dabei bewegt sich der Diskurs zwischen „Online-Spiele haben einen massiven Suchtfaktor"[165] und „Computerspiele sind ein Kulturgut".[166] Eher selten wird dagegen gefragt, was die Faszination von Computer- und Konso-

---

[161] Kunczik/Zipfel Kurzfassung 2010 a, 13.

[162] Aus einem Hinweis auf einen Vortrag von Kaspar Maase (Professor am Ludwig-Uhland-Institut für Empirische Kulturwissenschaften an der Universität Tübingen) zum Thema „Jugend-Medien-Gewalt" am 23.3.2011 in Berlin (www.neues-deutschland.de/termine/20491.html; Abrufdatum: 21.3.2011).

[163] Zitiert nach Gugel 2011, 25. Ein Beispiel dafür ist die Aufnahme von Trägermedien, die besonders realistische, grausame und reißerische Darstellungen selbstzweckhafter Gewalt beinhalten, in den Katalog der schweren Jugendgefährdungen durch das Erste Gesetz zur Änderung des Jugendschutzgesetzes zum 1.7.2008. Hintergrund der Neuregelung waren extreme Gewalttätigkeiten Jugendlicher (namentlich der Amoklauf in Emsdetten), bei denen die Täter offenbar gewalthaltige Computerspiele gespielt haben sollen (Spürck 2011, 19). Kritisch zu dieser Verschärfung des Jugendschutzgesetzes beispielsweise *Krüger* im KJM-Interview 2010,110). Siehe dazu auch Kap. 3.4.

[164] „Zu der wohl umstrittensten ‚Begleiterscheinung' im Zusammenhang mit Computer und Internet zählt ohne Zweifel die große Begeisterung vor allem männlicher Jugendlicher für das weite Feld der Computer-, Konsolen- und Internetspiele." (JIM-Studie 2009,39).

[165] Christian Pfeiffer im KJM-Interview 2010,145. *Baier u.a.* 2010, 15f: 4,5% aller Jugendlichen gerieten in suchtartiges Computerspielen, seien als gefährdet (2,8%) oder abhängig (1,7%) einzustufen, Jungen (7,7%) deutlich häufiger als Mädchen (0,8%) (KFN Forschungsbericht Nr. 109) .

[166] Interview in der Frankfurter Allgemeinen Sonntagszeitung Nr. 9 vom 6.3.2011 mit dem Medienwissenschaftler Jeffrey Wimmer. Seit 2009 gibt es den Deutschen Computerspielpreis zur Förderung von kulturell und pädagogisch wertvollen Computerspielen. Kritisch dazu *Christian Pfeiffer* im KJM-Interview 2010,149.

lenspielen ausmacht,[167] welche Fähigkeiten und Fertigkeiten die Spiele fordern und möglicherweise auch fördern.[168]

Klar ist jedenfalls: **Digitale Spiele haben inzwischen die Mitte der Gesellschaft erreicht** und sind ein alltäglicher Bestandteil des Medienrepertoires, insbesondere der jungen Generation.[169] Der – 2010 zum ersten Mal durchgeführten – Studie „GameStat"[170] zufolge beschäftigen sich rund ein Viertel der Bevölkerung (24%) mit Computer- und Konsolenspielen. Das entspricht einer Bevölkerung von 16,8 Millionen – insofern könne man hier sicherlich nicht mehr von einer Nischenbeschäftigung sprechen und auch nicht mehr von einer Beschäftigung Minderjähriger.[171] Denn: Bis zu einem Alter von 50 Jahren spielten mehr als ein Viertel der Befragten Computer- oder Videogames, bei den 14- bis 17-Jährigen seien es 60%, bei den 18- bis 29-Jährigen immerhin noch rund die Hälfte der Befragten.[172] Erst ab 50 Jahren werde die Zahl der Spieler sehr niedrig; bei den Rentnern liege sie dann unter 10%.[173] Dabei bevorzugten ältere Spieler das Solo-Spielen, wohingegen soziale Spielformen bei den Jüngeren dominierten – anders als man es auf der Basis der öffentlichen Diskussion vermuten könnte, bevorzugten also nicht Minderjährige und junge Erwachsene „sozial isolierte" Einzelspielermodi und liefen damit in die Gefahr einer zunehmenden Vereinzelung. Im Gegenteil: Bei ihnen stehe die Interaktion mit anderen im Vordergrund, sowohl bei Online-Spielen wie beim co-located gaming.[174] Inzwischen spielten auch viele Frauen, allerdings hätten die Männer noch ein Übergewicht. Andere Faktoren wie Bildung und Einkommen scheinen kaum relevant zu sein. Es gelte, „die Vorstellungen vom digitalen Spielen zu überdenken. Es handelt sich um eine in der Gesellschaft etablierte Form medialer Unterhaltung."[175] Allerdings hat diese Etablie-

---

[167] Grüßinger 2010, 46.

[168] Fritz u.a. 2011.

[169] Quandt ua. 2010, 515ff. Siehe zum Nutzerverhalten auch die Angaben in Kap.1.2 und 1.3.

[170] Mit GameStat werden in jährlichen Abstanden im Rahmen eines größeren Forschungszusammenhanges an der Universität Hohenheim Daten zum Stand des digitalen Spielens in Deutschland erhoben. Bei der ersten Repräsentativstudie „GameStat 2010" wurden im Juni/Juli 2010 4.506 zufällig ausgewählte Personen ab 14 Jahren mittels computergestützter Telefoninterviews zu unterschiedlichen Formen des digitalen Spielens befragt (Quandt u.a. 2010, 516)

[171] Quandt u.a. 2010, 516, 518.

[172] Der aktuellen *JIM-Studie* (s.o.) zufolge spielen 93% der befragten 12- bis 19-jährigen Jungen (und 69% der Mädchen) Computerspiele; die durchschnittliche Spielzeit der Jungen liegt bei 104 Minuten in der Woche und 132 Minuten am Wochenende.

[173] Das liege an der Sozialisation mit bestimmten Medien, da die Rentner ansonsten zu den Vielnutzern medialer Unterhaltungsangebote und speziell des Bildschirmmediums Fernsehen gehörten (Quandt u.a. 2010, 518)

[174] Unter „co-located gaming" wird das gemeinsame Spielen – mit ko-präsenten Mitspielern - an einem Gerät verstanden (Quandt u.a. 2010, 517 f).
Das entspricht den Erkenntnissen der JIM-Studie 2009, nach denen das Bild des isolierten Dauergamers, der Tag und Nacht spiele, alles um sich herum vergäße und keinerlei soziale Kontakte unterhalte, in der öffentlichen Diskussion um Computerspiele nicht länger als typischer Vertreter einen ganzen Generation dienen sollte. Dieses Bild sei zwar eingängig, greife aber viel zu kurz (2009,39).

[175] Quandt u.a. 2010, 521. So auch die Wertung von *Wimmer*, Computerspiele seien längst nicht mehr Sache von Minderheiten oder Nerds, sondern mittlerweile Breitensport (Frankfurter Allgemeine Sonntagszei-

rung, abzulesen an der Zunahme der Nutzerzahlen, bislang nicht unbedingt zu einer höheren gesellschaftlichen Akzeptanz geführt. Auch die öffentlich geäußerten Bedenken sind eher lauter als leiser geworden.[176]

Problematisiert werden bei dieser „etablierten Form medialer Unterhaltung" jedoch nicht nur Häufigkeit und Dauer des Spielens, sondern vor allem auch das Gewaltpotenzial mancher Spiele und das insbesondere dann, wenn sie von Kindern und Jugendlichen gespielt werden. Angaben dazu, wie häufig Heranwachsende gewalthaltige Spiele nutzen, fehlen weitgehend. Der vom *Kriminologischen Forschungsinstitut Niedersachsen* durchgeführten Befragung von ca. 45.000 Schüler/innen der 9. Jahrgangsklasse zufolge spielten altersgefährdende ‚Ego- und Third-Person-Shooter' 44%, ‚Prügelspiele' 31% und ‚Gewaltspiele' 50% „selten/häufiger".[177]

Indirekte Hinweise zum Nutzungsverhalten sind etwa der Statistik der Bundesprüfstelle für jugendgefährdende Medien zu entnehmen[178] oder auch den Fragen der JIM-Studien danach, ob den Jugendlichen die Alterskennzeichnung[179] „geläufig" sei - und ob sie sich daran halten.

Der *JIM-Studie 2010* zufolge ist das Verfahren der Alterskennzeichnung dem Großteil der Spieler geläufig – das „sorgt aber nicht automatisch für den altersgerechten Umgang mit elektronischen Spielen": Trotz Bekanntheit der Alterskennzeichnung nutzten 63% Spiele, die nicht altersgerecht waren (81% der Jungen, 36% der Mädchen). Bei den 12- bis 13-Jährigen haben genau die Hälfte schon einmal Spiele genutzt, für die sie eigentlich zu jung waren.

Gefragt nach der Nutzung von Spielen, die **sie selbst** für brutal bzw. besonders gewalthaltig halten, geben 55% der männlichen Spieler an, dass sie diese selbst nutzen – und 77% ihrer Freunde. Bei den Mädchen sagen 10%, dass sie selbst solche Spiele spielen – aber 43% ihrer Freunde.[180]

---

tung Nr. 9 vom 6.3.2011).

[176] Quandt 2010,142.

[177] Baier u.a. 2010,28.

[178] Im Jahr 2010 hat die Bundesprüfstelle für jugendgefährdende Medien 46 Computerspiele/Videospiele indiziert (2009,53).

[179] Im Jahr 2003 wurde das Jugendschutzgesetz in Deutschland um die Kennzeichnungspflicht von Computerspielen erweitert. Seither dürfen Video-, Konsolen- oder Computerspiele ohne Alterskennzeichnung an Kinder und Jugendliche weder verkauft noch ausgehändigt oder auf Bildschirmen vorgeführt werden. Spiele, die z.B. ein sehr hohes Gewaltpotenzial haben, erhalten keine Jugendfreigabe und sind nach dem Gesetz ausschließlich für Erwachsene ab 18 Jahren zugänglich (JIM-Studie 2009,39).

[180] Die erheblichen Unterschiede in der Angabe der Häufigkeiten, mit denen man selbst bzw. Freunde solche Spiele spielten, können wieder ein Hinweis auf den so genannten „Third-Person-Effekt sein (s.o. FN 153). In diesem Fall deutet der Effekt darauf hin, dass „man selbst", also die befragten Jugendlichen, tatsächlich (sehr viel) häufiger als angegeben brutale Spiele nutzen (JIM-Studie 2010,40).

Bleibt die Frage nach dem **Gewalt- und Suchtpotenzial** der digitalen Spiele. Dezidiert bejahen tut dies vor allem das *Kriminologische Forschungsinstitut Niedersachsen e.V.* (KFN), auf der Basis von Untersuchungen denen zufolge der Konsum von Gewaltmedien in enger Beziehung mit dem eigenen Gewaltverhalten stehe; dieser Einfluss sei unabhängig von möglichen anderen Belastungsfaktoren. Und: Insbesondere männliche Jugendliche gerieten nicht selten in suchtartiges Spielen.[181] Auf der Datenbasis der KFN-Schülerbefragung 2007/2008 und des „Berliner Längsschnitt Medien[182] könne „erneut bestätigt werden, dass Computerspielabhängigkeit als Störungsbild im Jugendalter einer erhöhten Aufmerksamkeit bedarf … Die große Zahl - insbesondere männlicher – betroffener Jugendlicher weist auf einen dringenden gesellschaftlichen Handlungsbedarf hin: Allein in der Altersklasse Jugendlicher im Alter von 15 Jahren muss deutschlandweit von etwa 13.000 computerspielabhängigen Jungen und 1.300 computerspielabhängigen Mädchen ausgegangen werden."[183]

Diese Aussagen des KFN sind jedoch nicht unwidersprochen geblieben, auch nicht hinsichtlich ihrer methodischen Basis: Sucht könne man nicht mit einem ad hoc generierten und massenweise an 15-jährige Schüler/innen verteilten Fragebogen diagnostizieren.[184] So eine der Aussagen einer *Studie des Hans-Bredow-Instituts und der Fachhochschule Köln*,[185] die unter Verwendung des vom KFN entwickelten und eingesetzten Fragebogens zu ganz anderen Ergebnissen kommt: Nur sehr wenige Spieler erfüllten Abhängigkeits-Kriterien – 0,9% könnten als „gefährdet" und 0,5% als „abhängig" eingestuft werden - und die Ursachen dafür seien nicht primär in den Spielen zu suchen. Die Forderung *Pfeiffers*, Online-Spiele wie etwa „World of Warcraft" nur für Erwachsene freizugeben, „weil sie durch spielimmanente Belohnungen das Suchtrisiko drastisch erhöhen",[186] wird von ihnen abgelehnt: „Problematische Computerspielnutzung wird nicht durch ein konkretes Spiel bzw. Spielgenre verursacht." Für das exzessive Spielen – meist von Jungen und jungen Männern - gebe es bestimmte Konstellationen wie viel Freizeit, ein unstrukturierter Alltag, soziale und andere Misserfolgserlebnisse, Probleme in der Familie und so weiter. Es sei problematisch, aus einer Stichprobe von Neuntklässlern und den dort erzielten Werten allgemeine

---

[181] Baier u.a. 2010, 15; siehe dazu auch das Interview mit Christian Pfeiffer in KJM 2010.

[182] Die KFN-Schülerbefragung befragte bundesweit 15-jährige Schülerinnen und Schüler; die Studie „Berliner Längsschnitt Medien" ist eine Panelbefragung von Grundschülern, erstmals 2005 (neun Jahre alte Drittklässler), zuletzt 2008 (11,5 Jahre alte Fünftklässler) (Rehbein u.a. 2009, 30)

[183] Rehbein u.a. 2009, 41.

[184] Das gesteht inzwischen auch der Direktor des KFN, Christian Pfeiffer, zu, der zu den entschiedensten und lautesten Warnern vor den Gefahren der digtalen Medien, insbesondere vor dem Gewalt- und Suchtpotenzial von Computerspielen gehört. Siehe dazu das Doppelinterview mit Stefan Aufenanger und Christian Pfeiffer bei Stöcker 2011,10ff.

[185] Quantitative (repräsentative Befragung von 600 Deutschen ab 14 Jahren) und qualitative (Interviews mit 40 Personen im Alter von 14 bis 27 Jahren) Studie im Auftrag der Landesanstalt für Medien NRW (Fritz u.a. 2011 und www.hans-bredow-institut.de/de/node/2412; Abrufdatum: 17.2.2011).

[186] Im Doppelinterview Stöcker 2011, 13.

Forderungen abzuleiten.[187] Der Grat zwischen intensiver, extensiver und exzessiver Nutzung sei schmal, auch und gerade weil es keinen allgemeingültigen Maßstab gäbe. Ziel müsse sein, den Einzelnen zu einem verantwortungsvollen Umgang mit Computerspielen zu befähigen.[188]

Zu einer ähnlich abgewogenen Wertung kommen *Kunczik/Zipfel* in ihrem bereits zitierten **Forschungsüberblick** zu „Medien und Gewalt", in dem auch die Effekte von Computerspielen berücksichtigt wurden und – in einer gesonderten Auswertung – das Problemfeld Computerspielsucht. Insgesamt gelte für die Wirkung von **Gewalt** in Computerspielen, dass „scheinbar plausible Argumente für eine stärkere Gefährlichkeit interaktiver gewalthaltiger Medien bislang keine empirische Bestätigung erfahren haben. Gewalt in Computerspielen kann nach derzeitigem Stand der Wissenschaft nicht als gefährlicher angesehen werden als Gewalt in anderen Medien."[189] Hinsichtlich einer **Computerspielsucht** sprächen die bisherigen Befunde dafür, dass dieses Phänomen existiere, aber deutlich von einem intensiven Computerspielkonsum unterschieden werden müsse und in der Häufigkeit seines Vorkommens nicht überschätzt werden sollte.[190]

Nach allen vorliegenden Erkenntnissen können Computerspiele mit einem Wirkungsrisiko verbunden sein, das aber nicht überschätzt werden und schon gar kein Anlass dazu sein sollte, sie pauschal zu ächten oder den Kindern das Spielen zu verbieten. Abgesehen davon, dass ohnehin jedes Verbot ein heimliches Gebot ist.[191] Sinnvoller ist die Frage danach, warum Computerspiele so faszinieren und welchen Nutzen sie für Kinder und Jugendliche haben. Die Antwort, die der Kinder- und Familientherapeut *Bergmann* und der Neurobiologe und Hirnforscher *Hüther* darauf geben, ist „ziemlich unbequem". Denn die Computerspiele bieten den Kindern etwas, was ihnen im realen Leben offensichtlich fehlt: [192]

1. Klare und verlässliche Strukturen und Regeln, die man einhalten muss, wenn man ans Ziel kommen will.

2. Eigene, selbständige Entscheidungen, die man treffen muss und für die man – wenn sie sich als falsch erweisen – ganz allein verantwortlich ist.

3. Aufregende Entdeckungen, die man machen und spannende Abenteuer, die man erleben kann.

---

[187] www.hans-bredow-institut.de/de/node/2412

[188] Fritz u.a. 2011. Siehe dazu, insbesondere auch zu der erforderlichen differenzierten Darstellung von „Sucht" in Zusammenhang mit Computer- und Konsolenspielen *Quandt* 2010,134ff.

[189] Kunczik/Zipfel 2010 a, 475.

[190] Kunczik/Zipfel Kurzfassung 2010 b, 3. Siehe dazu auch den Forschungsüberblick mit einer vergleichbar abgewogenen Wertung bei Quandt 2010 .

[191] Siehe unten Kap. 3.4 FN 292.

[192] Bergmann/Hüther 2009, 127ff. Ähnlich auch Grüßinger 2010, 46ff.

4. Gefahren, Ängste und Bedrohungen, die man überwinden kann.

5. Ziele, die man erreichen kann.

6. Kenntnisse, Fähigkeiten und Fertigkeiten, die man erwerben und sich aneignen kann.

7. Kleinigkeiten am Rande, auf die man achten muss.

8. Vorbilder, denen man nacheifern kann.

9. Eigene Erfahrungen, auch Fehler, die klug machen.

10. Geschicklichkeit, die man zunehmend besser entwickeln kann. Und nicht zuletzt

11. Leistungen, auf die man stolz sein kann.

Ihr Fazit: „Das, was unsere Kinder süchtig macht, ist nichts, was in den letzten Jahren oder gar erst durch den Computer neu entstanden ist. Der ‚Feind‘ ist vielmehr ein Verlust, ist etwas, das uns in unserer auf das perfekte Funktionieren ausgerichteten Lebenswelt auf unmerkliche Weise verloren gegangen ist: Lebendigkeit ... Manche Kinder sind stark genug, um sich dagegen zu wehren. Die anderen müssen versuchen, all das, was ihnen das reale Leben nicht bietet, in einer anderen vorgestellten Welt zu finden. Das war immer so, aber es ging noch nie so leicht wie heute.“

2.2.2
Pornographie und sexuelle Belästigung

In der Kommunikationsplattform Internet spielt Sexualität eine große Rolle: Aktuell[193] ergibt die Eingabe des Suchbegriffes ‚sex‘ bei Google 110 Millionen Treffer, ‚pornographie‘ 31,4 Millionen Treffer und ‚kinderpornographie‘ 104.000 Treffer. Hinsichtlich des Datenverkehrs und der Nutzerzahlen gehört Pornographie zu den am häufigsten verbreiteten Inhalten im Internet: So finden sich im Netz[194] 5 Millionen Webseiten mit Pornographie, 12% davon mit Kinderpornographie. Täglich werden an die Porno-Webseiten 68 Millionen Anfragen gerichtet, 25% davon an die mit kinderpornographischen Inhalten. Außerdem werden täglich 2,5 Milliarden E-Mails mit pornographischen Inhalten geschickt, 8% davon mit kinderpornographischen; monatlich erfolgen 1,5 Milliarden Downloads dieser Inhalte. Jede Sekunde schauen 28.258 User im Netz pornographisches Material an, die höchste Nutzung erfolgt am Tage zwischen 9:00 und 17:00 Uhr. Der weltweite Gewinn mit pornographischen Inhalten wird auf 97,6 Mrd. $ geschätzt.[195]

---

[193] Abfrage am 23.3. 2011

[194] Angaben aus dem Vortrag von Rolf Nägeli auf dem 4. Zürcher Präventionsforum vom 10.3.2011.

[195] Grimm u.a. 2011, 13. Ob insbesondere Kinderpornographie im Netz das große Geschäft ist, darf nach dem jüngsten Bericht der „European Financial Coalition (EFC) gegen die sexuelle Ausbeutung von Kindern im Netz" – ein von der EU-Kommission geförderter Zusammenschluss von Internetkonzernen, Zahlungsanbietern, internationalen Polizeibehörden und zivilgesellschaftlichen Organisationen - allerdings bezweifelt werden. Der Bericht kommt zu dem Ergebnis, dass vom viel beschworenen „Massenmarkt" für Kinderpornographie im Internet keine Rede sein könne. In den vergangenen 14 Monaten sei die Zahl der identifizierten aktiven Webseiten, die kommerziell Bilder von sexuellem Kindesmissbrauch vertrieben, deutlich gesunken. Die noch ausgemachten gewerblichen Vertriebsseiten hätten generell keinen hohen

Zwar ist Pornographie keine „Erfindung" des Internets, aber dessen rasante Verbreitung und die mit ihm gegebenen leichten Zugangsmöglichkeiten hat die Diskussion um Pornographie verschärft, insbesondere hinsichtlich ihrer angenommenen negativen Wirkungen. Im Mittelpunkt der Diskussion stehen die Kinderpornographie und die Möglichkeiten, die – erwachsenen – Täter zu ermitteln und strafrechtlich zu belangen, damit zugleich ihre kindlichen Opfer zu schützen sowie Kinder und Jugendliche vor der Konfrontation mit Pornographie und sexueller Belästigung zu bewahren.

Es ist *Brodowski* und *Freiling* zuzustimmen, wenn sie in ihrer Analyse der Cyberkriminalität darauf hinweisen, dass „der Schutz von Kindern und Jugendlichen vor sexuellem Missbrauch durch eine strikte Verfolgung der Kinder- und Jugendpornographie .. seit je *das* in der öffentlichen Wahrnehmung dominierende Thema der Cyberkriminalität (ist) … man könnte auch vom casus belli der Diskussionen über ‚rechtsfreie Räume' im Internet und über neue Ermittlungsbefugnisse sprechen".[196]

Dabei sei „wissenschaftlich hoch umstritten, ob die Kenntnisnahme oder Konfrontation mit ‚einfacher' oder ‚harter' Pornographie zu persönlichkeitsschädigenden Entwicklungen" führe.[197] Ohnehin gibt es im deutschsprachigen Raum nur wenige Studien zu Wirkungen von Pornographie und wenn, dann zu den Wirkungen von Pornographiekonsum auf Erwachsene.[198] Zur Wirkung sexualisierter Inhalte auf Heranwachsende gibt es noch weniger Untersuchungen. Zum einen bestehen forschungsethische Bedenken, zum andern ist das Phänomen relativ neu: Jugendlichen wurde erst mit der Verbreitung des Internets – und dessen „Aufrüstung" zum Web 2.0 – ein derart großes Angebot an sexualisierten Inhalten (leicht) zugänglich gemacht.[199]

Profit abgeworfen. Vor allem im Vergleich zu anderen Bereichen der Internetkriminalität seien die tatsächlichen Einnahmen als recht niedrig zu bezeichnen (www.jugendschutz.net/print/news/201009/news_10-09-28_08-51-00_fs.html; Abfragedatum: 2.3.2011).
Auch vor dem Hintergrund der ersten Ergebnisse einer Untersuchung von Justizakten zur Kinderpornographie hinsichtlich der Verbreitungswege, des im Umlauf befindlichen Materials sowie der Anbieter und Abnehmer durch das Kriminalwissenschaftliche Institut der Universität Hannover sind Zweifel daran angebracht, ob kommerzielle Aspekte bei der Kinderpornographie eine wesentliche Rolle spielen. In der großen Masse der Fälle werde das Material getauscht ohne dass die Beschuldigten dafür bezahlt hätten. Verbreitungswege seien vor allem Internet-Tauschbörsen wie Peer-to-Peer-Netzwerke, Webseiten und der Versand per E-Mail (www.zeit.de/digital/internet/2010-11/kinderpornografie-whiteIT; Abrufdatum: 26.11.2010).

[196] Brodowski/Freiling 2011, 87. Obwohl diese Straftaten relativ selten polizeilich ermittelt werden: 2009 wurden 6.092 Fälle der „Verbreitung pornographischer Schriften" erfasst, ein Anteil von 2,9% an den 209.909 „Straftaten mit Tatmittel Internet insgesamt" registrierten Fällen (PKS 2009, 243). Allerdings ist auch für diesen Bereich der Internetkriminalität von einem großen Dunkelfeld auszugehen.

[197] Da aber bei entsprechender Prädeterminierung ein entsprechendes Risiko nicht auszuschließen sei, durfte der Gesetzgeber in gewissem Rahmen abstrakte Gefährdungsdelikte einführen (Brodowski/Freiling 2011,92)

[198] Grimm u.a. 2011, 14; mögliche Wirkungen wurden vor allem in den USA seit den 1970er Jahren erforscht, da sie hier durch den Druck der Öffentlichkeit auf der nationalen Agenda standen.

[199] Grimm u.a. 2011,32. So auch *Kempf* (2010, 13f), der darauf hinweist, dass es „trotz allen Redens über Sex" für Jugendliche vor 25 Jahren noch nicht ganz so einfach war, an pornographische Bilder oder Filme zu kommen. „Wenn man als 15-Jähriger nicht schon sehr erwachsen wirkte, wurde einem in der Regel im zuständigen Fachhandel kein Pornoheft verkauft … man kam schon mit etwas Mühe an Bilder von kopu-

Es empfiehlt sich, bei dieser hoch emotionalisierten und auf wenig gesicherten empirischen Erkenntnissen beruhenden Diskussion danach zu unterscheiden

- In welchem Ausmaß Kinder und Jugendliche Opfer von Tätern werden, die kinderpornographisches Material herstellen und im Internet verbreiten.
- In welchem Ausmaß Heranwachsende in digitalen Medien durch Erwachsene oder andere Jugendliche sexuell belästigt werden.
- In welchem Ausmaß Heranwachsende in digitalen Medien zufällig oder absichtlich mit pornographischen Inhalten konfrontiert werden.

So weit ersichtlich liegen nur zu den beiden letzten „Tatmodalitäten" überhaupt einige wenige Daten vor.

2.2.2.1
Sexuelle Belästigung

Vor allem in Zusammenhang mit der Online-Kommunikation, insbesondere bei privaten Dialogen im Chat oder mit Instant Messenger, ist auch das Risiko gegeben, dass Jugendliche, vor allem Mädchen, sexuell belästigt werden. Dem *Soziale Online-Netzwerke Report 2010* zufolge haben 25% der Mädchen und 6% der Jungen in Online Netzwerken schlechte Erfahrungen durch sexuelle Belästigung gemacht.[200] *Jugendschutz.net* hält seinen Recherchen zufolge das Risiko, in Web-Chats sexuell belästigt oder angepöbelt zu werden, für „nach wie vor sehr hoch", ohne diese Einschätzung allerdings mit Zahlen zu belegen. Viele Chats hätten sich inzwischen zu Communities weiterentwickelt, in denen sich die Nutzer mit Fotos und persönlichen Informationen präsentierten. Mit den vermehrten Möglichkeiten zur Datenfreigabe steige die Gefahr problematischer Kontakte.[201]

Nicht selten hätten es die Jugendlichen mit erwachsenen Chattern zu tun, die gezielt nach minderjährigen Opfern suchten und sich durch Fragen nach dem körperlichen Entwicklungsstand oder ersten Erfahrungen sexuell anzunähern versuchten. In Einzelfällen würden die Kommunikationsdienste dazu genutzt, einen realen sexuellen Missbrauch anzubahnen. Solche Situationen seien besonders gefährlich, weil die Täter hier weniger offensiv und damit für die Jugendlichen nicht leicht durchschaubar vorgingen.[202]

---

lierenden Menschen, aber von einer Porno-Flut konnte (zumindest rückblickend) nicht die Rede sein."

[200] Schorb u.a. 2010,45. Eine beträchtliche Anzahl der Aussagen beziehe sich explizit auf (ältere) Männer: „da waren Typen, die viel älter waren, die wollten Nacktbilder und so".

[201] Jugendschutz.net Jahresbericht 2008,8.

[202] Knierim 2010,9 . Bei dem so genannten **Grooming** bauen Pädophile über elektronische Kommunikationsformen Kontakt mit Kindern auf, überreden diese zu Treffen und missbrauchen sie sodann auch sexuell (Brodowski/Freiling 2011,91). Die heftig kritisierte – „Tatort Trash-TV" – RTL2-Show „Tatort Internet" greift diese Vorgehensweise auf und lockt "potenzielle Kinderschänder in die Fernsehfalle" (www.spiegel. de/kultur/tv/0,1518,druck-721974,00.html; Abrufdatum: 2.11.2010)

Der Studie *EU Kids Online* zufolge hatten 38% aller deutschen Kinder bereits online Kontakt mit Personen, die sie nicht persönlich kannten; 11% haben solche Online-Kontakte dann auch offline getroffen. Und nach der *JIM-Studie* 2010 hat sich jeder vierte Internetnutzer schon einmal mit Personen getroffen, die nicht zu den realen Bekanntschaften zählten, 13% empfanden das Treffen in der Realität als „unangenehm" – was immer das heißt. Angst vor Pädophilen bzw. vor gefährlichen Leuten im Netz äußerten derselben Umfrage zufolge 5% der befragten Jugendlichen.[203]

Ein noch sehr neues Phänomen, bei dem sexuelle Inhalte (Texte und/oder Bilder) unter Jugendlichen verschickt werden, ist das so genannte **Sexting**. In den USA verschicken angeblich bereits ein Drittel der jugendlichen und jungen Erwachsenen Nacktbilder oder sogar pornographische Aufnahmen von sich selbst via Handy oder Internet an Freunde. Ob dieses Phänomen auch in deutschen Social Communities eine Rolle spielt, sei nicht bekannt.[204] Immerhin stellten sich inzwischen selbst einige der jüngsten User auf ihren Community-Fotos betont freizügig und sexy dar. Dass sexualisierte Selbstdarstellungen aber nicht nur Zuspruch von Gleichaltrigen zur Folge haben, sondern das Risiko gefährlicher Kontakte und sexueller Belästigungen erhöhen oder als Cybermobbing-Attacke im Netz verbreitet werden könnten, sei vielen Jugendlichen nicht bewusst, auch weil sie ihre Lieblingscommunity als geschützten Raum betrachteten.[205]

2.2.2.2
Konfrontation mit pornographischen Inhalten

Es war noch nie so einfach und kostengünstig, an sexuelle und pornographische Inhalte zu gelangen wie mit Internet, Flatrate und DSL; außerdem sind im Web 2.0 Videoportale nichtdeutscher Herkunft ohne ausreichende Altersverifikationssysteme für Jugendliche problemlos und gratis nutzbar. In welchem Ausmaß Jugendliche allerdings von diesen Angeboten absichtlich Gebrauch machen oder auch zufällig damit konfrontiert werden, darüber ist wenig bekannt. Auch nicht darüber, wie sie auf diese Inhalte reagieren, warum sie ggf. diese Inhalte nutzen und welche Einstellungen sie dazu haben.[206]

Den Ergebnissen der repräsentativen *Bravo-Dr.-Sommer-Studie* 2009[207] zufolge, in der die Jugendlichen auch zur Pornographierezeption befragt wurden, hatten zwei Drittel schon einmal pornographische Bilder oder Filme gesehen. Dabei nimmt der Konsum ab den 13-Jährigen deutlich zu. Regelmäßigen Konsum geben allerdings nur 8% der Jungen und 1% der Mädchen an, „hin und wieder" 35% der Jungen. Während

[203] JIM-Studie 2010,46.
[204] Erste Befunde dazu liefert die Studie EU Kids Online (s.u.).
[205] Knierim 2010,11; Grimm u.a. 2011, 27f.
[206] Grimm 2010,4; Grimm u.a. 2011,24.
[207] Befragung von 1.228 Jugendlichen im Alter von 11 bis 17 Jahren; zitiert nach Grimm u.a. 2011,30f.

Mädchen Pornographie eher abstoßend finden (46%) und nicht sehen wollen (50%), finden Jungen sie erregend (57%) und meinen, sie könnten da was lernen (47%).[208]

Auch die Befragung der Jugendlichen in der Studie *„Porno im Web 2.0"*[209] zeigt, dass Pornos mittlerweile zu ihrem Internetalltag gehören, wobei Jungen Pornographie häufiger und eher gezielt rezipieren als Mädchen. Pornographie gilt für die Jungen als normal, dient dem Lernen/Wissensgewinn und der Erregung, während Mädchen Pornographie zwar auch als tägliche Interneterfahrung erleben, diese aber ablehnen und „eklig" bzw. abstoßend finden.

In der Studie *EU Kids-Online*[210] wurden sowohl die Kinder als auch ihre Eltern zu Online-Risiken befragt. 8% der Kinder berichteten überhaupt über Erfahrungen, bei denen sie sich unwohl gefühlt hätten oder beunruhigt gewesen wären. 4% gaben an, Bilder mit sexuellem oder pornographischem Inhalt im Internet gesehen zu haben (11%, dass sie so etwas in irgendwelchen Medien gesehen haben). Wenn es dazu kam, wurden diese Inhalte von 36% der Kinder als unangenehm empfunden. 16% der deutschen Kinder berichteten, bereits Nachrichten mit sexuellem Inhalt (Sexting, s.o.) erhalten zu haben (28% von ihnen haben das als unangenehm empfunden); 2% haben selbst schon solche Nachrichten verschickt.

Insgesamt ist die Datenlage „dürftig" und entspricht keineswegs der Intensität und Aufgeregtheit der Diskussion um die „Gefährdung der Jugend im Netz durch Pornographie". Weder ist hinreichend genau bekannt, mit welchen pornographischen Inhalten die Heranwachsenden wie häufig im Netz konfrontiert werden, noch ob dies freiwillig-absichtlich oder eher zufällig geschieht, noch, welche Wirkungen diese Inhalte für die Entwicklung der Persönlichkeit haben.

2.2.3
Cybermobbing

Einen breiten Raum nimmt in der Diskussion um Risiken für Heranwachsende durch digitale Medien auch das Thema Cybermobbing und Cyberbullying ein (obwohl davon natürlich auch Erwachsenen betroffen werden können und betroffen werden).[211]

---

[208] Ähnlich sind die Ergebnisse der Befragung von ca. 45.000 Neuntklässlern durch das *Kriminologische Forschungsinstitut Niedersachsen* zum Konsum von Erotik- und Pornofilmen: Während die Jungen zu 55% „mindestens selten" Erotikfilme sehen, machen das nur 14% der Mädchen. (Gewalt)Pornofilme werden von 56% der Jungen „mindestens selten" gesehen, aber nur von 9% der Mädchen (Baier u.a. 2010,251.).

[209] Grimm 2010 und Grimm u.a. 2011. Befragt wurden 10 Fokusgruppen von insgesamt 35 Jugendlichen im Alter von 13 bis 19 Jahren, die sich hinsichtlich der Aspekte „Nutzungshäufigkeit" von Pornographie und „Einstellung/Haltung" gegenüber Pornographie voneinander unterscheiden; in einer zweiten Untersuchungsphase wurden 14 Experteninterviews geführt.

[210] Ausgewählte Befunde für Deutschland (www.hans-bredow-institut.de/webfm send/521 send/521).

[211] Darauf weist beispielsweise eine aktuelle Umfrage des BSI zur Häufigkeit von Cybermobbing in den Sozialen Netzwerken hin (www.bsi.bund.de/ContentBSI/Presse/Pressemitteilungen; Abfragedatum: 21.3.2011; ohne Altersdifferenzierung waren der Studie zufolge 12% der Nutzer, die in mindestens einem sozialen Netzwerk aktiv sind, in diesem Zusammenhang bereits Opfer von Mobbing und sexueller Belä-

Ein zentraler Unterschied zur Diskussion um das „Risiko Pornographie" liegt darin, dass Cybermobbing – also das absichtliche Beleidigen, Bedrohen, Bloßstellen oder Belästigen anderer mit Hilfe moderner Kommunikationsmittel, meist über einen längeren Zeitraum[212] - wohl eine Erfahrung ist, die davon Betroffene nicht freiwillig-absichtlich machen. Ein weiterer Unterschied liegt darin, dass diese Gefahr der digitalen Medien auch von den Jugendlichen selbst gesehen wird: Bei der Frage der *JIM-Studie 2010* danach, was für sie die größten Gefahren im Internet seien, gelangte Cybermobbing auf den vierten Rang. 25% der befragten Jugendlichen – 31% der Mädchen und 20% der Jungen – hielten Cybermobbing für ein Problem.[213]

Cybermobbing findet im Internet – und hier vor allem in den Sozialen Netzwerken - oder per Handy statt. Gerade beim Cybermobbing unter Kindern und Jugendlichen geht es in der Regel von Personen aus dem eigenen Umfeld aus, haben die Opfer fast immer einen Verdacht, wer hinter den Attacken stecken könnte.[214]

Cybermobbing ist als Sonderform des Mobbings kein neues Phänomen, sondern sozusagen eine „kreative Weiterentwicklung", es nutzt „nur" die Möglichkeiten der digitalen Medien und hat dadurch Merkmale, die typisch „cyber" sind – und die es in seinen Auswirkungen problematischer machen können als das „normale" Mobbing:[215]

- Eingriff rund um die Uhr in das Privatleben: Cybermobbing endet nicht nach der Schule oder Arbeit, die eigenen vier Wände schützen nicht vor Mobbing-Attacken – es sei denn, man nutzt keine neuen Medien.

- Das Publikum ist unüberschaubar groß, Inhalte verbreiten sich extrem schnell. Nachrichten sind, sobald sie online sind, nur schwer zu kontrollieren, da selbst gelöschte Inhalte immer wieder auftauchen können. Dadurch ist es möglich, dass das Opfer (und nicht nur das Opfer!) selbst nach einer Beendigung des Konfliktes mit dem Täter immer wieder mit den Veröffentlichungen konfrontiert wird.

- „Cyber-Bullies" können anonym agieren und das kann das Opfer noch mehr verunsichern. Sie können sich auch eine Identität aufbauen, die in Wirklichkeit nicht selten ganz anders aussieht.

- Die digitalen Medien scheinen die Hemmschwelle für Mobbingaktivitäten zu senken. Den Tätern fehlt häufig das notwendige Unrechtsbewusstsein, die erforderliche Sensibilität für das eigene Handeln. Cybermobbing kann unbeabsichtigt sein („Das war doch nur ein Scherz").

---

stigung; dabei handelte es sich vor allem um weibliche Nutzer zwischen 14 und 39 Jahren.
[212] Definition gem. www.klicksafe.de – Cyber-Mobbing – was ist das? Der Begriff wird synonym zu Cyber-Bullying, E-Mobbing u.ä. verwendet
[213] JIM-Studie 2010,46.
[214] www.klicksafe.de.
[215] www.klicksafe.de; www.polizei-berarung.de.

Da Cybermobbing – wie die digitalen Medien, die als Tatmittel und Tatort dienen – sehr junge Phänomene sind, gibt es kaum (gesicherte) Erkenntnisse zu Art, Ausmaß, Täter- und Opfermerkmalen u.ä.

Der *JIM-Studie* 2010[216] zufolge geben 15% der jungen Internetnutzer an, dass jemand schon einmal peinliche oder beleidigende Bilder oder Videos von ihnen im Internet verbreitet habe – wobei die Häufigkeit, wie die der Internet-Aktivitiäten überhaupt, deutlich vom Alter der Jugendlichen abhängt: Am häufigsten sind (mit 21%) die 16- bis 17-Jährigen betroffen, am seltensten (mit 6%) die 12- bis 13-Jährigen. „Falsche oder beleidigende" Äußerungen über die eigene Person generell wurden in etwa derselben Größenordnung im Internet in Umlauf gebracht, wobei Jugendliche mit Hauptschulhintergrund darüber deutlich häufiger (20%) berichten als Gymnasiasten (12%). Häufiger (zu 25%) geben die jungen Internetnutzer an, dass es bei Personen aus dem Freundeskreis zu Beleidigungen kam, bei ebenfalls fast einem Viertel der Befragten wurde das Internet innerhalb der Peer Group schon dazu eingesetzt, um gezielt jemanden fertig zu machen.

Fazit der Studie: Das Internet sei „eben auch hinsichtlich der negativen Erfahrungen im Alltag der Jugendlichen angekommen … Auseinandersetzungen im Freundeskreis – eigentlich normale und wichtige Vorgänge der Identitätssuche und Identitätsfindung Heranwachsender – verlagern sich in die elektronischen Medien hinein, allen voran das Internet.[217] Problematisch dabei ist allerdings, dass dies durch Speicherung und Weiterverbreitung eine ganz neue Dimension erhält, die leicht außer Kontrolle geraten kann."[218]

Anders als die JIM-Studie fragt die *EU Kids Online Studie*[219] direkt nach Cybermobbing-Erfahrungen. Danach berichteten 16% der deutschen Kinder, überhaupt schon einmal (offline oder online) gemobbt worden zu sein, 5% haben entsprechende Erfahrungen online gemacht – Online-Mobbing oder –Bullying sei also auch in Deutschland weniger häufig als andere Formen des Mobbings: „Immer noch werden Kinder deutlich häufiger im realen Leben, also z.B. auf dem Schulhof, als im Internet gemobbt."[220]

---

[216] JIM-Studie 2010, 48f.

[217] Dem entsprechen auch die Befunde des Soziale Online-Netzwerke-Report 2010 (Schorb u.a. 2011,55f), nach denen fast jeder Vierte der befragten 12- bis 19-Jährigen schon schlechte Erfahrungen bei der Nutzung der Soziale Online-Netzwerke gemacht habe. Diese schlechten Erfahrungen bezögen sich dabei vor allem auf Probleme, die das soziale Miteinander zwischen den Nutzenden beträfen. Problematische Aspekte Sozialer Online-Netzwerke beruhten zu einem gewichtigen Teil in der Begegnung mit anderen Nutzenden in einem virtuellen Raum, für den weniger klare Handlungsnormen sowie soziale Kontrollmechanismen bestünden.

[218] JIM-Studie 2010, 49

[219] www.hans-bredow-institut.de/webfm send/521.

[220] Interview SCHAU HIN! mit Claudia Lampert vom 31.1.2011.

Wie schon beim „Risiko Pornographie" steht auch beim „Risiko Cybermobbing" die tatsächliche Häufigkeit im Kontrast zur umfangreichen Medienberichterstattung.[221] Cybermobbing ist zwar sicherlich kein Einzelfall mehr, dass es zunehmen wird, ist zu erwarten – und die tatsächlichen und möglichen Folgen können gravierend sein.[222] Das ändert jedoch nichts daran, dass das gesicherte Wissen darüber sehr dürftig ist.

2.2.4
Handy-Gefahren

Bereits Mitte des Jahrzehnts war das Handy Alltagsgegenstand für fast alle Jugendlichen und mit der aktuellen Ausstattungsquote von 97% besteht praktisch Vollversorgung. Das Mobiltelefon ist damit das am meisten verbreitete Medium unter Jugendlichen.[223] Die aktuellen Handys sind als multimediale Kommunikationsplattformen beispielhaft für die Medienkonvergenz: Mittlerweile kann man die meisten „Mitmachangebote" des Internet per Handy realisieren.[224] Das Handy ist für Jugendliche die „Schaltzentrale ihres sozialen Netzwerks".[225]

Mit den vielen Funktionen steigen auch die Risiken, die durch die Mobilität des Handys noch an Brisanz gewinnen: Kinder und Jugendliche können überall wo sie sich gerade aufhalten, ohne elterliche Kontrollmöglichkeit, aber auch ohne elterlichen Rückhalt, mit Übergriffen oder ungeeigneten Inhalten konfrontiert werden. Deshalb macht das Thema Handy „momentan vor allem auch negative Schlagzeilen"[226]: Gewalthaltige und pornographische Inhalte werden auf das Handy geladen und weitergeleitet, die Verteilung beleidigender und kompromittierender Bilder kann sich zu Cybermobbing entwickeln, durch Aufnahmen anderer Personen ohne deren Einverständnis kann es zur Verletzung des Rechts am eigenen Bild kommen.[227]

Auf die Frage der *JIM-Studie 2009* nach „problematischen Inhalten" auf dem Handy gaben 8% der 12- bis 19-Jährigen an, schon einmal gewalthaltige oder pornographische Inhalte aufs Handy geschickt bekommen zu haben, 27% berichten über solche Erfahrungen im Freundeskreis. Am häufigsten davon betroffen sind die 16- bis

---

[221] So wurde etwa über einen „Gewaltexzess nach Cybermobbing" berichtet, „ausgelöst" durch das Internetportal iShareGossip, das damit wirbt, dass „garantiert anonym" gelästert und gepöbelt werden könne (www.spiegel.de/schulspiegel/leben/0,1518,druck-752738,00.html; Abrufdatum: 24.3.2011). Ende März 2011 wurde dieses Portal von der Bundesprüfstelle für jugendgefährdende Medien (BPjM) auf den Index gesetzt, ist also über deutsche Suchmaschinen nicht mehr erreichbar.

[222] Grimm und Clausen-Muradian weisen darauf hin, dass Jugendliche Cybermobbing überwiegend als „psychische Gewalt" wahrnehmen (2009, 34).

[223] JIM-Studie 2010,54. Auch bei den Kindern spielt die mobile Kommunikation eine immer größere Rolle (s.o. und KIM-Studie 2010,52).

[224] Böker 2010,53.

[225] Felling 2008,31.

[226] Felling 2008,31

[227] JIM-Studie 2009,56.

17-jährigen.[228] 2% der befragten Jugendlichen geben an, dass über sie beleidigende Bilder oder Texte mit dem Handy verschickt wurden.

Während für diese negativen Erfahrungen mit dem Handy seit 2006 keine ansteigenden Tendenzen festzustellen sind,[229] gilt das nicht für die Aufzeichnung von Prügeleien, das so genannte „happy slapping". Ein Drittel (32%; 2006: 17%) der Handybesitzer hat schon einmal mitbekommen, dass eine Prügelei – und zwar ganz überwiegend echte Auseinandersetzungen, keine gestellten Szenen - mit dem Handy aufgezeichnet wurde.[230]

2.2.5
Datenmissbrauch

Zu den Risiken des Internets und insbesondere der sozialen Netzwerke (nicht nur) für die Heranwachsenden gehört auch ihr Umgang mit den eigenen Daten. Für *Arnold* ist sogar die „ungelöste Frage, wie bei den zahlreichen Online-Aktivitäten, insbesondere in den bei Jugendlichen so beliebten sozialen Netzwerken, der Datenschutz und das Recht auf informationelle Selbstbestimmung gewährleistet werden kann", die „überragende Gefahrenquelle".[231]

Ihrer Einschätzung, in der Regel seien Jugendliche für diese Probleme nicht hinreichend sensibilisiert und schenkten dem Schutz ihrer persönlichen Daten im Web 2.0 wenig Aufmerksamkeit[232], wird in der JIM-Studie 2010 ein „erfreulicher Trend" gegenüber gestellt: Zwar hätten drei Viertel der jungen Internet-Nutzer Informationen über Hobbies und andere Aktivitäten im Netz hinterlegt, knapp zwei Drittel hätten Fotos oder Bewegtbilder von sich selbst eingestellt und ihre E-Mail-Adresse angegeben, ein Viertel präsentiere die Daten, mit denen sie per Instant-Messenger erreichbar seien – doch gäben inzwischen zwei Drittel (im Jahr zuvor nur die Hälfte) der Nutzer von Online-Communities an, von den Möglichkeiten der so genannten „Privacy Optionen"[233] Gebrauch zu machen, die Verbreitung der von ihnen hinterlegten Daten auf vor- bzw. selbstdefi-

---

[228] 11% „habe selbst bekommen", 35% „Freunde/Bekannte haben bekommen" (JIM-Studie 2009,57).

[229] Auch nicht bei der Befragung 2010 (JIM-Studie 2010,57).

[230] JIM-Studie 2009,53.

[231] Arnold 2009,6.

[232] Arnold 2009,6.

[233] Obwohl diese Optionen aufwendig und für den Nutzer oftmals nur schwer erschließbar seien (JIM-Studie 2010,45). Außerdem sei auch bei aktivierter Privacy Option nicht wirklich genau kontrollierbar, wem Einsicht gewährt sei und wem nicht (JIM-Studie 2009,47).
Da die Betreiber der Netzwerke in der Regel an den persönlichen Daten durchaus Interesse hätten, seien die Standardeinstellungen zur Sichtbarkeit persönlicher Daten häufig extrem freizügig und die Nutzenden würden nicht explizit darauf aufmerksam gemacht (Arnold 2009,6) – und schon gar nicht auf die Möglichkeiten, die Sichtbarkeit einzuschränken.
Auf die Absicht der ganz überwiegend kommerziellen Betreiber der Sozialen Online-Netzwerke, aus den Aktivitäten der Nutzer auch monetären Profit zu ziehen, weisen auch *Lampert u.a.* (2009,283) hin: So seien beispielsweise die Vorgaben für Profilseiten nicht nur mit Blick auf die Nutzer und ihre Bedürfnisse zur Selbstpräsentation gestaltet, sondern auch mit Blick auf eine mögliche Verwertung der Angaben für personalisierte Werbung.

nierte Nutzerkreise einzuschränken,[234] also etwa auf (tatsächliche) Freunde oder explizit ausgewählte Kontakte. Außerdem äußerten immerhin 25% der befragten Jugendlichen (33% der Mädchen und 23% der Jungen) auf die Frage nach den Gefahren im Internet „Angst vor Datenklau bzw. dem Missbrauch von Daten".[235]

Auch *Wagner u.a.*[236] weisen darauf hin, „dass die Jugendlichen keineswegs – wie von Medien und vielen Erwachsenen postuliert – völlig sorglos mit ihren Daten umgehen. Die Heranwachsenden reflektieren ihren Umgang mit persönlichen Daten durchaus und machen sich Gedanken über eigene und an sie herangetragene Wertvorstellungen zum Schutz von Privatsphäre". Ohne Frage komme es aber in Online-Netzwerken zu normverletzendem Verhalten mit schwerwiegenden Folgen für die Integrität der persönlichen Identität, das in keiner Weise schön geredet werden könne. Umso dringender erscheine „eine Versachlichung des Diskurses notwendig, in dem eine ernsthafte Auseinandersetzung mit den Bedürfnissen, Motivlagen sowie teilweise ambivalenten, auch widersprüchlichen Handlungsweisen der Heranwachsenden und den gesellschaftlichen Rahmenbedingungen, in denen sich die Subjekte bewegen, stattfinden" könne.[237]

Einen solchen Beitrag leistet ohne Frage der *Soziale Online-Netzwerke-Report 2010* mit dem klaren Hinweis darauf, dass eine erfolgreiche und sinnvolle Nutzung von Netzwerkplattformen mit der Angabe von persönlichen Daten einhergehen müsse, eine für die eigenen Lebensvollzüge sinnvolle Nutzung ohne die Angabe von persönlichen Daten nicht möglich sei. Wem die vielfältigen Möglichkeiten der persönlichen Kommunikation wichtiger seien als die eigene Intimität, der verzichte auf Sperren. Ein weiterer Grund sei der Wunsch, sich selbst möglichst vielen anderen zu präsentieren, als Person wahrgenommen zu werden.

Deshalb könne auch ein anonymes oder pseudonymes Auftreten kaum als Lösung des Problems betrachtet werden.[238] Denn den jugendlichen Nutzenden von Netzwerkplatt-

---

[234] JIM-Studie 2010,45.

[235] JIM-Studie 2010,46.

[236] Wagner u.a. zielen in ihrer Untersuchung mit Einzelfallstudien und Gruppenerhebungen darauf ab, den Umgang von Jugendlichen mit Datenschutz- und Persönlichkeitsrechten in Sozialen Netzwerkdiensten vor dem Hintergrund ihrer plattformbezogenen Nutzungsmotive und ihrer Sichtweisen auf das Themenfeld zu explorieren (2010,11). Sie stellen das Thema Datenschutz und Persönlichkeitsrechte in Sozialen Netzwerkdiensten aus der Perspektive von Jugendlichen in den Mittelpunkt und greifen Vorwürfe auf, mit denen Jugendliche immer wieder konfrontiert werden, etwa dass sie keinen Sinn mehr für den Wert des ‚Privaten' hätten oder das Recht auf informationelle Selbstbestimmung leichtfertig aufgeben würden (2010,55).

[237] Wagner u.a. 2010,68.

[238] *Wagner u.a.* (2010,46) wie *Schorb u.a.* (2010,46f) weisen darauf hin, dass die Jugendlichen – die aus Datenschutzgründen oft empfohlenen - Falschangaben vor allem aber komplett gefälschte Profile („Fake-Profile" oder Fake-Accounts") ablehnen, und für inakzeptabel halten: Wegen der erwarteten Vertrauenswürdigkeit der Online-Kontakte und aus einem eigenen Sicherheitsbedürfnis heraus. Den Jugendlichen sei folglich durchaus bewusst, dass in der Interaktion mit Online-Kontakten ein gewisses Misstrauen in Hinblick darauf angebracht sei, ob es sich tatsächlich um die vermeintliche Person handle. *Schmidt* (2010,170) führt in seiner Untersuchung der Nutzungspraktiken von Jugendlichen und jungen Erwachsenen (12 bis 24 Jahre) aus, es seien deutlich weniger als 10% - und tendenziell eher die jüngeren Nutzer/-innen -, die

formen sei es wichtig, als reale Person in den Netzwerken präsent zu sein und sich – zumindest unter subjektiven Kriterien – authentisch darzustellen. Jugendliche wollten von anderen gefunden und erkannt werden und trennten in der Regel nicht zwischen realem und virtuellem Leben. Die Sozialen Online-Netzwerke seien Teil ihres realen Lebens. Deshalb seien die Möglichkeiten zur Differenzierung der Öffentlichkeit des eigenen Profils von Bedeutung, mit denen die Nutzenden selbst regulieren könnten und sollten, wer Zugriff auf das Profil und damit die persönlichen Daten haben dürfe.[239]

Auch *Schmidt* sieht die Verantwortung, für die „persönlichen Öffentlichkeiten"[240] des Social Web unter den veränderten technischen Bedingungen Privatsphäre durch neu zu lernende Strategien und Routinen herzustellen, Grenzen zwischen Privatsphäre und Öffentlichkeit zu ziehen, bei den individuellen Nutzern, den Plattformbetreibern und der Gesellschaft als ganze gleichermaßen. Dabei müssten allerdings die kontextspezifischen Erwartungen und Regeln anerkannt werden, die das Agieren in persönlichen Öffentlichkeiten leiten und das Teilen persönlicher Informationen mit dem erweiterten sozialen Netzwerk zur Norm werden ließen.[241]

Und die *16. Shell Jugendstudie 2010* resümiert: „Letzten Endes steht dieser Umgang mit persönlichen Daten nicht nur für eine Art Sorglosigkeit der Jugend. Es wird auch deutlich, dass in dieser heranwachsenden Generation ein offener Umgang mit persönlichen Daten durch das Internet und den dort sich rasant verbreitenden Communities eingeübt wird. Die kommenden Jahre werden zeigen müssen, wie sehr sich diese Form des Umgangs mit privaten Informationen im weiteren Leben verfestigt."[242]

2.2.6
Verletzung von Urheber- und Persönlichkeitsrechten

Auch die Verletzung von Urheber- und Persönlichkeitsrechten gehört zu den Risiken, die es zwar auch in der analogen Welt gibt, die aber mit und in den digitalen Medien eine andere Qualität bekommen haben: Mit dem Internet ist der Umgang mit geschützten Materialien freizügiger geworden – ohne dass dies eine rechtliche Grundlage hätte – und häufig besteht ein „wenig ausgeprägtes Bewusstsein", dass dort verfügbare Materialien ebenfalls urheberrechtlich geschützt sind.[243]

---

angäben, auch ‚Fake-Profile' zu führen, in denen mit der Selbstdarstellung experimentiert würde.

[239] Schorb u.a. 2010, 57, 73.

[240] „Persönliche Öffentlichkeiten" seien kommunikative Räume, in denen man Informationen und Themen von persönlicher Relevanz mit einem vergleichsweise kleinen Publikum teile (Schmidt 2010,171).

[241] *Schmidt* (2010,175) macht den schönen Vergleich zwischen den persönlichen Öffentlichkeiten im Social Web und holländischen Wohnzimmern: Diese besitzen nur selten Gardinen und sind dadurch von der Straße her einsehbar, dennoch aber Teil der Privatsphäre. Es gebiete die Höflichkeit, nicht hineinzuschauen. Übertragen auf das Social Web sei nicht der „digitale Exhibitionist" zu kritisieren, sondern der „digitale Voyeur", der solche persönlichen Öffentlichkeiten aufsuchte, obwohl die Inhalte überhaupt nicht an ihn gerichtet seien (beispielsweise der Personalverantwortliche, der unter falschem Namen in StudiVZ Bewerberprofile checke).

[242] Shell Jugendstudie 2010,107f.

[243] Degkwitz 2006,35.

Zum Problem kann dies vor allem im Web 2.0 werden, dem „Mitmachweb", das von
Inhalten lebt, die von den Nutzern selbst erstellt werden („user generated content").
Die Anbieter stellen lediglich die technische Plattform zur Verfügung, alle Inhalte –
wie Nachrichten, Texte, Fotos, Videos oder Musikdateien -, werden von den Nutzern
eingestellt, die dadurch auch rechtlich für ihr Handeln verantwortlich werden. Meist
ohne sich darüber bewusst zu sein. Dadurch kommt es immer wieder zu Verstößen
gegen das Urheber- und das Persönlichkeitsrecht.[244]

Wie häufig es zu diesen Verstößen im Internet kommt, ist nicht bekannt.[245] Angeblich sind die Urheberrechts-Delikte zum größten Massendelikt der letzten Jahre angewachsen: Wie man das Urheberrecht wirksam schützen könne, ohne die ganze Jugend
zu kriminalisieren, sei heute ein kontrovers diskutiertes Problem. Die Tendenz laufe
in die Richtung, die Access-Provider mit Kontroll- oder Sperrverpflichtungen in die
Verantwortung zu nehmen.[246]

3
Die Antworten der Kriminalprävention auf die Herausforderungen durch die digitalen Medien

Die neuen – digitalen – Medien sind selbstverständlich geworden und aus dem Alltag
nicht mehr wegzudenken. Sie dienen der Information, der Entspannung und der Unterhaltung, sind wichtige Kommunikationsplattformen. Sie bieten ohne jeden Zweifel
viele positive Anwendungsmöglichkeiten – allerdings, wie gezeigt, auch problematische Bereiche und Gefahren. Damit ist klar: Die neuen – digitalen - Medien sind
auch eine Herausforderung für die *Kriminalprävention*. Und das nicht nur in dem
allgemeinen Sinne, dass noch mit jedem neuen Medium – ob Schrift[247], Buch, Film,
Fernsehen oder eben jetzt mit Computer, Handy, Internet – die Befürchtung einherging, es könne zu schweren Schädigungen bei den Nutzern führen, die Gesellschaft
zum Schlechteren bringen, Moral senken, Kriminalität erhöhen.[248]

---

[244] Otto 2010,13.

[245] 2009 wurden in der PKS insgesamt – also unabhängig vom „Tatort" Internet - 11.943 Straftaten gegen
Urheberrechtsbestimmungen erfasst und 9.322 TV ermittelt; unter 21 Jahren waren 1.130 Tatverdächtige.

[246] NZZOnline: Cybercrime und das Strafrecht. Bodensee-Juristentreffen. (www.nzz.ch/nachrichten/schweiz/
cybercrime_und_das_strafrecht; Abfragedatum: 21.9.2010.

[247] So befürchtete *Platon*, der in einer „oralen" Kultur lebte, die Bürokratisierung und das Erkalten der
menschlichen Kommunikation, wenn man beginne, sich auf die Schrift und damit eine mechanische Ge-
dächtnisstütze zu verlassen: „Denn diese Erfindung wird den Seelen der Lernenden vielmehr Vergessenheit einflößen aus Vernachlässigung der Erinnerung, weil sie im Vertrauen auf (sie) sich nur von
außen vermittels fremder Zeichen nicht aber innerlich sich selbst und unmittelbar erinnert werden. (…)
Denn indem sie nun vieles gehört haben ohne Unterricht, werden sie sich auch vielwissend zu sein dün-
ken, obwohl sie größtenteils unwissend sind und schwer zu behandeln, nachdem sie dünkelweise geworden sind statt weise" (zit. nach Marci-Boehncke/Rath 2010, 12; siehe dazu auch das Interview mit Dirk
Becker: „Der Mensch wird neu formatiert" in der Frankfurter Allgemeinen Sonntagszeitung Nr. 21 vom
30.5.2010).

[248] Groebel 2006, 7.

3.1
Die spezifische Herausforderung der digitalen Medien

Sondern eine Herausforderung sind sie auch in einem für die digitalen Medien ganz spezifischen Sinn, der deutlich wird, wenn die (potenziell) kriminalitäts- und damit auch kriminalpräventivrelevanten Herausforderungen der digitalen Medien mit dem grundlegenden Merkmal von Kriminalprävention konfrontiert werden, das zugleich die Voraussetzung für den Einsatz kriminalpräventiver Maßnahmen und Programme ist.

Dieses entscheidende – konstitutive – Merkmal von Kriminalprävention ist es, ein klares *Verständnis* darüber zu haben, was „erlaubt – nicht erlaubt" bzw. „erwünscht – nicht erwünscht" ist. Zwar kann sich dieses Verständnis ändern und tut das auch, etwa mit den jeweils gegebenen politischen, gesellschaftlichen, sozialen, ökonomischen u.ä. Bedingungen und muss dann neu ausgehandelt und festgelegt werden. Diese Festlegung ist allerdings zwingend erforderlich: Denn nur wenn klar ist, was erreicht, was unterlassen werden soll, was „hinnehmbar" ist, ist der Einsatz kriminalpräventiver Maßnahmen, Programme, Strategien sinnvoll möglich und wirkungsvoll.

Diese Voraussetzung für Kriminalprävention ist schon in der analogen Welt, viel ausgeprägter aber noch in der digitalen Welt, in unterschiedlichem Ausmaß gegeben bzw. zu schaffen – entsprechend unterschiedlich sind dann auch die „Herausforderungen für die Kriminalprävention", denen sie sich stellen muss.

Relativ klar sind die Herausforderungen für die Kriminalprävention dann, wenn auch in der digitalen Welt (hinreichend) klar ist, was „erlaubt" und was „nicht erlaubt" ist, wenn (prinzipiell) Einigkeit darüber besteht, dass auch für die digitale Welt die Regeln der analogen Welt gelten: Werte, Normen, Vorschriften, Gesetze, etc. Verstöße gegen diese Regeln werden hier wie dort grundsätzlich verfolgt, abweichendes Verhalten und Kriminalität in den digitalen Medien entspricht im Prinzip den aus der analogen Welt bekannten Verhaltensweisen, „nur" das Medium macht den Unterschied.

Das gilt etwa für die IuK-Kriminalität, bei der die Täter das Potenzial der Informations- und Kommunikationstechnik und des world.wide.web nutzen: „Die Bedrohungen, die wir in der Online-Welt erleben, sind eigentlich nichts anderes als die Gefahren, die wir aus der realen Welt kennen."[249] Das gilt aber auch für viele der Risiken und Gefahren, denen junge Leute in den digitalen Medien ausgesetzt sind wie etwa Pornographie oder Cybermobbing. Der Unterschied zur „analogen" Kriminalität wird hier vor allem durch Eigenschaften der digitalen Medien geschaffen wie dem schnellen Zugriff, der raschen Verbreitung („Kopieren"), der Anonymität und der dauerhaften Speicherung („das Netz vergisst nichts"). Aber es ist nach wie vor klar, was erlaubt ist und was nicht, was gegen Normen und Regeln verstößt und was mit Strafe und Strafverfolgung bedroht ist und was nicht – „das Internet ist kein

---

[249] Hange (2007; BKA-Herbsttagung)

rechtsfreier Raum".[250]

In der Konsequenz sind auch die Herausforderungen für die Kriminalprävention in dieser digitalen Welt nicht grundsätzlich von denen in der analogen Welt verschieden. Folglich können auch die herkömmlichen kriminalpräventiven Maßnahmen und Programme vom Grundsatz her eingesetzt werden: Die Menschen (Nutzer) befähigen - durch Information und Wissensverbesserung -, Schutzmechanismen schaffen - etwa durch (technische) Schutzmaßnahmen und rechtliche Regelungen.

Sehr viel unklarer sind die Herausforderungen dagegen in der digitalen Welt, die für sich einen Sonderstatus beansprucht, in der „Normalitätsstandards" außer Kraft gesetzt werden: Im „anarchischen Netzwerk Internet"[251], im digitalen Raum, der grenzenlos und frei erscheine. Sobald sich soziale, rechtliche oder anderweitige Grenzen aufzeigten, könne in vielen Fällen problemlos ein Ausweichen stattfinden, da die Technik diese Ausweichmöglichkeit häufig bereitstelle.[252]

Vielleicht ist dieses Internet ein rechtsfreier Raum, auf jeden Fall aber ein Raum, in dem der Staat Probleme sieht – und hat -, das Recht durchzusetzen – auch wegen eigener Bedenken, ob und wo überhaupt Grenzen gezogen werden dürfen, Grenzen gewollt sind.[253] Wenn solche Grenzen jedoch nicht vorhanden sind, dann ist nicht klar, was „erlaubt" und was „nicht erlaubt" ist – dann fehlt die grundsätzliche Voraussetzung für Kriminalprävention, die damit sozusagen ins Leere stößt.

3.2
Verständnis von Kriminalprävention

Unter der Bedingung, dass die grundsätzlichen Voraussetzungen für Kriminalprävention in der digitalen Welt gegeben sind, orientiert sich das in diesem Gutachten vertretene Verständnis von Kriminalprävention wieder an dem Verständnis, das schon den Gutachten für den 12., 13., 14. und 15. Deutschen Präventionstag zugrunde lag. Wieder wird unterschieden zwischen den Strategien und Konzepten, die vorrangig auf die Verhinderung bzw. Verminderung von Kriminalität abzielen und jenen, die im günstigsten Fall auch kriminalpräventiv wirken können:[254]

---

[250] Brodowski/Freiling 2011,190. Wenn es auch den Anschein hat, dass manche tradierten Normen nicht automatisch auf das Agieren in der Netzwelt übertragen werden (Eichenberg/Rüther 2006,180), imNetz offensichtlich weniger klare Handlungsnormen und soziale Kontrollmechanismen gegeben sein könnten.

[251] Humer 2007, 77. *WikiLeaks* ist mit seinen spektakulären Enthüllungen geheimer Dokumente wohl das bekannteste Beispiel für dieses Verständnis des Internets; siehe dazu auch Rosenbach/Stark 2011.

[252] Humer 2007, 120f.

[253] Deutlich wird dies beispielsweise an dem Grundsatzstreit um „Löschen oder Sperren" (kinderpornographischer Seiten). S. dazu unter Kap. 3.3 FN 263.

[254] Solche Strategien der **universellen (auch: sozialen oder primären) Prävention** zielen mit allgemein förderlichen Programmen und Maßnahmen auf die Allgemeinheit und/oder Gesamtgruppen, ohne dass in diesen Gruppen besondere Risikofaktoren vorliegen müssen. Sie bieten dieselben Maßnahmen allen Mitgliedern der Gruppe an (Beispiele: Stärkung der Erziehungskompetenz der Eltern, schulbasierte Program-

Als kriminalpräventiv werden jene Strategien, Programme, Maßnahmen bzw. Projekte verstanden, die direkt oder indirekt die Verhinderung bzw. Verminderung von Kriminalität zum Ziel haben und von denen erwartet werden darf, dass sie in einem begründbaren und nachvollziehbaren Zusammenhang darauf gerichtet sind, Kriminalität zu verhindern bzw. zu vermindern – entweder auf der Basis überzeugender empirischer Belege oder an Hand von plausiblen theoretischen Annahmen.

Um Aussicht auf Erfolg zu haben, muss eine so verstandene Kriminalprävention entweder **Risikofaktoren reduzieren**, die Kriminalität (mit)bedingen oder **Schutzfaktoren aufbauen**, die der Entstehung von Kriminalität entgegenwirken.

Wird der Unterscheidung zwischen universeller, selektiver und indizierter Kriminalprävention gefolgt[255], dann werden bei der hier vertretenen Definition von Kriminalprävention vor allem die selektiv und indiziert ausgerichteten Konzepte und Maßnahmen als im eigentlichen Sinne kriminalpräventiv verstanden.

Gegenüber den bisherigen Gutachten gelten für das Verständnis und die Definition von Kriminalprävention in der digitalen Welt allerdings einige **Besonderheiten**: Auch wenn die Strategien auf die Verhinderung von Risiken, Gefahren und Kriminalität bzw. auf den Aufbau von Schutzfaktoren abzielen, richten sie sich häufig nicht nur an Personen oder Situationen, die durch eine erhöhte Belastung mit Risikofaktoren gekennzeichnet sind und damit unter einem gesteigerten Täter- wie Opferwerdungsrisiko stehen. Sondern sie richten sich an <u>alle</u> Nutzer digitaler Medien als potenziell Gefährdete, ohne dass bei ihnen Risikofaktoren erkennbar sind oder vorliegen müssen.

- So wenden sich etwa **rechtliche Regelungen, (sicherheits)technische Maßnahmen sowie Verhaltensempfehlungen** an alle Nutzer digitaler Medien als potenziell Gefährdete, sind aber eindeutig auf die Verhinderung von Risiken und Kriminalität bzw. den Aufbau von Schutzfaktoren gerichtet.

- Bei den Maßnahmen und Empfehlungen des **Jugendmedienschutzes** verwischen sich die Grenzen zwischen Jugendschutz und Kriminalprävention: Sie richten sich, auch mit Verbots- und Kontrollmaßnahmen, an die Anbieter, aber ebenso an Eltern, andere Erzieher sowie die Kinder und Jugendlichen selbst – mit dem Ziel, Kinder und Jugendliche gegenüber negativen Medieneinflüssen zu

---

me zur Förderung von sozialen Kompetenzen, Sprachkurse für Migranten, Sport und Musik, allgemeine Sozialhilfemaßnahmen, Städte- und Bauplanung u.ä.).
Zweifellos können solche Programme *auch* kriminalpräventive Wirkungen entfalten. Es würde ihrem Anspruch und ihrer Bedeutung jedoch nicht gerecht, würde man sie vorrangig auf diesen kriminalpräventiven Aspekt reduzieren, sie sozusagen für die Zwecke der Kriminalprävention instrumentalisieren. Auch um dem Risiko einer Entgrenzung der Kriminalitäts- und Präventionsbegriffe entgegenzuwirken, ist Kriminalität nicht der geeignete Bezugsrahmen für Programme und Maßnahmen der universellen (sozialen) Prävention.

[255] Begriffe gemäß der Analyse „Prävention von Jugendgewalt" *von Eisner/Ribeaud/Bittel* für die Eidgenössische Ausländerkommission EKA (2006).

stärken und sie zu befähigen, die positiven Möglichkeiten der Medien für sich zu nutzen.[256]

- Das wiederum ist die Schnittstelle zur **Medienkompetenz**, über die alle Nutzer digitaler Medien verfügen sollten. Die universell ausgerichteten Maßnahmen und Empfehlungen mit dem Ziel der Medienkompetenz richten sich folglich an alle Nutzer, zielen aber (häufig) auf den Aufbau von Schutzfaktoren und die Verminderung von Risiken ab und können somit ebenfalls als kriminalpräventiv verstanden werden, auch wenn sie nicht vorrangig auf die Verhinderung von Kriminalität gerichtet sind.

Wie in den bisherigen Gutachten geht es dabei um Strategien der Kriminalprävention in den drei oben skizzierten Bereichen, nicht um einzelne, konkrete kriminalpräventive Maßnahmen und Programme.

3.3
Kriminalprävention durch rechtliche sowie (sicherheits)technische Regelungen, Maßnahmen und Empfehlungen

„ Die Bedrohungen, die wir in der Online-Welt erleben, sind eigentlich nichts anderes als die Gefahren, die wir aus der realen Welt kennen. Die Herausforderung für alle IT-Nutzer besteht darin, sich gegen diese Angriffe zu schützen. "[257]

Kriminalprävention durch rechtliche sowie (sicherheits)technische Regelungen, Maßnahmen und Empfehlungen kann nur dann überhaupt Sinn machen, wenn davon ausgegangen wird, dass auch das Internet ein Raum ist, in dem Regeln gelten, wenn sie auch möglicherweise schwerer durchsetzbar sind, schon weil das Internet als „world. wide.web" eben nicht an Landesgrenzen und den dort geltenden Regelungen halt macht.[258]

Für Deutschland geht die *„ IKT-Strategie der Bundesregierung , Deutschland Digital 2015 ' "*[259] davon aus, dass „der Staat bei der Informationstechnik und beim Internet eine Freiheits- und Ausgleichsfunktion, eine Schutz und Gewährleistungsfunktion sowie eine Angebots- und Innovationsfunktion hat ... Alle Beteiligten – Anwender, Anbieter oder IT-Sicherheitsgestalter – tragen für IT-Sicherheit eine spezifische Verantwortung." Zu den Zielen bzw. Strategien im Einzelnen:[260]

---

[256] BPJM Thema Jugendmedienschutz 2008,3.

[257] Hange 2007.

[258] Fragen nach Sicherheit sind im "entgrenzenden Medium Internet" von internationaler Bedeutung und können nur in einem internationalen Kontext sinnvoll beantwortet werden. Beispiele dafür sind die Safer Internet Programme der Europäischen Union mit klicksafe.de als dem deutschen Knotenpunkt im europäischen Netzwerk (Gercke 2006).

[259] Stand: November 2010; www.bmwi.de.

[260] Siehe dazu auch die Aufträge des Deutschen Bundestages an die von ihm eingesetzte „Enquete-Kommission „Internet und digitale Gesellschaft'" (Deutscher Bundestag 2010) und die „14 Thesen zu den Grund-

- Sichere Gestaltung der Netze und Dienstleistungen, Schutz vor einer stark international organisierten Kriminalität.

- Schutz von Persönlichkeitsrechten auch im digitalen Raum und Stärkung der Selbstbestimmung und Verantwortung.

- Gewährleistung von Sicherheit und Transparenz beim Umgang mit elektronischen Identitäten im digitalen Umfeld.

- Besserer Schutz der Verbraucher vor Kosten- bzw. Abofallen im Netz.

- Bereitstellung von Rahmenbedingungen und Infrastrukturkomponenten für ein sicheres, transparentes und benutzerzentriertes Identitätsmanagement.

- Weitere Gewährleistung eines hohen Schutzniveaus und einer wirksamen Durchsetzbarkeit des Urheberrechts

Die gemeinsame Verantwortung des Staates, der Gemeinschaft der Netznutzer und der Anbieter von Internetdiensten für die Freiheitssicherung im Internet betont auch das *„Positionspapier des CSU-Netzrates: In Freiheit und Fairness".*[261] Leitmotive staatlicher Netzpolitik sollten sein:

- Zurückhaltung (Grundsatz der Subsidiarität)

- Interessenausgleich (Gebot der Rücksichtnahme)

- Vorsorge (Schaffung einer sicheren IuK-Infrastruktur).

Bei Rechtsverletzungen seien die Mittel des Staates zur Unterbindung „solcher nachteiligen Erscheinungsformen menschlichen Zusammenlebens" in der virtuellen wie in der realen Welt begrenzt. **Recht** sei in beiden Handlungszusammenhängen stets nur ein ‚bedingt taugliches' Steuerungsinstrument.[262] In mancher Hinsicht sei das „staatliche, ordnungsstiftende Gewaltmonopol in der virtuellen Welt schwerer durchsetzbar … Die Entgrenzung des Internets befördere die Verlagerung der Verhaltenssteuerung weg vom Staat hin zu den mit ‚IT-Herrschaft' ausgestatteten Privatunternehmen.

Auch deshalb liegt der Schwerpunkt der Bekämpfungsansätze bei Internet-Devianz und –Kriminalität im **(sicherheits)technischen Bereich**, sowohl auf der Nutzer- wie auf der Anbieterseite. Beispiele dafür sind etwa SPAM-Filter, Altersverifikationssys-

---

lagen einer gemeinsamen Netzpolitik der Zukunft" (Bundesministerium des Innern vom 22.6.2010).

[261] www.csu.de vom Januar 2011.

[262] Mit dem Ziel, es tauglicher zu machen, gibt es seit einigen Jahren den Trend, so genannte Gefährdungstatbestände zu schaffen, das Strafrecht zu einem Präventionsstrafrecht auszubauen (Schwarzenegger auf dem 4. Zürcher Präventionsforum vom 4.3.2011).
Brodowski/Freiling kommen in ihrem Gutachten zur Wertung, die im deutschen Strafgesetzbuch und in weiteren Gesetzen zu findenden Strafbestimmungen seien weitgehend ausreichend und adäquat zur Verfolgung von Cyberkriminalität. Auch die forensischen und prozessualen Möglichkeiten seien besser als ihr Ruf (2011,190ff).

teme, Transaktionsnunmmern beim E-Banking, Virenscanner, Internetsperren.[263]

Allerdings zeige sich immer wieder, dass „Entwicklungen, die heute als Bahn bre-
chend in Sachen Sicherheit im Internet angesehen werden, bereits morgen außer Kraft
gesetzt sind. Es besteht ein ständiger Wettlauf zwischen der Sicherheitsindustrie und
den zunehmend professionellen Tätern."[264] Oder, mit den Worten des Bundeslagebil-
des IuK-Kriminalität 2009: „Die IuK-Kriminalität ist durch eine besondere Dynamik gekennzeichnet, weil sich die Täter veränderten technischen Gegebenheiten sehr
schnell anpassen und enorme Innovationsfähigkeiten zeigen."

Deshalb sollten der **Mensch und sein Verhalten** als wichtige kriminogene Faktoren
im Zusammenhang mit Delinquenz im Internet in den Mittelpunkt der Betrachtungen
gestellt werden[265] - „ein sicheres Internet beginnt mit jedem Einzelnen"[266] – „die aktive Mitwirkung der Internet-Nutzer wird immer wichtiger"[267] – Vorbedingung für die
IT-Sicherheit ist „die Vermittlung eines ausreichenden Maßes an Medienkompetenz
... Die sachgerechte und kritisch reflektierte Nutzung des Internets muss zur vierten
Kulturtechnik nach Rechnen, Schreiben und Lesen avancieren".[268]

---

[263] **Internetsperren** zählen zu den anbieterseitigen Systemen und sind heftig umstritten. Das Positionspapier
des CSU-Netzrates hat „erhebliche Bedenken": Sperren könnten leicht umgangen werden und auch den
Zugang zu legalen Inhalten behindern; sie könnten durch spezielle Suchstrategien nachgebildet werden
und gleichsam „Surftipps" für die interessierten Kreise sein. Schließlich stelle sich die Frage, wie man
wirksam verhindern könne, dass eine einmal etablierte Sperrinfrastruktur zukünftig auch für andere Inhalte verwendet werde. Das vorzugswürdige Prinzip „Löschen statt Sperren" sei demgegenüber frei von
schädlichen Nebenwirkungen.
Die **Bundesregierung** hat die Anwendung des so genannten Zugangserschwerungsgesetzes (in Kraft
getreten im Februar 2010) für ein Jahr ausgesetzt um zu prüfen, inwieweit das Löschen von kinderpornographischen Angeboten möglich sei (nur für diesen Bereich gibt es entsprechende internationale Über-
einkommen). BKA-Zahlen zeigen solche Löscherfolge: Im Januar 2011 hat das BKA aufgrund von ge-
meldeten Websites mit Kinderpornographie insgesamt 142 Mitteilungen ins Ausland versandt; nach einer
Woche hatten die Provider 68% der beanstandeten Seiten gelöscht, nach zwei Wochen 93%. Nach vier
Wochen und zwei weiteren Mahnungen waren 140 der 143 Seiten gelöscht. (www.spiegel.de/netzwelt/ne
tzpolitik/0,1518,druck-751857,00.html; Abrufdatum: 21.3.2011).
Am 8.4.2011 hat die Bundesregierung entschieden, auf das Gesetz für Internetsperren gegen Kinderporno-
graphie zu verzichten und sich künftig auf das Löschen der Inhalte zu konzentrieren.
Auch der Innenausschuss des EU-Parlaments hat die Einführung von verpflichtenden Internetsperren auf
EU-Ebene abgelehnt. Die Mitgliedstaaten sollten die Entfernung von Kinderpornographie im Netz gesetzlich vorschreiben; weitergehende Maßnahmen lägen in ihrer Verantwortung (www.euractiv.de/druck-
version/artikel/internetsperren-nicht-eu-weit-verpflichtend; Abrufdatum: 18.2.2011).
Siehe zu dem Bestreben, eine ganzheitliche Strategie zur Bekämpfung der Kinderpornographe im Internet
zu entwickeln und umzusetzen die Gründung von „White IT – Bündnis gegen Kinderpornographie", eine
Initiative des Niedersächsischen Innenministers (www.whiteit.de).

[264] Eschemann 2006.

[265] Eichenberg/Rüther 2006,179.

[266] Brodowski/Freiling 2011,187

[267] Gemeinsame Pressekonferenz BITKOM und BKA am 6.9.2010. Noch immer surfe jeder Fünfte ohne
Virenschutz und es gebe weiter Aufklärungsbedarf zum Umgang mit persönlichen Daten.

[268] Positionspapier des CSU-Netzrates vom Januar 2011.

Es sei für jeden Einzelnen dringend erforderlich, auf die Sicherheit seines Arbeitsplatzrechners, seines privaten Computers und neuerdings auch seines Smartphones zu achten. Hierzu diene unter anderen die häufig gepredigte Verwendung von Antiviren- und Sicherheitssoftware, die rasche Aktualisierung von Software, sobald Sicherheitslücken festgestellt wurden und die Verwendung von verschiedenen, sicheren Passwörtern. Dieselben Grundsätze gelten auch für Behörden und Unternehmen.[269]

Aber: In Bezug auf die Sicherheit im Internet klaffe bei einer Mehrheit der Bundesbürger eine große Lücke zwischen theoretischem Wissen und faktischem Handeln. Viele Bürger wüssten zwar um die Risiken beim Internetsurfen und fühlten sich auch selbst weitgehend zuständig für die Internetsicherheit. Die notwendigen Schutzmaßnahmen ergriffen jedoch noch zu wenige. Hier gelte es, weiter über die möglichen Folgen der zunehmenden Online-Kriminalität aufzuklären und die Internetnutzer noch stärker für die Risiken zu sensibilisieren.[270]

3.4
Kriminalprävention durch Jugendmedienschutz

Jugendmedienschutz hat die Aufgabe, Einflüsse der Erwachsenenwelt, die dem Entwicklungsstand von Heranwachsenden noch nicht entsprechen, von Kindern und Jugendlichen fernzuhalten und diese 5, ausschließlich Kindern und Jugendlichen den Zugang zu erschweren.[271]

Die bestehende Rechtslage sieht drei unterschiedliche Eingriffsstufen zugunsten des Jugendschutzes vor:[272]

- Allgemeine Inhaltsverbote: Stellen den stärksten Eingriff dar und gelten auch gegenüber Erwachsenen[273]
- Verbote gegenüber Minderjährigen: Verbieten bestimmte Inhalte für Kinder und Jugendliche völlig und sieht weitreichende Verbreitungsverbote vor.[274]
- Altersdifferenzierte Verbote: Enthalten Beschränkungen für bestimmte Altersstufen.

---

[269] Brodowski/Freiling 2011,187
Das Bundesamt für Sicherheit in der Informationstechnologie stellt in seinem Webangebot unter (www.bsi.bund.de) (www.bsi-fuer-buerger.de), sowie über die Newsletter des Bürger-CERT (www.buerger-cert.de) Informationen über Risiken im Internet sowie sinnvolle Schutzmaßnahmen zur Verfügung.

[270] BSI-Bürgerumfrage zur Internetsicherheit (www.bsi.bund.de/cln_165/ContentBSI/Presse/Pressemitteilungen; Abfragedatum: 3.3.2011.

[271] Hans-Bredow-Institut 2007, 363.
Auf europäischer Ebene finden sich bislang nur mit der „Richtlinie über audiovisuelle Mediendienste", die Nachfolgerichtlinie der so genannten Fernsehrichtlinie, Harmonisierungen zum Jugendmedienschutz; siehe zu den aktuellen Entwicklungen *Schulz* 2009.

[272] Gutknecht 2010,38

[273] § 131 Abs. 1 StGB (Gewaltdarstellung); § 4 Abs. 1 JMStV

[274] § 18 JuSchG (Liste jugendgefährdender Medien); § 15 Abs. 2 JuSchG (schwer jugendgefährdende Medien).

Als wichtigste **Institutionen des Jugendmedienschutzes** in Deutschland sind zu nennen:

- Die **Bundesprüfstelle für jugendgefährdende Medien (BPjM)** ist zuständig für die Indizierung von Medien mit jugendgefährdendem Inhalt; sie wird jedoch nicht von sich aus, sondern nur auf Antrag hin tätig und darf ein Indizierungsverfahren nur dann einleiten, wenn eine hierzu berechtigte Stelle – Jugendämter, Landesjugendämter, Oberste Landesjugendbehörden, das Bundesministerium für Familie, Senioren, Frauen und Jugend, die Kommission für Jugendmedienschutz – dies beantragt oder anregt. Die BPjM ist nicht zuständig für die Indizierung von Filmen und Computerspielen, die ein Alterskennzeichen der Freiwilligen Selbstkontrolle der Filmwirtschaft (FSK) bzw. der Unterhaltungssoftware Selbstkontrolle (USK) aufweisen. Dadurch soll verhindert werden, dass inhaltsgleiche Medien von verschiedenen (staatlichen) Stellen möglicherweise unterschiedliche Bewertungen erhalten können.[275]

- Die **Freiwillige Selbstkontrolle der Filmwirtschaft (FSK)** prüft, für welche Altersstufe ein Film freigegeben wird. Die Obersten Landesjugendbehörden benennen einen ständigen Vertreter, der im Begutachtungsverfahren den Vorsitz führt und schließlich auf Grundlage der Empfehlungen des Prüfgremiums die Altersfreigabe erteilt.[276]

- Die **Unterhaltungssoftware-Selbstkontrolle (USK)** prüft, für welche Altersstufe Computer- und Konsolenspiele freigegeben werden. Die Obersten Landesjugendbehörden benennen einen ständigen Vertreter, der im Begutachtungsverfahren den Vorsitz führt und schließlich auf Grundlage der Empfehlungen des Prüfgremiums die Altersfreigabe erteilt.[277]

- Die **Pan European Game Information (PEGI)** ist ein europaweites Kennzeichnungssystem ausschließlich für Computerspiele, das von der Industrie in Deutschland oftmals freiwillig angewendet wird. Es basiert auf einer Alterseinstufung und auf der Ausweisung inhaltlicher Problemfelder durch verschiedene Symbole. Dabei bleiben die im deutschen Jugendschutzsystem etablierten und bewährten Wirkungsannahmen größtenteils unberücksichtigt.[278]

- Zu erwähnen ist in diesem Zusammenhang auch die **Freiwillige Selbstkontrolle Multimedia-Diensteanbieter e.V.** (FSM), ein eingetragener Verein, der 1997 von Medienverbänden und Unternehmen der Online-Wirtschaft gegründet wurde und jedermann die Möglichkeit bietet, sich im Bereich des Jugendmedienschut-

---

[275] Siehe dazu BPJM Thema Jugendmedienschutz 2008. Eine weitere Aufgabe der BPJM ist die Förderung wertorientierter Medienerziehung und die Sensibilisierung der Öffentlichkeit für die Belange des Jugendmedienschutzes.

[276] BPJM Thema Wegweiser Jugendmedienschutz 2009, 8.

[277] BPJM Thema Wegweiser Jugendmedienschutz 2009, 11.

[278] Weigand/Braml 2010,22.

zes über strafbare oder jugendgefährdende Inhalte im Netz zu beschweren oder Fragen zum Thema Jugendschutz im Internet zu stellen. Gemeinsam mit ausländischen so genannten Internet-„Hotlines" hat die FSM 1999 den europäischen Dachverband INHOPE gegründet, der das Ziel verfolgt, ein internationales Netz von Beschwerdestellen im Internet aufzubauen.[279]

Durch den zum 1. 4. 2003 in Kraft getretenen **Jugendmedienschutz-Staatsvertrag** (JMStV)[280] wurde u.a. das System der „regulierten Selbstregulierung" etabliert und „in der Praxis nach Anlaufschwierigkeiten grundsätzlich angenommen".[281] Außerdem wurde die **Kommission für Jugendmedienschutz** (KJM) als Organ der Landesmedienanstalten eingerichtet. Die KJM hat (nach dem Grundsatz der Subsidiarität) die Aufsicht über den privaten Rundfunk und Telemedien und soll die Jugendschutzentscheidungen bei den Landesmedienanstalten vereinheitlichen. Seit 2003 ist auch **jugendschutz.net** an die KJM angebunden, um eine einheitliche Aufsicht über Rundfunk und Internet zu gewährleisten.[282]

Das Hans-Bredow-Institut kommt bei seiner **Analyse des Jugendmedienschutzsystems** unter dem Aspekt der Evaluation zu einem in Hinblick auf den Jugendmedienschutz „ernüchternden Blick" in die Lebenswelt von Kindern und Jugendlichen:[283]

- Die **Einflussnahme der Eltern** nehme in vielen Fällen ab,[284] Akzeptanz für den Jugendmedienschutz sei zwar durchaus vorhanden, aber keineswegs immer handlungsleitend (etwa bei der Umsetzung technischer Maßnahmen des Jugendschutzes im Internet-Bereich). Bei bestimmten Medien – dazu gehörten die Computer- und Videospiele – hätten sich viele Eltern aus der Verantwortung tendenziell verabschiedet, weil ihnen der Umgang damit selbst fremd sei.[285]

---

[279] www.fsm.de; Abfragedatum: 30.3.2011.

[280] Ein neuer JMStV, der das System der regulierten Selbstregulierung weiter entwickeln, der fortschreitenden Medienkonvergenz Rechnung tragen und zum 1.1.2011 in Kraft treten sollte, scheiterte im Dezember 2010 an der Ablehnung durch Nordrhein-Westfalen.

[281] Hans-Bredow-Institut 2007,368.

[282] Jugendschutz.net wurde bereits 1997 von den Jugendministern aller Bundesländer gegründet, fordert „Mehr Rücksicht für Kinder und Jugendliche im Internet", drängt auf die Einhaltung des Jugendschutzes im Internet und sorgt dafür, dass Anbieter problematische Inhalte rasch ändern, löschen oder für Kinder und Jugendliche sperren (jugendschutz.net Bericht 2009, Rückseite). Dem Evaluationsbericht des Hans-Bredow-Institutes zufolge kann die Arbeit von jugendschutz.net als erfolgreich bewertet werden. Allerdings seien die organisatorische Stellung und die gesetzlich zugewiesenen Aufgaben nicht ganz klar; das habe zu Rechtsunsicherheit bei Anbietern geführt (Hans-Bredow-Institut 2007,371).

[283] Hans-Bredow-Institut 2007,373f.

[284] *Rhein* (2011,56) weist darauf hin, dass viele Jugendliche auch deshalb nicht mit ihren Eltern über „unliebsame Begegnungen" im Netz sprächen, weil sie Einschränkungen oder gar Verbote in der Nutzung des für sie zentralen Mediums befürchteten.

[285] Mit spezifischem Bezug zu Computerspielen stellen *Busse e.a.* (2011,31) fest, dass sich die Generation der Eltern kaum mit diesem Medienhandeln der Heranwachsenden auseinandersetzten, über kein entsprechendes Wissen verfügten und oftmals auch keine Notwendigkeit sähen, Kinder beim Erlernen des Medienum-

- Die **Medienwelt** von Kindern und Jugendlichen werde immer komplexer, sie seien häufiger und auch immer früher im Besitz eigener Endgeräte, die – wie etwa Handys und mobile Spielkonsolen – auch außerhalb der häuslichen Sphäre genützt würden.[286]

- Dennoch seien die **Maßnahmen des Jugendschutzes keineswegs wirkungslos.** Im Gegenteil: Je weniger Verantwortung die Eltern übernehmen können, desto mehr seien sie, aber auch die Minderjährigen, auf die anderen Akteure des Jugendmedienschutzes angewiesen, um die Risiken zu minimieren. Insgesamt werde man in diesem Bereich absolute Sicherheit weder versprechen noch erwarten können; es handle sich um **Risikomanagement.**

- Für die **Wirtschaft** seien Jugendschutzmaßnahmen Kostenfaktoren und angesichts globaler wirtschaftlicher Konkurrenz sei es naiv anzunehmen, dass es bei dem wichtigen Anliegen des Jugendschutzes nicht um Geld gehen könnte.

Auch wenn das deutsche Jugendschutzsystem für ein Risikomanagement im Jugendschutz vergleichsweise gute Voraussetzungen bietet,[287] gewinnt doch der andere – weitere – Aspekt des Jugendmedienschutzes immer mehr an Bedeutung: Jugendmedienschutz durch Medienerziehung mit dem Ziel der Medienkompetenz. Moderne jugendschützerische Ansätze gehen nicht mehr von einem „Bewahrgedanken" aus, stellen nicht mehr die negativen Einflüsse von Medien ins Zentrum ihrer Diskussion, um diese zu unterbinden,[288] sondern zielen auf einen kompetenten Umgang mit Medien.[289]

---

gangs erzieherisch zu unterstützen.

[286] Auch *Schulz* (2009,5) weist darauf hin, dass der Bereich des Jugendschutzes im Online-Bereich, zumal wenn die Nutzung stark über mobile Endgeräte und damit außerhalb traditioneller sozialer Kontrolle erfolge, zeige, dass er nur unzureichend als Risikomanagement verstanden werden könne.

[287] Hans-Bredow-Institut 2007,374.

[288] Gewalt lässt sich nicht per Verbot verbannen (Gugel 2011,26). So auch das Positionspapier der CSU (2011,12): Adäquater Jugendschutz sei nicht gleichzusetzen mit Verboten, weil bestimmte Angebote und Funktionen dadurch erst recht interessant würden und trotz solcher Verbote für Minderjährige erreichbar seien. Und Tanja Dückers in ihrem Bericht vom 28.3.2011 über die Sperrung des Mobbing-Portals für anonyme Beschimpfungen und Beleidigungen: „Was wir brauchen ist keine ausufernde Verbotskultur ... Um mit dem französischen Philosophen und Gesellschaftskritiker Michel Foucault zu sprechen: Jedes Verbot ist ein heimliches Gebot." (www.zeit.de/gesellschaft/zeitgeschehen/2011-03/mobbing-internet-portal; Abrufdatum: 30.3.2011).Oder *Grimm u.a.* (2010,267): „Nachhaltig Erfolg versprechend sind gerade nicht Verbote, sondern pädagogische Maßnahmen, deren Ausgangs- und Ansatzpunkt die Jugendlichen selbst und ihre jeweiligen Nutzungsweisen und Nutzungsmotive sind, die vor dem Hintergrund ihrer jeweiligen kulturellen und sozialen Erfahrungswelt betrachtet werden müssen."Auch *Kunczik/Zipfel* (2010a Kurzfassung) nennen als wichtiges Anwendungsfeld der Erkenntnisse aus der Medien-und-Gewalt-Forschung die Entwicklung medienpädagogischer Interventionsstrategien zur Verhinderung oder Abmilderung schädlicher Effekte violenter Medieninhalte: „Restriktive Maßnahmen (z.B. Verbote) vermögen zwar den Kontakte mit problematischen Inhalten (zeitweise) zu unterbinden, können aber v.a. bei älteren Kindern das Verhältnis zu ihren Eltern beeinträchtigen, zu einer Verlagerung der (dann noch weniger beeinflussbaren) Nutzung entsprechender Inhalte in den Freundeskreis führen und die Attraktivität solcher Medienprodukte ggf. noch steigern."

[289] Gugel 2011,26.

3.5
Kriminalprävention durch Medienkompetenz

Um die Chancen der digitalen Medien nutzen und ihre Risiken vermeiden zu können, sollten die Nutzer kompetent mit ihnen umgehen können – Medienkompetenz ist „in den vergangenen beiden Jahrzehnten zu einem mehr oder weniger fraglos akzeptierten gesellschaftlichen Leitbild avanciert, das gleichermaßen von der Politik, der Wirtschaft, den Medien und der Medienpädagogik propagiert wird."[290]

3.5.1
Definition und Inhalte von Medienkompetenz

Medienkompetenz als zentrale Aufgabe und Zielstellung der Medienpädagogik wird seit den 1970er Jahren diskutiert.[291] Sie wird als Bestandteil einer allgemeinen kommunikativen Kompetenz verstanden und zielt damit letztlich auf eine umfassende Alltagskompetenz. Als **Dimensionen von Medienkompetenz** werden genannt:[292]

- **Medienkritik** (kritisch-reflexiver Umgang), meint die analytische Auseinandersetzung mit den Medienangeboten sowie die Fähigkeit zur Selbstreflexion.

- **Medienkunde** (kenntnisreicher Umgang), umfasst zum einen das allgemeine Wissen über die Medien und zum andern die Fähigkeit, Mediengeräte auch bedienen zu können.

- **Mediennutzung** setzt sich zusammen aus der Rezeptionskompetenz sowie der Fähigkeit, die Medien für eigene Belange nutzen zu können.

- **Kreative Mediengestaltung** (kreativ-gestaltender Umgang) soll die Individuen in die Lage versetzen, die Medien für die Artikulation eigener Anliegen zu nutzen und somit an gesellschaftlichen Prozessen teilzuhaben.

„Medienkompetenz ist also die Fähigkeit, selbstbestimmt, kreativ und sozial verantwortlich mit Medien umzugehen und sie zur Gestaltung der eigenen Lebenswelt, zur Teilhabe an, sowie zur Mitgestaltung der (Informations-)Gesellschaft zu nutzen. Dazu gehören

- Das Wissen darüber, welche Medien es gibt und welchen Nutzen sie haben.

- Die Fähigkeit, Medien im Zusammenhang mit den eigenen Bedürfnissen, der eigenen Lebensgestaltung und Identitätsbildung, zur Information und Bildung und zur Unterhaltung sinnvoll auswählen zu können.

- Das Vermögen, über die eigene Mediennutzung und über Medienwirkungen nachdenken zu können.

[290] Weiner 2011,42.

[291] Siehe dazu und zum Folgenden Paus-Hasebrink 2010,223ff.

[292] In Anknüpfung an Dieter Baackes Mitte der 1995er Jahre entwickeltes Verständnis von Medienkompetenz (Paus-Hasebrink 2010,226).

- Das technische Wissen über Medien bzw. den Umgang mit Geräten.
- Die Fähigkeit, die jeweilige ‚Mediensprache' verstehen und analysieren zu können, d.h. Medien ‚lesen' zu können.
- Die Produktionsbedingungen von Medien und ihren Bezug zur gesellschaftlichen Wirklichkeit einschätzen zu können.
- Medienbotschaften zu beurteilen (Boulevardpresse, Nachrichtenmagazine) und kritisch über Begriffe wie Realität, Wahrheit, Information, Wissen, Manipulation etc. nachdenken zu können.
- Medien gestalten und zur Kommunikation einsetzen zu können, als Erweiterung der eigenen Handlungs- und Ausdrucksfähigkeit (aktiver Medienumgang) – so z.b. für die Gestaltung einer eigenen Homepage."[293]

Soweit ersichtlich, besteht weitgehende Einigkeit darüber, dass Medienkompetenz (zumindest) diese Fähigkeiten umfassen sollte. Damit ist allerdings noch nichts darüber gesagt, wie sie erfolgreich erworben und vermittelt werden kann – und erst recht nichts darüber, wann jemand hinreichend über sie verfügt.[294]

3.5.2
Zielgruppen von Medienkompetenz

Zwar sollten alle, die mit Medien – und insbesondere mit den neuen, digitalen Medien – umgehen, dies kompetent tun. Problematisiert und diskutiert wird aber vor allem die Medienkompetenz von Kindern und Jugendlichen sowie der Personen und Institutionen, die für ihre (Medien)Erziehung zuständig sind: Eltern, Lehrkräfte/Schule, Fachkräfte der außerschulischen Jugendarbeit.

Da sich viele Eltern jedoch, wie oben dargestellt, aus der Verantwortung tendenziell verabschiedet haben, weil ihnen der Umgang mit den neuen Medien selbst fremd ist, bleiben als Vermittler von Medienkompetenz vor allem die schulischen und außerschulischen pädagogischen Fachkräfte.[295] Mit dem Vorteil, dass diese Fachkräfte ebenso wie die Kinder und Jugendlichen über die jeweiligen Institutionen erreichbar sind.

---

[293] Programm Polizeiliche Kriminalprävention: Klicks-Momente 2009,5.

[294] *Weiner* 2011,42 weist in seiner Kritik am Begriff und der Forderung nach Medienkompetenz darauf hin, selbst Medientheoretiker und –pädagogen räumten mehrheitlich ein, dass es bislang an verbindlichen Normen und Kriterien zur Bewertung von Medienkompetenz mangele.

[295] Das heißt natürlich nicht, dass die Eltern ganz „außen vor" sind. So richtet sich etwa die Broschüre „Klicks-Momente. So unterstützen Sie Ihr Kind bei der Medienkompetenz" ausdrücklich an Eltern (www. polizei-beratung.de) und das Projekt „Elterntalk" der Aktion Jugendschutz, Landesarbeitsstelle Bayern e.V. fördert seit 2002 niedrigschwellig und innovativ Eltern- und Erziehungskompetenzen rund um die Themen Erziehung und Fernsehen, Computer- und Konsolenspiele, Handy, Internet und Konsum (www. elterntalk.net). Außerdem richten sich zahlreiche Internetauftritte an die Eltern wie beispielsweise die Initiative des BMFSFJ in Partnerschaft mit vodafone, Das Erste, ZDF und TV *Spielfilm „SCHAU HIN Was Deine Kinder machen"*; diese Initiative will eine Brücke zwischen Eltern und ihren Kindern bilden, Eltern praktische Orientierungshilfen zur Mediennutzung und –erziehung geben und den Dialog zwischen Eltern und Kindern fördern.

Insbesondere die **Schule** ist für die Aufgabe „Kriminalprävention durch Medienkompetenz" der zentrale Ort – wie auch bei der Prävention analoger (Kriminalitäts-)Risiken und Gefahren -, denn Schule ist der Ort, an dem sich Kinder und Jugendliche verlässlich aufhalten und deshalb auch für präventive Maßnahmen und Programme prinzipiell erreichbar sind[296], „zwangsbeglückt" werden können.

Außerdem stellt die Schule die neuen Medien nicht nur zur Verfügung, sondern hat einen großen Teil für ihre Verbreitung bei den und ihre Akzeptanz durch die Kinder und Jugendlichen beigetragen (s.o.). Folglich hat sie auch eine Verantwortung dafür, dass ihre Schüler/innen lernen, damit kompetent umzugehen.

3.5.3
Digital Natives oder Digital Naives?[297]

Auch wenn Kinder und Jugendliche heute mit den digitalen Medien groß werden, sei Medienkompetenz, im Speziellen die Internetkompetenz, auch bei den Heranwachsenden nicht von Geburt an vorhanden, sondern müsse analog zur Entwicklung der Persönlichkeit stetig aufgebaut werden. Zur Bildung von Internetkompetenz müssten dabei unterschiedliche Fertigkeiten gelernt werden: handlungsorientierte (Handhabung der Hard- und Software sowie von Onlineprozessen), kognitive (Kenntnis über Struktur, Organisation, Funktionen und Inhalte des Internets), analytische (Bewertung der Inhalte hinsichtlich Absender, Vertrauenswürdigkeit, Vollständigkeit) und sozial-reflektive (Befriedung emotionaler Befindlichkeiten, Reflexion der eigenen Internetnutzung, soziales Handeln und Interagieren).[298]

Dabei verfügt die „Net- und Cybergeneration" zumeist über intuitive Bedienerkompetenzen; Jugendlichen gelingt der technische Umgang mit den Medien in der Regel mühelos und sie vermitteln sich gegenseitig diese Kenntnisse. Aus dieser selbstverständlichen Mediennutzung kann jedoch noch keine Medienkompetenz abgeleitet werden. Im Bereich der kritischen Auseinandersetzung mit den Inhalten, Macharten und möglichen Wirkungen und deren Bewertung – analytische und sozial-reflektive Fähigkeiten – sind sie weit weniger kompetent und bedürfen der Begleitung.[299]

Dieser Begleitung bedürfen vor allem auch die **sozial und bildungsmäßig benachteiligten** Kinder und Jugendliche, deren Eltern mit ihren (Medien-)Sozialisationsauf-

---

[296] So auch Paus-Hasebrink 2010,230.

[297] *Arnold* 2008,6 weist darauf hin, dass diese Anspielung auf den Begriff der „digital natives" sich auf die in der Regel geringe Sensibilität der Jugendlichen für den Schutz ihrer persönlichen Daten bezieht. Unter dem Titel „Digital native oder digital naiv" stand 2010 die Tagung der Gesellschaft für Medienpädagogik und Kommunikationskultur: Medienkompetenz werde keineswegs in die Wiege gelegt, sondern müsse auch von der jüngeren Generation erst nach und nach erworben werden (schau-hin.info/medienerziehung/internet/details/medienpaedagogik; Abfragedatum: 29.3.2011).

[298] Schneider/Warth 2010, 471f.

[299] Gugel 2011,27f.

gaben häufig völlig überfordert sind:[300] Digitale Ungleichheiten zeigten sich mittlerweile nicht mehr in erster Linie im Zugang zum Internet, sondern viel stärker in dem
unterschiedlichen Umgang mit den interaktiven Möglichkeiten und den vielseitigen
Funktionalitäten des Netzes. Jugendliche mit formal geringerem Bildungsgrad wenden sich im Netz eher Unterhaltungsangeboten zu.[301] Die bereits in den 1990er Jahren,
vor den Zeiten des Internets, gemachte Beobachtung, dass Eltern mit niedriger Bildung Medien meist passiv-konsumierend nutzen und damit die Mediennutzung ihrer
Kinder maßgeblich beeinflussen, setzt sich auch in Zeiten des Internets fort.[302] Um die
Teilnahme- und Teilhabechancen insbesondere der Jugendlichen zu erhöhen, die nicht
‚von Haus aus' über entsprechenden Ressourcen verfügen, ergibt sich ein besonderer
medienpädagogischer Handlungsbedarf.[303]

Eines ist jedoch zentral wichtig bei der medienpädagogischen Arbeit mit – allen - Kindern und Jugendlichen: Grundlage sollte immer die **Wertschätzung** ihrer medialen
Nutzungs- und Ausdrucksformen sein.[304] Die Heranwachsenden seien den Medien
keineswegs hilflos ausgeliefert, sie gingen aktiv mit ihnen um, wählten aus und wiesen den Inhalten Bedeutung zu. Die Bedeutung und den Stellenwert von Medien für
Kinder und Jugendliche zu verstehen, sei Voraussetzung dafür, mit ihnen in einen
Dialog über Medien eintreten zu können.[305]

3.5.4
Schule, Medienpädagogik und Medienkompetenz

Bleibt die Frage, ob Schule das leisten kann. Eine neuere *Studie der nordrhein-west-
fälischen Landesanstalt für Medien*, die auf der Grundannahme basiert, dass „erst
eine Integration der (digitalen) Medien in die schulische Alltagspraxis deren vielfältige Optionen für den Lern- und Lehrprozess eröffnet", [306] weckt daran Zweifel.
Zumindest macht sie deutlich, dass Medienintegration als ein langfristiger Prozess
zu verstehen ist. Zwar habe die Nutzung digitaler Medien im Unterricht schon deutlich zugenommen, doch müssten sie noch besser in den Schulalltag integriert werden.
Wesentliche Voraussetzung dafür sei die Verbesserung der technischen Rahmenbedingungen sowie die verstärkte Qualifizierung der Lehrkräfte. Es sei eher Zufall, ob
und wie digitale Medien in der Schule genutzt würden. Lehrer hätten Angst vor Kon-

---

[300]   Paus-Hasebrink 2010,231.

[301]   Rhein 2011,55; Paus-Hasebrink 2010,231.

[302]   Shell Jugendstudie 2010,109. Siehe zur Problematik der Abhängigkeit der Bildungserfolge von Kindern
        von der sozialen Lage ihrer Familie und der Benachteiligung von Kindern unterer Sozialgruppen und
        solcher mit Migrationshintergrund das Gutachten zum Schwerpunktthema des 15. Deutschen Präventions-
        tages (Steffen 2010).

[303]   Rhein 2011,55f. Siehe dazu auch Kutscher 2010; Brüggen 2010; Wagner 2008.

[304]   Arnold 2009,8.

[305]   Gugel 2011,28f.

[306]   Breiter u.a. 2010,271; siehe dazu auch www.heise.de/newsticker/meldung/Studie-zur-Medienkompetenz-
        in-Schulen; Abfragedatum: 15.12.2010.

trollverlust: Viele Schüler verfügten zumindest in Teilgebieten über mehr Medien-kompetenzen. Lehrer und Schüler lebten häufig in verschiedenen Welten: Während Online-Netzwerke bei Schülern ungemein populär seien, sähen Lehrer die Nutzung von Facebook und Co. eher kritisch.

Als „zentrale Handlungsfelder" werden genannt:[307] Ausbau der Lehrerbildung für die Medienintegration; Ausbau des Beratungs- und Unterstützungssystems für Schulen und Lehrkräfte; Verbesserung der Ausstattung und Bereitstellung einer lernförderli-chen IT-Infrastruktur; stärkere Einbeziehung der Eltern bei der Medienintegration;[308] Entwicklung und Bereitstellung von digitalen Lern- und Lehrmaterialien; Aufbau von schulischem Wissensmanagement; Integration digitaler Medien in die Qualitätssiche-rung und –entwicklung; strategische Weiterentwicklung und Steuerung.

Dass Handlungsbedarf besteht, macht auch eine Umfrage des *BITKOM* bei 500 Schü-lern zwischen 14 und 19 Jahren vom September 2010 „Bildung 2.0 –Digitale Medi-en in Schulen" deutlich. Danach wünschten sich Schüler (aller Schulformen) einen stärkeren Einsatz neuer Medien: Nur 15% der befragten Schüler nutzten Computer täglich im Unterricht, 41% mindestens einmal in der Woche, 38% bekämen einen PC höchstens alle zwei Wochen zu Gesicht, 5% nie. Der häufigste Einsatzzweck seien Internetrecherchen, gefolgt von Präsentationen von Inhalten durch die Lehrer oder die Schüler. Immerhin ein Drittel der Schüler programmiere und ein Fünftel gestalte selb-ständig Webseiten. Zwei Drittel der Schüler seien der Meinung, dass die Lehrer besser für den Einsatz neuer Medien geschult werden sollten; ein Drittel sei der Auffassung, dass die Lehrer nicht wüssten, wie sie die neuen Medien sinnvoll im Unterricht ein-setzen können und 44% der Schüler – also fast die Hälfte – glauben, dass viele Lehrer kein Interesse daran hätten, neue Medien einzusetzen.

Wenn medienpädagogische Inhalte in der Schule eingeführt werden, dann jedoch nicht nur mit dem Ziel, mediale Techniken zur Förderung der Unterrichtsdidaktik sinnvoll einzusetzen, sondern vor allem auch mit dem Ziel der Förderung der Kri-tikfähigkeit, der kommunikativen Kompetenz und der kreativen wie demokratischen Nutzung der Medien. In diesem Zusammenhang gehe es beispielsweise darum, Web 2.0 Angebote selbst zu machen mit dem Ziel, Risiken zu mindern und Chancen sinn-voll zu nutzen.[309]

---

[307] Breiter u.a. 2010,279ff.

[308] Aus Sicht der Schule sollten sich die Eltern stärker als bisher an der Vermittlung von Medienkompetenz an ihre Kinder beteiligen, denn die Rolle der Eltern für die Entwicklung der Medienkompetenz der Schü-lerinnen und Schüler sei für die schulische Medienintegration von herausragender Bedeutung (Breiter u.a. 2010,283).

[309] So der Vorsitzende der Gesellschaft für Medienpädagogik und Kommunikationskultur, Norbert Neuss, anlässlich des Kongresses „Keine Bildung ohne Medien", der im März 2011 in Berlin stattfand (www. schau-hin.info; Abfragedatum: 29.3.2011). Mit diesem Ziel hat beispielsweise die Aktion Jugendschutz, Landesarbeitsstelle Bayern e.V. zusammen mit dem JFF – Institut für Medienpädagogik **webhelm** entwickelt, die Werkstatt-Community für Daten,

3.5.5
Medienkompetenz – Verlagerung von Verantwortung?

„Medienkompetenz wird zunehmend als Allheilmittel propagiert. Selbstverständlich müssen junge User die notwendigen Fähigkeiten erwerben, um sich im Netz sicher zu verhalten. Es wäre aber zynisch, sie so erziehen zu wollen, dass sie selbst schwerste Belastungen ertragen ... Jugendschutz.net fordert mehr Rücksicht auf Kinder und Jugendliche."[310]

Ohne Frage ist der kompetente Umgang mit den digitalen Medien (und nicht nur mit diesen!) wichtig und ebenso ohne Frage besteht hier großer Handlungsbedarf - nicht nur bei den jungen Nutzern. Aber die Propagierung von Medienkompetenz als Allheilmittel ist auch kritisch zu sehen – und das nicht nur vor dem Hintergrund, dass dieses „Allheilmittel" inhaltlich und begrifflich derart unbestimmt ist, dass niemand genau weiß, was ihm eigentlich abverlangt wird.[311]

Weiner weist zu Recht darauf hin, dass Politik nicht müde werde, Medienkompetenz als unabdingbare Basiskompetenz für eine angemessene politische, kulturelle und ökonomische Teilhabe des Einzelnen am gesellschaftlichen Leben und am Wohlstand zu beschwören. Damit verlagere sie aber nur die Verantwortung für problematische Folgen politischer Entscheidungen – hier: der Deregulierung des Medienmarktes – von der Politik auf die Bürger.

Ebenso problematisch sei, wenn versucht werde, „der Öffentlichkeit ein so beunruhigendes gesellschaftliches Phänomen wie die merkliche Zunahme schwerer psychischer und sozialer Störungen bei Kindern und Jugendlichen mit Blick auf deren Medienverhalten als Folge eines Mangels an Medienkompetenz zu verkaufen." „Exzessiver" Medienkonsum sei ein Symptom jugendlicher Devianz, jedoch nicht deren Ursache – das seien die von der Politik zu verantworteten sozialen und ökonomischen Bedingungen, unter denen solche sozial und psychisch deformierten Männer in unserer Konkurrenz- und Leistungsgesellschaft heranwüchsen.[312]

Rechte, Persönlichkeit, die jugendliche Surferinnen und Surfer sensibilisieren und ihren selbstverantwortlichen Umgang mit dem Internet stärken möchte. Webhelm verfolgt den Peer-to-Peer-Education Ansatz und möchte Pädagoginnen und Pädagogen in ihrer Arbeit mit Jugendlichen zum Thema Web 2.0 unterstützen – mit Hintergrundinformationen zu den Themen Datenschutz, Persönlichkeitsrechte und Urheberrechte sowie Anregungen für die pädagogische Praxis (www.webhelm.de).

[310]   Jugendschutz.net Bericht 2009 (Vorwort)

[311]   Weiner 2011,42.

[312]   *Weiner* bezieht sich dabei insbesondere auf die Reaktion von Politikern, Psychologen, Pädagogen und Kriminologen auf Amokläufe von Jugendlichen an Schulen, sofort deren Medienkonsum – insbesondere von „Killerspielen" – und mangelnde Medienkompetenz als Ursachen auszumachen, bevor die psychosozialen Ursachen und Hintergründe der Taten hinreichend geklärt waren (2011,43f). Siehe dazu auch die Bewertung der Medien-Gewalt-Forschung durch Kunczik/Zipfel 2010a,470ff.

Unter der Hand bekämen die eine Mitverantwortung für die Taten zugeschoben, die für eine ausreichende Medienkompetenz der Heranwachsenden zuständig seien: die Eltern, Kindergärten und Schulen. Diese könnten das jedoch kaum leisten, zumal die Mehrzahl der Maßnahmen für mehr Medienkompetenz an den Angehörigen der bildungsfernen Schichten vorbeigingen und auch das, was in der Fläche in Schulen unter dem Label Medienerziehung angeboten werde, mehr als dürftig sei. Eine Verbesserung der Medienkompetenz durch Schulen müsse mit einer grundlegenden Veränderung der vorherrschenden Unterrichtsmethodik und –praxis einhergehen - das werde aber von den zuständigen politischen Entscheidungsträgern schon aus Kostengründen geflissentlich ignoriert.[313]

Insgesamt kommt *Weiner* zu der Bewertung, dass weder die Politik, noch die Wirtschaft und die Medien ein ernsthaftes Interesse an dem reflektierten, kreativen und kritischen Mediennutzer hätten, den „sie unablässig als Leitbild der Mediengesellschaft vor sich hertragen." Ein als ausreichend medienkompetent geltende Mediennutzer „wäre der lebendige Alptraum der Medienindustrie, der Medien und der Politik".[314]

---

[313] Siehe dazu etwa die Initiative **Niedersachsens**, Medienbildung zum festen Bestandteil im Schulunterricht zu machen. Allerdings sei ein eigenes Fach Medienkunde nicht durchsetzbar und die Landesanstalt für Medien habe für solche Projekte 950.000 € zu Verfügung – „mit dieser Summe können wir in einem Flächenland wie Niedersachsen mit 68.000 Lehrkräften an allgemeinbildenden Schulen keine Bäume ausreißen." (www.hna.de/nachrichten/niedersachsen/medien-sollen-auf-den-lehrplan; Abrufdatum: 20.1.2011)

[314] Weiner 2011,46.

Literaturverzeichnis

Altenhain, Karsten/Liesching, Marc (2011): „Computerspielsucht" im Jugendmedienschutzrecht. BPMJ-Aktuell 1/2011, S. 3-18.

ARD-Forschungsdienst (2010): Mediennutzung in konvergenten Medienwelten. Media Perspektiven 11/2010, S. 549-556.

Arnold, Patricia (2009): Wikis, Weblogs und Social Networking – dabei sein ist alles? proJugend 2/2009, S. 4-8.

Bär, Wolfgang (2007): Strafrecht in der digitalen Welt. In: Bundeskriminalamt (Hrsg.)

Baier, Dirk u.a. (2010): Kinder und Jugendliche in Deutschland: Gewalterfahrungen, Integration, Medienkonsum. KFN Kriminologisches Forschungsinstitut Niedersachsen. Forschungsbericht Nr. 109. Hannover.

BAJ siehe Bundesarbeitsgemeinschaft Kinder- und Jugendschutz

Bergmann, Wolfgang/Hüther, Gerald (2009): Computersüchtig. Kinder im Sog der modernen Medien. 2. Auflage. Weinheim und Basel.

BITKOM siehe Bundesverband Informationswirtschaft, Telekommunikation und neue Medien e.V.

BITKOM (2010): Studie „Bildung 2.0 – Digitale Medien in Schulen". Berlin.

BITKOM (Hrsg.) (2011): Jugend 2.0. Eine repräsentative Untersuchung zum Internetverhalten von 10- bis 18-Jährigen. Berlin.

Bliesener, Thomas (2007): Digitale Welten und ihre Opfer. In: Bundeskriminalamt (Hrsg.) 2007.

Böker, Arnfried (2010): Das Thema „Multimedium Handy" in der pädagogischen Praxis. In: Bundesarbeitsgemeinschaft Kinder- und Jugendschutz e.V. (Hrsg.) 2010, S. 53-58.

Boers, Klaus (2009): Kontinuität und Abbruch persistenter Delinquenzverläufe. In: Bundesministerium der Justiz (Hrsg.) 2009, S. 101-133.

Bonfadelli, Heinz (2010): Von der Digital Divide zu den Digital Skills – Zur Bedeutung von kommunikationswissenschaftlicher Forschung in einer Mediensozialisations-Perspektive. In: DJI Thema 2010/02.

Borges, Georg u.a. (2010): Identitätsdiebstahl und Identitätsmissbrauch im Internet. Rechtliche und technische Aspekte. (www.bsi.bund.de)

BPJM siehe Bundesprüfstelle für jugendgefährdende Medien

BPJMThema (2008): Jugendmedienschutz. Aufgaben und Arbeitsweisen der Bundesprüfstelle für jugendgefährdende Medien. Bonn.

BPJMThema (2009): Wegweiser Jugendmedienschutz. Ein Überblick über Aufgaben und Zuständigkeiten der Jugendmedienschutz-Institutionen in Deutschland. Bonn.

Breiter, Andreas/Welling, Stefan/Stolpmann, Björn Eric (2010): Medienkompetenz in der Schule. Integration von Medien in den weiterführenden Schulen in Nordrhein-Westfalen. Düsseldorf/Berlin 2010.

Brodowski, Dominik/Freiling, Felix C. (2011): Cyberkriminalität, Computerkriminalität und die digitale Schattenwirtschaft. Forschungsforum Öffentliche Sicherheit. Schriftenreihe Sicherheit Nr. 4. Berlin.

Brüggen, Niels (2010): Medienpädagogische Arbeit mit bildungsbenachteiligten Jugendlichen – Möglichkeiten und Herausforderungen. Bundesarbeitsgemeinschaft Kinder- und Jugendschutz e.V. (Hrsg.) 2010, S. 22-37.

Bucher, Hans-Jürgen/Gloning, Thomas/Lehnen, Katrin (Hrsg.)(2010): Neue Medien – neue Formate. Ausdifferenzierung und Konvergenz in der Medienkommunikation. Frankfurt am Main.

Bundesarbeitsgemeinschaft Kinder- und Jugendschutz e.V. (Hrsg.)(2010): Modelle Dokumente Analysen – MDA 25. Impulse zur Medienkompetenz. Berlin.

Bundeskriminalamt (Hrsg.) (2007): Tatort Internet – eine globale Herausforderung für die Innere Sicherheit. Herbsttagung des Bundeskriminalamtes vom 20. bis 22. November 2007 (CD mit den Vorträgen und Diskussionsbeiträgen).

Bundeskriminalamt (Hrsg.)(2010a): IUK-Kriminalität. Bundeslagebild 2009. Pressefrei Kurzfassung. Wiesbaden.

Bundeskriminalamt (Hrsg.)(2010b): Polizeiliche Kriminalstatistik Bundesrepublik Deutschland. Berichtsjahr 2009. Wiesbaden.

Bundeskriminalamt (2010c): Sicherheitsrisiken für Computeranwender im häuslichen Umfeld durch kindliche und jugendliche PC-Nutzer (SirUP). Gemeinsamer Abschlussbericht des Methodenzentrums der Universität Landau und des Bundeskriminalamtes. Wiesbaden.

Busemann, Katrin/Gscheidle, Christoph (2010): Web 2.0: Nutzung steigt – Interesse an aktiver Teilhabe sinkt. Media Perspektiven 7-8/2010, S. 359-380.

Busse, Arne e.a. (2011): Mit „Ballerspielen" gegen pädagogische „No-Go-Areas"? Erfahrungen mit Eltern-LANs. APuZ 3/2011, S. 30-34.

Bundesministerium der Justiz (Hrsg.)(2009): Das Jugendkriminalrecht vor neuen Herausforderungen? Jenaer Symposium 9.-11. September 2008. Mönchengladbach.

Bundesministerium des Innern (Hrsg.)(2010): Perspektiven deutscher Netzpolitik. 14 Thesen zu den Grundlagen einer gemeinsamen Netzpolitik der Zukunft. Berlin.

Bundesministerium für Wirtschaft und Technologie (Hrsg.)(2010): IKT-Strategie der Bundesregierung „Deutschland Digital 2015". Berlin.

CSU-Landesleitung (2011): In Freiheit und Fairness. Positionspapier des CSU-Netzrates. München.

Dehm, Ursula/Storll, Dieter (2010): Medien und Tabus. Media Perspektiven 9/2010, S. 410-431.

Degkwitz, Andreas (2006): Grundlegende Konflikte und Kontroversen beim Umgang mit ,geistigem Eigentum'. In: Stiftung Deutsches Forum für Kriminalprävention (DFK)(Hrsg.) 2006, S. 33-40.

DJI siehe Deutsches Jugendinstitut

DJI Thema 2010/02: Digital kompetent oder abgehängt? Wege von Kindern und Jugendlichen ins Netz (www.dji.de/cgi-bin/projekte/output.php?projekt=975 Jump1=LINKS&Jump2=15; Abfragedatum: 3.2.2011).

Deutscher Bundestag (2010): Einsetzung einer Enquete-Kommission „Internet und digitale Gesellschaft". Drucksache 17/950 vom 3.3.2010.

Eichenberg, Christiane/Rüther, Werner (2006): Prävention von Devianz rund um das Internet – Ein Ausblick auf Handlungs- und Forschungsfelder. In: Stiftung Deutsches Forum für Kriminalprävention (DFK)(Hrsg.) 2006, S. 177-188.

Eisner, Manuel/Ribeaud, Denis/Bittel, Stéphanie (2006): Prävention von Jugendgewalt. Wege zu einer evidenzbasierten Präventionspolitik. Hrsg. von der Eidgenössischen Ausländerkommission (EKA). Bern-Wabern.

Eschemann, Joachim (2006): Vorwort. In :Stiftung Deutsches Forum für Kriminalprävention (DFK)(Hrsg.) 2006, S. 3-4.

Feil, Christine (2010): Familiale Kontexte des Internetzugangs und Internetaktivitäten im späten Kindes- und frühen Jugendalter. In: Fuhs u.a. (Hrsg.) 2010, S. 47-71.

Felling, Matthias (2008): Medienwelt in der Hosentasche. Handykids und ihre Alleskönner mit Tücken. Medienconcret. Magazin für die pädagogische Praxis. Juni 2008, S. 30-34.

Flotho, Barbara/Hajok, Daniel (2011): Pornografie, sexuelle Übergriffe und freizügige Selbstdarstellungen in den neuen Medien: Möglichkeiten zum Einbezug der Themen in die sexual- und medienpädagogische Arbeit. KJug. 56. Jg. 2011, S. 13-19.

Franz, Gerhard (2010): Digital Natives und Digital Immigrants: SocialMedia als Treffpunkt von zwei Generationen. Media Perspektiven 9/2010, S. 399-409.

Fritz, Jürgen u.a. (2011): Kompetenzen und exzessive Nutzung bei Computerspielen: Gefordert, gefördert, gefährdet. Zusammenfassung der Studie. Schriftenreihe Medienforschung der Landesanstalt für Medien NRW (Hrsg.). Düsseldorf.

Fuhs, Burkhard/Lampert, Claudia/Rosenstock, Roland (Hrsg.)(2010): Mit der Welt vernetzt. Kinder und Jugendliche in virtuellen Erfahrungsräumen. München.

Gehrcke, Gernot (2006): Ein sicheres Internet für alle? Netzspezifische Medienkompetenz- und Präventionsinitiativen in Europa. In: Stiftung Deutsches Forum für Kriminalprävention (DFK)(Hrsg.) 2006, S. 161-176.

Gerhards, Maria/Mende, Annette (2009): Offliner: Ab 60-jährige Frauen bilden die Kerngruppe. Media Perspektiven 7/2009, S. 365-376.

Grimm, Petra (2009): Gewalt im Web 2.0. Wie gewalthaltige Internetangebote Heranwachsende beeinflussen. proJugend 2/2009, S. 12-15.

Grimm, Petra (2010): Die Bedeutung der Pornografie in der Lebenswelt von Jugendlichen. proJugend 4/2010, S. 4-8.

Grimm, Petra/Clausen-Muradian, Elisabeth (2009): Cyber-Mobbing – psychische Gewalt via Internet: „Ja, Beleidigungen, Drohungen. So was halt." KJug. 54. Jg. 2009, S 33-37.

Grimm, Petra/Rhein, Stefanie/Müller, Michael (2010): Porno im Web 2.0. Die Bedeutung sexualisierter Web-Inhalte in der Lebenswelt von Jugendlichen. Schriftenreihe der Niedersächsischen Landesmedienanstalt (NLM). Bd. 25. Berlin.

Groebel, Jo (2006): Medienentwicklung und neue Gewaltrisiken in der Informationsgesellschaft. In: Stiftung Deutsches Forum für Kriminalprävention (DFK)(Hrsg.) 2006, S. 7-12.

Grüßinger, Wilfried (2010): Die Faszination von Computer- und Konsolenspielen. In: BAJ 2010, S. 46-52.

Günter, Thomas/Schindler, Friedemann (2006): Technische Möglichkeiten des Jugendschutzes im Internet. RdJB 3/2006, S. 341-350.

Gugel, Günther (2011): Medien und Gewalt. Problemfelder und Handlungsmöglichkeiten. Institut für Friedenspädagogik Tübingen e.V. Tübingen.

Gutknecht, Sevbastian (2010): Gesetzlicher Jugendmedienschutz. In: Bundesarbeitsgemeinschaft Kinder- und Jugendschutz e.V. (Hrsg.) 2010, S. 38-45.

Hans-Bredow-Institut (Hrsg.) (2007): Analyse des Jugendmedienschutzsystems – Jugendschutzgesetz und Jugendmedienschutz-Staatsvertrag. Endbericht. Hamburg.

Hans-Bredow-Institut (Hrsg.)(2011): Risiken & Sicherheit im Internet. Befunde einer empirischen Untersuchung zur Onlinenutzung von Kindern und Jugendlichen. Überblick über europäische Ergebnisse. Hamburg.

Hartmann, Maren/Hepp, Andreas (Hrsg.)(2010): Die Mediatisierung der Alltagswelt. Wiesbaden.

Hasebrink, Uwe/Domeyer, Hanna (2010): Zum Wandel von Informationsrepertoires in konvergierenden Medienumgebungen. In: Hartmann, Maren/Hepp, Andreas (Hrsg.) 2010, S. 49-64.

Hasebrink, Uwe/Lampert, Claudia: Kinder und Jugendliche im Web 2.0. APuZ 3/2011, S. 3-10.

Hassemer, Rabea/Höhler, Lucie (2009): Jugendschutz im Web 2.0. proJugend 2/2009, S. 16-18.

Humer, Stephan (2008): Digitale Identitäten. Der Kern digitalen Handelns im Spannungsfeld von Imagination und Realität. Winnenden.

JIM-Studie siehe Medienpädagogischer Forschungsverbund Südwest (Hrsg.)

Initiative D21 (Hrsg.)(2010a): (N)ONLINER Atlas 2010. Eine Topographie des digitalen Grabens durch Deutschland. Berlin.

Initiative D21 (Hrsg.)(2010b): Digitale Gesellschaft. Die digitale Gesellschaft in Deutschland – Sechs Nutzertypen im Vergleich. Berlin.

Internet-ABC e.V. (Hrsg.)(2010): Wissen, wie's geht! Handbuch für Lehrerinnen und Lehrer. Düsseldorf.

jugendschutz.net (2008): Ergebnisse der Recherchen und Kontrollen. Bericht 2008. Mainz.

jugendschutz.net (2009): Ergebnisse der Recherchen und Kontrollen. Bericht 2009. Mainz.

Kabs-Ballbach, Kai (2008): Jungen – Medien – Gewalt. Ein Trio Infernale? Plädoyer für eine sozialpädagogisch orientierte Medienarbeit mit Jungen. Medienconcret. Magazin für die pädagogische Praxis. Juni 2008, S. 7470-

Kempf, Sebastian (2009): „Wieso Medien? Es geht doch um Sexualkunde!" proJugend 4/2010, S. 13-16.

KIM-Studie siehe Medienpädagogischer Forschungsverbund Südwest (Hrsg.)

KJM siehe Kommission für Jugendmedienschutz der Landesmedienanstalten

KJM (2010): Interview mit Thomas Krüger: „Versachlichung der Diskussion und pädagogisches Augenmaß notwendig". S. 106-112.

KJM (2010): Interview mit Prof. Dr. Christian Pfeiffer „Onlinespiele haben einen massiven Suchtfaktor". S. 145-149.

Klicksafe (Hrsg.)(2010): Spielregeln im Internet – Durchblicken im Rechte-Dschungel. Düsseldorf/Ludwigshafen.

Klingler, Walter (2008): Jugendliche und ihre Mediennutzung 1998 bis 2008.Media Perspektiven 12/2008, S. 625-634.

Kommission für Jugendmedienschutz der Landesmedienanstalten (KJM)(Hrsg.) (2010): Umstritten und umworben: Computerspiele - eine Herausforderung für die Gesellschaft. Berlin.

Knierim, Katja (2010): The internet is for porn? Pornografie und sexuelle Gewalt in Chats und Communities. proJugend 4/2010, S. 9-12.

KPMG AG (2010): e-Crime-Studie 2010. Computerkriminalität in der deutschen Wirtschaft.Berlin.

Küch, Ulf (2010): „Skimming" – Fluch der neuen Technik oder nur Kapitultion vor innovativen Kriminellen. der kriminalist 10/2010, S. 8-134.

Kunczik, Michael/Zipfel, Astrid (2010a): Medien und Gewalt. Befunde der Forschung 2004 – 2009. Bericht für das Bundesministerium für Familie, Senioren, Frauen und Jugend. Berlin.

Kunczik, Michael/Zipfel, Astrid (2010b): Computerspielsucht. Befunde der Forschung. Bericht für das Bundesministerium für Familie, Senioren, Frauen und Jugend. Berlin.

Kutscher, Nadia (2010): Bedeutung und Förderung von Medienkompetenz bei Kindern und Jugendlichen in sozial benachteiligten Lebenslagen. In: DJI Thema 2010/02.

Kutscher, Stephanie/Rack, Stefanie (2009): klicksafe –Informationen und Materialien zumn Thema Cyber-Mobbing. KJug. 54.. Jg. 2009, S. 48-49.

Lampert, Claudia (2009): EU Kids Online – Kinder und Internetnutzung in Europa. KJug. 54. Jg. S. 7-11.

Lampert, Claudia/Schmidt, Jan-HInrik/Schulz, Wolfgang (2009): Jugendliche und Social Web – Fazit und Handlungsbereiche. In: Schmidt, Jan-Hinrik/Paus-Hasebrink, Ingrid/Hasebrink, Uwe (Hrsg.) 2009, S. 275-297.

Livingstone, Sonia e.a. (2011): Risks and safety on the internet: The perspective of European children. Full Findings. LSE, London: EU Kids Online.

Lübbesmeyer, Nina (2010): Chatten ohne Risiko? Kinder und Jugendliche in Online-Kommunikationsdiensten. In: Bundesarbeitsgemeinschaft Kinder- und Jugendschutz e.V. (Hrsg.) 2010, S. 62-69.

Marci-Boehncke, Gudrun/Rath, Matthias (2010): Medienkompetenz für Erzieherinnen II. München.

Medienpädagogischer Forschungsverbund Südwest (Hrsg.)(2009): JIM-Studie 2009. Jugend, Information, (Multi-)Media. Stuttgart.

Medienpädagogischer Forschungsverbund Südwest (Hrsg.)(2009): KIM-Studie 2008. Kinder + Medien, Computer + Internet. Stuttgart.

Medienpädagogischer Forschungsverbund Südwest (Hrsg.)(2010): JIMplus. Nahaufnahmen 2009. Stuttgart.

Medienpädagogischer Forschungsverbund Südwest (Hrsg.)(2010): JIM-Studie 2010. Jugend, Information, (Multi-)Media. Stuttgart.

Medienpädagogischer Forschungsverbund Südwest (Hrsg.)(2011): KIM-Studie 2010. Kinder + Medien, Computer + Internet. Stuttgart.

MeMo 2010 siehe Schorb u.a 2010

Möller, Ingrid (2011): Gewaltmedienkonsum und Aggression. APuZ 3/2011, S. 18-23.

MPFS siehe Medienpädagogischer Forschungsverbund Südwest

Mühlberger, Martina (2010): Neue Risiken durch das Social Web. Eine Perspektive des Jugendmedienschutzes. In: Fuhs u.a. (Hrsg.) 2010, S. 203-221.

(N)ONLINER Atlas siehe Initiative D21 (Hrsg.)(2010a)

Otto, Philipp (2010): Urheber- und Persönlichkeitsrechte in sozialen Netzwerken. In: Klicksafe (Hrsg.) 2010, S. 13-19.

Paus-Hasebrink, Ingrid (2010): Was ist zu tun? Herausforderungen und Aufgaben für die Förderung der Medienkompetenz. In: Fuhs, Burkhard/Lampert, Claudia/ Rosenstock, Roland (Hrsg.) 2010, S. 223-240.

Pfeiffer, Christian u.a. (2007): Die PISA-Verlierer – Opfer ihres Medienkonsums. KFN Kriminologisches Forschungsinstitut Niedersachsen. Hannover.

Programm Polizeiliche Kriminalprävention (Hrsg.)(2009): Klicks-Momente. Stuttgart.

Programm Polizeiliche Kriminalprävention (Hrsg.)(2010): Im Netz der neuen Medien. Internet, Handy und Computerspiele – Chancen und Risiken für Kinder und Jugendliche. Stuttgart.

Projektgruppe ARD/ZDF-Multimedia (2007): Internet zwischen Hype, Ernüchterung und Aufbruch. 10 Jahre ARD/ZDF-Onlinestudie. Baden-Baden (www.ard-zdf-onlinestudie.de).

Quandt, Thorsten (2010): Computer- und Konsolenspiele: in Forschungsüberblick zur Nutzung und Wirkung von Bildschirmspielen. In: KJM (Hrsg.) 2010, S. 113-144.

Quandt, Thorsten/Scharkow, Michael/Festl, Ruth (2010): Digitales Spielen als mediale Unterhaltung. Media Perspektiven 11/2010, S. 515-522.

Rehbein, Florian/Kleimann, Matthias/Mößle, Thomas (2009): Computerspielabhängigkeit im Kindes- und Jugendalter. KFN Kriminologisches Forschungsinstitut Niedersachsen. Forschungsbericht Nr. 108. Hannover.

Rhein, Stefanie (2011): Jugendliche und das Internet: Soziologische Überlegungen und empirische Befunde. ZJJ 1/2011 S. 52-56.

Riebel, Julia/Jäger, Reinhold S. (2009): Cyberbullying als neues Gewaltphänomen. KJug. 54. Jg. 2009, S. 38-41.

Ridder, Christa-Maria/Engel, Bernhard (2010): Massenkommunikation 2010: Mediennutzung im Intermediavergleich. Media Perspektiven 11/2010, S. 523-536.

Ridder, Christa-Maria/Engel, Bernhard (2010): Massenkommunikation 2010: Funktionen und Images der Medien im Vergleich. Media Perspektiven 11/2010, S. 537-548.

Rosenbach, Marcel/Stark, Holger (2011): Staatsfeind WikiLeaks. München.

Schirrmacher, Frank (2009): Payback. 3. Auflage. München.

Schmidt, Jan-Hinrik (2010): Netzwerkplattformen als Räume des Heranwachsens. In: Fuhs u.a. (Hrsg.) 2010, S. 163-177.

Schmidt, Jan-Hinrik/Paus-Hasebrink, Ingrid/Hasebrink, Uwe (Hrsg.)(2009): Heranwachsen mit den Social Web.Düsseldorf.

Schneider, Silke/Warth, Stefan (2010): Kinder und Jugendliche im Internet. Media Perspektiven 10/2010, S. 471-482.

Schorb, Bernd u.a. (2010): Medienkonvergenz Monitoring. Soziale Online-Netzwerke-Report 2010 (MeMo 2010). Leipzig.

Schulz, Iren (2010): Mediatisierung und der Wandel von Sozialisation: Die Bedeutung des Mobiltelefons für Beziehungen, Identität und Alltag im Jugendalter. In: Hartmann, Maren/Hepp, Andreas (Hrsg.) 2010, S. 231-242.

Schulz, Wolfgang (2009): Jugendmedienschutz in Europa – Die Richtlinie über audiovisuelle Mediendienste. KJug. 54. Jg. 2009, S. 3-6.

Shell Deutschland Holding (Hrsg.)(2010): Jugend 2010. Eine pragmatische Generation behauptet sich. 16. Shell Jugendstudie. Frankfurt am Main.

Spitzer, Manfred (2005): Vorsicht Bildschirm. Transfer ins Leben, Bd. 1. Stuttgart e.a.

Spürck, Dieter (2011): Gewaltdarstellungen. Der schillernde Tatbestand der „gewaltbeherrschten Trägermedien" gemäß § 15 Abs.2 Nr.3a JuSchG. BPMJ-Aktuell 1/2011, S. 19-26.

Staude-Müller, Frithjof/Bliesener, Thomas/Nowak, Nicole (2009): Cyberbullying und Opfererfahrungen von Kindern und Jugendlichen im Web 2.0. KJug. 54. Jg. 2009, S. 42-47.

Steffen, Wiebke (2008): Jugendkriminalität und ihre Verhinderung zwischen Wahrnehmung und empirischen Befunden. Gutachten zum 12. Deutschen Präventionstag am 18. und 19. Juni 2007 in Wiesbaden. In: Marks, Erich/ Steffen, Wiebke (Hrsg.)(2008): Starke Jugend – starke Zukunft. Ausgewählte Beiträge des 12. Deutschen Präventionstages 2007. Mönchengladbach.

Steffen, Wiebke (2009): Junge Intensiv- und Mehrfachtäter – eine neue Herausforderung? Überblick über kriminologische Befunde zu intensiv und dauerhaft auffälligen jungen Menschen. In: Bundesministerium der Justiz (Hrsg.) 2009, S. 83-100.

Steffen, Wiebke (2010): Lern- und Lebensräume von Kindern und Jugendlichen als Orte von Bildung und Gewaltprävention. Gutachten für den 15. Deutschen Präventionstag 10. & 11. Mai 2010 Berlin (www.praeventionstag.de) Stiftung Deutsches Forum für Kriminalprävention (DFK)(Hrsg.)(2006): Internet – Devianz. Berlin.

Stöcker, Christian (2011): „Man wird nicht zum Amokläufer, weil man ein brutales Computerspiel gespielt hat" Doppelinterview mit Stefan Aufenanger und Christian Pfeiffer. APuZ 3/2011, S. 10-17.

Süss, Daniel (2004): Mediensozialisation von Heranwachsenden. Wiesbaden.

Theunert, Helga (2011): Aktuelle Herausforderungen für die Medienpädagogik. APuZ 3/2011, S. 24-29.

Theunert, Helga/Schorb, Bernd (2010): Sozialisation, Medienaneignung und Medienkompetenz in der mediatisierten Gesellschaft. In: Hartmann, Maren/Hepp, Andreas (Hrsg.) 2010, S. 243-254.

van Eimeren, Birgit/Oehmichen, Ekkehard/Schröter, Christian (1997): ARD-Online-Studie 1997: Onlinenutzung in Deutschland. Nutzung und Bewertung der Onlineangebote von Radio- und Fernsehsendern. Media Perspektiven 10/1997, S. 548-557.

van Eimeren, Birgit/Gerhard, Heinz/Frees, Beate (2003): Internetverbreitung in Deutschland: Unerwartet hoher Zuwachs. Media Perspektiven 8/2003, S. 338-358.

van Eimeren, Birgit/ Frees, Beate (2006): Schnelle Zugänge, neue Anwendungen, neue Nutzer? Media Perspektiven 8/2006, S. 402-415.

van Eimeren, Birgit/ Frees, Beate (2010): Fast 50 Millionen Deutsche online – Multimedia für alle? Ergebnisse der ARD/ZDF-Onlinestudie 2010. Media Perspektiven 7-8/2010, S. 334-379.

van Eimeren, Birgit/Ridder, Christa-Maria (2011): Trends in der Nutzung und Bewertung der Medien 1970 – 2010. Media Perspektiven 1/2011, S. 1-15.

Wagner, Ulrike (Hrsg.)(2008): Medienhandeln in Hauptschulmilieus – Mediale Interaktion und Produktion als Bildungsressource. München.

Wagner, Ulrike/Brüggen, Niels/Gebel, Christa (2009): Web 2.0 als Rahmen für die Selbstdarstellung und Vernetzung Jugendlicher. JFF – Institut für Medienpädagogik in Forschung und Praxis. München.

Wagner, Ulrike/Brüggen, Niels/Gebel, Christa (2010): Persönliche Informationen in aller Öffentlichkeit? Jugendliche und ihre Perspektive auf Datenschutz und Persönlichkeitsrechte in Sozialen Netzwerkdiensten. JFF – Institut für Medienpädagogik in Forschung und Praxis. München.

Weigand, Verena/Braml, Birgit (2010): Jugendmedienschutz bei Onlinespielen –
    eine rechtliche und inhaltliche Bestandsaufnahme.In: KJM (Hrsg.) 2010,
    S. 11-31.
Weiner, Joachim (2011): „Medienkompetenz" – Chimäre oder Universalkompetenz?
    APuZ 3/2011, S. 42-46.
Weller, Konrad (2011): Jugendsexualität und Medien. KJug. 56. Jg. 2011, S. 8-12.

Erich Marks

Prävention in Zeiten des web 2.0 und der sozialen Medien - zur Eröffnung des 16. Deutschen Präventionstages 2011

Moin - Moin

Mit einem typisch norddeutschen „Moin – Moin" eröffne ich den 16. Deutschen Präventionstag und begrüße alle Kongressteilnehmenden und Gäste sowie die etwas später über das Internet mit uns Verbundenen sehr herzlich aus der Weser-Ems Halle in Oldenburg.

Diplomatisch korrekter formuliert, sollte meine Begrüßungsformel lauten:

Meine Damen und Herren Abgeordneten des Deutschen Bundestages, des Niedersächsischen Landtages und der Bremer Bürgerschaft, sehr verehrter Herr Ministerpräsident, meine Herren Minister, Herr Parlamentarischer Staatssekretär, Herr Oberbürgermeister, Herr Präsident des KIC, Herr Bischof, Frau Gutachterin, Frau Festrednerin, meine Damen und Herren Mitglieder kommunaler Räte, Oberbürgermeister, Bürgermeister und Landräte, meine ....

Ich verkürze hier die eigentlich zu wahrende Form und erlaube mir den Verweis auf die nachfolgende Liste unserer angemeldeten Ehrengäste, in undiplomatischer, alphabetischer Reihenfolge und danke sehr für Ihr Kommen, meine Damen und Herren:

Hans-Henning **Adler**, Fraktionsvorsitzender DIE LINKE im Niedersächsischen Landtag

Heike **Bartesch**, Regierungsdirektorin im Bundesministerium für Familie, Senioren, Frauen und Jugend

Jörg **Baumbach**, Leiter der Abteilung Kriminalitätsbekämpfung im Bundespolizeipräsidium Potsdam

Daniela **Behrens**, medienpolitische Sprecherin der SPD-Fraktion im Niedersächsischen Landtag

Dr. Christine **Bergmann**, Unabhängige Beauftragte zur Aufarbeitung des sexuellen Kindesmissbrauchs

Dr. Werner **Brinker**, Vorsitzender des Vorstandes der EWE AG

Bernd **Busemann**, Niedersächsischer Justizminister

Margit **Conti**, Ratsfrau in der SPD-Fraktion des Oldenburger Stadtrates

Gerhard **Fiand**, Mitglied des Vorstandes der Landessparkasse zu Oldenburg

Prof. Dr. Ute Ingrid **Haas**, Vorsitzende des Landespräventionsrates Niedersachsen

Hans-Dieter **Haase**, rechtspolitischer Sprecher der SPD-Fraktion im Niedersächsischen Landtag

Prof. Dr. Wolf **Hamann**, Vorsitzender der Polizeilichen Kriminalprävention der Länder und des Bundes

Jan **Janssen**, Bischof der Evangelisch-Lutherischen Kirche in Oldenburg

Hans-Werner **Kammer**, Mitglied der CDU/CSU-Fraktion des Deutschen Bundestages

Prof. Dr. Ilsu **Kim**, Präsident des Koreanischen Instituts für Kriminologie

Dr. Gerhard **Kircher**, Präsident des Oberlandesgerichts Oldenburg

Hans-Jürgen **Klarmann**, Vorsitzender der CDU-Fraktion im Oldenburger Stadtrat

Uwe **Kolmey**, Direktor des Niedersächsischen Landeskriminalamtes

Gerd **Koop**, Vorsitzender des Präventionsrates Oldenburg

Jakob **Korenke**, Vorsitzender des Stadtschülerrates Oldenburg

Thomas **Kossendey MdB**, Parlamentarischer Staatssekretär beim Bundesminister der Verteidigung

Jürgen **Krogmann**, Mitglied der SPD-Fraktion im Niedersächsischen Landtag

Michel **Marcus**, Generalsekretär des Europäischen Forums für Urbane Sicherheit und Vizepräsident des Internationalen Zentrums für Kriminalprävention

David **McAllister**, Niedersächsischer Ministerpräsident

Frank **Mindermann**, Mitglied der CDU-Fraktion im Niedersächsischen Landtag

Prof. Gerd **Neubeck**, Vorstandsvorsitzender der Stiftung Deutsches Forum für Kriminalprävention

Silvia **Neumeyer**, Mitglied der CDU-Fraktion in der Bremer Bürgerschaft

Thomas **Osterroth**, Präsident der Bundespolizeidirektion Hannover

Prof. Dr. Christian **Pfeiffer**, Direktor des Kriminologischen Forschungsinstitutes Niedersachsen

Prof. Dr. Elisabeth **Pott**, Direktorin der Bundeszentrale für gesundheitliche Aufklärung

Dr. Frank **Quante**, Vorsitzender des Fördervereins Oldenburger Präventionsrat

Dr. Christiane **Ratjen-Damerau**, Mitglied der FDP-Fraktion des Deutschen Bundestages

Klaus **Rickert**, stellvertretender Vorsitzender der FDP-Fraktion im Niedersächsischen Landtag

Dr. Gregor **Rosenthal**, Geschäftsführer des Bündnisses für Demokratie und Toleranz

Prof. Dr. Hans-Dieter **Schwind**, Präsident des Stiftungsrates der Deutschen Stiftung für Verbrechensverhütung und Straffälligenhilfe

Uwe **Schünemann**, Niedersächsischer Innenminister

Prof. Dr. Gerd **Schwandner**, Oberbürgermeister der Stadt Oldenburg

Hans-Richard **Schwartz**, Vorsitzender der FDP-Ratsfraktion im Oldenburger Stadtrat

Prof. Dr. Babette **Simon**, Präsidentin der Universität Oldenburg

Rolf D. **Snakker**, Vertreter des Oldenburgischen Generalstaatsanwalts

Prof. Dr. Jürgen **Stock**, Vizepräsident des Bundeskriminalamtes

Katrin **Stüllenberg**, Vorstandsmitglied der Stiftung Kriminalprävention

Hans-Jürgen **Thurau**, Oldenburger Polizeipräsident

Wolfgang **Wulf,** Mitglied der SPD-Fraktion im Niedersächsischen Landtag

Jörg **Ziercke**, Präsident des Bundeskriminalamtes

Eine ganze Stadt macht Prävention

Seit über 15 Jahren ist der Deutsche Präventionstag bemüht, die Besonderheiten der örtlichen und regionalen Präventionskultur seiner gastgebenden Partner im jeweiligen Kongressprogramm zu berücksichtigen. Wir möchten also im Idealfall nicht nur Mieter des örtlichen Kongresszentrums und Gäste des Hoteleriegewerbes sein, sondern hoffen darauf, dass die örtlich verantwortlichen Präventionsgremien und -strukturen, den Kongress auch unmittelbar für ihre Ziele und Aktivitäten nutzen. Der gastgebenden Stadt Oldenburg ist dies meines Erachtens – qualitativ wie quantitativ – im Jahr 2011 hervorragend gelungen.

Mit dem Leitmotto „Eine ganze Stadt macht Prävention" sind der Oldenburger Präventionsrat (PRO), unter dem Vorsitz von Gerd Koop, und sein Förderverein, unter dem Vorsitz von Dr. Frank Quante, seit Jahren sehr aktiv und erfolgreich. Die Arbeit des PRO hat eine breite zivilgesellschaftliche Wirkung erzielt und wurde deshalb auch im Jahr 2007 als erste deutsche Stadt mit dem Förderpreis Kriminalprävention ausgezeichnet. Sowohl im hauptamtlichen Team unter der Leitung von Melanie Blinzler als auch in zahlreichen Arbeits- und Untergruppen mit mehreren Dutzend ehrenamtlich engagierten Mitgliedern wird in Oldenburg viel gewagt, viel bewegt und viel bewirkt in der Präventionsarbeit.

Eine ganze Stadt kommt zum DPT

Mehrere tausend Oldenburger Bürgerinnen und Bürger haben an zahlreichen Präventionsveranstaltungen im Vorfeld, bzw. eingebettet in den Kongress teilgenommen. Auch im Nachhinein wird sich das Stöbern auf der Webseite des PRO (www. praeventionsrat-oldenburg.de), im Online-Magazin www.ganz-oldenburg.de und auch in dem online-spezial der Nordwestzeitung unter www.nwzonline.de/praeventionstag2011 sehr lohnen und zahlreiche Anregungen für die eigene, heimische kommunale Präventionsarbeit bereit halten.

Aus Sicht des Deutschen Präventionstages sind die Oldenburger Aktiven, einschließlich der Weser-Ems Halle unter der hochkompetenten Projektleitung von Annika Repenning, ausgezeichnete Gastgeber und Anreger. Und die Gelegenheit der Beherbergung des Kongresses in ihrer Stadt haben alle Verantwortlichen vorzüglich für die Fortentwicklung und noch stärkere zivilgesellschaftliche Verankerung präventiver Haltungen und Handlungen genutzt. Im Namen des Veranstalters und seiner Partner bedanke ich mich sehr herzlich für begeisternde, kreative und effiziente eineinhalb Jahre der gemeinsamen Kongressvorbereitung.

Netzwerkparty

Direkt nach Abschluss der Vorträge startet heute um 18:15 die „Netzwerkparty" des 16. Deutschen Präventionstages hier in der Weser-Ems Halle. Alle Kongressteilnehmenden sind herzlich eingeladen. Weitere Details entnehmen Sie bitte dem Info-Gutschein in den Kongresstaschen. Den Gastgebern, Organisatoren und Sponsoren der Netzwerkparty danke ich an dieser Stelle sehr herzlich für ihre tolle Vorbereitungsarbeit, trotz und gerade wegen der gegebenen äußerst schmalen Budgetlagen.

Teilnehmende und Gäste des 16. DPT

2.700 Mitwirkende und Kongressteilnehmende

2.400 registrierte Teilnehmende der DPT-Uni und der Bühne

500 erwartete Gäste der Begleitveranstaltungen und des Oldenburger Rahmenprogramms

2.700 angemeldete Teilnehmende an der Schülerdemonstration für „Respekt im Netz"

Über 800 aktiv Mitwirkende

Seit vielen Jahren ist die aktive Mitwirkung von vielen hundert Menschen typisch für die jährlichen Deutschen Präventionstage. In sehr unterschiedlichen Rollen sind es in diesem Jahr über 800 Personen, die sich beispielsweise mit einem Vortrag, als Moderator, mit einer Präsentation in der Ausstellung, als Bühnenkünstler, mit einem Poster, im Filmforum oder in Begleitveranstaltungen engagieren. Dieses Engagement erfolgt, von sehr wenigen Ausnahmen abgesehen, rein ehrenamtlich. Hier und heute ein wunderbarer Anlass für mich, Ihnen allen öffentlich und von Herzen für diese, teilweise bereits seit etlichen Jahren andauernde Mitwirkung zu danken.

Dialog mit der Wirtschaft

Im Rahmen seines diesjährigen Schwerpunktthemas sucht der Deutsche Präventionstag auch den ausdrücklichen thematischen Dialog mit der Wirtschaft. Seit vielen Jahren finden sich in den Programmen der Kongresse auch Firmenvorträge, Informationsstände kommerziell tätiger Organisationen sowie Kooperationen mit Wirtschaftsunternehmen, insbesondere im Bereich des Sponsorings. Beginnend mit dem 16. DPT soll ein ausdrücklicher thematischer Dialog mit der Wirtschaft gesucht werden. In Oldenburg orientiert sich dieser erste Dialog am Schwerpunktthema des Kongresses und erfolgt zu den zwei Themenkomplexen „Soziale Netzwerke" und „E-Commerce".

Seinen zeitlichen und örtlichen Rahmen findet der Dialog im Plenum am Vormittag des zweiten Kongresstages. Nach der Keynote des EWE-Vorstandsvorsitzenden Dr. Werner Brinker gibt Dr. Frank Quante eine Einführung in die Kooperationsperspektiven von DPT und Wirtschaft. Anschließend moderiert die Geschäftsführerin von Deutschland sicher im Netz (DsiN), Heike Troue, die Präsentationen von Andrew Noack und Philippe Gröschel. Der abschließende Themenkomplex „E-Commerce" wird vom Pressesprecher des Bundesamtes für Sicherheit in der Informationstechnik (BSI), Matthias Gärtner, moderiert. Vortragende sind hier Holger Gottstein, Reiner Fageth, Björn Feddersen und Inken Tietz.

Das (neue) Kongress-Plenum

Neu in der Struktur des 16. Deutschen Präventionstages ist, im Vergleich zu den Vorjahren, das durchgehende Plenum parallel zu den anderen Kongressbereichen. Lediglich zur Mittagsstunde macht auch das neue Plenum an beiden Kongresstagen eine kleine Pause. Daraus ergeben sich insgesamt 4 Sektionen des Plenums:

Das Eröffnungsplenum mit den Grußworten unseres Schirmherrn Ministerpräsident David McAllister, des Oldenburger Oberbürgermeisters Professor Dr. Gerd Schwandner, des Präsidenten des Koreanischen Instituts für Kriminologie Professor Dr. Ilsu Kim und des Oldenburger Bischof Jan Janssen. Nach einer kleinen Bewegungseinlage mit Schülerinnen und Schülern der Grundschule Bloherfelde im Rahmen des

Programms Klasse2000 wird Dr. Wiebke Steffen uns die Businessfassung ihres wissenschaftlichen Gutachtens vorstellen, gefolgt von Professorin Dr. Elisabeth Pott mit ihrer Keynote zum Schwerpunktthema. Frau Prof. Dr. Pott und die von ihr geleitete Bundeszentrale für gesundheitliche Aufklärung sowie der Deutsche Präventionstag sind bereits seit vielen Jahren partnerschaftlich miteinander verbunden. Für die diesjährige Festvortragszusage danke ich Ihnen, liebe Frau Pott, besonders herzlich, weil wir durch ihren Vortrag mit Sicherheit wieder einen weiteren wichtigen Schritt in eine verbesserte ressortübergreifende und interdisziplinäre Präventionsorientierung gehen können.

Im Plenum am Nachmittag sprechen Gerd Koop als Vorsitzender des Oldenburger Präventionsrates, der Niedersächsische Innenminister Uwe Schünemann, Prof. Dr. Günter Dörr in Vertretung von Frau Kamp-Karrenbauer sowie abschließend mit ebenso spannenden wie grundsätzlichen Themen der Wissenschaftsjournalist Christian Schwägerl und Prof. Dr. Markus Krajewski.

Am Dienstag widmet sich das Plenum am Vormittag wie bereits dargestellt dem neuen Dialog zwischen Deutschem Präventionstag und Wirtschaft.

Im Abschlussplenum berichtet Prof. Dr. Jürgen Stock über die Beratungen des Internationalen Forums, Prof. Dr. Hans-Jürgen Kerner zieht ein kurzes Kongressresumee und Dr. Wiebke Steffen stellt die Oldenburger Erklärung des 16. DPT vor. Den krönenden Abschluss des Kongresses bildet der Hauptvortrag von Prof. Dr. Dr. Manfred Spitzer zum Thema „Neue Medien, Wertebildung, Verhalten und Kontrolle".

Alle Plenumsveranstaltungen finden in der Kongresshalle statt und werden musikalisch begleitet durch die Jazzcombo des Polizeimusikcorps Niedersachsen. Die Plenumsvorträge werden simultan auch ins Englische übersetzt und zweisprachig aufgezeichnet um zeitnah ins Internet gestellt werden zu können.

Partner des 16. Deutschen Präventionstages

Hinsichtlich des DPT-Partnerkonzeptes ist zum 16. Deutschen Präventionstag nichts anderes zu sagen, als zu den vorherigen Kongressen: der Deutsche Präventionstag lebt von der guten Zusammenarbeit vieler Menschen und Institutionen! Hinsichtlich der einzelnen Partner und ihrer jeweiligen Arbeitsschwerpunkte darf ich an dieser Stelle auf die Seiten 9ff des Kongresskataloges verweisen. Allen Partnern und Sponsoren danke ich sehr herzlich für ihre materielle und ideelle Unterstützung! Meine sehr verehrten Damen und Herren, die Sie hier im Kongress eine Partnerorganisation oder einen Sponsor repräsentieren: die Veranstalter und Teilnehmenden sind sehr dankbar für ihre teils bereits seit vielen Jahren bestehende Partnerschaft, denn ohne ihr Engagement wären die Vielfalt, die Qualität und die nach wie vor äußerst kundenfreundlichen Preise schlicht nicht zu realisieren.

„Neue Medienwelten - eine Herausforderung für die Kriminalprävention ?"

Zur Bedeutung des Schwerpunktthemas schreibt sehr zutreffend unser Schirmherr, der Niedersächsische Ministerpräsident David McAllister, in seinem Grußwort: „Mobiltelefon, Internet, soziale Netzwerke wie Facebook – die digitale Vernetzung gehört heute zu unserem Alltag dazu. Wir profitieren in vielerlei Hinsicht von den Möglichkeiten, die die neuen Medien bieten, um global miteinander zu kommunizieren. Doch sind wir uns – bei allen Vorteilen – auch der Risiken und Gefahren bewusst, die die Nutzung neuer Medien mit sich bringen kann? ... Lassen Sie uns gemeinsam erörtern, wie dabei ein Höchstmaß an Sicherheit für die User gewährleistet werden kann."

Zentrale Voraussetzung für Kriminalprävention sind auch in einer (neuen) digitalen Welt Regeln. Kriminalprävention setzt hierbei ein klares Verständnis darüber voraus, was als „erlaubt" und „nicht erlaubt" bzw. „erwünscht" und „nicht erwünscht" gelten soll. Diese Regeln können, müssen aber nicht zwingend gesetzlich normiert sein. Notwendig sind jedoch Werte, Normen, Verhaltenserwartungen und –Vorschriften. Und darüber ist ein breiter gesellschaftlicher und politischer Diskurs sowie ein grundlegender Konsens dringend erforderlich.

Gutachten und Diskurs

Besonders dankbar bin ich unserer Gutachterin Dr. Wiebke Steffen. Sie hat in ihrem sehr lesenswerten wissenschaftlichen Gutachten zum Schwerpunktthema „Neue Medienwelten – Herausforderungen für die Kriminalprävention?" den Oldenburger Diskurs bestens vorbereitet.

Der 16. Deutsche Präventionstag wird hoffentlich dazu beitragen, dass wir ein gutes Stück weiter kommen in der Akzeptanz der neuen digitalen Lage und in der Suche nach angemessenen Antworten auf wirklich grundlegend neue Kommunikationsfragen. Es geht um die konzertierte Suche nach Werkzeugen, Strategien und Maßnahmen für den rationalen Umgang mit den erkennbaren Herausforderungen und Risiken des Internets und anderer neuer Medien.

Schon jetzt zeichnet sich die Forderung ab, dass Medienkompetenz deutlich gestärkt und besser gefördert werden muss und dass wir möglichst bald interdisziplinär mehr Wissen über die Risiken und Gefahren der digitalen Medien generieren müssen. In jedem Falle gilt, dass die deutsche Politik nicht vor den vermeintlichen Realitäten des Internets kapitulieren darf, weder in den notwendigen Bemühungen auf nationaler noch auf internationaler Ebene.

In der Oldenburger Erklärung des 16. Deutschen Präventionstages werden wir – insbesondere gestützt auf das wissenschaftliche Gutachten von Frau Dr. Steffen – unsere zentralen Empfehlungen und Forderungen formulieren. Der Deutsche Präventionstag jedenfalls wird den neuen Medienwelten und ihrer Bedeutung für die Prävention auch in den kommenden Jahren eine hohe Priorität einräumen, das steht bereits zum Beginn dieses Kongresses fest.

Erstmals begleitet eine Demonstration den Deutschen Präventionstag

Eine Demonstration besonderer Art findet am 2. Kongresstag statt. Fast 3.000 Schülerinnen und Schüler haben sich zu einem Sternmarsch zum Tagungsort des Deutschen Präventionstages verabredet. Laut Jakob Korenke, dem Vorsitzenden des Stadtschülerrates Oldenburg und einem der Organisatoren, soll der Schülersternmarsch ein Zeichen für Respekt im Netz setzen und mit vergleichsweise geringem finanziellem Aufwand sehr viel Aufmerksamkeit erzielen um Jugendliche wie Erwachsene für das Thema Neue Medien zu sensibilisieren.

Internationale Partner des Deutschen Präventionstages

Der Kreis der ständigen internationalen Partnern des Deutschen Präventionstages hat sich im vergangenen Jahr nochmals erweitert und umfasst nun die folgenden Institutionen: Das Europäische Forum für urbane Sicherheit (EFUS), das Internationale Zentrum für Kriminalprävention (ICPC), das Koreanische Institut für Kriminologie (KIC) und die Violence Prevention Alliance der Weltgesundheitsorganisation (WHO).

Fifth Annual International Forum (AIF)

Das diesjährige Internationale Forum (AIF) im Rahmen des 16. DPT wird erneut in englischer Sprache stattfinden und das Thema „International Cybercrime – Occurrence, Development, Prevention" behandeln. Durchgeführt wird das AIF 2011 in enger Zusammenarbeit mit dem Bundeskriminalamt (BKA) und dem Bundesamt für Sicherheit in der Informationstechnik (BSI). Für die Beratungen des AIF 2011 haben sich gut 80 Personen aus 18 Staaten angemeldet.

Ein herzliches Willkommen allen ausländischen Gästen

Ein besonderer Gruß gilt allen ausländischen Gästen des 16. Deutschen Präventionstages und des 5. Annual International Forum for Crime Prevention. Namentlich darf ich die folgenden fünf Delegationen willkommen heißen:

- Die Delegation von vier Koreanischen Experten unserer Partnerorganisation KIC unter der Leitung von Professor Dr. Ilsu Kim;

- eine Abordnung des Dänischen Rates für Kriminalprävention unter Leitung unseres langjährigen Freundes Lars Rand Jenssen;

- die Teilnehmer von Delegationen aus der Republik Moldau, Kroatien und Serbien, unter ihnen der stellvertretende Serbische Innenminister Kojic;

- die Teilnehmenden einer größeren Gruppe aus Südafrika; hier lieber Joachim Fritz von der GIZ, freue ich mich bereits auf die nächsten Planungsschritte für konkrete bilaterale Partnerschaftspläne zwischen Südafrika und dem DPT;

• und, last but not least in dieser Aufzählung, herzlich willkommen Professor Dr. Hasan Al Shehri, Deputy Dean of Research and Studies der Naif Arab University for Security Sciences in Riyadh, Saudi Arabien.

Kriminalpräventive Beiträge zum „arabischen Frühling"

In der vergangenen Woche hat die Außenbeauftragte der Europäischen Union, Catherine Ashton, ein erstes Verbindungsbüro in Bengasi eröffnet. Diesbezüglich und mit Blick auf die aktuelle gesamtpolitische Entwicklung im Arabischen Raum stellt sich für mich die Frage, ob nicht gerade auch das Arbeitsfeld der Kriminalprävention sich einbringen und frühzeitig aktive Unterstützung anbieten muss. Im Sinne des Wort- und Selbstverständnisses von Prävention, den Dingen zuvor zu kommen, sind gerade moderne Konzepte der urbanen Sicherheit ein wichtiger Baustein für alle demokratischen Fortentwicklungen. Meines Erachtens sollten die einschlägigen deutschen Behörden, Institutionen und Verbände, aber auch die Kommunen und europäische Organisationen wie EFUS mit ihrem nationalen Zweig DEFUS hier möglichst bald und proaktiv konkrete Unterstützungsangebote für den „arabischen Frühling" anbieten.

Allen Teilnehmenden und Gästen des 16. Deutschen Präventionstages wünsche ich zwei begeisternde und erkenntnisreiche Kongresstage in Oldenburg.

David McAllister

Grußwort des Niedersächsischen Ministerpräsidenten und Schirmherrn des 16. Deutschen Präventionstages

Sehr geehrter Herr Marks,
sehr geehrter Herr Oberbürgermeister Prof. Schwandner,
sehr geehrter Herr Landesbischof Janssen,
Staatssekretär Kossendey,
meine Damen und Herren Abgeordnete,
meine sehr geehrten Damen und Herren,

Sie alle – Ehrengäste, Mitwirkende und Teilnehmer des 16. Deutschen Präventionstages – heiße ich herzlich in Niedersachsen willkommen!

Bereits zum vierten Male findet der inzwischen europaweit größte Kongress für Kriminalprävention in unserem Bundesland statt. Über 5.000 Teilnehmer aus dem In- und Ausland sind nach Oldenburg gekommen! Das ist eine beeindruckende Zahl. Bitte fühlen Sie sich hier wohl und verbringen ebenso interessante wie angenehme Tage.

Oldenburg ist eine der zahlreichen niedersächsischen Kommunen, die sich schon seit langem intensiv um das Thema Kriminalitätsvorbeugung kümmern und dazu schon vieles auf die Beine gestellt haben. Die Vorbereitung des Deutschen Präventionstages hat allerdings eine Größenordnung, die auch hier nicht alltäglich sein dürfte. Allen voran haben der Präventionsrat, sein Förderverein und die Weser-Ems-Halle vor Ort diese Aufgabe gestemmt.

Der 16. Deutsche Präventionstag hält eine Fülle von Themen in Form von Infoständen, Vorträgen, Workshops, Bühnenevents und vielem mehr für Sie bereit. Als Schirmherr liegt mir vor allem das diesjährige Schwerpunktthema besonders am Herzen: „Neue Medienwelten – Herausforderungen für die Kriminalprävention".

Für die niedersächsische Landesregierung ist die Medienerziehung junger Menschen sehr wichtig. Wer früh lernt, die Neuen Medien sinnvoll zu nutzen, hat es in Schule, Ausbildung und Beruf wesentlich leichter. Nicht ohne Grund wird der Umgang mit Medien heute als vierte Kulturtechnik nach dem Lesen, Schreiben und Rechnen bezeichnet.

Doch wo Licht ist, da ist auch Schatten. Neben den vielen unbestreitbaren Vorteilen der Neuen Medien lauern dort Gefahren, die oftmals viel schwerer greifbar sind als im realen Leben. Damit stellen uns Internet & Co. vor besondere Herausforderungen in punkto Kriminalprävention. Es ist ein wichtiges Signal, dass sich Deutschland mit dem 16. Deutschen Präventionstag diesem Thema stellt.

Die wichtigste Antwort auf die Frage nach dem besten Schutz vor Risiken und Gefahren im Internet kann nur lauten: Förderung der Medienkompetenz bei den jungen Menschen!

Kinder und Jugendliche nähern sich dem Internet anders als wir Erwachsenen. Sie sind unvoreingenommen, neugierig und pfiffig. So eignen sie sich Kompetenzen an, von denen die Großen nur träumen können.

Aber: Anders als im realen Leben sind sie in den virtuellen Welten auch ungeschützter. Wir als Eltern, Lehrer und Erzieher stehen dem Medienverhalten des Nachwuchses oft mit gemischten Gefühlen gegenüber. Oft fragen wir uns: „Ist das noch in Ordnung oder sollte ich das besser verbieten?"

Viele der Gefahren im Zusammenhang mit den neuen Medien sind auf den ersten Blick überhaupt nicht neu: Gewalt, Pornografie, Sucht, politischer und religiöser Extremismus. Was macht den Unterschied aus? Über das Internet werden bedenkliche Inhalte viel leichter zugänglich, schwerer kontrollierbar und werden massenhaft verbreitet.

Auch Cybermobbing ist ein trauriges Phänomen, welches durch das Internet eine Zuspitzung erfahren hat. In der Anonymität des weltweiten Netzes sinkt die Hemmschwelle, Mitmenschen zu verunglimpfen. Für die Opfer ist das besonders schlimm. Was einmal im Internet ist, kann später kaum noch „zurückgeholt" werden. Die Täter kommen häufig ungeschoren davon.

Weil es diese Phänomene gibt, wächst das Risikobewusstsein auch bei den Jugendlichen – zum Glück! Rund zwei Drittel der jugendlichen Nutzer von Social Media versuchen ihre Daten zu schützen. Bereits 12-Jährige wägen ab, ob ein skurriles Foto auf Facebook ihre spätere berufliche Karriere beeinträchtigen könnte.

Trotz persönlicher Sicherheitsvorkehrungen treten aber viel zu häufig Probleme mit dem Schutz von persönlichen Daten auf. Dass die Anbieter der Plattformen weiter daran arbeiten, ihre jugendlichen Nutzer noch stärker zu schützen und Verstöße konsequent zu ahnden, wünsche ich mir sehr.

Wie so oft, gibt es auch bei den Medien zwei Seiten einer Medaille:

Einerseits bieten die neuen Medien Kindern und Jugendlichen viele Möglichkeiten zur gesellschaftlichen Teilhabe.

Andererseits bergen sie Gefahren. Hier müssen wir ansetzen, um vor allem die jungen Leute bei ihren Streifzügen durch das Internet zu schützen. Die Frage nach dem „Wie" werden Sie hier in Oldenburg erörtern. Ihre Ergebnisse und Impulse erwarte nicht nur ich mit Neugier.

Die gängigen Schutzmaßnahmen, also rechtliche Regelungen und technische Vorkehrungen, sind sicherlich eine gute und notwendige Basis für den Jugendmedienschutz. Aber was nützt die beste Filtersoftware, wenn Eltern sie nicht installieren?

Kompetente Entscheidungen setzen eben kompetente Bürgerinnen und Bürger voraus. Jugendmedienschutz hat daher auch einen präventiven Auftrag: Er soll Kinder, Jugendliche und Menschen in Erziehungsverantwortung bei der Nutzung von Medien unterstützen.

Lassen Sie mich auf mein Eingangswort zurückkommen: Der beste Schutz vor Risiken und Gefahren im Internet ist die Förderung der Medienkompetenz. Kinder und Jugendliche müssen lernen, vernünftig und selbständig mit der Vielfalt der Angebote umzugehen. Das heißt, z. B. auch im Web 2.0 Mitmenschen mit Respekt zu behandeln. Und das heißt genauso, sich bewusst zu sein, dass es im Internet wie auch sonst im Leben Datenmissbrauch und Kriminalität gibt, und sich so weit wie möglich dagegen zu schützen.

Die Frage, wer diese Erziehung leisten soll, beantworten wir in Niedersachsen wie folgt: Medienerziehung muss vor Ort passieren als selbstverständlicher Teil des Alltags von Kindern und Jugendlichen. Wir alle müssen uns diese Aufgabe zu Eigen machen. Alle: Das sind primär die Familien, aber dann auch die Kitas, Schulen, Jugendhilfe, Polizei, Vereine sowie Politik, Wirtschaft und Gesellschaft. Viele dieser Akteure sind in den Kommunen bereits vernetzt, zum Beispiel in Form der kommunalen Präventionsräte, die vom Landespräventionsrat Niedersachsen in ihrer Arbeit unterstützt werden.

Medienkompetenz direkt an das Kind und den Jugendlichen zu bringen ist in einem Flächenland wie Niedersachsen eine echte Herausforderung. Wir setzen seit vielen Jahren auf ein Netz sehr gut ausgebildeter Multiplikatorinnen und Multiplikatoren. Zwei Maßnahmen, die in besonderem Maße zur Stärkung von Medienkompetenz in Niedersachsen beitragen, möchte ich kurz ansprechen:

Kennen Sie Eltern-Medien-Trainer, meine Damen und Herren? Diese wurden im Auftrag der Landesregierung dafür ausgebildet, vor Ort mit Eltern zu arbeiten und über die Wirkung von Medien zu informieren. Wenn das gelingt, fühlen sich Eltern anschließend sicherer und nehmen positiven Einfluss auf das Medienverhalten ihrer Kinder.

Ein weiteres Beispiel „aufsuchender" Medienarbeit, diesmal für Lehr- und Fachkräfte, sind die sechs Multimediamobile der Niedersächsischen Landesmedienanstalt. Diese sind landesweit, z.B. an Schulen, einsetzbar, medientechnisch perfekt ausgerüstet und werden von erfahrenen Medienpädagogen begleitet. Die Kosten trägt die Landesmedienanstalt.

Für den Durchschnittsnutzer wird es immer eine große Herausforderung sein, mit den Entwicklungen in der Medienwelt mitzuhalten. Es gilt, die Menschen mitzunehmen. Dafür entwickelt die niedersächsische Landesregierung mit ihren Partnern aktuell ein umfassendes Konzept zur Stärkung von Medienkompetenz. Am 6. Oktober 2011, am zweiten landesweiten „Tag der Medienkompetenz" werden wir es in Hannover vorstellen. Auch Erkenntnisse aus dem 16. Deutschen Präventionstag sollten in dieses Konzept einfließen.

Ihnen wünsche ich einen ertragreichen 16. Deutschen Präventionstag und hoffe, dass Sie viele Antworten auf die Herausforderungen der Neuen Medienwelten finden.

Gerd Schwandner

Grußwort des Oberbürgermeisters der Stadt Oldenburg

Ich begrüße den Ministerpräsidenten des Landes Herrn McAllister, ich möchte ebenfalls begrüßen Staatssekretär Kossendey, die Damen und Herren Abgeordneten, Landesbischof Janssen und Sie alle recht herzlich in dieser Stadt.

Ich freue mich sehr, dass wir in diesem Jahr Gastgeber sein dürfen. Das empfinde ich als große Ehre. Schließlich sind wir im Vergleich zum letzten Tagungsort – Berlin – eine etwas kleinere Nummer. Trotzdem glaube ich, dass die Entscheidung nachvollziehbar war. Denn sie ist ja nicht zufällig gefallen, sondern weil hier – in Oldenburg – einiges passiert, was das Thema Prävention angeht. Ich bin nicht so vermessen zu behaupten wir hätten eine Vorbildfunktion für andere. Obwohl das oder das eine oder andere, das hier geschieht, für eine Stadt unserer Größe nicht selbstverständlich ist. Zudem haben wir hier die Kapazitäten, um eine so große Veranstaltung durchzuführen. Wobei die Möglichkeiten noch besser werden: Die Weser-Ems-Halle wird bis 2014 modernisiert. So umfangreich, dass man fast von einem Neubau sprechen könnte. Der 20. DPT könnte also wieder hier stattfinden. Aber das nur am Rande.

Das Thema des 16. Deutschen Präventionstages lautet „Neue Medienwelten – Herausforderungen für die Kriminalprävention?". Es ist als Frage formuliert. Das ist richtig, denn man sollte nicht immer alles apodiktisch formulieren. Viele von uns tendieren dazu, aus dem Fragezeichen ein Ausrufezeichen zu machen. Denn die „neuen Medienwelten" haben diesen Namen wirklich verdient. Es sind tatsächlich Welten, die sich auftun – was die Dimensionen und die Möglichkeiten betrifft. Wir sollten allerdings nicht überreagieren und in einen Kontrollwahn verfallen. Das sehen auch die Bürgerinnen und Bürger so; daher auch der Erfolg der Piratenpartei. Genau wie in der realen Welt brauchen wir aber auch für digitale Sphären ein Mindestmaß an Kontrolle und – genau – Prävention.

Außerdem stimmt auch heute noch, was Walter Benjamin schon in der ersten Hälfte des 20. Jahrhunderts sagte: „Wenn sich die Medien verändern, verändert sich die Gesellschaft". Wir erleben das ja in unserem Alltag. Es gibt viele Markenzeichen und Symbole aus den neuen Medien, die längst zu Ikonen der Gegenwart geworden sind. Das B von Blogger, das F von Facebook, das G von Google und so weiter. All das ist fest in unseren Köpfen verankert. Was sagt uns das? Dass die „Benjaminische" Veränderung der Medien längst vollzogen ist. Sie ist Realität. Soziale Netzwerke, Web 2.0 – all das nutzen wir tagtäglich. Und anders als früher sind wir nicht mehr nur Konsumenten von Medien, wir sind integraler Bestandteil von ihnen. So sehr wie zuletzt haben sich die Medien wahrscheinlich seit Gutenbergs Erfindung der Druckerpresse nicht mehr verändert; und das ist über 500 Jahre her. Insofern ist es dringend geboten, den Prozess kritisch zu hinterfragen.

Das legen auch zahlreiche Studien nahe. Der Branchenverband Bitkom hat ermittelt, dass die Internetnutzung bei Jugendlichen schon auf dem zweiten Rang der Lieblingsbeschäftigungen genannt wird. Sogar der Sport wird schon geschlagen. Nur das Treffen mit Freunden genießt mehr Zuspruch. Gleichzeitig nimmt die Internet-Kriminalität zu. In der Polizeilichen Kriminalstatistik 2010 ist zwar ein leichter Rückgang der Gesamtstraftaten erkennbar; und das ist sehr erfreulich. Die Straftaten im Internet steigen aber nach wie vor deutlich an. Im letzten Jahr wurden 246.607 Fälle gezählt. Das lässt sich unter Bagatelle oder Randerscheinung nicht mehr subsumieren. Zudem ist der Trend ungebrochen, die Dynamik nicht abgeschwächt. Die Internetkriminalität legt also absolut und relativ zu. Was ebenfalls eine genauere Beobachtung verlangt.

Ich beschreibe diese Trends nicht als neutraler Außenstehender, sondern als indirekt Betroffener. Oldenburg ist keine Ausnahme. In der aktuellen Jahresbilanz der Staatsanwaltschaft heißt es, dass „im Gegensatz zum Gesamttrend die Kriminalität im Internet deutlich zugenommen habe". Wie reagieren wir in Oldenburg darauf? Vor allem: langfristig und nachhaltig. Das schließt zeitnah wirkende Maßnahmen und Projekte nicht aus. Ich glaube aber, dass wir hier nicht aktionistisch vorgehen dürfen. Es geht bei der Bekämpfung um Internet-Kriminalität auch um Mentalitäten und Gewohnheiten. Die „Digital Natives" begehen die Straftaten zum Teil nicht bewusst, sondern aus „Unrechtsunbewusstsein". Es gilt also eine Kultur zu entwickeln, in denen – auch und gerade im Internet – die Unterscheidung zwischen Richtig und Falsch wieder stärker herausgearbeitet wird. Das dauert. Das kostet. Und es strengt an. Es wird sich aber lohnen.

In Oldenburg haben wir eine gesamtstädtische Strategie auf Basis der 3T von Richard Florida entwickelt. Sie stehen für Talente, Technologie und Toleranz. Wir haben das System noch um ein viertes T für Tradition ergänzt, aber das sei hier nur am Rande erwähnt. Wichtig ist hier der Stichpunkt Toleranz. Er beschäftigt sich mit unserem Zusammenleben uns schließt Themen wie Integration und Prävention mit ein. Es steht gleichberechtigt neben den anderen, was eine erhebliche Aufwertung gegenüber früheren Schwerpunktsetzungen bedeutet. Wir sind uns bewusst, dass ein Standort nur dann über eine hohe Lebensqualität verfügt, wenn das subjektive Sicherheitsgefühl, die individuelle Freiheit und das gemeinschaftliche Zusammenleben angemessen ausbalanciert sind. Und da die Lebensqualität – im Endeffekt – der entscheidende Standortfaktor ist, sollten wir allergrößtes Interesse daran haben.

Glücklicherweise mussten wir nicht bei Null anfangen, als wir diese neue Akzentuierung im Jahr 2007 beschlossen haben. Ein ganz wichtiger Kooperationspartner war und ist der Präventionsrat Oldenburg. Er leistet hier schon seit elf Jahren wertvolle Arbeit. Was ihn auszeichnet – und was sehr wichtig ist – sind die Aktionen in der Öffentlichkeit. Der Verein ist sehr engagiert und kreativ bei seinen Maßnahmen. Bei der bundesweiten Aktion zu „Zivilcourage hat viele Gesichter – zeig Deins" hat man beispielsweise mit Miss Germany geworben. Das hat sehr viel Aufmerksamkeit erzeugt. Dabei ging's aber natürlich in erster Linie um eine allgemeine Wahrnehmung des Themas. Es gibt aber – und das ist genauso wichtig – viele Maßnahmen, die direkt in betroffenen Umfeldern ansetzen. Beispiele dafür sind der „Graffiti-Workshop", der bei Jugendlichen sehr beliebt ist, die „Eltern-Lan-Party", die sehr gut angenommen wird und viele Informationsdefizite beseitigt oder der „Preis für Zivilcourage", der erstens richtiges Handeln belohnt und zweitens Vorbildfunktionen nutzt. Reale Beispiele sind mehr wert als erhobene Zeigefinger.

Wichtig ist auch der Oldenburger Präventionstag – vergleichbar mit der heutigen Veranstaltung, heruntergebrochen auf die kommunale Ebene. Es geht in der Regel darum, allgemeine gesellschaftliche Entwicklungen oder Fehlentwicklungen auf Oldenburg zu beziehen, um sinnvoll und strukturiert darauf zu reagieren. Die bisherigen Themen – Sucht, Bildung, Integration, Nachbarschaften, häusliche Gewalt, Internet und Handy – ergeben ein Spiegelbild der gesellschaftlichen Herausforderungen der Gegenwart. Der PRO greift diese Themen auf, behandelt sie auf hohem Niveau und zeigt Handlungsmöglichkeiten auf. Das alles ist sehr wertvoll.

Beides zusammen – die strategische Scherpunktsetzung bei der Toleranz und das praktische Wirken des PRO – stellt Oldenburg gut auf beim Thema Prävention. Das ist eine solide Basis, von der aus wir uns weiterentwickeln wollen. Und das ist ein wichtiges Stichwort: Weiterentwicklung. Prävention ist nämlich eine permanente Aufgabe. Sie verändert sich ständig, und deshalb müssen sich auch unser Konzepte und Maßnahmen ständig verändern. Daher sind regelmäßig wiederkehrende Veranstaltungen ein wichtiges und wirksames Ritual. In Oldenburg ebenso wie auf Bundesebene.

Meine Damen und Herren, ich danke Ihnen herzlich für Ihrer Teilnahme am 16. Deutschen Präventionstag in Oldenburg. Ich hoffe, die Atmosphäre unserer Stadt kann dazu beitragen, neue Impulse für das Thema zu geben und die zugrundeliegende Fragestellung konstruktiv und kreativ zu diskutieren. Ich wünschen Ihnen dabei viel Erfolg – und darüber hinaus einen angenehmen Aufenthalt in Oldenburg!

Vielen Dank für Ihre Aufmerksamkeit.

Jan Janssen

Grußwort des Bischofs der Evangelisch-Lutherischen Kirche in Oldenburg

Sehr geehrter Herr Ministerpräsident McAllister,
sehr geehrter Herr Marks,
meine sehr geehrten Damen und Herren,

herzlich Willkommen heiße ich Sie alle im Namen der evang. Kirche in Stadt und Land Oldenburg!

Kennen Sie die einfachste Form der Prävention? Es ist ein Grußwort und dauert trotzdem nur Sekunden! Die wohl einfachste Form der Prävention ist ein Gruß unter Menschen, die sich zum ersten Mal begegnen, einander die Hand reichen und sich etwas wünschen: *Schalom*! *Saláam*! *Friede sei mit dir!*

Den wünsche ich Ihnen allen, auch wenn Sie bei diesem Kongress handfest diskutieren, selbst wenn Sie tüchtig streiten sollten: *Friede sei mit euch!*

Gewiss ist das nicht genug. *Am Anfang war das Wort* – und das Wort braucht eine Haltung, die entsprechend und glaubwürdig ist, es braucht Haltung, die den Worten Taten folgen lässt. Das gilt unter unserem eigenen Dach der Kirchen. Das gilt jedoch allen, die *das Wort* ergreifen, in Politik, Gesellschaft und gerade in den Medien.

Das sei heute besonders in Erinnerung gerufen: heute vor 580 Jahren zog sich ein böses Netz zu: aus Verleumdung und Meineid, aus Inquisition und grausamster Gewaltanwendung, an dem alle gesellschaftlichen Kräfte mitgewirkt hatten: am 30. Mai 1431 wurde Jeanne d'Arc hingerichtet.

Unser menschliches Tun bleibt bei allem Bemühen schuldhaft, und viele religiöse Traditionen halten es beschämt fest: seit Kain und Abel kennen wir die Tendenz unseres menschlichen Ego zur Macht-ausübung über Leib und Seele, Leben und Tod.

Und doch geben wir nicht auf, halten daran fest, was *am Anfang das Wort* sagt, was als Vision mit Frieden, Gerechtigkeit, Gewaltverzicht angesagt ist: *Friede sei mit euch.*

Diesem Wort korrespondiert ja unsere Antwort. Ein Dialog entsteht, ein Gegenüber wird erkennbar, die Vision vom Miteinander orientiert unser Tun neu. Wenn Prävention Vorbeugung ist – wem gilt sie? Wenn Verantwortung angesagt ist – wem gilt sie?

Diese Verständigung ist für das Hauptthema gerade des Präventionstages 2011 von Bedeutung. In den neuen Medienwelten scheinen die Konturen des Gegenübers zu verschwimmen.

Hier scheint Kommunikation in Wolken zu wabern, der Mensch sich in Netzen zu verfangen, konkrete Begegnung zwischen realen Menschen mit allen kulturellen Aspekten ins Ferne, Virtuelle zu rücken.

Gerade hier haben wir es auf dem Schirm: Gewalt fängt nicht erst vor der eigenen Haustür, sondern leider schon innerhalb der eigenen vier Wände an.

Ja, Jugend braucht Schutz. Aber Jugend braucht auch Alternativen, um sich kulturell, zivilgesellschaftlich, politisch frei entwickeln und beteiligen zu können.

Mein zweites Wort ist ein Dank an Sie alle für Ihr Engagement, Ihr Bemühen und Ihre Geduld!

Wir kennen Ihren Einsatz gut – auch aus unseren Kirchengemeinden und diakonischen Einrichtungen von den Kindertagesstätten über die ev. Jugend bis zu den Freiwilligendiensten, sind selbst aktiv in Präventionsräten und wissen, wie kleinteilig, konkret und kontinuierlich diese Arbeit sein muss!

Zum Wohle des Miteinanders im Gemeinwesen dienen Sie gerade mit Blick auf Medienwelten einer Wahrnehmung ohne Observation, einer Transparenz ohne Durchleuchtung und Entblößung.

Bleiben Sie bei dieser Orientierung, dann arbeiten Sie daran, was schon Paulus den verfolgten Christenmenschen in der Weltstadt Rom schreibt, was für 2011 als Jahreslosung ausgewählt ist, und: was für neue Medienwelten ein altes Schriftwort ist:

Lass dich nicht vom Bösen überwinden, sondern überwinde das Böse mit Gutem (Rö 12,21)

Ilsu Kim

Grußwort des Präsidenten des Koreanischen Instituts für Kriminologie

Sehr geehrter Herr Professor Kerner,
sehr geehrter Herr Marks und
meine sehr geehrten Damen und Herren,

es ist mir eine große Freude und Ehre, dass ich hier zum 16. Deutschen Präventionstag Gast sein und Sie herzlich begrüßen darf! Für Ihre Einladung bedanke ich mich ganz herzlich!

Mein Institut KIC ist die einzige staatliche Forschungseinrichtung für Kriminologie und Kriminalpolitik in Korea. Die „Prävention" wird auch bei uns groß geschrieben, so heißt eine der vier Forschungsabteilungen des KIC „Abteilung Präventionsforschung". Wir sind ferner sehr bemüht, uns auch international auf verschiedenen Wegen für die Kriminalprävention zu engagieren, so z.B. beim UNODC und CCPCJ.

Die Abteilung „Internationale Kriminaljustizforschung" beschäftigt sich vor allem mit dem Thema „Cybercrime". Das E-Learning Programm „Virtual Forum for Cybercrime"(VFAC) wurde schon seit einigen Jahren initiiert, installiert und ist nun auf internationaler Ebene in Gang gesetzt.

Das KIC und der Deutsche Präventionstag haben letztes Jahr eine internationale Zusammenarbeit beschlossen. Diese Partnerschaft wurde noch vor meinem Amtseintritt gegründet, so dass ich noch nicht wirklich Gelegenheit hatte, den Deutschen Präventionstag persönlich kennenzulernen.

Doch „hier und jetzt" „langsam, aber sicher" komme ich dazu, wie bedeutend unsere Partnerschaft ist. Nicht nur das Ausmaß des Kongresses, sondern auch die Tatsache, dass so viele engagierte Partner sowohl in Deutschland wie auch international beim DPT mitwirken, das beeindruckt mich heute unbeschreiblich. Der DPT hat es als eine lokale Institution wunderbar geschafft, die globale Dimension in die Prävention mit zu integrieren. Auch brillante Modelle bzw. Projekte der Prävention wären noch nicht erfolgsversprechend, wenn sie nicht von funktionierenden Netzwerken bzw. von engagierten Partnern mitgetragen würden.

So gesehen ist ja dieser Kongress selbst, wo man miteinander über Prävention kommuniziert und einander inspirieren kann, schon „ein wunderbares Rezept" der Prävention.

Ein koreanisches Sprichwort offenbart ein Stück Weisheit der Zusammenarbeit bzw. des Engagements: „Selbst ein Blatt Papier ist zu zweit besser zu tragen!" Natürlich ist hier nicht ein A4-Blatt gemeint. Wir könnten vielleicht sinnbildlich an einen fein gezeichneten Präventionsentwurf auf einem großen Kalligraphiepapier denken. Er ist also in einer vielfältigen Partnerschaft mit sorgfältiger Zusammenarbeit gut auf den Weg zu bringen und sicher zum Erfolg zu führen.

Meine sehr geehrten Damen und Herren,

in diesem Sinne wünsche ich Ihnen allen viel Erfolg mit Ihrem Präventionsblatt, das Sie hier zum DPT engagiert eingebracht haben und viel Vergnügen bei der Teilnahme und Teilhabe am Deutschen Präventionstag!

Mein herzlicher Dank gilt Ihnen allen, die als Präventionspartner hier mit dabei sind, nicht zuletzt Herrn Marks und dem DPT-Team! Vielen Dank für das Zuhören!

Rainer Strobl / Olaf Lobermeier

Evaluation
des 16. Deutschen Präventionstages
am 30. und 31. Mai 2011 in Oldenburg

Hannover, September 2011

Inhalt

1. Einleitung

Der 16. Deutsche Präventionstag fand am 30. und 31. Mai 2011 unter dem Schwerpunktthema „Neue Medienwelten – Herausforderungen für die Kriminalprävention?" in Oldenburg statt. Mit diesem Schwerpunktthema wurde die gesellschaftliche Debatte über die Risiken der digitalen Medien aufgegriffen. Es geht im Rahmen dieser Debatte zum einen um Fragen der Online-Kriminalität, wie z.B. dem Diebstahl digitaler Identitäten oder dem Phishing, und zum anderen um die Problematisierung bestimmter Nutzungsarten. Hier steht vor allem die Konfrontation Jugendlicher mit Gewaltdarstellungen und mit pornographischen Inhalten im Vordergrund. Beide Aspekte werden auch in der Kriminalprävention eine zunehmend wichtige Rolle spielen. Das Gutachten zum 16. Deutschen Präventionstag gibt einen umfassenden Überblick über die Risiken der digitalen Medien, warnt aber zugleich vor empirisch nicht belegten Zusammenhängen zwischen der Nutzung digitaler Medien und gesellschaftlichen Problemen wie z.B. Jugendgewalt.[1] Während des gesamten Präventionstages wurden unterschiedliche Aspekte des Schwerpunktthemas in zahlreichen Vorträgen analysiert und intensiv diskutiert. Darüber hinaus konnten sich die Besucher während der beiden Tage des Kongresses natürlich auch wieder zu den verschiedenen Facetten der Prävention informieren. Hierzu gab es ein breites Spektrum an Vorträgen, Filmen, Theater- und Musikdarbietungen sowie eine kongressbegleitende Ausstellung mit Informationsständen, Infomobilen, Sonderausstellungen und Posterpräsentationen. Traditionell nimmt die Kriminalprävention in diesem Zusammenhang den größten Raum ein. Dies gilt auch für den 16. Deutschen Präventionstag. Ein weiterer wichtiger Aspekt der Präventionstage ist der fachliche Austausch mit Experten sowie der Aufbau und die Pflege von Kontakten.

Die Evaluation des diesjährigen Kongresses wurde mit einem ähnlichen Instrument wie in den letzten Jahren durchgeführt, so dass vielfältige Vergleiche möglich sind. Wie in den Vorjahren ist die Qualitätssicherung und Optimierung des Deutschen Präventionstages das wichtigste Ziel der Evaluation. Es ist daher die Aufgabe der Evaluation zu bewerten, inwieweit der Kongress seine Ziele erreicht und die Erwartungen erfüllt hat. Die Frage nach Wirkungen im Sinne von Veränderungen bei den Zielgruppen ist in diesem Zusammenhang allerdings nicht mit einem vertretbaren Aufwand zu beantworten. Die Evaluation konzentriert sich daher auf die Leistungen des Kongresses. Hierzu zählen insbesondere folgende Punkte:[2]

- Zahl und Art der angebotenen Veranstaltungen,

- Zufriedenheit der Besucherinnen und Besucher mit den Veranstaltungen und mit dem Veranstaltungsangebot sowie

---

[1] Vgl. hierzu das Gutachten von Dr. Wiebke Steffen im Kongresskatalog. Hannover 2011, S. 47-139.

[2] Vgl. hierzu auch das proVal Handbuch für die praktische Projektarbeit. Hannover 2007, S. 69 (Online im Internet unter http://www.proval-services.net/download/proval-handbuch.pdf) sowie Beywl, Wolfgang/ Schepp-Winter, Ellen: Zielfindung und Zielklärung – ein Leitfaden – (QS21). Bonn: BMFSFJ 1999, S. 76.

- Zielgruppenerreichung und Art der Teilnahme.

Darüber hinaus dienen die im Leitbild des Deutschen Präventionstages implizit und explizit angesprochenen Ziele als Richtschnur für die Evaluation.[3] Demnach soll der Kongress

1. Kriminalprävention ressortübergreifend, interdisziplinär und in einem breiten gesellschaftlichen Rahmen darstellen und stärken,

2. die Präsentation weiterer Präventionsfelder (z.B. Sucht- und Verkehrsprävention) ermöglichen,

3. Verantwortungsträger der Prävention aus unterschiedlichen gesellschaftlichen Bereichen ansprechen,

4. aktuelle und grundsätzliche Fragen der verschiedenen Arbeitsfelder der Prävention und ihrer Wirksamkeit thematisieren,

5. Partner in der Prävention zusammenführen,

6. Forum für die Praxis sein und den Informations- und Erfahrungsaustausch ermöglichen,

7. internationale Verbindungen knüpfen und den Informationsaustausch unterstützen,

8. Umsetzungsstrategien diskutieren sowie

9. Empfehlungen an Praxis, Politik, Verwaltung und Wissenschaft erarbeiten und aussprechen.

Wie in den zurückliegenden Jahren wurde die Evaluation mit einem standardisierten, internetbasierten Fragebogen als Online-Erhebung durchgeführt. Lob, Kritik und Anregungen konnten auch unstandardisiert als Freitext mitgeteilt werden. Hiervon wurde reger Gebrauch gemacht, so dass der Evaluation Kommentare im Umfang von insgesamt 57 Textseiten zur Verfügung stehen. Wegen eines Feiertages und des dann anschließenden Wochenendes wurde den Besuchern der Tagung erst einige Tage nach dem Ende des Präventionstags eine E-Mail mit der Bitte um die Beantwortung des Fragebogens zugesandt. Eine Woche später wurde ebenfalls per E-Mail eine Erinnerung verschickt. Die E-Mails enthielten jeweils einen Link, mit dem der Fragebogen unmittelbar aufgerufen werden konnte. Insgesamt wurden 1.343 E-Mails an einzelne Personen verschickt. Zusätzlich wurden 152 Sammelanmelder mit der Bitte angeschrieben, die Nachricht an die angemeldeten Teilnehmer (insgesamt 1.203) weiterzuleiten. Von den angeschriebenen Personen haben 651 den Fragebogen beantwortet. Die Zahl der Rückmeldungen liegt damit niedriger als beim 15. DPT (738 ausgefüllte Fragebögen) aber immer noch höher als bei den davor liegenden Präventionstagen (14. DPT: 553 ausgefüllte Fragebögen; 13. DPT: 424 ausgefüllte Fragebögen). Insgesamt bleibt festzuhalten, dass die von

---

[3] Vgl. das Leitbild des Deutschen Präventionstages auf S. 42 des Kongresskatalogs 2011.

proVal durchgeführte Form der Kongressevaluation mittlerweile gut angenommen wird. An dieser Stelle muss aber darauf hingewiesen werden, dass wegen der hohen Zahl an Sammelanmeldungen nicht alle Kongressteilnehmer zuverlässig erreicht werden konnten. So hat insgesamt nur etwa jeder vierte registrierte Besucher eine Rückmeldung abgegeben. Deshalb können Verzerrungen trotz des guten Rücklaufs nicht grundsätzlich ausgeschlossen werden. Im Vergleich mit dem 13., dem 14. und dem 15. Präventionstag zeigt sich jedoch eine große Stabilität der zentralen Ergebnisse, so dass davon ausgegangen werden, dass die Ergebnisse der Befragung die Eindrücke und Meinungen der Besucherinnen und Besucher des 16. Deutschen Präventionstages insgesamt gut widerspiegeln.

2. Plenumsveranstaltungen

Die Plenen prägen den Charakter eines Präventionstages. In diesem Jahr gab es neben dem Eröffnungs- und dem Abschlussplenum zusätzlich ein Plenum am Nachmittag des ersten Kongresstages und ein Plenum am Vormittag des zweiten Kongresstages. Ein weiteres wichtiges Element ist die Abendveranstaltung, die in diesem Jahr als „Netzwerkparty" bezeichnet wurde. Diese Veranstaltungen tragen maßgeblich dazu bei, dass neben der reinen Informationsvermittlung auch Interesse und Motivation für ein Engagement in der Präventionsarbeit entstehen oder bestärkt werden.

2.1 Eröffnungsplenum

Dem Eröffnungsplenum kommt eine besondere Bedeutung zu, weil hier der Rahmen für den Präventionstag gesetzt wird. Wie Abb. 1 zeigt, konnte das Eröffnungsplenum des 16. Deutschen Präventionstages die Spitzenwerte seines Vorgängers nicht erreichen. Auf einer Skala von 1 (sehr gut) bis 5 (sehr schlecht) erreichte die Eröffnungsveranstaltung mit 2,1 zwar noch einen ordentlichen Durchschnittswert, blieb aber hinter den Werten der Präventionstage aus den Vorjahren zurück (15. DPT: 1,5; 14. DPT: 1,8; 13. DPT: 1,6).[4]

Die Kritikpunkte in den Kommentaren lassen den Schluss zu, dass es im Eröffnungsplenum nicht ausreichend gelungen ist, das Kongressthema in den Fokus zu rücken und einen klaren Rahmen für den Präventionstag zu setzen:

> „Das Eröffnungsplenum hat das Tagungsthema wenig konturiert, zu viel wohlmeinende Grußworte, zu wenig Inhalt."

Auch zum Vortrag der Hauptreferentin liegen lediglich fünf Kommentare vor, was als ein Indiz für das Fehlen einer lebhaften Diskussion gewertet werden kann. Es muss aber betont werden, dass drei dieser fünf Kommentare positiv sind. Die Präsentation des Gutachtens von Wiebke Steffen wurde ebenfalls kommentiert. Zum einen gab es offenbar den Wunsch nach einer breiteren Darstellung des Gutachtens, zum anderen

---

[4] Der Unterschied ist statistisch signifikant ($p < 0{,}001$).

findet sich in den Kommentaren aber auch eine Auseinandersetzung mit den inhaltlichen Positionen. Einhellig gelobt wurde die Moderation durch Erich Marks:

„Die Einführung durch Herrn Marks fand ich besonders gelungen! Grußworte ansonsten zukünftig lieber etwas kürzer halten, um Fachliches mehr in den Mittelpunkt der Eröffnung zu rücken."

„Herr Marks hat gelungen durch die Veranstaltung geführt und viel Präsenz gezeigt."

Abb. 1:   Wie hat Ihnen das Eröffnungsplenum gefallen? (Angaben in Prozent)[5]

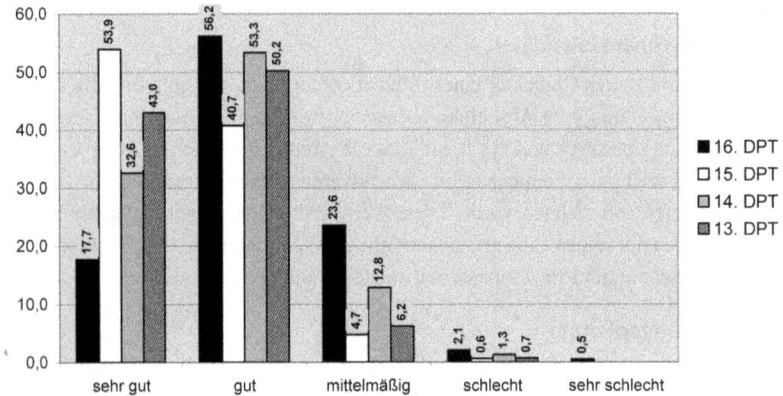

Die Atmosphäre des Eröffnungsplenums wird auch durch die künstlerischen Beiträge der Kinder und Jugendlichen geprägt. Auch in diesem Jahr gab es hierfür wieder Lob. Die Meinungen zu der Mitmach-Übung waren allerdings geteilt:

„Bewegungs-Einheit beim Eröffnungsplenum mit den Kindern hat mir sehr gut gefallen."

„Die Präsentation der Kinder fand ich sehr gelungen."

„Kindergruppe war gut."

„Kinder machen Bewegungsspiele ... hm ... das war albern und wurde auch den Kindern nicht gerecht."

„Kindergartenspiele haben im Eröffnungsplenum nichts zu suchen."

---

[5] Die Prozentangaben beziehen sich auf die Zahl der gültigen Antworten (16. DPT: n = 390; 15. DPT: n = 486; 14. DPT: n = 383; 13. DPT: n = 291). 251 Befragte gaben an, das Eröffnungsplenum nicht besucht zu haben (15. DPT: 239; 14. DPT: 158; 13. DPT: 125).

2.2 Plenum am Nachmittag

Erstmals gab es in diesem Jahr auch ein Plenum am Nachmittag des ersten Tages. Allerdings hatten nur rund 25% der Befragten dieses Nachmittagsplenum besucht. Den Besuchern gefiel das Nachmittagsplenum jedoch mehrheitlich gut oder sehr gut (Durchschnittsnote: 2,1).

„Das Plenum am Nachmittag habe ich nur teilweise besucht; das was ich gesehen habe, hat mir gut gefallen."

Abb. 2: Wie hat Ihnen das Plenum am Nachmittag gefallen? (Angaben in Prozent)[6]

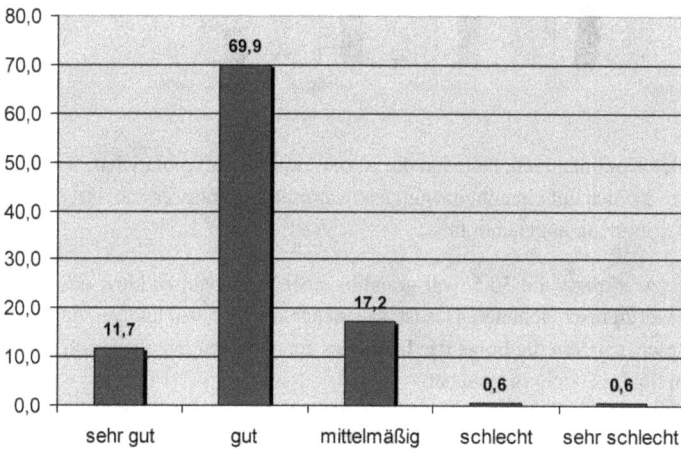

2.3 Abendveranstaltung

Die Abendveranstaltung wurde in diesem Jahr unter der Bezeichnung „Netzwerkparty" durchgeführt. Diese Bezeichnung drückt offenkundig das Anliegen aus, eine lockere Atmosphäre zu schaffen, um Kontakte zu knüpfen und Informationen auszutauschen. Die Durchschnittsnote 3,0 zeigt jedoch, dass dieses Konzept insgesamt nicht so gut angekommen ist (15. DPT: 2,1; 14. DPT: 3,0; 13. DPT: 1,2). Nur knapp einem Drittel der befragten Besucher gefiel die Netzwerkparty gut oder sehr gut. Allerdings gab gut die Hälfte der Befragten an, die Netzwerkparty nicht besucht zu haben.

---

[6] Die Prozentangaben beziehen sich auf die Zahl der gültigen Antworten (n = 163). 456 Befragte gaben an, das Plenum am Nachmittag nicht besucht zu haben.

Abb. 3:   Wie hat Ihnen die Abendveranstaltung gefallen? (Angaben in Prozent)[7]

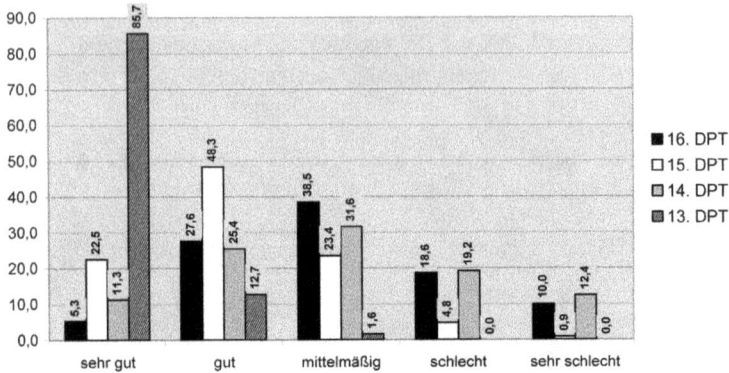

Folgt man den Kommentaren, dann hat die Netzwerkparty stark polarisiert. So gibt es eine Gruppe, die sich auf eine ungezwungene Atmosphäre einlassen mochte, die Idee gut und die Stimmung angenehm fand:

> „Die Netzwerkparty am 30.5. war grandios, aber leider viel zu kurz, da sich die Reihen viel zu rasch lichteten. Das ist aber sicher kein Zeichen mangelnder Qualität gewesen, sondern die Folge des Interesses der Auswärtigen, mehr von unserer schönen Stadt Oldenburg zu sehen."

> „Schönes Rahmenprogramm bei der Netzwerkparty. Gute Stimmung."

> „Das gute Wetter hat leider dazu geführt, dass viele Teilnehmer lieber die Sonne in der Stadt und am Wasser genossen haben, als zur Netzwerkparty zu gehen. Die Idee zur Netzwerkparty ist insgesamt gut."

In vielen Kommentaren wurde jedoch der Wunsch nach einer Abendveranstaltung mit einem „würdigen" Rahmen zum Ausdruck gebracht:

> „Die Netzwerkparty war kein Vergleich zu den würdigen Empfängen der letzten Tagungen."

> „Für das schwül-warme Wetter konnte niemand etwas, aber die Örtlichkeit, das Essen sowie die Getränke aus Pappbechern waren sehr schlecht und dem (internationalen) Rahmen überhaupt nicht angemessen."

Einhellige Kritik gab es an den Speisen, die auf der Netzwerkparty angeboten wurden:

---

[7] Die Prozentangaben beziehen sich auf die Zahl der gültigen Antworten (16. DPT: n = 301; 15. DPT: n = 333; 14. DPT: n = 177; 13. DPT: n = 244). 329 Befragte gaben an, die Abendveranstaltung nicht besucht zu haben (15. DPT: 385; 14. DPT: 349; 13. DPT: 165).

„Das Speiseangebot der Netzwerkparty war mangelhaft. Es wurde nur eine kleine Fastfood-Auswahl angeboten, das ist keine Gesundheitsprävention!"

„Das Catering auf der Netzwerkparty war unterhalb eines vertretbaren Standards."

„Der grauenvolle Imbiss hat mich in die Stadt getrieben und dann bin ich nicht zurückgekommen."

„Der Snack war eine Zumutung und drückte keine Wertschätzung aus."

2.4 Plenum am Vormittag

Auch am Vormittag des zweiten Veranstaltungstages gab es in diesem Jahr erstmals ein Plenum, das bei den Besuchern auf positive Resonanz stieß und die Durchschnittsnote 2,0 erzielte. Allerdings nahmen auch an diesem Plenum nur etwa ein Viertel der Befragten teil:

„Das Plenum am Vormittag des 31.5. war trotz der interessanten Themen und guten/ bekannten Referenten zeitweise nicht gut besucht - woran mag es gelegen haben?"

„Viel zu wenige Besucher im Plenum am Dienstag Vormittag. Wie konnte das passieren?"

Abb. 4: Wie hat Ihnen das Plenum am Vormittag gefallen? (Angaben in Prozent)[8]

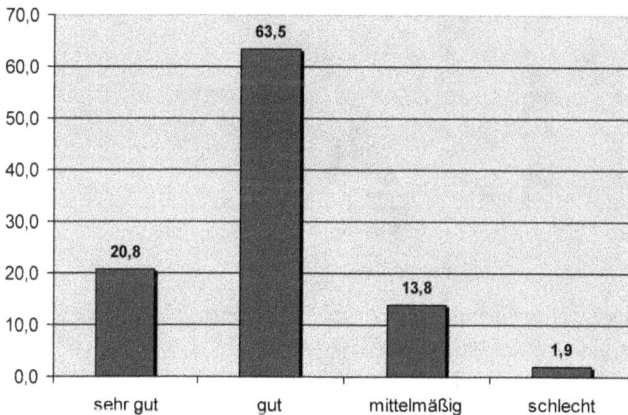

---

[8] Die Prozentangaben beziehen sich auf die Zahl der gültigen Antworten (n = 159). 457 Befragte gaben an, das Plenum am Vormittag nicht besucht zu haben.

2.5 Abschlussplenum

Das Abschlussplenum litt wie in den Vorjahren unter der frühzeitigen Abreise vieler Teilnehmer/innen. So gaben 61% der Befragten an, das Abschlussplenum nicht besucht zu haben. Die meisten Anwesenden waren aber insbesondere von dem Abschlussvortrag sehr beeindruckt:

> „Der Vortrag von Herrn Spitzer beim Abschlussplenum hat mir gut gefallen. Er schafft es, komplizierte Sachverhalte verständlich darzustellen."

> „Der Abschlussvortrag von Professor Spitzer war sehr gut und hat mich höchst beeindruckt. Für mich der Höhepunkt der Veranstaltung."

> „Manfred Spitzers Vortrag war professionell und sehr gut vorbereitet. Mehr aus diesem Bereich wäre wünschenswert."

Abb. 5:   Wie hat Ihnen das Abschlussplenum gefallen?
(Angaben in Prozent)[9]

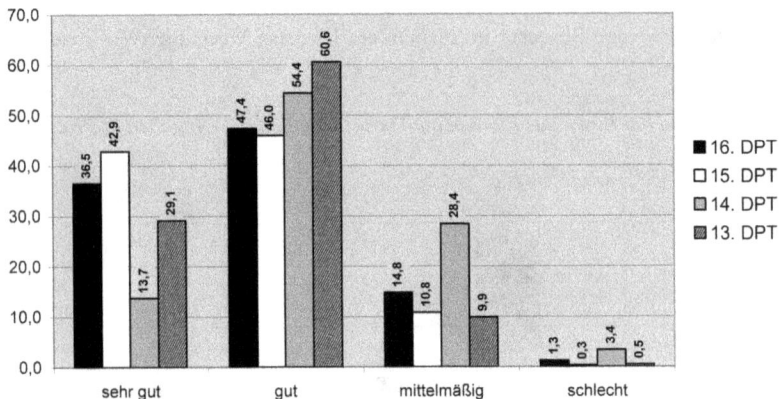

Insgesamt erzielte das Abschlussplenum auf der Skala von 1 (sehr gut) bis 5 (sehr schlecht) die sehr gute Durchschnittsnote 1,8 (15.DPT: 1,7; 14. DPT: 2,2; 13. DPT: 1,8) und schnitt bei den Befragten damit deutlich besser ab als das Eröffnungsplenum.

---

[9] Die Prozentangaben beziehen sich auf die Zahl der gültigen Antworten (16. DPT: n = 230; 15. DPT: n = 287; 14. DPT: n = 204; 13. DPT: n = 213). 397 Befragte gaben an, das Abschlussplenum nicht besucht zu haben (15. DPT: 427; 14. DPT: 315; 13. DPT: 199).

3. Vorträge

3.1 Schwerpunktthema und Offenes Forum

Die in den einzelnen Zeitsträngen parallel gehaltenen Vorträge wurden wie auch beim 13., 14. und 15. Deutschen Präventionstag als interessant und vielfältig bezeichnet:

„Die Vorträge zum Schwerpunktthema waren alle interessant, ich hatte Mühe, mich für einen zu entscheiden."

„Die Vorträge hatten mit einer Dauer von 1 Std. eine gute Länge; tolle Themen."

In einigen Fällen wurde jedoch der Wunsch nach einer ausführlicheren Diskussion geäußert:

„Nach den Vorträgen bei manchen Rednern war kaum Zeit für eine Diskussion oder es wurde dazu auf irgendeinen Stand verwiesen."

„Manche Vortragsveranstaltung war viel zu vollgepackt mit Infos, so dass wenig Zeit blieb für Diskussion."

Die 39 Vorträge, zu denen jeweils mindestens 10 Rückmeldungen vorliegen und die daher in eine systematische Bewertung einbezogen werden konnten, erhielten trotz einzelner kritischer Stimmen eine überwiegend positive Resonanz. Auf der Skala von 1 (sehr gut) bis 5 (sehr schlecht) erzielten sie einen Durchschnittswert von 2,0 (15. DPT: 2,0; 14. DPT:2,0; 13. DPT: 2,1). Mit Blick auf die Nützlichkeit der besuchten Veranstaltung für die praktische Präventionsarbeit fiel die Bewertung mit einem Durchschnittswert von 2,5 (15. DPT: 2,2) dagegen kritischer aus. Obwohl die meisten Vorträge durchaus als anregend für die Präventionspraxis bezeichnet werden können, sollten einige Vortragende verstärkt auf die Praxisnähe ihrer Ausführungen achten. Bezogen auf die Nützlichkeit für die Präventionspraxis liegt der Durchschnittwert bei immerhin 18 der 39 Vorträge auf der Skala von 1 (sehr gut) bis 5 (sehr schlecht) über 2,5. Auch in diesem Jahr gab es wiederum Vorträge, die besonders herausragten. Die besten 10 der parallel gehaltenen Vorträge sind in Tabelle 1 aufgeführt. Dabei wurde für die Bestimmung der Rangfolge sowohl die allgemeine Bewertung als auch die Bewertung der Nützlichkeit für die praktische Präventionsarbeit berücksichtigt.

Tabelle 1: Die 10 besten Vorträge der Parallelveranstaltunge

Rang	Fachvortrag	Wie hat Ihnen diese Veranstaltung gefallen?			Wie beurteilen Sie die Nützlichkeit dieser Veranstaltung für die praktische Präventionsarbeit?			Gesamt-durch-schnitt
		N	Durch-schnitt	Stan-dard-abwei-chung	N	Durch-schnitt	Stan-dard-abwei-chung	
1	Mölck: Sicherheitshaus: ein Krimineller - ein Maßnahmenpaket	13	1,38	0,51	13	1,46	0,52	1,42
2	Bergmann: Ergebnisse der Arbeit der Unab-hängigen Beauftragte	26	1,38	0,50	26	1,65	0,63	1,52
3	Taubken: Urheber-rechtsverletzungen und Raubkopien	11	1,36	0,50	10	1,70	0,95	1,53
4	Schreiber/Wortmann: Live Hacking - so bre-chen Hacker in IT-Netze ein	51	1,35	0,56	51	1,84	0,88	1,60
5	Groeger-Roth/ Hasen-pusch/Richter: 1001 Präventionsprogramme	33	1,64	0,74	34	1,65	0,85	1,64
6	Schulze: Der Weg zu einer sicheren Stadt	11	1,64	0,50	11	1,82	0,60	1,73
7	Hestermann: Gewaltbe-richterstattung im Fern-sehen	37	1,38	0,49	37	2,11	0,81	1,74
8	Staufer: Was macht mein Kind im Internet?	68	1,74	0,73	66	1,82	0,72	1,78
9	Becker-Allwörden/ Da-schner: Wirksame An-gebote - mehr Verbind-lichkeit	17	1,65	0,70	17	1,94	0,90	1,79
10	Koletschka: Chatten-aber sicher?!	40	1,83	1,03	41	1,83	0,92	1,83

3.2 Weitere Vorträge und Workshops

3.2.1 Internationales Forum

Das internationale Forum (AIF) fand in diesem Jahr in Kooperation mit dem Bundes-kriminalamt sowie dem Bundesamt für Sicherheit in der Informationstechnik unter dem Titel „International Cybercrime – Occurrence, Development, Prevention" statt. Hauptzielgruppe war das deutsche, europäische und internationale Fachpublikum. Die Veranstaltungen des internationalen Forums fanden auf Englisch statt. Das inter-nationale Forum wurde von 92 Befragten besucht und auf der Skala von 1 (sehr gut) bis 5 (sehr schlecht) mit der Durchschnittsnote 2,0 (15. DPT: 1,9) bewertet. In den

Kommentaren wurden hochwertige Vorträge, der Blick über die Landesgrenzen und die Vermittlung von Erkenntnissen und Erfahrungen aus anderen Ländern besonders gelobt.

Abb. 6: Wie hat Ihnen das internationale Forum gefallen? (Angaben in Prozent)[10]

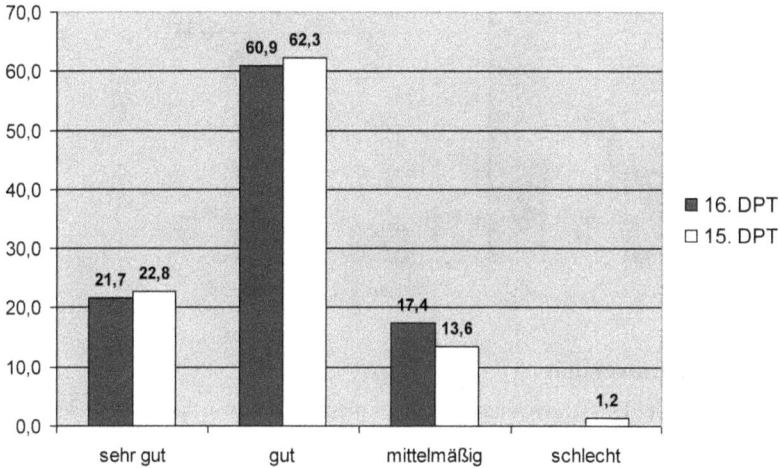

3.2.2 Workshops

In diesem Jahr wurden erstmals auch Workshops zum Kongressthema angeboten. Die Workshops wurden von 180 Befragten besucht, die auf der bekannten Skala von 1 (sehr gut) bis 5 (sehr schlecht) im Durchschnitt die Note 1,9 vergaben. Diese positive Bewertung spiegelt sich auch in den Kommentaren wider. Besonders hervorgehoben wurden der Praxisbezug, der Austausch von Ideen und Erfahrungen, die Form der Gruppenarbeit sowie Möglichkeiten der Umsetzung im eigenen beruflichem Kontext.

---

[10] Die Prozentangaben beziehen sich auf die Zahl der gültigen Antworten (16. DPT: n = 92; 15. DPT: n = 162).

Abb. 7:   Wie haben Ihnen die Workshops gefallen? (Angaben in Prozent)[11]

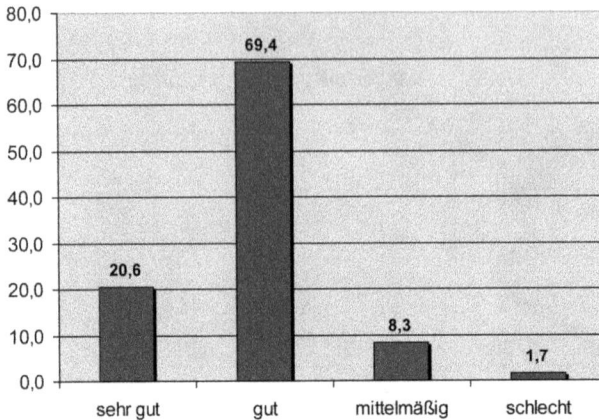

3.2.3 DPT-Universität

Im Rahmen der DPT-Universität wurden in diesem Jahr zwei spezielle Vorlesungen zum Kongressthema „Neue Medienwelten" für Schülerinnen und Schüler sowie für Lehrerinnen und Lehrer angeboten. Die DPT-Universität wurde allerdings nur von 60 Befragten besucht. Bei diesen ist die DPT-Universität aber gut angekommen und erzielte auf der Skala von 1 (sehr gut) bis 5 (sehr schlecht) die Durchschnittsnote 2,0.

Abb. 8:   Wie hat Ihnen die DPT-Universität gefallen? (Angaben in Prozent)[12]

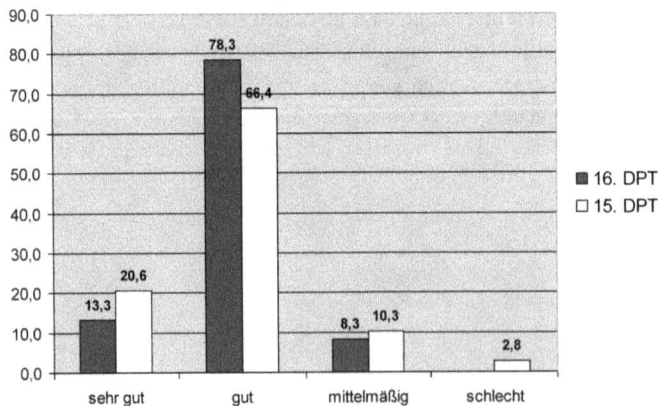

---

[11] Die Prozentangaben beziehen sich auf die Zahl der gültigen Antworten (n = 180).

[12] Die Prozentangaben beziehen sich auf die Zahl der gültigen Antworten (16. DPT: 60; 15. DPT: n = 107).

3.2.4 Projektspots

Die Projektspots haben sich auf dem Deutschen Präventionstag mittlerweile fest etabliert und erfreuen sich großer Beliebtheit. Über 85% der Befragten gefielen die Projektspots gut oder sehr gut und weniger als 3% fanden sie schlecht.

Abb. 9:   Wie haben Ihnen die Projektspots gefallen? (Angaben in Prozent)[13]

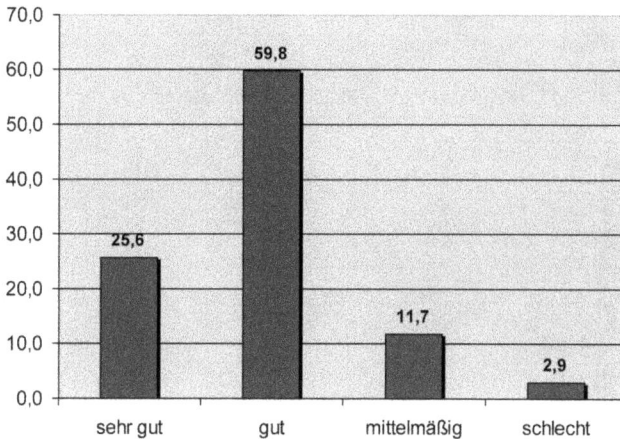

In den Kommentaren wurde positiv hervorgehoben, dass die Projektspots

- Einblicke in verschiedene Arbeitsweisen und praktische Hinweise geben,

- einen direkten Kontakt zum Vortragenden ermöglichen,

- einen guten Rahmen für eine konzentrierte Darstellung eines Projektes bieten,

- kurz, knackig und realitätsnah sind,

- einen guten Überblick über Angebote und Projekte bieten,

- theoretisches Wissen mit einem Praxisbezug kombinieren und überhaupt einen engen Praxisbezug haben.

Es finden sich allerdings auch einige kritische Anmerkungen. So wurde bemängelt, dass

- ein 15-minütiger Vortrag zu kurz ist,

- es zu wenig Zeit für die Diskussion gab,

- die Zeit zwischen den einzelnen Veranstaltungen recht knapp war und die

- Überschriften teilweise nicht mit den Inhalten übereinstimmten.

---

[13] Die Prozentangaben beziehen sich auf die Zahl der gültigen Antworten (n = 316).

Da die Frage der richtigen Länge der Projektspots auch schon in den Kommentaren zum 15. DPT diskutiert wurde, haben wir in diesem Jahr eine entsprechende Nachfrage gestellt. Das Ergebnis zeigt, dass fast 64% der Befragten die Dauer von 30 Minuten genau richtig finden. Einem knappen Drittel der Befragten sind die Projektspots zu kurz und knapp 4% finden sie zu lang.

Abb. 10: Für einen Projektspot sind 30 Minuten ... (Angaben in Prozent)[14]

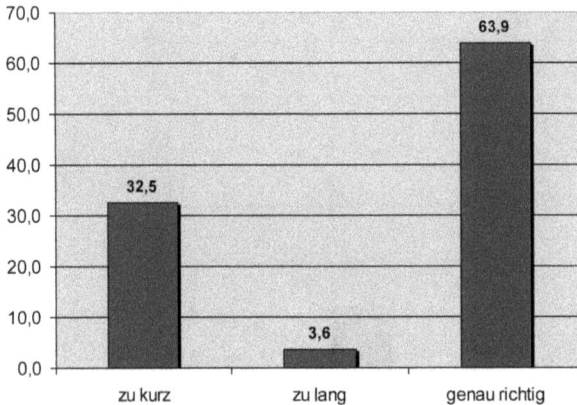

4. Ausstellung und Werkstatt

Die Ausstellung umfasst neben den zahlreichen Ständen der ausstellenden Institutionen auch die Posterpräsentationen. Unter dem Oberbegriff „Werkstatt" werden die Begleitveranstaltungen, die Bühne und das Filmforum zusammengefasst.

4.1 Kongressbegleitende Ausstellung

Die kongressbegleitende Ausstellung gefiel fast 88% der Befragten gut oder sehr gut. Auch in diesem Jahr wurden wieder die Themenvielfalt und die Fülle an Informationen besonders gelobt:

> „Sehr interessante Ausstellung; ich war wirklich über den Umfang und die Darstellung der Teilnehmer beeindruckt. Die attraktive Gestaltung eines Stands mit dem Angebot kostenloser Salatgurken: Die Aufmerksamkeit war auf jeden Fall geweckt und man kam ins Gespräch."

> „Sehr kreative Ausstellung! Sehr vielfältiges Programm! Gute Organisation, insbesondere Auf- und Abbau der Stände liefen sehr reibungslos."

> „Die Messeausstellung war für mich, als Studentin, eine tolle Gelegenheit, mich

---

[14] Die Prozentangaben beziehen sich auf die Zahl der gültigen Antworten (n = 302).

über Präventionsprojekte über die Bundeslandgrenzen hinweg zu informieren, Kontakte zu knüpfen und in einen fachlichen Austausch zu kommen."

Auf der bekannten Skala von 1 (sehr gut) bis 5 (sehr schlecht) erreichte die Ausstellung den seht guten Durchschnittswert 1,8 (15. DPT: 1,9; 14. DPT: 1,8). Die Teilgruppe der Aussteller vergab mit der Note 1,9 ebenfalls eine sehr gute Durchschnittsnote.

Abb. 11: Wie hat Ihnen die kongressbegleitende Ausstellung gefallen?
(Angaben in Prozent)[15]

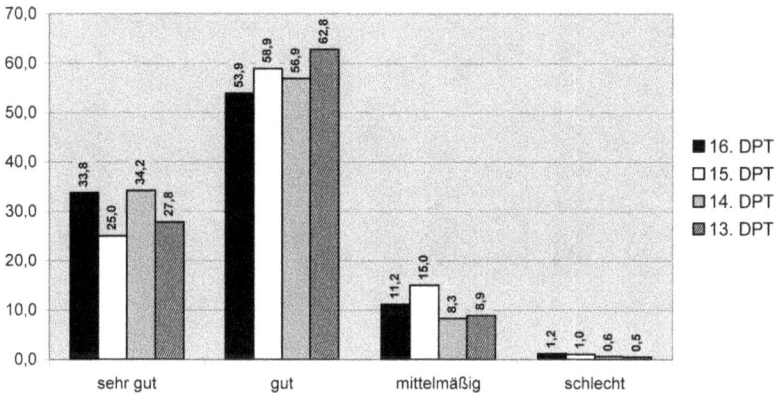

Es gibt aber auch kritische Anmerkungen, in denen zu hohe Kosten und eine zu große Polizeilastigkeit der Ausstellung moniert werden. Auch die Öffnung der Ausstellung für Schulklassen am Dienstag traf zum Teil auf wenig Gegenliebe. Angeregt wurde, die Stände mit Nummern zu versehen und in den Ausstellungshallen Pläne aufzuhängen, um die Orientierung zu erleichtern. Gewünscht wurde ferner, für Ehrenamtliche die Möglichkeit einer kostenlosen Präsentation zu schaffen oder subventionierte Standflächen für kleine Vereine und Institutionen bereitzustellen.

---

[15] Die Prozentangaben beziehen sich auf die Zahl der gültigen Antworten (16. DPT: n = 592; 15. DPT: n = 679; 14. DPT: n = 527; 13. DPT: n = 417). 39 Befragte gaben an, die kongressbegleitende Ausstellung nicht besucht zu haben (15. DPT: 51; 14. DPT: 18; 13. DPT: 5).

4.2 Posterpräsentationen

Zum Bereich der Ausstellung gehörten auch Posterpräsentationen. Diese wurden von 439 Befragten besucht und erhielten wie im letzten Jahr die Durchschnittsnote 2,2.

Abb. 12: Wie haben Ihnen die Posterpräsentationen gefallen? (Angaben in Prozent)[16]

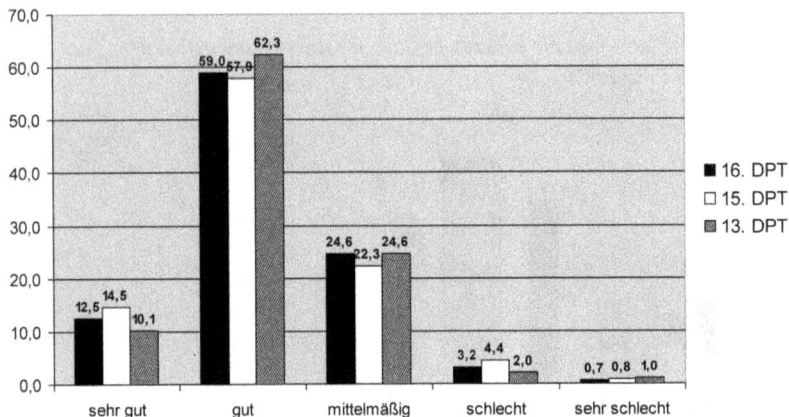

4.3 Begleitveranstaltungen

Im Rahmen eines Präventionstages finden auch zahlreiche Begleitveranstaltungen statt, die in diesem Jahr von Reportagen eines lokalen Radiosenders über Bücherausstellungen, Infostände und Tage der offenen Tür bis hin zu der beeindruckenden Präsentation des Bahnhofs in Oldenburg als Tor zum DPT reichten. Die Präventionsaktionen am Oldenburger Hauptbahnhof wurden auch in den Kommentaren lobend erwähnt. Insgesamt hatten 330 Befragte eine oder mehrere Begleitveranstaltungen besucht und fanden diese zu über 85% sehr gut oder gut, so dass die Begleitveranstaltungen insgesamt die Durchschnittsnote 2,0 erzielten.

---

[16] Die Prozentangaben beziehen sich auf die Zahl der gültigen Antworten (16. DPT: n = 439; 15. DPT: n = 385; 13. DPT: n = 297). 161 Befragte gaben an, die Posterpräsentationen nicht besucht zu haben (15. DPT: 246; 13. DPT: 105).

Abb. 13: Wie haben Ihnen die Begleitveranstaltungen gefallen? (Angaben in Prozent)[17]

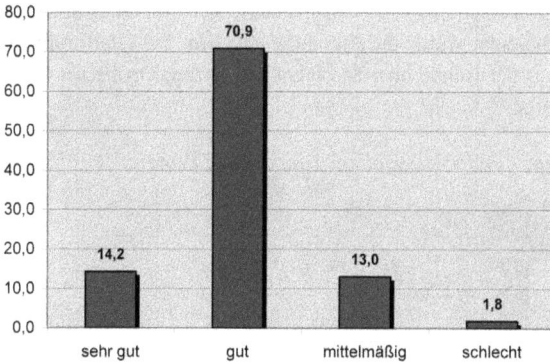

4.4 Bühne

Die Bühne wurde in diesem Jahr von 315 Befragten besucht und schnitt auf der bekannten, von 1 (sehr gut) bis 5 (sehr schlecht) reichenden Skala mit der Durchschnittsnote 2,1 etwas schlechter als im letzten Jahr ab (15. DPT: 1,9). Auch in den Kommentaren wurden die Darbietungen im Rahmen der Bühne gewürdigt. Vereinzelt gab es den Wunsch nach einer besseren Ausschilderung.

Abb. 14: Wie hat Ihnen die Bühne gefallen? (Angaben in Prozent)[18]

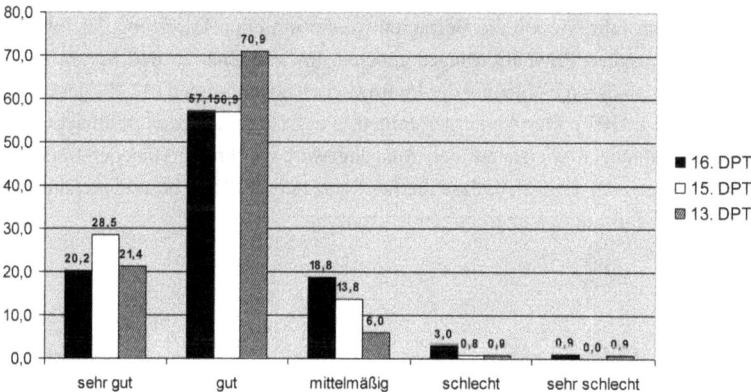

---

[17] Die Prozentangaben beziehen sich auf die Zahl der gültigen Antworten (n = 330). 255 Befragte gaben an, die Begleitveranstaltungen nicht besucht zu haben.

[18] Die Prozentangaben beziehen sich auf die Zahl der gültigen Antworten (16. DPT: n = 336; 15. DPT: n = 239; 13. DPT: n = 117). 267 Befragte gaben an, die Bühne nicht besucht zu haben (15. DPT: 380; 13. DPT: 243).

4.5 Filmforum

Das Filmforum wurde von 182 Befragten besucht fand damit eine größere Resonanz
als auf dem 15. DPT. Die Durchschnittsnote verschlechterte sich allerdings leicht von
2,1 auf 2,2. In einem Kommentar wurde die Anregung gegeben, das Filmforum z.B.
als Zwischenprogramm auf der Bühne oder an einem zentraleren Ort besser in den
Präventionstag zu integrieren.

Abb. 15: Wie hat Ihnen das Filmforum gefallen? (Angaben in Prozent)[19]

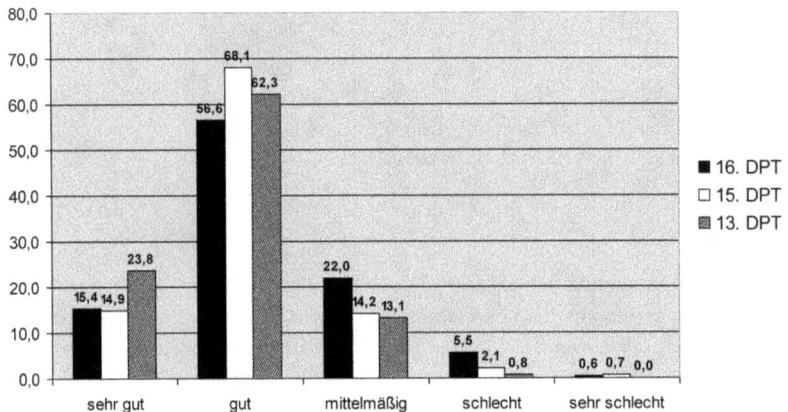

Die Internetseiten des Deutschen Präventionstages

Auch in diesem Jahr wurden die Befragten wieder um eine Bewertung der Internetseiten des Deutschen Präventionstages gebeten. Im Vergleich zu den Vorjahren hat
die kongressunabhängige Nutzung der Internetseiten abgenommen (42,5% gegenüber
52,4% beim 14. DPT). Der Anteil derjenigen, die die Internetseiten überhaupt nicht
besuchen, ist dagegen wieder auf den Ausgangswert von knapp 10% der Befragten
gestiegen. Insgesamt zeigt sich, dass die Internetseiten des DPT besonders häufig im
Zusammenhang mit dem Kongress genutzt werden.

---

[19] Die Prozentangaben beziehen sich auf die Zahl der gültigen Antworten (16. DPT: n = 182; 15. DPT: n = 141; 13.
DPT: n = 122). 414 Befragte gaben an, das Filmforum nicht besucht zu haben (15. DPT: 446; 13. DPT: 236).

*Abb. 16: Wie häufig besuchen Sie die Internetseiten des Deutschen Präventions-
tages? (Angaben in Prozent)[20]*

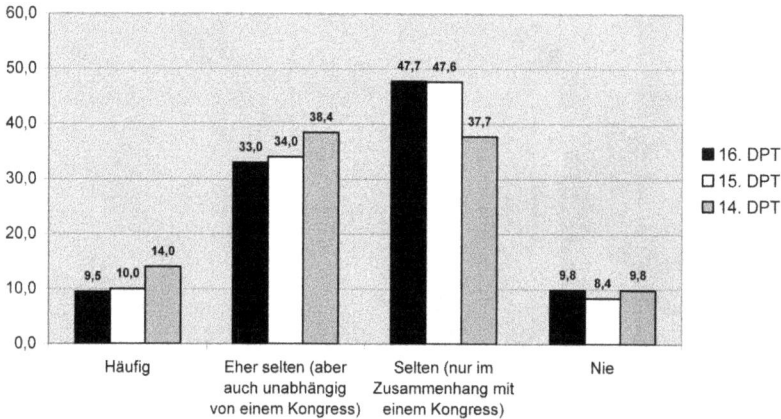

Auch der Anteil derjenigen, die die Struktur und die Gestaltung der Internetseiten
gut oder sehr gut fanden, ist wiederum leicht auf nunmehr 78,3% gesunken. In den
Kommentaren wurde vor allem über eine gewisse Unübersichtlichkeit der Internetseiten geklagt. Zum Teil wurde auch eine schlechte Bedienbarkeit einzelner Elemente
moniert:

> „Bessere Übersichtlichkeit, nicht einfach die Dinge chronologisch einstellen. Den
> elektronischen Kongressplaner (gute Idee!) auch für Computerlaien bedienbar
> machen."

> „Mir schienen die Pfade manchmal etwas lang, bis man am Ziel war."

> „Zentrale Dinge auch zentral darstellen. Es war wirklich nicht einfach, das Kongres-
> sprogramm über Google zu finden und auch auf der Seite dorthin zu navigieren."

---

[20] Die Prozentangaben beziehen sich auf die Zahl der gültigen Antworten (16. DPT: n = 643; 15. DPT: n = 729;
14. DPT: n = 549).

*Abb. 17: Wie finden Sie die Struktur und die Gestaltung der Internetseiten des Deut-
schen Präventionstages? (Angaben in Prozent)[21]*

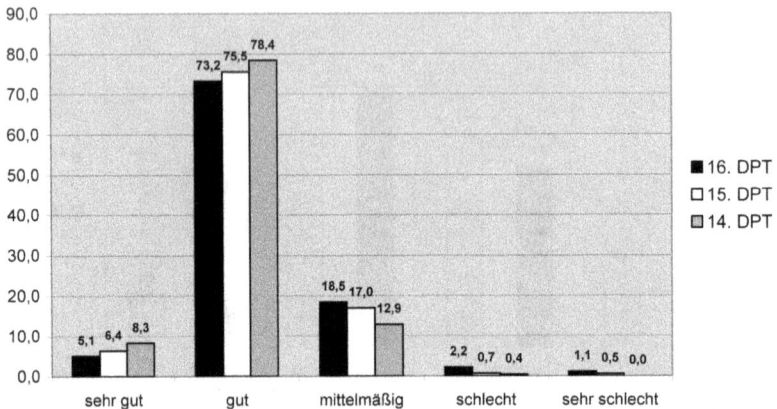

Insgesamt gaben allerdings nur 27 der 651 Befragten an, Wünsche oder Verbesse-
rungsvorschläge zu den Internetseiten zu haben. Somit ist davon auszugehen, dass der
Internetauftritt des Deutschen Präventionstags den Bedürfnissen der Teilnehmerinnen
und Teilnehmer im Großen und Ganzen gerecht wird.

6. Gesamteindruck

Das Eröffnungsplenum wurde in diesem Jahr deutlich schlechter als im Vorjahr bewertet, erzielte aber immer noch eine respektable Durchschnittsnote. Das Abschlussplenum erreichte dagegen fast den gleichen hervorragenden Durchschnittswert. Die
neu eingeführten Plenen am Vor- und am Nachmittag wurden insgesamt positiv aufgenommen. Auch die neu eingeführten Workshops erhielten gute Bewertungen. An
der als „Netzwerkparty" bezeichneten Abendveranstaltung schieden sich dagegen die
Geister: knapp ein Drittel der Befragten fanden die Netzwerkparty sehr gut oder gut,
rund 29% fanden sie schlecht oder sehr schlecht, und die restlichen rund 39% der
Befragten fanden sie mittelmäßig. Die anderen Veranstaltungen schnitten im Großen
und Ganzen ähnlich gut ab wie im Vorjahr.

Insgesamt erhielt der 16. Deutsche Präventionstag viel Lob:

> „Der größte Teil der Referenten war hervorragend. Das Schwerpunktthema war
> sehr gut gewählt, da sehr aktuell und auch alltagstauglich. Die Betreuung durch
> die Volunteers war sehr gut."

---

[21] Die Prozentangaben beziehen sich auf die Zahl der gültigen Antworten (16. DPT: n = 552; 15. DPT: n = 613;
14. DPT: n = 459). 81 Befragte gaben an, die Internetseiten nicht zu kennen (15. DPT: 98; 14. DPT: 63).

„Ein besonderes Lob hat die Vielfältigkeit des Präventionstages sowie die Möglichkeit durch die ausführlichen Publikationen nachhaltig vom Präventionstag zu profitieren verdient."

„Die Veranstalter waren sehr freundlich und hilfsbereit. Man hat sich nach 2 Tagen fast wie in einer Familie gefühlt. Man merkte, dass alle ein wichtiges Ziel haben und bereit sind dafür etwas zu tun."

„Ich habe mich in der ganzen Stadt aufgenommen gefühlt. Die Servicekräfte in Hotels, Cafés und Geschäften vermittelten den Eindruck, dass man sich über die Kongressteilnehmer freute. So etwas hatte ich bislang noch nie erlebt!"

Gewürdigt wurde auch das gute Zeitmanagement bei den Veranstaltungen. Am Rande sei schließlich noch angemerkt, dass die kostenlosen Äpfel bei den Besuchern wie immer gut angekommen sind. Die lobenden Kommentare decken sich mit den Ergebnissen unserer Befragung. So fanden rund 84% der Befragten den 16. Deutschen Präventionstag gut oder sehr gut. Nur 9 Befragte bewerteten ihn als schlecht oder sehr schlecht, so dass der Präventionstag mit der Durchschnittsnote 2,0 wieder eine gute Gesamtnote erhielt (15. DPT: 1,9; 14. DPT: 1,9; 13. DPT: 1,7).[22]

Abb. 18: Wie fanden Sie den Präventionstag insgesamt? (Angaben in Prozent)[23]

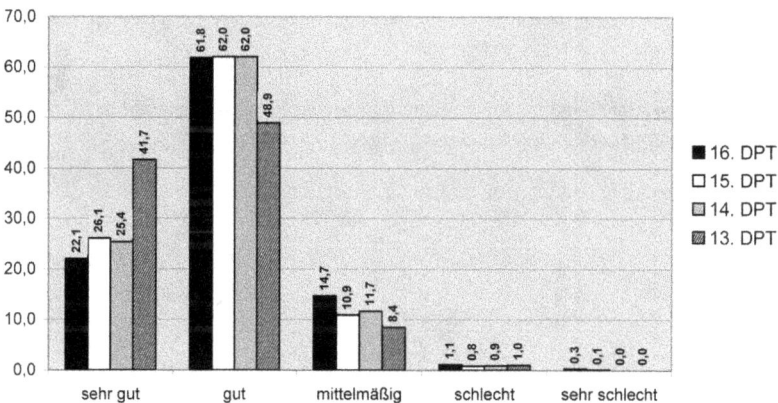

Insgesamt gaben 84% der Befragten an, dass ihre Erwartungen an den Präventionstag voll und ganz oder überwiegend erfüllt wurden. Gegenüber dem Vorjahr ist dies allerdings ein Rückgang um 7 Prozentpunkte. Entsprechend ist die Zahl derjenigen,

[22] Die Skala reichte von 1 (sehr gut) bis 5 (sehr schlecht).

[23] Die Prozentangaben beziehen sich auf die Zahl der gültigen Antworten (16. DPT: n = 639; 15. DPT: n = 724; 14. DPT: n = 539; 13. DPT: n = 415).

die ihre Erwartungen eher nicht oder gar nicht erfüllt sahen, auf 16,1% gestiegen (15. DPT: 9%; 14. DPT: 10,9%; 13. DPT: 10,7%). Die Kritik entzündete sich vor allem an Einzelaspekten, worauf an den entsprechenden Stellen eingegangen wird.

Abb. 19: Meine Erwartungen an den Präventionstag haben sich erfüllt (Angaben in Prozent)[24]

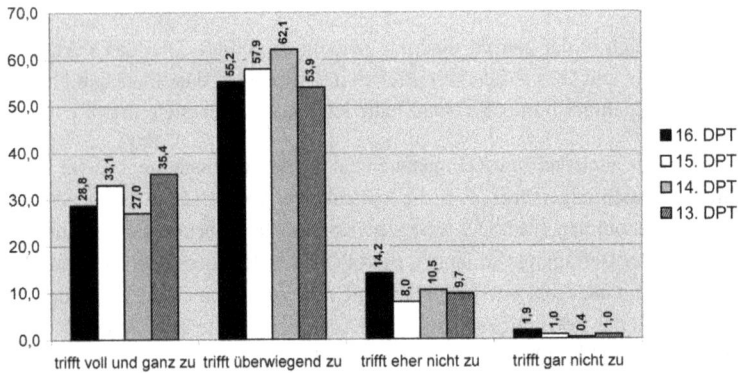

Trotz einzelner Kritikpunkte meinten 80,8% der Befragten, dass von dem Kongress Impulse für die Präventionsarbeit in Deutschland ausgehen werden (15. DPT: 80,5%; 14. DPT: 84,1%; 13. DPT: 82,5%).

Abb. 20: Von dem Kongress werden Impulse für die Präventionsarbeit in Deutschland ausgehen (Angaben in Prozent)[25]

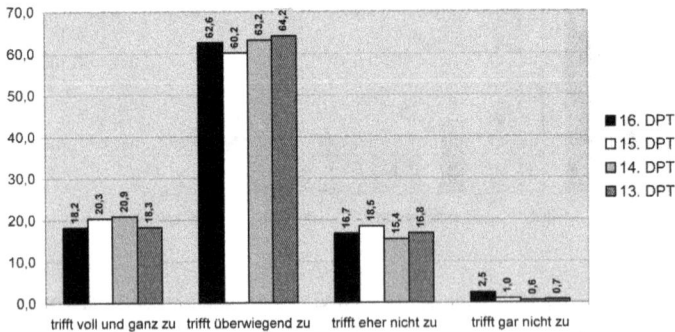

---

[24] Die Prozentangaben beziehen sich auf die Zahl der gültigen Antworten (16. DPT: n = 629; 15. DPT: n = 713; 14. DPT: n = 544; 13. DPT: n = 412).

[25] Die Prozentangaben beziehen sich auf die Zahl der gültigen Antworten (16. DPT: n = 604; 15. DPT: n = 693; 14. DPT: n = 527; 13. DPT: n = 405).

Das insgesamt positive Bild wird durch eine differenzierte Betrachtung bestätigt. So gaben 82% der Befragten an, Anregungen für die Präventionspraxis bekommen zu haben (15. DPT: 85,5%; 14. DPT: 88,8%; 13. DPT: 84,6%).

Abb. 21: Ich habe viele Anregungen für die Präventionspraxis bekommen (Angaben in Prozent)[26]

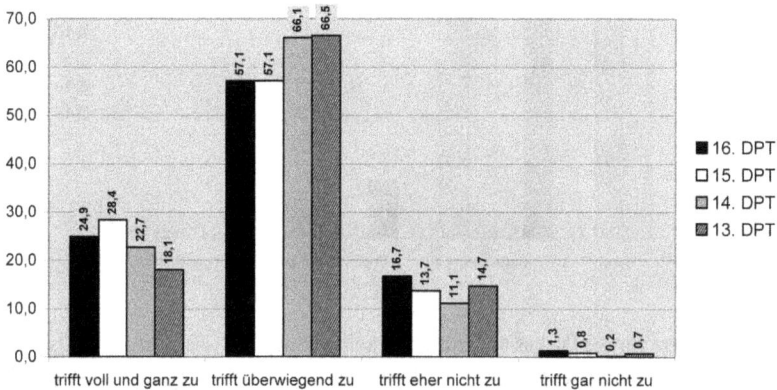

Positiv fiel auch das Urteil hinsichtlich des Informations- und Erfahrungsaustausches aus. Hier waren **88,7%** der Befragten der Ansicht, dass es während des Präventionstages leicht viel, Informationen auszutauschen und Kontakte zu knüpfen (15. DPT: 91,8%; 14. DPT: 91,2%; 13. DPT: 92,8%). Allerdings ist sowohl die Zufriedenheit mit den Anregungen als auch mit dem Informations- und Erfahrungsaustausch gegenüber den Vorjahren leicht gesunken.

---

[26] Die Prozentangaben beziehen sich auf die Zahl der gültigen Antworten (16. DPT: n = 623; 15. DPT: n = 723; 14. DPT: n = 542; 13. DPT: n = 415).

Abb. 22: Es fiel leicht, Kontakte zu knüpfen und Informationen auszutauschen (Angaben in Prozent)[27]

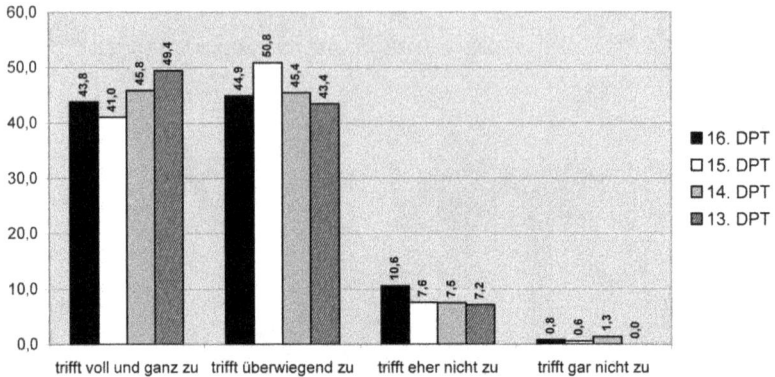

Gelegenheiten für die Diskussion mit Praktikern sahen 85,2% der Befragten als gegeben an (15. DPT: 87,6%; 14. DPT: 90,6%; 13. DPT: 91%). Auch hier ist der Anteil der Zufriedenen aber gegenüber den Vorjahren leicht gesunken.

Abb. 23: Es gab genügend Gelegenheiten, um mit Praktikern über Fragen der Prävention zu diskutieren (Angaben in Prozent)[28]

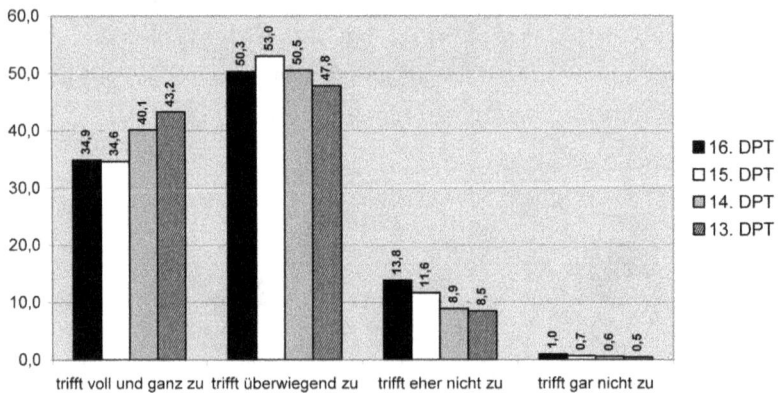

---

[27] Die Prozentangaben beziehen sich auf die Zahl der gültigen Antworten (16. DPT: n = 635; 15. DPT: n = 724; 14. DPT: n = 548; 13. DPT: n = 419).

[28] Die Prozentangaben beziehen sich auf die Zahl der gültigen Antworten (16. DPT: n = 622; 15. DPT: n = 713; 14. DPT: n = 541; 13. DPT: n = 414).

Mit 45,0% ist der Anteil der Besucher, die Gelegenheiten für den fachlichen Austausch mit Wissenschaftlern vermissten, ähnlich hoch wie im Vorjahr (15. DPT: 45,3%; 14. DPT: 38,3%; 13. DPT: 35%). Hier besteht folglich Handlungsbedarf.

Abb. 24: Es gab genügend Gelegenheiten für den fachlichen Austausch mit Wissenschaftlern (Angaben in Prozent)[29]

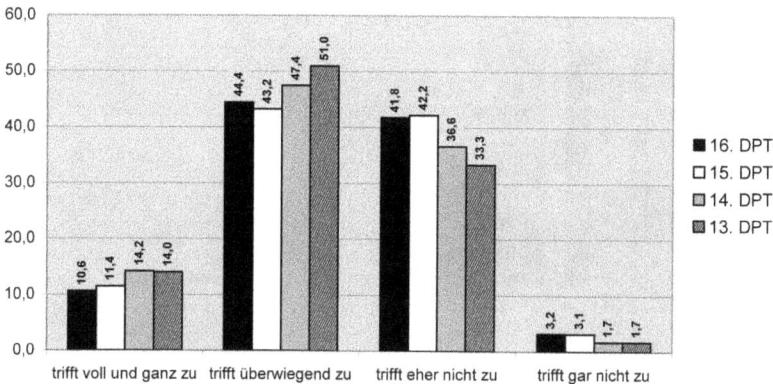

Der Kongresskatalog und das Programmheft zogen auch in diesem Jahr wieder viele kritische Kommentare auf sich. Das zugrunde liegende Problem scheint zu sein, dass der Katalog und das Programmheft nach der Logik unterschiedlicher Veranstaltungstypen aufgebaut sind. Für viele Befragte sind die Veranstaltungstypen aber offenbar eher sekundär. Sie orientieren sich an Themen und wünschen sich eine chronologische Übersicht der Themen:

„Der Katalog zum Kongress war mir viel zu unübersichtlich (war auf dem letzten DPT aber auch schon so). Evtl. ersten und zweiten Veranstaltungstag voneinander stärker trennen, quasi Stundenplan des ersten und des zweiten Tages in einer Übersichtstabelle."

„Der (dünne) Kongresskatalog war sehr unübersichtlich. Besser wäre eine Zeitachse wo sämtliche Veranstaltungen zu der entsprechenden Zeit aufgeführt sind."

„Kongresskatalog: Montag und Dienstag in zwei ‚Kapitel' trennen. Optimal sind für die Balken der Überschriften zwei Farben: Montag z.B. hellgrau, Dienstag z.B. dunkelgrau."

Trotz dieser Kritikpunkte fanden fast drei Viertel der Befragten den Kongresskatalog

---

[29] Die Prozentangaben beziehen sich auf die Zahl der gültigen Antworten (16. DPT: n = 594; 15. DPT: n = 699; 14. DPT: n = 527; 13. DPT: n = 408).

gut oder sehr gut, so dass er die Durchschnittsnote von 2,1 erhielt (15. DPT: 2,0; 14. DPT: 1,9; 13. DPT: 1,6).

Abb. 25: Wie fanden Sie den Kongresskatalog? (Angaben in Prozent)[30]

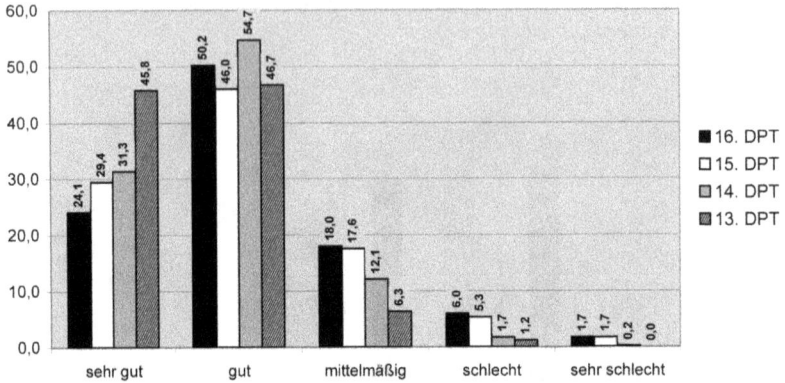

Die gesamte Kongressorganisation wurde besser bewertet als im Vorjahr und erreichte die Durchschnittsnote 1,9 (15.DPT: 2,0; 14. DPT: 1,9; 13. DPT: 1,5).[31]

Abb. 26: Wie fanden Sie die Kongressorganisation insgesamt? (Angaben in Prozent)[32]

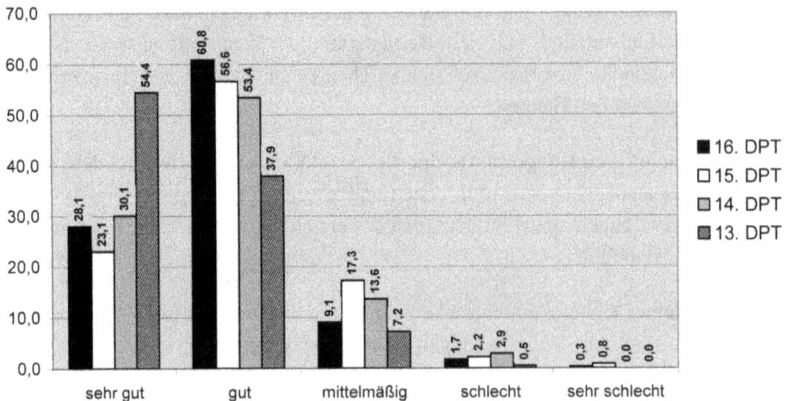

---

[30] Die Prozentangaben beziehen sich auf die Zahl der gültigen Antworten (16. DPT: n = 639; 15. DPT: n = 717; 14. DPT: n = 537; 13. DPT: n = 413).

[31] Die Skala reichte von 1 (sehr gut) bis 5 (sehr schlecht).

[32] Die Prozentangaben beziehen sich auf die Zahl der gültigen Antworten (16. DPT: n = 638; 15. DPT: n = 724; 14. DPT: n = 545; 13. DPT: n = 417).

Zur Kongressorganisation finden sich auch in den Kommentaren zahlreiche lobende Bemerkungen:

„Die Organisatoren und Kongressbegleiter waren sehr freundlich, aufgeschossen und hilfreich."

„Die Voraborganisation und insbesondere die Betreuung durch das DPT-Team ist hervorragend. Auf Mails oder Anrufe wird immer verlässlich geantwortet!"

Auch in diesem Jahr wurden wieder Einzelaspekte zur Kongressorganisation erhoben. Die Informationen zur Tagung bewerteten 83,4% der Besucher als gut oder sehr gut (15. DPT: 72,4%).

Abb. 27: Wie fanden Sie die Informationen zur Tagung (Anfahrtskizze, Ausschilderung etc.)? (Angaben in Prozent)[33]

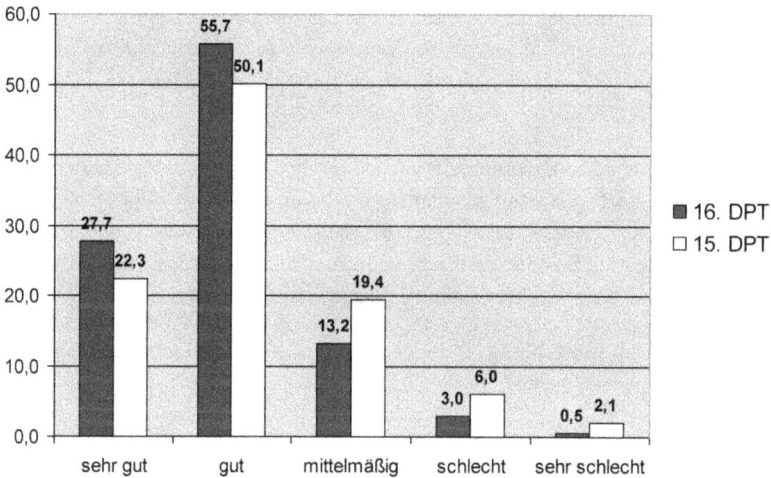

Den Service und die Betreuung durch die Organisatoren fanden 88,8% der Befragten gut oder sehr gut (15. DPT: 76,7%).

---

[33] Die Prozentangaben beziehen sich auf die Zahl der gültigen Antworten (16. DPT: n = 639; 15. DPT: n = 712).

Abb. 28: Wie fanden Sie den Service und die Betreuung durch die Organisatoren? (Angaben in Prozent)[34]

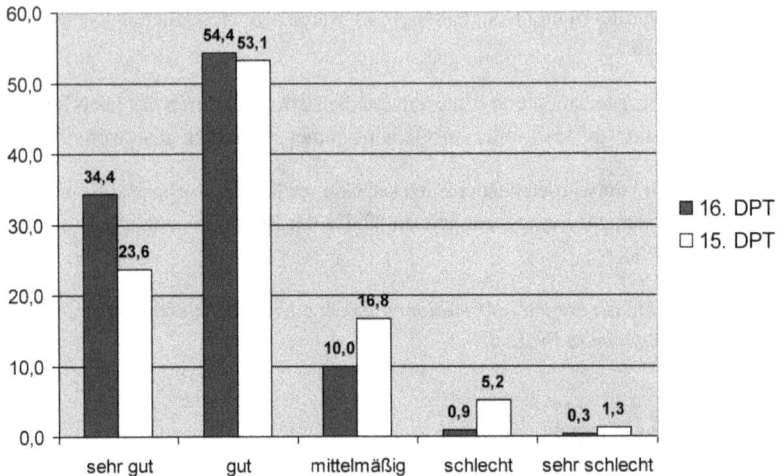

Das Catering zog auch in diesem Jahr wieder viel Kritik auf sich, obwohl der Anteil der Befragten, die das Catering gut oder sogar sehr gut fanden, von 29,8% im Vorjahr auf 37,1% anstieg. Insgesamt bewerteten die meisten Befragten das Catering jedoch als mittelmäßig, schlecht oder sogar sehr schlecht. Kritisiert wurden wie vor allem die hohen Preise und die schlechte Qualität der angebotenen Speisen:

„Das Catering war schlecht. Bei einem Präventionstag kann (sollte) auch gutes Essen ausgegeben werden."

„Das Catering war eine Katastrophe und für die schlechte Qualität viel zu teuer und ein heißer Kaffee gehört auch nicht in einen Pappbecher für fast 3 €."

„Das Catering bot leider nur ungesunde, fettige Nahrung. Für einen Präventionstag schlecht gewählt."

---

[34] Die Prozentangaben beziehen sich auf die Zahl der gültigen Antworten (16. DPT: n = 640; 15. DPT: n = 715).

Abb. 29: Wie fanden Sie das Catering? (Angaben in Prozent)[35]

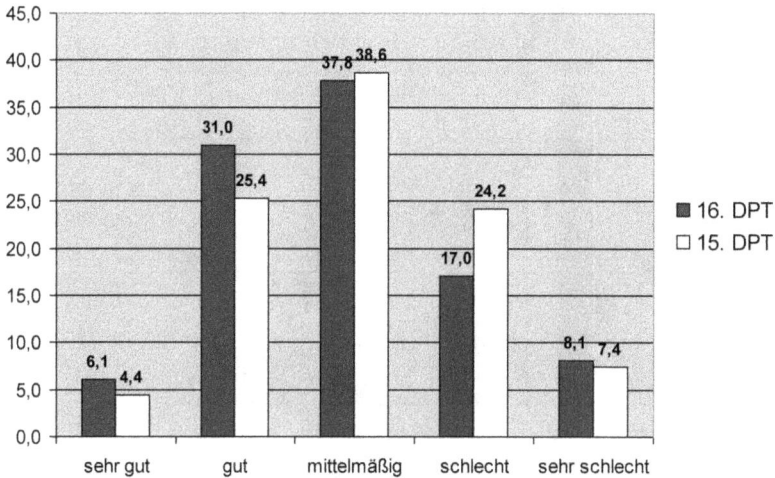

Die Weser-Ems-Halle fand als Veranstaltungsort ein überwiegend positives Echo. Fast 70% der Befragten fanden den Veranstaltungsort gut oder sehr gut:

> „Die Weser-Ems Halle ist ein geeigneter Veranstaltungsort für den DPT. Sonst gehe gar nicht gerne in die Weser Ems Halle - aber hier war sie genau richtig eingesetzt."

Kritik gab es allerdings an der zum Teil unzureichenden Klimatisierung der Weser-Ems-Halle während des ersten Veranstaltungstages.

---

[35] Die Prozentangaben beziehen sich auf die Zahl der gültigen Antworten (16. DPT: n = 606; 15. DPT: n = 678).

Abb. 30: Wie fanden Sie den Veranstaltungsort? (Angaben in Prozent)[36]

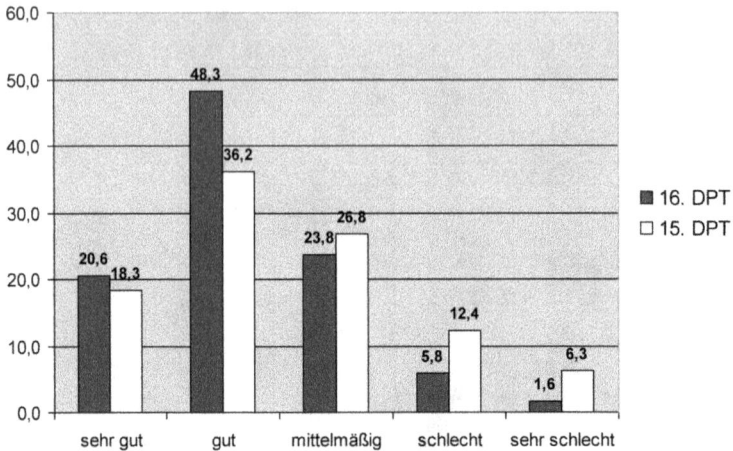

Auch die Räumlichkeiten wurden hinsichtlich der Ausstattung und der Technik von mehr als 80% der Befragten als gut oder sehr gut bewertet.

Abb. 31: Wie fanden Sie die Räumlichkeiten (Ausstattung, Technik etc.)? (Angaben in Prozent)[37]

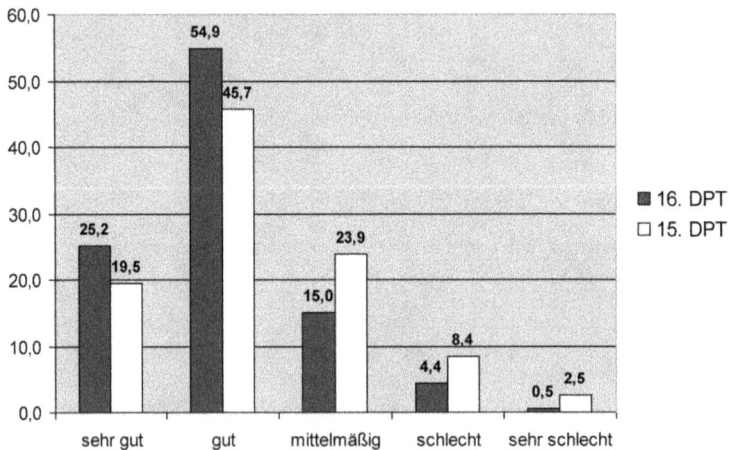

---

[36] Die Prozentangaben beziehen sich auf die Zahl der gültigen Antworten (16. DPT: n = 640; 15. DPT: n = 727).

[37] Die Prozentangaben beziehen sich auf die Zahl der gültigen Antworten (16. DPT: n = 632; 15. DPT: n = 724).

Vor dem Hintergrund der insgesamt positiven Eindrücke äußerten 80,9% der Befragten die Absicht, an zukünftigen Kongressen des Deutschen Präventionstages teilzunehmen (15. DPT: 87,1%; 14. DPT: 91,4%; 13. DPT: 86,7%). Im Vergleich mit den Vorjahren zeigt sich an dieser Stelle jedoch eine leicht negative Entwicklung.

Abb. 32: Ich werde vermutlich an zukünftigen Kongressen des Deutschen Präventionstages teilnehmen (Angaben in Prozent)[38]

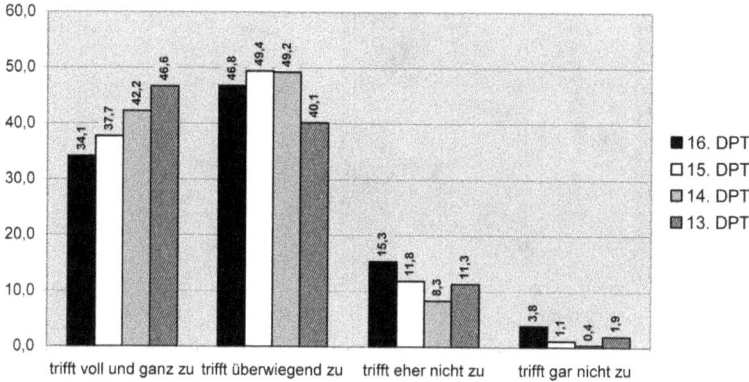

7. Teilnehmerinnen und Teilnehmer des 16. Deutschen Präventionstages

Nach den Ergebnissen der Befragung lag der Frauenanteil wiederum über der 50%-Marke. Laut Teilnehmerstatistik betrug der Frauenanteil jedoch nur 45,4% (15. DPT: 45,3%). Der Frauenanteils wird in der Stichprobe folglich überschätzt. Ein Grund können die Sammelanmeldungen sein, die vor allem im Bereich der Polizei beliebt sind. Es ist zu vermuten, dass viele der auf diese Weise angemeldeten Teilnehmer keine Einladung zu der Befragung erhalten. Im Bereich der Polizei dürften Männer hiervon überdurchschnittlich stark betroffen sein.

[38] Die Prozentangaben beziehen sich auf die Zahl der gültigen Antworten (16. DPT: n = 633; 15. DPT: n = 719; 14. DPT: n = 545; 13. DPT: n = 416).

Abb. 33: Geschlecht der Teilnehmer/innen (nach Teilnehmerstatistik, Angaben in Prozent)[39]

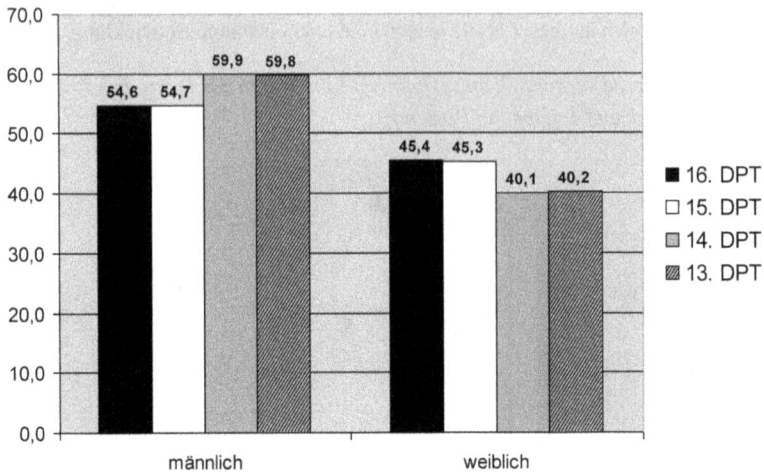

Auch in diesem Jahr wurde in einigen Kommentaren eine starke Polizeipräsenz auf dem Präventionstag kritisiert:

„Der Deutsche Präventionstag ist sehr ‚polizeilastig'."

„Allerdings zeigte sich bei der Ausstellung eine viel zu hohe Polizeilastigkeit."

Wie Abb. 34 zeigt, war die Polizei auf dem 16. Deutschen Präventionstag tatsächlich stark vertreten. In der Befragung wird der Anteil der Polizeibeamten an den Teilnehmer/innen jedoch unterschätzt; der Befragung zufolge beläuft er sich auf 19,8%. Für diese Stichprobenverzerrung dürfte wiederum der oben diskutierte hohe Anteil an Sammelanmeldungen im Bereich der Polizei verantwortlich sein.

Es ist aber wichtig darauf hinzuweisen, dass der Anteil der Polizeibeamten an den Kongressteilnehmern auch nach der Teilnehmerstatistik von 32,5% beim 13. DPT auf nunmehr 24,9% gesunken ist. Da die Kategorien in der Teilnehmerstatistik und in der Befragung neu definiert wurden, ist ein Vergleich zwischen den Präventionstagen nicht immer möglich. Auf zwei Entwicklungen soll jedoch hingewiesen werden. So stieg der Anteil der Teilnehmer aus dem Bereich Schule von 2,3% beim 13. Deutschen Präventionstag auf 5,3% beim 16. Deutschen Präventionstag. Die Zahl der Besucher aus dem Bereich Wirtschaft/Industrie stieg in diesem Vergleichszeitraum von 1,4% auf 2,7%.

---

[39] Die Prozentangaben beziehen sich auf alle registrierten Kongressteilnehmer (16. DPT: n = 2579; 15. DPT: n = 2728; 14. DPT: n = 2129; 13. DPT: n = 1738).

Abb. 34: Kongressteilnehmer/innen nach Teilnehmerstatistik[40]

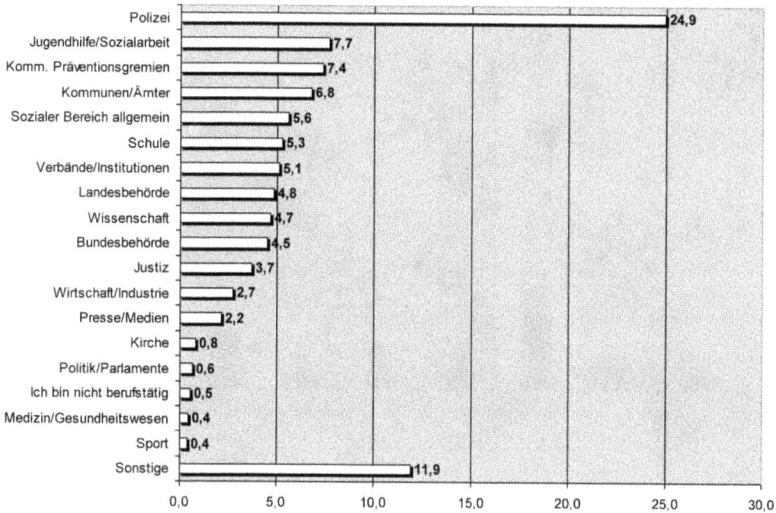

Polizei	24,9
Jugendhilfe/Sozialarbeit	7,7
Komm. Präventionsgremien	7,4
Kommunen/Ämter	6,8
Sozialer Bereich allgemein	5,6
Schule	5,3
Verbände/Institutionen	5,1
Landesbehörde	4,8
Wissenschaft	4,7
Bundesbehörde	4,5
Justiz	3,7
Wirtschaft/Industrie	2,7
Presse/Medien	2,2
Kirche	0,8
Politik/Parlamente	0,6
Ich bin nicht berufstätig	0,5
Medizin/Gesundheitswesen	0,4
Sport	0,4
Sonstige	11,9

Wie Abb. 35 zeigt, waren die meisten befragten Besucher des 16. Deutschen Präventionstages hauptamtlich im Präventionsbereich tätig. In dieser Hinsicht gab es keine großen Veränderungen zu den Vorjahren.

---

[40] Die Prozentangaben beziehen sich auf alle registrierten Kongressteilnehmer (16. DPT: n = 2579; 15. DPT: n = 2728; 14. DPT: n = 2129; 13. DPT: n = 1738).

*Abb. 35: In welcher Form sind Sie in der Präventionsarbeit beschäftigt?
(Angaben in Prozent)[41]*

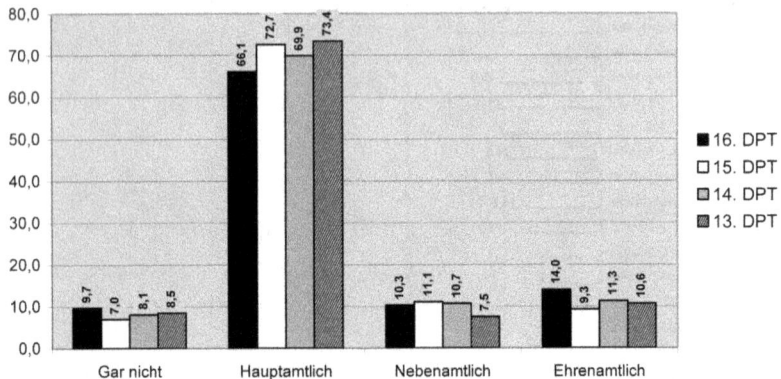

Stabil ist auch der erfreuliche Befund, dass sich über 56% der Teilnehmer/innen mit der praktischen Präventionsarbeit beschäftigen.

*Abb. 36: Mit welchen Aufgaben beschäftigen Sie sich im Rahmen der Präventions-
arbeit hauptsächlich (Angaben in Prozent)[42]*

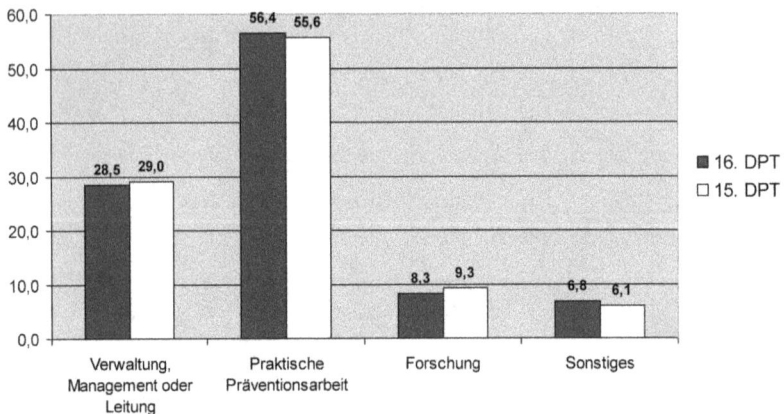

Auch unter den befragten Teilnehmern des 16. Deutschen Präventionstages waren die Tätigkeitsfelder der Kriminal- und Gewaltprävention am stärksten vertreten. Die in

---

[41] Die Prozentangaben beziehen sich auf die Zahl der gültigen Antworten (16. DPT: n = 631; 15. DPT: n = 713; 14. DPT: n = 541; 13. DPT: n = 414).

[42] Die Prozentangaben beziehen sich auf die Zahl der gültigen Antworten (16. DPT: n = 586; 15. DPT: n = 707).

den letzten Jahren zu beobachtende Verschiebung von der allgemeinen Kriminalprävention hin zur Gewaltprävention hat sich in diesem Jahr nicht fortgesetzt: Das Tätigkeitsfeld der Gewaltprävention war in diesem Jahr deutlich schwächer vertreten. Das Tätigkeitsfeld der Suchtprävention war dagegen stärker vertreten. Diese Verschiebungen dürften in erster Linie auf das Kongressthema zurückzuführen sein.

In der Kategorie „Sonstiges" finden sich darüber hinaus auch Tätigkeitsfelder wie technische Prävention, Bildung zur nachhaltigen Entwicklung, Schulabsentismusprävention, Prävention sexueller Gewalt, Verhinderung von Kindesmissbrauch, Prävention durch Medienkompetenzvermittlung, präventive Medienarbeit, Jugendmedienschutz, städtebauliche Kriminalprävention, Rechtsextremismusprävention, Prävention in der Schuldnerberatung, Gesundheitsförderung, entwicklungsorientierte Prävention, Verkehrserziehung und Graffitiprävention.

Abb. 37: In welchem Präventionsbereich engagieren Sie sich hauptsächlich? (Angaben in Prozent)[43]

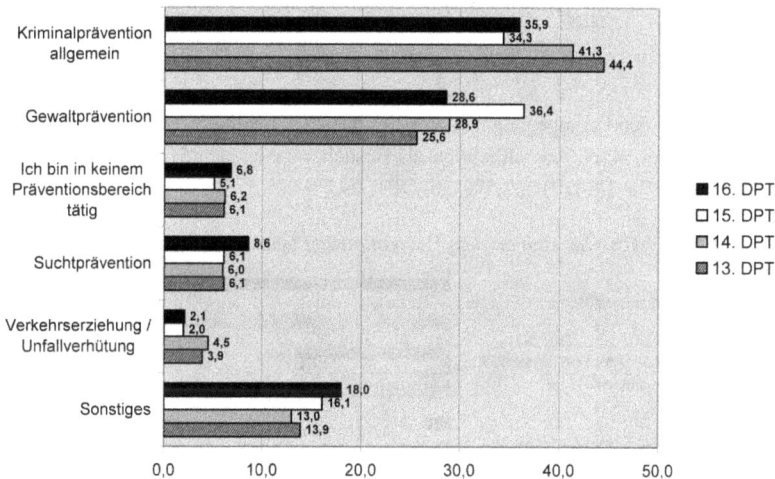

Bei der Frage nach den Gründen für die Anmeldung waren wie im letzten Jahr Mehrfachnennungen zugelassen. Die Abbildung zeigt die Rangfolge der Gründe, die insgesamt recht stabil ist. Am häufigsten wurde in diesem Jahr die Suche nach Informationen genannt. Zweitwichtigster Grund war der Wunsch, neue Projekte kennenzulernen. Das Schwerpunktthema spielte für die Anmeldung zum Präventionstag eine größere Rolle als im letzten Jahr, war für die meisten Befragten aber nicht entscheidend.

---

[43] Die Prozentangaben beziehen sich auf die Zahl der gültigen Antworten (16. DPT: n = 507; 15. DPT: n = 708; 14. DPT: n = 530; 13. DPT: n = 410).

Abb. 38: Was waren für Sie die wichtigsten Gründe für die Anmeldung zum Deutschen Präventionstag? (Mehrfachnennungen möglich; Angaben in Prozent aller Nennungen)[44]

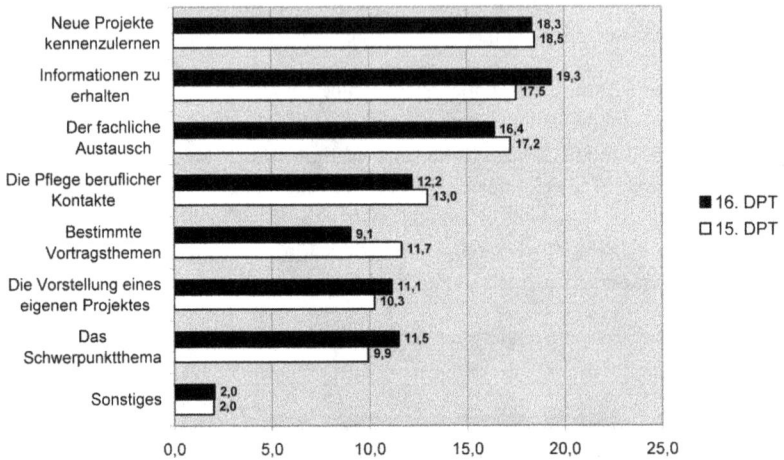

Wie schon bei den vorangegangenen Präventionstagen beteiligte sich eine recht große Personengruppe aktiv. Ausschließlich als Besucher sahen sich 51,4% der Befragten (15. DPT: 51,9%; 14. DPT: 62,5%; 13. DPT: 59,7%).

Abb. 39: Wie haben Sie sich an dem Präventionstag beteiligt? (Angaben in Prozent)[45]

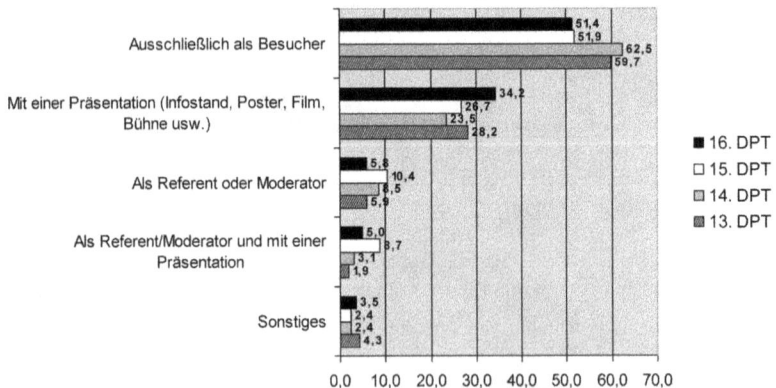

---

[44] Die Prozentangaben beziehen sich auf die Zahl aller Nennungen (16. DPT: n = 2011; 15. DPT: n = 2369).

[45] Die Prozentangaben beziehen sich auf die Zahl der gültigen Antworten (16. DPT: n = 612; 15. DPT: n = 723; 14. DPT: n = 544; 13. DPT: n = 422).

Auch in diesem Jahr hatte über die Hälfte der Befragten zum ersten Mal einen Präventionstag besucht. Fast 49% der Befragten hatten dagegen bereits an einem oder an
mehreren anderen Präventionstagen teilgenommen.

*Abb. 40: Haben Sie schon früher an Kongressen des Deutschen Präventionstages
teilgenommen? (Angaben in Prozent)[46]*

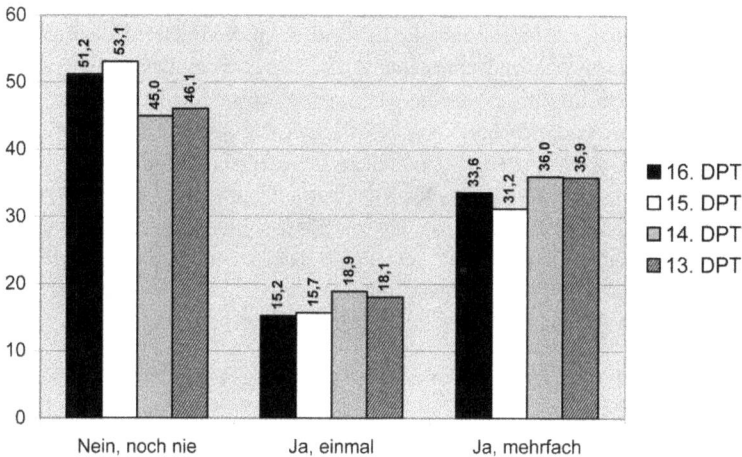

8. Resümee

Insgesamt zeigen die Evaluationsergebnisse, dass der 16. Deutsche Präventionstag
als eine gelungene Veranstaltung bezeichnet werden kann. So fanden fast 84% der
befragten Besucher den 16. Deutschen Präventionstag sehr gut oder gut. Die neu
eingeführten Veranstaltungstypen wie das Plenum am Nachmittag, das Plenum am
Vormittag und die Workshops sind gut angekommen. Allerdings besteht bei einer
Zunahme der parallelen Angebote die Gefahr, dass eine größer werdende Zahl von
Veranstaltungen nur noch wenige Besucher findet. Mit Blick auf das Abschlussplenum, das ohnehin schon unter der frühzeitigen Abreise vieler Besucher leidet, sollte
eine weitere Ausdünnung der Besucherzahl durch eine zeitliche Überschneidung mit
konkurrierenden Angeboten künftig vermieden werden.

Die stärkere Einbindung von Wirtschaftsvertretern in den Präventionstag wurde in
den Kommentaren überwiegend positiv beurteilt. Ob die Kommentare an dieser Stelle
die allgemeine Einschätzung der Teilnehmer widerspiegeln, kann aber erst im Rahmen der Evaluation des nächsten Präventionstags geklärt werden.

---

[46] Die Prozentangaben beziehen sich auf die Zahl der gültigen Antworten (16. DPT: n = 643; 15. DPT: n = 725;
14. DPT: n = 544; 13. DPT: n = 421).

Die im letzten Jahr festgestellten kleinen Schwächen im Bereich der Kongressorganisation konnten abgestellt werden, so dass in diesem Jahr fast 90% der Befragten die
Kongressorganisation als sehr gut oder als gut bewerteten. Trotz dieser positiven Ergebnisse darf aber ein leicht negativer Trend hier nicht verschwiegen werden. Dieser
zeigt sich unter anderem daran, dass im Vergleich zu den Vorjahren weniger Befragte
erklärten, auch an zukünftigen Kongressen des Deutschen Präventionstages teilnehmen zu wollen. Zu diesem Ergebnis können verschiedene Faktoren beigetragen haben. Festzumachen sind im Rahmen der Evaluation eine verbreitete Unzufriedenheit
mit dem Catering, eine Abendveranstaltung, die nur bei einem Drittel der Befragten
gut ankam und ein Eröffnungsplenum, das zwar noch eine gute Note erreichte, aber
nicht die Begeisterung mancher Kongresseröffnung der Vorjahre hervorrief. In den
Evaluationsberichten ist in diesem Zusammenhang wiederholt auf die wichtige Funktion der Rahmensetzung zu Beginn des Kongresses hingewiesen worden. Für das jeweilige Kongressthema Begeisterung zu wecken und so einen gemeinsamen Bezugs-
punkt zu schaffen, ist in der Regel die Aufgabe des Hauptreferenten. Zweifellos ist
dies eine sehr anspruchsvolle Aufgabe, die neben ausgezeichneten Fachkenntnissen
auch hervorragende rhetorische Fähigkeit erfordert.

Trotz des jährlich wechselnden Themenschwerpunktes geht es inhaltlich natürlich vor
allem um die Kriminalprävention, die auch in diesem Jahr entsprechend dem Leitbild
des Deutschen Präventionstages ressortübergreifend und interdisziplinär dargestellt
wurde. Das internationale Forum hat darüber hinaus wiederum eine Schnittstelle
zur internationalen Präventionsdiskussion bereitgestellt. Ferner wurden in etlichen
Fachvorträgen auch grundsätzliche Fragen angesprochen. Auffällig ist aber, dass die
wichtige Frage der Wirksamkeit von Präventionsanstrengungen nur in wenigen Vorträgen Beachtung fand. Mit der Oldenburger Erklärung wurde schließlich das Ziel
umgesetzt, Empfehlungen an Praxis, Politik, Verwaltung und Wissenschaft zu geben.
In diesem Zusammenhang waren fast 81% der Befragten der Ansicht, dass von dem
Kongress Impulse für die Präventionsarbeit in Deutschland ausgehen werden.

Abschließend soll noch einmal betont werden, dass die meisten Veranstaltungen des
16. Deutschen Präventionstages positiv oder sehr positiv bewertet wurden. Gelobt
wurde unter anderem die Vielfalt des Veranstaltungsangebotes. Gerade durch die Fülle an Veranstaltungen wird es aber auch immer wichtiger, gemeinsame Bezugspunkte
und einen gemeinsamen Rahmen zu setzen, so dass ein Funke überspringen und Begeisterung für die Präventionsarbeit entstehen kann. Dies dürfte eine der Herausforderungen bei der Planung und Vorbereitung der nächsten Kongresse sein.

II. Praxisbeispiele und Forschungsberichte

Günter Dörr

Präventives Handeln als politische Aufgabe der Kommunen, der Länder und des Bundes

Notwendigkeit von Prävention

Die Notwendigkeit von Prävention wird gegenwärtig sicher von niemandem ernsthaft in Frage gestellt. Der niedersächsische Innenminister Schünemann fordert „Wir brauchen mehr Prävention statt mehr Polizei" (2010, zit nach Waller, 2011, S. 6). Diese Forderung der Politik ist auch mit Fakten zu belegen. Zeigen doch eine ganze Reihe von Studien die Wirksamkeit präventiver Maßnahmen. Das bekannteste Beispiel ist wahrscheinlich das Perry Preschool Programm. 1962 wurde in der amerikanischen Stadt Ypsilanti ein Programm gestartet, das benachteiligte 3-jährige Kinder fördern sollte. Über zwei Jahre besuchten diese Kinder an fünf Tagen pro Woche für 2,5 Stunden eine Vorschule und die Eltern der Kinder wurden wöchentlich 1,5 Stunden besucht (vgl. Schweinhart et al., 2005). Das Besondere an diesem Programm liegt sicher nicht in seinem Inhalt, sondern darin, dass es sehr akribisch evaluiert wurde. Dabei gab es auch eine Kontrollgruppe von vergleichbaren Kindern, die die Förderung (Vorschule und Elternbesuche) nicht erhielten. Die beiden Gruppen wurden über einen sehr langen Zeitraum vergleichend untersucht. Das Ergebnis: nach 40 Jahren konnte gezeigt werden, dass die Kinder, die an dem Programm teilgenommen hatten, im Vergleich zur Kontrollgruppe, mehr Highschool-Abschlüsse erreichten, höhere Einkommen hatten, weniger arbeitslos waren, weniger Verbrechen begingen und anderes mehr. Der Wirtschaftswissenschaftler Heckman hat eine Kosten-Nutzen-Analyse zu diesem Projekt durchgeführt und kommt zu dem beeindruckenden Ergebnis, dass die Investition von einem Dollar in das Programm eine spätere Ersparnis von sieben Dollar in Form von nicht notwendig gewordenen Strafverfahren, nicht notwendige Jugendhilfemaßnahmen, mehr bezahlten Steuern usw. erbrachte (vgl. Heckman & Masterov, 2007). Das Fazit ist eindeutig – Prävention kann nicht nur wirksam sein, sie rechnet sich auch. In diesem Sinne formulierte Peter Müller, ehemals Ministerpräsident des Saarlandes, in einer Regierungserklärung: „Wir wollen Kriminalität nicht nur repressiv, sondern auch präventiv bekämpfen. Deshalb werden wir das in dieser Form einzigartige Landesinstitut für Präventives Handeln ausbauen und die Koordination und Vernetzung von Polizei, Justiz, Sozial- und Jugendämtern, Schulen, freien Trägern sowie Kirchen und sozialen Einrichtungen verbessern" (Müller, 2009, S. 18).

Wie kann die Bekämpfung von Kriminalität oder allgemein dissozialem Verhalten bekämpft werden? In der entwicklungspsychologischen Forschung zu dissozialen Verhaltensproblemen wird zwischen Risiko- und Schutzfaktoren unterschieden. „Risikofaktoren sind alle Merkmale, die die Wahrscheinlichkeit eines Problemverhaltens oder einer Fehlanpassung erhöhen oder Kennzeichen eines erhöhten Risikos für Fehlentwicklungen sind" (Beelmann & Raabe, 2007, S. 49), während „Schutzfaktoren

... alle Faktoren [sind], die die Wahrscheinlichkeit senken, auf ein risikoförderliches Merkmal mit Problemverhalten zu reagieren" (Beelmann & Raabe, 2007, S. 52). Sowohl Schutz- als auch Risikofaktoren können auf ganz verschiedenen Ebenen wirken, sowohl auf individueller Ebene, im Bereich der Familie, der Peergroup als auch auf der Ebene der Gesellschaft. Beelmann (2010) nennt eine ganze Reihe von Risiko- und Schutzfaktoren, deren Wirkung inzwischen auch empirisch belegt ist. Solche Risikofaktoren sind auf der Ebene der Verhaltensbiologie Erbanlagen sowie neurophysiologische und strukturelle Besonderheiten des Zentralnervensystems, im Bereich der Familie Erziehungsmängel, fehlende Zuwendung, Misshandlung oder Devianz, auf der Ebene der Persönlichkeit Impulsivität, Aufmerksamkeitsdefizite, Intelligenzprobleme, defizitäre soziale Informationsverarbeitung, deviante Einstellungen, ein inadäquates Selbstkonzept, im Bereich des Verhaltens motorische Unruhe, mangelnde soziale Verhaltenskompetenz, unstrukturierte Freizeit oder Konsum von Mediengewalt und Drogen, im Bereich Schule Leistungsprobleme, Schulabsentismus, schlechtes Schulklima, auf der Ebene der Gemeinde bzw. der Gesellschaft soziale Desorganisation, Armut, Soziale Labilisierung sowie Werteverfall. Auf allen diesen Ebenen gibt es auch empirisch belegte Schutzfaktoren wie z.B. ein einfaches Temperament, eine realistische Zukunftsperspektive im schulischen und beruflichen Kontext, ein unterstützendes Elternhaus, fürsorgende Personen, soziale Netzwerke usw. Fehlentwicklungen bei Individuen werden umso wahrscheinlicher, je mehr Risikofaktoren und je weniger Schutzfaktoren gegeben sind. Dies haben eindrucksvoll Stouthamer-Loeber et al. (2002, zit. nach Beelmann & Raabe, 2007, S. 56) belegt. Sie konnten zeigen, dass mit zunehmender Differenz zwischen Risiko- und Schutzfaktoren die Wahrscheinlichkeit krimineller Delikte nahezu linear anstieg. Es wird deutlich, dass Risiko- und Schutzfaktoren zusammenwirken, sich gegenseitig hemmen, aber auch verstärken können. Beelmann & Raabe (2007) haben ein bio-psycho-soziales Entwicklungsmodell dissozialen Verhaltens entwickelt (vgl. Abb. 1), das diese Zusammenhänge verdeutlicht.

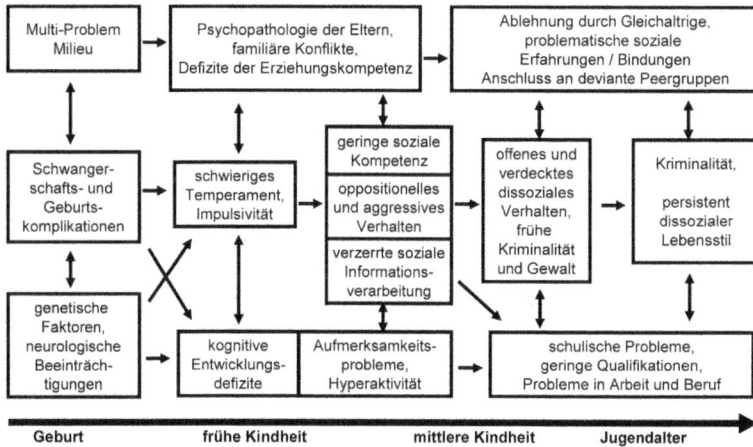

Abb. 1: Bio-psycho-soziales Entwicklungsmodell dissozialen Verhaltens (Beelmann & Raabe, 2007, S. 111)

Präventive Maßnahmen sollten versuchen, auf allen Ebenen und auf den verschiedenen Altersstufen Risikofaktoren zu vermeiden und möglichst Schutzfaktoren zu unterstützen bzw. zu fördern.

Situation im Saarland

Im Saarland wird seit Jahren eine große Anzahl präventiver Maßnahmen und Projekte durchgeführt. Organisatorisch und fachlich voneinander getrennte Institutionen und Einrichtungen stellten regional oder landesweit entsprechende Angebote zur Verfügung. Jedoch wurden Themen aus den Bereichen der pädagogischen Prävention, der Kriminalprävention und der Gesundheitsförderung oft mit ähnlicher präventiver Aufgabenstellung parallel angeboten und bearbeitet. Eine Vernetzung der Einrichtungen und Institutionen und eine Abstimmung der Angebote, z.B. an Schulen, erfolgte nur partiell.

Im Jahr 2001 wurde von der saarländischen Landesregierung die Initiative „Sport und Prävention" gestartet, die mit ihrer Arbeitsplattform „wir im Verein mit dir e.V." in den vergangenen Jahren erfolgreich einen Umdenkungsprozess in Bezug auf die Bedeutung und die langfristigen positiven Wirkungen präventiver Maßnahmen für die Gesellschaft eingeleitet hat, den es durch weitere Maßnahmen fortzusetzen galt. In konsequenter Weiterführung dieser Überlegungen hat die Landesregierung des Saarlandes 2008 beschlossen, das Landesinstitut für Präventives Handeln (LPH) zu gründen, das Themenfelder mit gleicher oder ähnlicher präventiver Aufgabenstellung erfasst, Institutionen und Einrichtungen berät, mögliche Kooperationspartner auf dem

Sektor der Prävention zusammenführt und präventive Maßnahmen durchführt bzw. weiterentwickelt.

Das LPH bietet den Akteuren im Bereich der Prävention, aber auch den Bürgerinnen und Bürgern, eine kompetente Anlaufstelle für Präventionsfragen an. Das LPH trägt dazu bei, präventive Kompetenzen effektiv einzusetzen, zu nutzen und zu koordinieren. Zielgruppen sind dabei Kinder, Jugendliche und Heranwachsende sowie alle Menschen, die erzieherisch tätig sind.

Das Institut kann nicht alle Präventionsmaßnahmen übernehmen, die bisher im Saarland durchgeführt wurden. Es kann aber zur Reduzierung der Jugendkriminalität und Jugendgewalt, zur Erhöhung des subjektiven Sicherheitsgefühls in der Bevölkerung, zur Stärkung erzieherischer Kompetenz und zur Förderung der gesundheitlichen Vorbeugung als gesamtgesellschaftlicher Daueraufgabe beitragen.

Das LPH hat im Jahr 2009 seine Arbeit aufgenommen. Hier arbeiten 25 Expertinnen und Experten in Sachen Prävention. Getragen wird das Landesinstitut von dem Ministerium für Arbeit, Familie, Prävention, Soziales und Sport, dem Ministerium für Bildung, dem Ministerium für Inneres, Kultur und Europaangelegenheiten sowie dem Ministerium für Gesundheit und Verbraucherschutz. Der Landessportverband für das Saarland und „wir im Verein mit dir" e.V. sind enge Kooperationspartner.

Das LPH gliedert sich in vier Fachbereiche:

- Pädagogische Prävention
- Kriminalprävention
- Gesundheitsförderung
- Evaluation / Begleitforschung.

Grundsätzlich sind die Aufgaben des LPH im strategischen und planerischen Bereich, in der aktiven Umsetzung von Maßnahmen und in der Evaluation sowie Forschung angesiedelt. Der Schwerpunkt der Arbeit ist in der ressortübergreifenden Vernetzung (im LPH arbeiten PolizistInnen, LehrerInnen, PsychologInnen, PädagogInnen, SozialarbeiterInnen, ein Kriminologe, eine Ökotrophologin zusammen) der Empfehlung Ziel führender Projekte und der Unterstützung bei der Planung von Maßnahmen und Projekten der Prävention zu sehen.

Präventives Handeln auf kommunaler Ebene

Kommunale Kriminalprävention ist geprägt durch die Erkenntnis, dass es sich bei Kriminalität in ihren Ausprägungen um ein vorrangig örtliches Problem handelt. Dies erfordert, dass die Ursachen der Kriminalität dort erkannt und beseitigt werden müssen, wo sie entstehen, begünstigt oder gefördert werden. Eine wirksame Kriminalprävention erfordert daher auch eine gemeinsame Verantwortung der Bürgerinnen und

Bürger des jeweiligen Gemeinwesens und ihrer kommunalen und staatlichen Einrichtungen.

Im Saarland wurden 1995 erstmals ‚Beiräte zur Kriminalitätsverhütung' auf kommunaler Ebene gebildet. In diesen engagierten sich eine Vielzahl von Akteuren, wie Bürgerinnen und Bürger, Vertreterinnen und Vertreter von Sozial- und Ordnungsämtern, der Stadtplanung, aus sozialen und kulturellen Einrichtungen, Schulen, Vereinen, gesellschaftlichen Organisationen, Kirchen, Justiz und Polizei. In drei ausgesuchten Pilotkommunen wurden regionale Analysen zur Kriminalität und zum Sicherheitsgefühl der Bürgerinnen und Bürger sowie zu Kriminalität als Belastungsfaktor für Gewerbebetriebe durchgeführt. Auf der Basis der Ergebnisse dieser Untersuchungen wurden 1997 erste Beiräte zur Kriminalitätsverhütung in saarländischen Gemeinden gegründet. 20 von 52 Kommunen im Saarland folgten diesem Beispiel und richteten ihrerseits Beiräte zur Kriminalitätsverhütung ein. Im Jahre 2001 wurde das Konzept „Beiräte zur Kriminalitätsverhütung" unter dem Leitthema ‚Sicher leben im Saarland' fortentwickelt. Ziel dieser neuen Kampagne war es, die Kriminalprävention als dauerhaften kommunalen Planungsgegenstand in allen saarländischen Kommunen zu etablieren, um zur Verbesserung des Sicherheitsgefühls der Bürgerinnen und Bürger und der Reduzierung des Kriminalitätsaufkommens im Saarland beizutragen. Vor diesem Hintergrund unterzeichneten der Saarländische Städte- und Gemeindetag und das damalige Ministerium für Inneres und Sport im Jahr 2005 eine ‚Gemeinsame Empfehlung' zur Intensivierung des Informationsaustausches zwischen Polizei und Kommunen und zur Einführung gemeinsamer periodischer Sicherheitsgespräche zur örtlichen Sicherheitslage auf Grundlage der Polizeilichen Kriminalstatistik (PKS). Periodische Sicherheitsgespräche sollten den Blick auf die tatsächliche Lage vor Ort lenken, eine Problemanalyse erleichtern und damit helfen, situative Lösungsansätze zu finden.

Zur Steigerung der Effektivität kriminalpräventiver Maßnahmen hat das LPH in Zusammenarbeit mit der Stiftung Kriminalprävention in Münster im Jahr 2010 ein neues Modell „kommunale Sicherheitsnetze" erarbeitet.

Zentrales Element ist die ständige Orientierung am Sicherheitsempfinden der Bevölkerung. Kommunale Sicherheitsnetzwerke bieten weitreichenden Spielraum für neue Wege der Kooperation mit einer meist großen Anzahl heterogener Akteure. Sie tragen damit zur Erhöhung des öffentlichen Bewusstseins für kriminalpräventive Initiativen und zur Stärkung der lokalen Organisation bei. Grundlagen sind Erhebungen und Bürgerbefragungen, die im Rahmen von kriminologischen Regionalanalysen bewertet werden. Die Ergebnisse werden einer Priorisierung zugeführt und unter Berücksichtigung der Sichtweise der Verantwortungsträger in den Kommunen durch einzurichtende Projektgruppen und Maßnahmen vor Ort umgesetzt. Diese neue Art von kommunalen Sicherheitsnetzwerken wurde gemeinsam mit dem LPH in Form eines Modellprojektes in drei Pilotkommunen umgesetzt und auf ihre Wirksamkeit überprüft (vgl. Broderius & Ghosh, 2011a,b,c).

Präventives Handeln auf Landesebene

Aufgabe des LPH ist es, die Angebote für die Zielgruppe landesweit umzusetzen. Zu diesem Ziel wird derzeit eine Vielzahl von Programmen angeboten bzw. umgesetzt, um die Zielgruppen auf den unterschiedlichsten Ebenen anzusprechen und abzuholen.

Um die verschiedenen Präventionsangebote im Land zu dokumentieren, wurde ein Präventionsatlas entwickelt (www.praeventionsatlas.saarland.de). Ziel dieses Präventionsatlas ist es, allen Präventionsdienstleistern sowie sonstigen Interessierten eine Übersicht über die bestehenden Präventionsprojekte und -maßnahmen im Saarland zu ermöglichen. Das LPH möchte dabei sowohl den Informationsaustausch ermöglichen als auch mit allen Beteiligten in Bezug auf die Planung und Strukturierung von Angeboten in Kontakt kommen. Der Präventionsatlas beinhaltet eine Übersicht und die Beschreibung von saarländischen Präventionsprojekten und -maßnahmen. Zur Auswahl stehen Suchfunktionen nach Stichworten bzw. Kategorien und nach lokaler Verteilung. Im Ergebnis erhält man eine Auflistung aller Projekte und Maßnahmen, die den gewählten Suchkriterien entsprechen. In der Einzeldarstellung der jeweiligen Projekte und Maßnahmen liefert der Präventionsatlas eine kurze Beschreibung der Inhalte mit den wesentlichen Zielen und den Ansprechpartnern der durchführenden Einrichtung.

Im LPH werden derzeit 44 Projekte umgesetzt (vgl. www.praeventionsatlas.saarland.de). Eine Auswahl dieser Projekte wird im Folgenden dargestellt:

- Kindergarten *plus*
- Qualifizierung schuleigener Krisenteams
- Aktion BOB
- Erlebnispädagogisches Zentrum-Saar
- Musik – Rhythmik – Tanz
- Grundschüler in Sportvereine

Kindergarten *plus*

Seit 2011 kooperiert das LPH mit der Deutschen Liga für das Kind in Familie und Gesellschaft und dem Lions Club bei der Umsetzung des Präventionsprogramms Kindergarten *plus* im Saarland. Die drei Partner haben sich zu einer gemeinsamen Initiative mit dem Ziel zusammengeschlossen, die Umsetzung von Kindergarten *plus* in saarländischen Kindertageseinrichtungen zu fördern. Kindergarten *plus* ist ein von der Deutschen Liga für das Kind entwickeltes, wissenschaftlich evaluiertes Bildungs- und Präventionsprogramm zur Stärkung der kindlichen Persönlichkeit 4- bis 5-jähriger Kindergartenkinder. Das Programm will soziales Lernen durch eine gezielte Förderung verbessern. Die saarländischen Lions Clubs setzen sich für die Durchführung vor Ort von Kindergarten *plus* als Bestandteil des Jugendprogramms der deutschen Lions

„Stark fürs Leben" ein und beteiligen sich an der Finanzierung. Die Verbreitung des Programms wird bisher durch die Kosten für die Qualifizierung der Erzieherinnen, die für viele Kindertagesstätten nicht finanzierbar ist, beeinträchtigt. Das LPH lässt im Rahmen der Kooperation MitarbeiterInnen als Trainer qualifizieren. Diese können dann die Qualifizierung von Erzieherinnen kostenfrei für Kindertagesstätten im Saarland anbieten. Andererseits ist die frühzeitige Einbettung von Kindergarten *plus* in die Ausbildung von Erzieherinnen und Erziehern während ihres Berufspraktikums ein weiteres Ziel. Bereits zwei (von fünf) saarländische Fachschulen für Erziehung haben das Programm als obligatorisches oder fakultatives Modul in ihr Lehrangebot für das derzeitige Schuljahr 2011/12 aufgenommen.

Qualifizierung schuleigener Krisenteams

Winnenden, Erfurt oder Emsdetten haben in erschreckender Weise gezeigt, wie nötig es ist, sich auf mögliche Krisensituationen in Schulen vorzubereiten. Deshalb hat das damalige Ministerium für Bildung, Familie, Frauen und Kultur im Saarland zum Schuljahr 2009/2010 Notfallpläne für saarländische Schulen herausgegeben, in denen Handlungsempfehlungen für die verschiedenen möglichen Krisensituationen gegeben werden, von der Sachbeschädigung über Mobbing bis zur Amokdrohung bzw. einem Amoklauf. Um diese schulischen Krisensituationen aber auch erfolgreich bewältigen zu können, wird in den Notfallplänen die Einrichtung schuleigener Krisenteams empfohlen. Das LPH bietet seit Dezember 2010 eine Fortbildungsveranstaltung für diese Krisenteams an. In sechs halbtägigen Modulen werden die Krisenteams darin geschult, sich auf Krisensituationen konkret vorzubereiten, um ein größtmögliches Maß an Handlungssicherheit gewährleisten zu können. Die Krisenteams sollen aber auch in einem Schulenwicklungsprozess an der Verbesserung des Schulklimas mitarbeiten, um präventiv unter dem Motto „Hinsehen und Handeln" auf die Entstehung möglicher Krisensituationen einwirken zu können.

Aktion BOB

Die Verkehrssicherheits-Aktion BOB wird in allen sechs Landkreisen des Saarlandes umgesetzt. Seit Juni 2009 gibt es im Saarland unter dem Projektnamen SAARBOB die 1995 in Belgien entwickelte und in den vergangenen Jahren in vielen europäischen Ländern erfolgreiche BOB-Aktion. Das LPH koordiniert die Aktion SAARBOB landesweit. BOB steht für den verantwortungsbewussten Umgang mit Alkohol, die Bereitschaft Verantwortung für andere zu übernehmen und seine Freunde sicher, also ohne alkoholische Beeinflussung, nach Hause zu fahren. Wegen ihres überproportional hohen Unfall-, Tötungs- und Verletzungsrisikos im Straßenverkehr richtet sich SAARBOB primär an die Gruppe der 17 bis 25-Jährigen; grundsätzlich ist aber jeder Verkehrsteilnehmer aufgerufen, an der Aktion teilzunehmen. Inzwischen ist SAARBOB auch saarländischen Fahrschulen implementiert. Regelmäßig werden Fortbildungsseminare für FahrlehrerInnen angeboten.

Erlebnispädagogisches Zentrum Saar (EPZ)

Das EPZ-Saar ist ein Aktionsfeld von „wir im Verein mit dir". Im EPZ-Saar werden erlebnispädagogische Aktionsprogramme an verschiedenen Stationen angeboten:

- Abenteuer- und Kooperationsübungen
- Wildnispädagogik
- Klettern am Kletterturm bzw. in der Kletterhalle
- Kanu fahren
- Mountainbiken
- Segeln
- Hochseilgarten
- Niedrigseilgarten
- Segelfliegen

Alle Programme haben im Allgemeinen die Verbesserung des Sozialverhaltens und des Gemeinschaftsgefühls, der Kommunikation und Kooperation, des Konfliktverhaltens und nicht zuletzt des Selbstvertrauens und Selbstwertgefühls zum Ziel. Die individuellen Ziele werden im Vorfeld mit der Leitung der jeweiligen Klasse/Gruppe vereinbart. Die erlebnispädagogischen Programme richten sich an Schulklassen, sozialpädagogische Einrichtungen, Vereine und Gemeinden. Im Jahr 2010 hatte das EPZ-Saar an 333 Aktionstagen insgesamt 7284 Kinder und Jugendliche aus 312 Schulklassen/Gruppen im Programm.

Musik – Rhythmik – Tanz

Da nicht alle Kinder und Jugendlichen durch natursportliche Angebote, wie sie das EPZ-Saar vorsieht, angesprochen werden, macht das LPH im Rahmen des Projektes „Musik – Rhythmik – Tanz" ein weiteres Angebot an Schulklassen bzw. Kinder- und Jugendgruppen, soziales Lernen zu erfahren und zu fördern: Medien wie Rhythmik, Tanz und Musik – von Künstlern vermittelt - erlauben es ebenfalls, in einer Gemeinschaft Spaß, Begeisterung und Lust am Mitmachen zu vermitteln. Die Atmosphäre, die so vermittelt wird, erlaubt es Kindern und Jugendlichen, Schlüsselqualifikationen wie z.B. Sozialkompetenz auf eine spielerische Art und Weise zu lernen. Die eigene Anstrengung für das Gelingen einer Aktion ist hier sehr eng mit unmittelbarem Vergnügen verbunden und damit durchweg positiv besetzt. Die Künstler stellen mit ihren Medien kreative Möglichkeiten zur Verfügung am Leitziel einer starken, intakten Klassengemeinschaft zu arbeiten. Einige zentral aktivierte Förderaspekte in diesem Zusammenhang sind der Zuwachs an Selbstbewusstsein im Erkennen eigener Fähigkeiten, die Förderung von Konzentration und Durchhaltevermögen, Kommunikationsfähigkeit, Respekt und Verantwortungsübernahme, Ausdrucksfähigkeit und Körpergefühl, Selbst- und Fremdwahrnehmung sowie Einfühlungsvermögen bzw. Empathie.

Grundschüler in Sportvereine

Pro Jahr werden fünf Aktionsveranstaltungen zum Thema „Grundschulkinder in Sportvereine" an saarländischen Grundschulen durchgeführt. Ziel der Aktionsveranstaltungen ist es, Kindern im Alter zwischen sechs und zehn Jahren möglichst viele Sportarten nahe zu bringen und sie zu Sportvereinen hinzuführen, die eine gute und kompetente Jugendarbeit leisten. Das Bestreben, Kinder möglichst früh in Sportvereine zu bringen, dient verschiedenen Zielen: Kinder sollen zu gesunder Bewegung angehalten werden, die Vereine sollen gestärkt werden, und den Mädchen und Jungen sollen geeignete Felder sozialen Lernens eröffnet werden. In einer bunten, informativen und kindgerechten Veranstaltung präsentieren die örtlichen Sportvereine jeweils ihre Sportarten. Um das Programm noch abwechslungsreicher zu gestalten, wirken außerdem bekannte saarländische Künstler mit. Bislang wurden über 60 derartige Veranstaltungen durchgeführt, d.h. in allen 52 Kommunen des Saarlandes wurde diese Veranstaltung mindestens einmal angeboten. In einer Evaluation des Programms (Maxeiner & Dawo, 2008) konnte gezeigt werden, dass 46 % der Kinder, die bisher kein Mitglied in einem Verein waren, durch die Veranstaltung dazu motiviert wurden, einem Verein beizutreten. Von diesen Kindern waren nach einem Jahr immer noch 87% Mitglied im Verein, ein deutlicher Beleg für die Nachhaltigkeit des Programms. Darüber hinaus zeigen die Ergebnisse, dass Vereinsmitglieder in den Schulen bessere Verhaltensnoten als Nichtmitglieder haben, wobei durchaus geschlechtspezifische Effekte beobachtbar sind. Darüber hinaus sind Vereinsmitglieder interessierter und aktiver im Unterricht als Nichtmitglieder, deren Unlust und Desinteresse am Unterricht und am sozialen Miteinander im Untersuchungszeitraum (4 Jahre) deutlich zunahm. Vereinsmitglieder zeigten sich sozial aktiver und nahmen mehr Kontakt zu andern auf und bei Jungen zeigte eine Vereinsmitgliedschaft eher verhaltensstabilisierende Funktion. Diese Evaluation zeigt, dass es durchaus gelingen kann, Schutzfaktoren (s.o.) zu stärken und damit auch präventiv dissozialem Verhalten entgegen zu wirken.

Präventives Handeln auf nationaler Ebene

Wenn das Thema Prävention auf nationaler Ebene diskutiert wird, greift die Perspektive eines Bundeslandes natürlich zu kurz. Wie ist Prävention auf nationaler Ebene organisiert? Der Deutsche Präventionstag (DPT) bietet seit 1995 ein nationales Forum zur Präsentation und Diskussion präventiver Themen und Ansätze. Betrachtet man die Entwicklung des DPTs, von anfänglich 168 Teilnehmern im Jahr 1995 bis zu über 2.500 Teilnehmern im Jahr 2011, so zeichnet sich hier eine Erfolgsgeschichte ab. Dieser Eindruck täuscht sicher nicht, trotzdem bleibt die Vernetzung über die Grenzen der Bundesländer relativ gering. Eine Vernetzung besteht auf der Ebene der Landespräventionsräte, die in den meisten Bundesländern installiert sind. Auf der anderen Seite werden derzeit in mehreren Bundesländern im Rahmen von Polizeistruktur-Reformen Stellen und Mittel für den Bereich der Prävention deutlich gekürzt (erfreulicher Weise im Saarland bisher nicht), was nicht zuletzt auch wieder die Vernetzung zwischen den Bundesländern erschwert.

Angesichts der Vielzahl vorliegender Präventionsprogramme erscheint es durchaus sinnvoll, nicht nur auf Länderebene, sondern auch auf nationaler Ebene über Präventionspläne bzw. Präventionsstrategien nachzudenken. Die derzeit angestellten Überlegungen, in Deutschland vorliegende Präventionsprogramme zu bewerten bzw. zu zertifizieren (vgl. Groeger-Roth et al., 2011), können dazu einen konstruktiven Beitrag leisten.

Literatur

Beelmann, A. & Raabe, T. (2007). *Dissoziales Verhalten von Kindern und Jugendlichen.* Göttingen: Hogrefe.

Beelmann, A.   (2010). Qualität und Wirkungen von Maßnahmen der Gewalt- und Kriminalprävention. Vortrag anlässlich der Jubiläumsfachtagung des Rates für Kriminalitätsverhütung in Schleswig-Holstein am 1. Oktober 2010 in Kiel.

Broderius, J. & Ghosh, S. (2011a). Kriminologische Regionalanalyse der Kreisstadt Völklingen. Eine Untersuchung zur Erfassung von lokalen Lebensverhältnissen und Verunsicherungsstrukturen. St. Ingbert: LPH.

Broderius, J. & Ghosh, S. (2011b). Kriminologische Regionalanalyse der Kreisstadt Ottweiler. Eine Untersuchung zur Erfassung von lokalen Lebensverhältnissen und Verunsicherungsstrukturen. St. Ingbert: LPH.

Broderius, J. & Ghosh, S. (2011c). Kriminologische Regionalanalyse der Kreisstadt Merzig. Eine Untersuchung zur Erfassung von lokalen Lebensverhältnissen und Verunsicherungsstrukturen. St. Ingbert: LPH.

Groeger-Roth, F., Hasenpusch, B. & Klages, C. (2011). 1001 Präventionsprogramme -welches ist für mich?, In: H.J. Kerner& E. Marks, (Hrsg.), Internetdokumentation des Deutschen Präventionstages. Hannover. www.praeventionstag.de/Dokumentation.cms/1314 (10.10.2011)

Heckman, J.J. & Masterov, D.V. (2007). The Productivity Argument for Investing in Young Children. *Review of Agricultural Economics, American Agricultural Economics Association, 29(3),* 446-493. http://www.nber.org/papers/w13016 (10.10.2011).

Maxeiner, J. & Dawo, O. (2008). Grundschulprojekt. Saarbrücken: Universität des Saarlandes.

Müller, P. (2009). *Neue Wege für ein modernes Saarland – Den Fortschritt nachhaltig gestalten.* Regierungserklärung vom 18.11.2009. http://www.cdu-saar.de/media/downloads/88849.pdf

Schweinhart, L.J., Montie, J., Xiang, Z., Barnett, W.S., Belfield, C.R. & Nores, M. (Eds.)(2005). *Lifetime Effects: The High/Scope Perry Preschool Study Through Age 40.* Ypsilanti, MI: High/Scope Press.

Waller, I. (2011). *Mehr Recht und Ordnung! – oder doch lieber weniger Kriminalität?* Mönchengladbach: Forum-Verlag

Reiner Fageth

Sicherheit von persönlichen Bilddaten im Internet -
Vor- und Nachteile von elektronischen und gedruckten Produkten

Persönliche Bilddaten im Internet werden immer freizügiger, vor allem von Jugendlichen in sozialen Netzwerken öffentlich zur Schau gestellt. Diese Bilder sind in der Regel aber eher flüchtig, d.h. Sie werden in der Regel nicht mit der Intention zum Erhalt von Erinnerungen oder unter künstlerischen Aspekten aufgenommen. Deshalb stellen sie die dargestellten Personen manchmal unbewusst bloß oder in zweifelhaften Situationen dar.

Seit der massiven Verbreitung von Smartphones mit guten Kameras ist das Problem noch viel größer geworden, ebenso wie die Umsatz- und Kundengewinnungsmöglichkeiten mit dieser massiven Anzahl von digitalen Bildern. Nach einer Umfrage von Infotrends im März 2011 sind die drei Topgründe zum Uploaden von Bildern von Smartphones das Teilen mit der Familie, das Langzeitspeichern und auf Platz drei das Sharen auf sozialen Netzwerken.

Oft glauben die Nutzer solcher Dienste, dass die hochgeladenen Bilder einem sehr viel kleineren Kreis zugänglich sind als dies in Wirklichkeit der Fall ist. Dies führt nicht notwendigerweise gleich zu einer kriminellen Nutzungsmöglichkeit, kann aber zu ungewollten Reaktionen wie Neid oder sogar Mobbing in Schule oder Beruf führen.

Dies kann sich ein Unternehmen, das sich mit der digitalen Archivierung und dem Druck von persönlichen Bilddaten von Konsumenten im Namen vieler bekannter Handelsmarken im B2B2C oder auch von unternehmenskritischen Daten (z.B. Geschäftsberichte) im kommerziellen B2B Umfeld nicht leisten.

Geschichten erzählen mit Bildern ist zwar das Businessmodell, doch das muss einfach, sicher aber doch überzeugend und damit auch immer wieder mit Freude für die Nutzer solcher Dienstleistungen möglich sein.

Deshalb entwickelte CEWE COLOR Lösungen für den Handel in ganz Europa, bei denen das Bestellen von Bilddaten, egal ob von digitalen Kameras oder Handys, im Fokus steht und das elektronische Verteilen (sharen) optional ist. Das Erzählen von Geschichten mittels Bildern und Texten, z.B. eines Urlaubes, einer Geburtstagsfeier oder einer Hochzeit in einem CEWE FOTOBUCH liegt sprichwörtlich dauerhaft in der Hand des Erzählenden, dem Eigentümer des persönlich erstellten Fotobuches.

Der Ersteller entscheidet, ob er oder sie das Fotobuch oder Bilder aus der Hand gibt und damit eine unkontrollierte Weitergabe an Dritte ermöglicht. Es werden bei den Bestellsystemen von CEWE COLOR die nur wirklich notwendigen Kundendaten abgefragt. Holt man die bestellten Produkte in einem der Geschäfte unserer 45.000 Handelspartner ab, reichen email-Adresse und Passwort und das Produkt muss auch erst dort bei der Abholung bezahlt werden. Dies schafft Vertrauen in die Systeme und fördert über Dienstleistung die Kundenbindung.

Zusätzlich gibt es Lösungen für Konsumenten (per Link in einer Mail oder zum Betrachten via facebook), die den sicheren Umgang mit persönlichen Bilddaten im Internet ermöglichen, ohne auf die Möglichkeiten der sozialen Kontakte im Web zu verzichten. Hier sind weit über die Datenschutzbestimmung hinaus gehende Hinweise integriert, um ein unabsichtliches Verteilen aufgrund von fehlendem Knowhow im Umgang mit sozialen Netzwerken zu verhindern.

Solche elektronischen Verteilungsmöglichkeiten sind trotzdem sehr interessant und beliebt und werden auch sehr bewusst von Konsumenten eingesetzt. Sie ermöglichen eben das gezielte Verteilen an eine größere Gruppe. Hat beispielweise ein Vater ein Fotobuch über ein Fußballturnier erstellt, kann er es allen anderen Eltern elektronisch zur Betrachtung freigeben. Wenn der Ersteller des Produktes es zulässt, können die anderen Eltern das Fotobuch oder die Bilder sogar nachbestellen und selbst bezahlen. Der Ersteller muss nicht finanziell in Vorleistung treten und mühevoll das Geld einsammeln.

Auch für Unternehmen wird eine sichere Lösung zum Verteilen an eine vordefinierte Zielgruppe und das Drucken von wichtigen Dokumenten, wie zum Beispiel Quartalsberichte, immer wichtiger. Das hat Datenschutzgründe, ist aber auch ein Thema der Nachhaltigkeit. Steht ein sicheres System zur Verfügung, können Kunden Bedienungsanleitungen, Konferenzunterlagen oder Präsentationen online betrachten oder sich auf FSC® zertifiziertem Papier drucken lassen. So wird sichergestellt, dass nur die echte Zielgruppe an die Informationen kommt und nur so viele Exemplare gedruckt werden, wie wirklich nötig sind. Mit diesen Features in der Onlinedruckerei viaprinto.de unterstützt CEWE COLOR das sichere Verteilen wichtiger Dokumente (PDF und alle Microsoft Office Formate) und das Thema Nachhaltigkeit für seine Kunden.

Durch die beschriebenen Lösungen wird die Wahrung der Privatsphäre unterstützt und Dienstleistungen dieser Art erfüllen ihren Teil zur Prävention vor ungewünschter Verteilung von privaten Daten und Erlebnissen oder unternehmenskritischen Dokumenten.

Zeigen in der Privatsphäre   (Absichtliches?) Sharen in der Öffentlichkeit

Bernd Fuchs und Ursula Kluge

Kriminalprävention und Medienpädagogik Hand in Hand

Polizeidirektion Heidelberg und Aktion Jugendschutz Baden-Württemberg

Deutscher Präventionstag Oldenburg 30./31. Mai 2011
Polizei – Prävention - Medienkompetenz

Prävention wirkt – im Netzwerk!

Als größte Polizeidirektion in Baden-Württemberg setzt Heidelberg seit Jahren Maßstäbe in der Präventionsarbeit.

Bereits mit der landesweiten Einführung der Kommunalen Kriminalprävention im Jahr 1997 wurde in Heidelberg ein interdisziplinäres Lenkungsgremium unter Vorsitz der damaligen Oberbürgermeisterin eingerichtet, das sich seither um die grundsätzliche Ausrichtung der Prävention kümmert. In den beiden Folgejahren wurden die Präventionsvereine Prävention Rhein-Neckar e.V.[1] (1998) und Sicheres Heidelberg e.V.[2] (1999) gegründet, die mittlerweile als Förderer und Projektträger zentrale Rollen im Netzwerk Prävention der Region Rhein-Neckar / Heidelberg übernehmen. Weitere Lenkungsgruppen in verschiedenen großen Kreisstädten folgten diesem Beispiel.

Jährlich durchgeführte Sicherheitswochen[3] der Polizeidirektion Heidelberg in Kooperation mit Kommunen bringen die Präventionsarbeit bürgernah in die Fläche und sorgen für Gründung neuer, bzw. die Stärkung vorhandener lokaler Netzwerke. Vorgeschaltete Bürgerbefragungen zum Sicherheitsempfinden in Zusammenarbeit mit der Universität Heidelberg lassen zielgruppenorientierte Rückschlüsse zu, so dass örtliche Projekte punktgenau ansetzen können. In diesem Zusammenhang sei erwähnt, dass die Region Rhein-Neckar / Heidelberg die bestuntersuchte Region der Bundesrepublik in bezug auf das Sicherheitsempfinden von Bürgerinnen und Bürgern ist. Die gewonnenen Erkenntnisse zeigen eindeutig auf, dass Prävention wirkt.[4]

Der Umgang mit Neuen Medien muss erlernt werden!

Medienkompetenzen junger Menschen zu stärken ist uns wichtig. Seit dem Jahr 1999, also schon 5 Jahre vor den ersten Gehversuchen von Mark Zuckerberg´s Facebook, arbeiteten wir in der polizeilichen Prävention konzentriert mit dem Medium Kinofilm,

---

[1]   www.praevention-rhein-neckar.de

[2]   www.sicherheid.de

[3]   Jährliches Schwerpunktprojekt seit 1997 mit bis zu 50 Einzelprojekten in einer Kommune

[4]   Prof. Dr. Dieter Hermann: „Zur Wirkung kommunaler Kriminalprävention", Zeitschrift Trauma & Gewalt 3/2008

um junge Menschen zu den Themen Gewalt, Sucht, Toleranz und Zivilcourage zu erreichen und mit ihnen die Diskussion zwischen Fiktion und Realität zu beginnen. Diese „Kino-Seminare"[5] in Kooperation mit professionellen Medienpädagogen gibt es nach wie vor und sie werden von uns und unseren Partnern jährlich weitergeführt.

Mittlerweile sind Neue Medien (im Sinne von rechnergestützten Anwendungen und digitalen Informationen) Teil der Lebenswirklichkeit nicht nur, aber insbesondere der jüngeren Generation, den sog. digital natives.

Neue Medien bieten eine Vielzahl an Chancen, sei es im vernetzten, globalen Informationsaustausch, in Bildung und Wissenschaft, im Beruf und im Privatleben. Sie bergen allerdings auch viele Risiken, als Stichworte seien an dieser Stelle Gewaltverherrlichung, Pädophilie, Cybermobbing, Extremismus und die Verletzung von Urheberrechten genannt. Zur Vermeidung von Gefahren hilft deshalb nur das Kennen der Risiken. Wer nicht weiß, welche Fallstricke im Netz lauern können, wird auch schnell zum Opfer oder findet sich plötzlich unverhofft als Tatverdächtiger im polizeilichen Ermittlungsverfahren wieder.

In der Praxis bedeutet dies, dass solange „Medienkompetenz"[6] nicht als eigenständiges Lernfach im Schulunterricht integriert ist, projektbezogene Lösungen gefunden werden müssen, um Jugendliche und junge Erwachsene vor den Gefahren der digitalen Welt zu schützen und Opferwerdungen zu vermeiden. Verständlicherweise wird in diesem Zusammenhang insbesondere von Schulen der Ruf nach der Polizei in ihrer Funktion als „Schutz- und Gefahrenabwehreinrichtung" laut.

Die Polizei als „Schutzmann" im www!

Anfragen von Schulen nach dem Motto „… wenn die Polizei das erzählt, klingt das viel glaubhafter als wenn ich das als Lehrer vermittle…" erreichen uns sehr häufig. Das Vertrauen, das hierbei in unsere Präventionsarbeit gelegt wird, ehrt uns. Dennoch sind wir der Meinung, dass gerade beim Thema Neue Medien eine Prävention mit dem drohenden Zeigefinger nicht angebracht erscheint.

Die klassische Rolle der polizeilichen Gefahrenabwehr in Form von Hinweisen wie „Tue das…." oder „Lasse das…" hat sich längst überholt.

Ergo haben wir uns auf Partnersuche begeben und sind 2007 mit der Aktion Jugendschutz (AJS) Baden-Württemberg[7] fündig geworden. Der fundierte Sachverstand der Referentinnen und Referenten der AJS BW im Bereich der Medienkompetenz, gepaart

---

[5]   Kino wird zum Lernort. Der örtliche Bezug wird durch den Jugendsachbearbeiter der Polizei hergestellt.

[6]   Fähigkeit, selbstbestimmt, kreativ und sozialverantwortlich mit Medien umzugehen und sie zur Gestaltung der eigenen Lebenswelt, zur Teilhabe an, so wie zur Mitgestaltung der (Informations-) Gesellschaft zu nutzen.

[7]   www.ajs-bw.de

mit unserem polizeilichen Erfahrungswissen, ergeben ein gemeinsames Handlungskonzept, das keiner klassischen Rollenverteilung entspricht, sondern auf Workshop-Basis in einem lebendigen Angebot für junge Menschen mündet. Die Veranstaltungen werden in Ko-Moderation durchgeführt, einen starren vorgegebenen Rahmen gibt es dabei nicht. Fragen und Anregungen der Teilnehmer/innen werden aufgenommen und in bezug auf Chancen (AJS) und Gefahren (Polizei) diskutiert.

Anfangs richtete sich der Fokus nur auf den Umgang mit PC-Spielen. Nach und nach wurde das Angebot erweitert und beinhaltet heute auch Handygefahren und – im Wesentlichen – die Chancen und Risiken sozialer Netzwerke wie SchülerVZ, StudiVZ und Facebook, so wie weiterer Web 2.0 Anwendungen[8].

Die Zielgruppen unserer Angebote sind

- Kinder ab dem Alter von 10-12 Jahren, die erste Erfahrungen im Umgang mit Neuen Medien machen

- Jugendliche, die über Kenntnisse verfügen und sich überwiegend in sozialen Netzwerken aufhalten

- Eltern, Erzieher und Lehrkräfte, die (leider) nach unseren Erfahrungen oft nur über einen geringen Wissensstand verfügen und denen die technischen Neuerungen meist nicht geläufig sind

„Schau hin, was dein Kind macht"[9] ist dabei für uns nicht nur ein Schlagwort, sondern stellt einen Grundsatz im Bereich der Elternschulungen dar.

Parallel dazu setzen wir einen Schwerpunkt im Bereich der Multiplikatorenfortbildung für Lehrkräfte, Schulsozialarbeit, Jugendarbeit aber auch Polizei. Wer ständig mit Neuen Medien konfrontiert wird und sich mit Kindern und Jugendlichen über soziale Netzwerke und die neuesten PC Spiele auseinandersetzen muss, der sollte wissen was sich dahinter verbirgt und auch die Faszination kennen, die von einem Ego-Shooter-Spiel[10] ausgehen kann.

Polizeiliches Erfahrungswissen als Anker!

Kinder und Jugendliche gehen häufig viel zu leichtfertig mit Neuen Medien und der Preisgabe ihrer Daten um. Strafbarkeiten sind oftmals nicht bekannt - auch bei Eltern und Lehrern nicht!

---

[8] Die Benutzer erstellen, bearbeiten und verteilen Inhalte in quantitativ und qualitativ entscheidendem Maße selbst, unterstützt von interaktiven Anwendungen (aus: Wikipedia).

[9] www.schau-hin.info

[10] Die Polizeidirektion Heidelberg hat 2008 für ihre Jugendsachbearbeiter einen Workshop zum Spiel „Counterstike" mit einem Referenten der USK veranstaltet

Als Polizei bringen wir unsere Erfahrungen aus Ermittlungsverfahren und Präventionsveranstaltungen ein, um einen verantwortungsvollen Umgang mit Medien zu unterstützen. Dabei können wir auf unsere Kenntnisse zurückgreifen, die wir aus der Opfer-, aber auch aus der Tätersicht erlangen.

Wichtig aus unserer Sicht ist zum Beispiel das Thema „Chatten, aber sicher!", gerade für Kinder und Jugendliche, die hier erste Gehversuche machen. Wer weiß schon genau, wer am anderen Ende der Chat-Leitung sitzt? „Mir passiert schon nichts" gilt hier nicht - das Netz macht keinen Unterschied zwischen ländlichem Raum und Großstadt.

Einen weiteren Schwerpunkt setzen wir, wenn es um das Weiterleiten von Gewaltdarstellungen (Stichwort Happy Slapping), pornografischen oder extremistischen Inhalten geht. Der Spaßfaktor scheint hier im Vordergrund zu stehen, die Gefühle der Opfer werden vielfach einfach ausgeblendet.

Dauerthema sind auch Urheberrechtsverletzungen (Stichwort illegale Downloads). Sie scheinen immer noch als Kavaliersdelikte behandelt zu werden. Nicht bekannt ist, dass hier Abmahnungen oftmals in die Tausende gehen und den finanziellen Ruin bedeuten können.

In ernsthafte Diskussionen mit Schülerinnen und Schülern kommt man, wenn man über das Phänomen Cybermobbing spricht. Die Rückmeldungen von Schulen zeigen, dass es überall bekannt ist. Vorschub leisten die Anonymität im Web und die Preisgabe vieler persönlicher Daten, die angreifbar und verletzlich machen.

Als Polizei vermitteln wir, dass alles, was normalerweise rechtlich unzulässig ist, auch im Netz strafbar ist und zeigen deutlich die Konsequenzen solchen Handelns auf.

Gegen Cybermobbing gibt es kein Patentrezept. Elternhaus und Schule sollten vorbereitet sein und das Thema nicht verdrängen. Lehrerkollegien müssen an einem Strang ziehen, die Richtschnur von Schulen sollte klar und eindeutig sein (Stichwort Mehrebenen-Ansatz nach Olweus)[11]. Wichtig sind uns außerdem der vorbeugende Opferschutz und das Thema Zivilcourage.[12] Auch im Netz kann man einschreiten, wenn man feststellt, dass andere belästigt oder beleidigt werden

Soziale Netzwerke, und hier insbesondere Facebook, stehen bei Jugendlichen extrem hoch im Kurs. Die Anmeldung ist schnell erledigt und schon ist man Mitglied einer exorbitant wachsenden Gemeinschaft, deren Mitglieder allerdings zum größten Teil die Risiken nicht kennen. Gemeinsam mit der AJS geben wir Anregungen zu einem kompetenten und bewussten Umgang mit sozialen Netzwerken, insbesondere was den Bereich der Datensicherheit und der Abgrenzung zur „bei mir ist alles öffentlich – Mentalität" angeht.

---

[11]   Dan Olweus „Mobbing an Schulen, Fakten und Intervention", siehe www.sicherheid.de -> Tagungen 2010

[12]   www.aktion-tu-was.de

Fazit: Die Kompetenzen der Polizei sind gefragt!

Wir spiegeln unsere Erkenntnisse aus dem Bereich des Strafrechts und des Opferschutzes an die Zielgruppen zurück.

Es ist wichtig, dass wir als Polizei am Puls der Zeit agieren. Dabei können wir Fallbeispiele aus unserer Arbeit praxisbezogen bei Präventionsveranstaltungen umsetzen. Mittlerweile haben wir speziell geschulte Beamte in verschiedenen Bereichen (Stichworte: Kids online, ebay, Gewerberecht, Phishing u.a.)

Mit der AJS haben wir einen kompetenten und authentischen Partner an unserer Seite. Unser Konzept, gemeinsam den Themenkomplex Neue Medien zu bearbeiten, stößt auf große Resonanz in unserer Region. Unsere Veranstaltungen sind ein Baustein im Gesamtkontext des umfangreichen Präventionsnetzwerks Heidelberg/Rhein-Neckar, in dem die Präventionsvereine Prävention Rhein-Neckar e.V. und Sicheres Heidelberg e.V. im Themenfeld der Neuen Medien mittlerweile eine tragende Rolle eingenommen haben. Ohne sie wäre es schwierig oder nicht machbar, Fortbildungen für Multiplikatoren zu planen und zu finanzieren oder Elternangebote zentral zu platzieren.

Wir werden auch künftig an dieser fruchtbaren Kooperation festhalten.

Heike Troue

Gemeinsam für mehr IT-Sicherheit – Synergien durch Kooperation Deutschland sicher im Netz e.V. und das Bundesamt für Sicherheit in der Informationstechnik

Die im Jahr 2005 entstandene Initiative „Deutschland sicher in Netz" (www.sicher-im-netz.de) hat sich zum Ziel gesetzt, die Verantwortung von Unternehmen und Verbänden der Informations- und Kommunikationstechnologiebranche sowie gemeinnützigen Organisationen in gesellschaftspolitischen Themen wider zu spiegeln und zugleich als Partner für die Politik, gesellschaftliche Gruppen und die Wissenschaft im Bereich Sicherheit in der Informationstechnik zu fungieren. Damit möchte Deutschland sicher im Netz e. V. (DsiN) das Bewusstsein für einen sicheren Umgang mit Informationstechnologie schärfen und das Vertrauen in neue Technologien stärken. Der Ende 2006 aus der Initiative gegründete Verein sieht sich zudem als Plattform für den Dialog zwischen Herstellern und Anwendern als auch zwischen Industrie und Politik.

Deutschland sicher im Netz e.V. möchte Internetnutzer nicht nur sensibilisieren, aufklären und beraten, sondern zudem neue Schutzmaßnahmen identifizieren und etablieren. Die Aktivitäten des Vereins – „Handlungsversprechen" genannt – sollen zu nachhaltigen Service-Angeboten ausgebaut werden, die für die unterschiedlichen Zielgruppen wie Kinder und Jugendliche, Verbraucher sowie mittelständische Unternehmen und ihre Mitarbeiter je nach deren Bedarf gestaltet werden. Mit seinen Handlungsversprechen versorgt DsiN die Verbraucher mit Informationen zu sicherheitsrelevanten Themen und bietet konkrete Maßnahmen an. Im Fokus stehen dabei nachhaltige Angebote sowie der sichere Umgang durch die Anwender.

Beispielhaft für den Bereich Kinder und Jugendliche steht das Portal **www.internauten.de**. Die DsiN-Mitglieder Deutsches Kinderhilfswerk, Freiwillige Selbstkontrolle Multimedia-Diensteanbieter e.V. und Microsoft klären mit dem Portal auf kindgerechte, spielerische Art zum Thema Sicherheit im Internet auf. Die Protagonisten der Website vermitteln Kindern zwischen acht und elf Jahren, was Spam, Computerviren, Cybermobbing sowie gute Passwörter sind und geben Ratschläge, wie potenzielle Gefahren im Internet erkannt werden können.

Begleitend zur Webseite www.internauten.de gibt es den **Medienkoffer** für Grund- und weiterführende Schulen. Das Unterrichtspaket ist für die Arbeit mit Kindern der 3.-6. Klasse geeignet. Es enthält vier Unterrichtseinheiten in Form von Faltpostern, Comics der einzelnen Missionen, ein Aktionskartenspiel rund um das Thema Sicherheit im Internet und eine CD-ROM, auf der u.a. eine Offline-Version der Internauten zur Verfügung gestellt wird. Die Unterrichtsmaterialien werden an Grundschulen, Horte und Bildungseinrichtungen abgegeben und können über die Webseite der Internauten bestellt werden. Mit dem Medienkoffer soll es z.B. Pädagogen ermöglicht werden, spontan auf eine Ressource zurückgreifen zu können, um eine Unterrichts-einheit, zum Beispiel eine Vertretungsstunde, zu füllen. Der Internauten-Medienkof-fer wird bereits in Rheinland-Pfalz, Saarland, Berlin und seit 2010 auch in Bayern eingesetzt.

Mit einem bundesweiten **Wettbewerb Digitale Identität 2020** forderten BITKOM und DsiN 2010 junge Menschen auf, in kreativen Beiträgen das virtuelle Leben in zehn Jahren zu beschreiben: Wie stellen sich die jugendlichen Wettbewerbsteilneh-mer das digitale Leben vor, was wird man im Jahr 2020 mit seiner digitalen Identität machen können und welche realen und virtuellen Dienstleistungen werden angebo-ten? Schüler, Studierende und Auszubildende zwischen 14 und 26 Jahren gaben bis zum Ende des Wettbewerbs knapp 80 Beiträge ab. Die Jury wählte aus den Kurzge-schichten, Videos, Comics und Audiobeiträgen insgesamt sechs Preisträger aus. Auf einer Dialogveranstaltung in Berlin konnten Staatssekretärin Cornelia Rogall-Grothe, Bundesministerium des Innern und Prof. Dieter Kempf, Vorstandsvorsitzender von Deutschland sicher im Netz e.V., die wertvollen Geld- bzw. Sachpreise überreichen. Vorgestellt wurden die Ergebnisse des Wettbewerbs zudem auch auf dem IT-Gipfel in Dresden. Die sich aus den Beiträgen des Wettbewerbs und Diskussionen in der Dia-logveranstaltung heraus kristallisierten Schwerpunkte werden für die weitere Arbeit der Organisatoren zum Thema „Digitale Identitäten" eine wichtige Rolle spielen. Im Jahr 2011 wird der Wettbewerb unter dem Motto „ich bin ich. du bist du?" erneut angeboten.

Auch zur praktischen und schnellen Hilfe für Verbraucher bietet DsiN zahlreiche Handlungsversprechen an. Um Beschwerden über illegale und schädigende Inter-netinhalte einzureichen, kann sich jeder User an die von eco und der Freiwilligen Selbstkontrolle Multimedia-Diensteanbieter betriebene www.internetbeschwerdestel-le.de wenden. Die **Internet-Beschwerdestelle** arbeitet mit Strafverfolgungsbehörden, den Internet Service-Providern und weltweiten Partnern zusammen, damit derartige Inhalte aus dem Netz entfernt und Täter überführt werden können.

Auf einen Blick lässt das auf dem heimischen PC installierte **Sicherheitsbarometer** erkennen, ob neuartige oder wiederkehrende Risiken im Internet vorliegen. Durch diese Sicherheitswarnung wird der Internetnutzer für die möglichen Gefahren sensi-bilisiert und über aktuell vorliegende Updates informiert.

Die Aktion **Online Kaufen – mit Verstand!** von DsiN-Mitglied eBay informiert Nutzer unter www.kaufenmitverstand.de anschaulich über etwaige Gefahren und vor-handene Schutzmechanismen beim Einkauf im Internet. Auf dem Informationsportal können sich Nutzer unter anderem über die „7 Goldenen Regeln" des Online-Handels informieren. Zudem ist eine Safety Card abrufbar, die anhand von Bildern anschau-lich darstellt, was beim Online-Handel beachtetet werden sollte. Das Erlernte kann dann im Rahmen eines Wissenstests überprüft werden.

Das Portal www.online-sicher-bezahlen.de klärt Internetnutzer auf, wie sie sich vor dem Missbrauch ihrer Daten – insbesondere beim Bezahlen im Web – schützen können. Als Spezialist für sicheres Bezahlen im Internet sensibilisiert PayPal gemeinsam mit Deutschland sicher im Netz e.V. Verbraucher für das Thema Internet-Sicherheit und schließt Wissenslücken darüber. Das Angebot der Seite trägt wertvolle Tipps rund um das Thema „Bezahlen im Internet" zusammen und geht über eine reine Informationssammlung hinaus. Auf der Website können sich Nutzer durch verschiedene Rubriken wie zum Beispiel „Sicherheit im Netz" klicken. Hier werden sie durch die zehn wichtigsten Regeln zum sicheren Surfen und Bezahlen geführt. Der Passworttester gibt die Möglichkeit sekundenschnell zu prüfen, ob das eigene Passwort Betrugsversuchen standhalten würde. Mit dem Führerschein – einem Safety-Test – können Besucher der Seite zudem kontrollieren, ob sie persönliche Daten zu leichtfertig herausgeben.

Botnetze sind eine der größten Bedrohungen im Bereich des Cybercrime und das wichtigste Instrument zum Versand von Spam. Das **Anti-Botnet-Beratungszentrum** von eco und dem BSI hilft betroffenen Nutzern, Botnet-Infektionen von ihrem Computer zu entfernen. Die Internet Service Provider informieren ihre Kunden darüber, dass ihr Rechner Teil eines Botnetzes wurde. Der Nutzer kann dann die Webseite www.botfrei.de besuchen, auf der dafür entwickelte Programme ihn unterstützen, das Schadprogramm zu entfernen. Die Telefon-Hotline hilft zusätzlich Verbrauchern, die mit den bereitgestellten Programmen allein die Schadsoftware nicht entfernen konnten.

Um einfache Verhaltensregeln im Internet geht es bei der **Filmkampagne „Sicher im Netz.de"**, initiiert von den DsiN-Mitgliedern eBay, Microsoft und SAP. Die vier 30-Sekunden-Filme zeigen Internetnutzern einfache, aber wirkungsvolle Verhaltensregeln zum Thema IT-Sicherheit, die beim Surfen, Kommunizieren oder Einkaufen im Internet beachtet werden sollten. Nicht die Gefahren stehen im Vordergrund, sondern konkrete Handlungsempfehlungen, die aufzeigen sollen, wie man sich sicherer im Netz bewegt. Die Filme wurden im Fernsehen und Kino ausgestrahlt und das Filmprojekt gewann 2009 den Politikaward.

Deutschland sicher im Netz e.V. sah es als wichtige Aufgabe an, die Verbraucher auf die **Einführung des neuen Personalausweises** vorzubereiten. Die Aufklärung über die Chancen des neuen Personalausweises und seine Handhabung stehen dabei im Vordergrund. Die Möglichkeit der Identifizierung und Authentifizierung mit dem neuen Dokument wird deutlich mehr Sicherheit und Komfort für die virtuelle Welt mit sich bringen. Zusammen mit der Bundesdruckerei GmbH sowie dem Bundesministerium des Innern zeigte der Verein einige Monate vor Einführung auf der Dialogveranstaltung „Schön, dass Sie es sind – der neue Personalausweis" einen aktuellen Eindruck von dem Projekt und den zukünftigen Anwendungsmöglichkeiten. Die Keynotes stellten dar, dass dem Nutzer und Anbieter ein echter Gewinn an Komfort und Sicherheit durch den neuen Ausweis bei Online-Geschäften geboten wird. In Präsentationen aus dem durchgeführten Anwendungstest wurden innovative Szenarien rund um die neue Online-Funktionalität gezeigt. Zudem erfuhren die Teilnehmer in Vorträgen und Gesprächen, wie der neue Personalausweis den Alltag der Verbraucher verändern kann.

Deutschland sicher im Netz e.V. hat sich zum Ziel gesetzt, kleine und mittelständische Unternehmen bei der Umsetzung eines bedarfsgerechten Sicherheitsmanagements zu unterstützen. Dazu bietet das Handlungsversprechen **Starthilfe Sicherheit** von BIT-KOM, DATEV, SAP und Sophos direkt umsetzbare Lösungen an, die mit einem geringen Aufwand sinnvolle Ergebnisse liefern. Mit dem **DsiN-Sicherheitscheck** erhalten Geschäftsführer einen ersten Überblick über den Stand der Informationssicherheit in ihrem kleinen oder mittelständischen Unternehmen. Mit der Auswertung erfahren sie zudem, ob und welcher Handlungsbedarf für ihr Unternehmen zu datenschutz- und datensicherheitsrechtlichen Aspekten besteht. Der Fokus liegt auf der elektronischen Kommunikation mit Geschäftspartnern, der Verfügbarkeit von IT-Systemen und mobiler Arbeitsweisen. Technische und organisatorische Handlungsempfehlungen zur Verbesserung der Datenschutz- und IT-Sicherheitslage zeigen zudem Lösungswege auf. Der in 2. Auflage erschienene Pocketguide „IT-Sicherheit für kleine und mittlere Unternehmen" gibt begleitend dazu einen kurzen Überblick zu den wichtigsten Sicherheitsfragen und widmet sich auch neuen Entwicklungen wie IP-Telefonie und Cloud Computing.

Die Informationsbroschüre **Sicher im Netz – Leitfaden zum sicheren Umgang mit IT für Unternehmen** unterstützt ebenfalls die Sensibilisierung für das Thema IT-Sicherheit in kleinen und mittelständischen Unternehmen. Nutzer von digitalen Geschäftsprozessen, Netzwerken und dem Internet allgemein erfahren darin nicht nur viel Wissenswertes über die dabei lauernden Gefahren, sondern erhalten auch konkrete Handlungsempfehlungen. Gestärkt werden sollen dabei Kompetenz und Eigenverantwortung der einzelnen Nutzer im Unternehmen und am heimischen Rechner.

Auf dem **MesseCampus** laden Deutschland sicher im Netz e.V. und it-sa Benefiz e.V. unter der Schirmherrschaft des bayerischen Finanzstaatssekretärs Franz-Josef Pschierer Studierende der Informatik auf die jährliche Sicherheitsmesse it-sa in Nürnberg ein. Vorlesungseinheiten zu Themen wie „Sichere Software-Entwicklung" und die „Sicherheit mobiler Systeme", eine Podiumsdiskussion zum Arbeitsmarkt IT-Sicherheit sowie ein Besuch bei ausgewählten Ausstellern stehen für Studierende verschiedener Universitäten und Fachhochschulen auf dem Programm.

Michaela Goecke

Effektive Nutzung von (neuen) Medien in der Suchtprävention der Bundeszentrale für gesundheitliche Aufklärung (BZgA) am Beispiel der Jugendkampagne „Alkohol? Kenn dein Limit."

Aktuelle Datenlage zum Alkoholkonsum in Deutschland

Die aktuelle Datenlage zum Alkoholkonsum von Jugendlichen und jungen Erwachsenen zeigt, dass insbesondere unter den 16- bis 21-Jährigen riskante Alkoholkonsummuster weit verbreitet sind, daher stellen sie die Kernzielgruppe der im Jahr 2009 gestarteten Präventionskampagne „Alkohol? Kenn dein Limit." der Bundeszentrale für gesundheitliche Aufklärung (BZgA) dar.

Seit 1973 erfasst die BZgA mit einer bevölkerungsweiten Repräsentativbefragung in regelmäßigen Abständen das Konsumverhalten von Jugendlichen und jungen Erwachsenen im Alter zwischen 12 und 25 Jahren in Bezug auf Tabak, Alkohol, Cannabis und weitere illegale Suchtmittel (BZgA, 2009). Im Jahr 2010 wurde zusätzlich eine Studie zum Alkoholkonsum durchgeführt, die gezielt das Trinkverhalten und die Konsummuster dieser Altersgruppe erhebt (BZgA, 2011).

Die Ergebnisse zeigen, dass der Alkoholkonsum unter jungen Menschen zwar insgesamt rückläufig ist, aber riskante Trinkmuster weit verbreitet bleiben. Im Alter von 16 bis 17 Jahren haben bereits mehr als 90% der Jugendlichen mindestens einmal in ihrem Leben Alkohol getrunken (BZgA, 2011).

Der regelmäßige, d. h. wöchentliche, Alkoholkonsum geht seit mehreren Jahren stetig zurück (Graphik 1), liegt aber nach wie vor gerade bei männlichen Jugendlichen auf einem hohen Niveau: 25,9 % der 16- bis 17-Jährigen (36,5 % männlich, 14,9 % weiblich) und 34,7 % der 18- bis 21-Jährigen (49,1 % männlich, 19,5 % weiblich) trinken regelmäßig Alkohol (BZgA, 2011).

Graphik 1
Der regelmäßige Alkoholkonsum in der Altersgruppe der 12- bis 25-Jährigen im
Trendverlauf

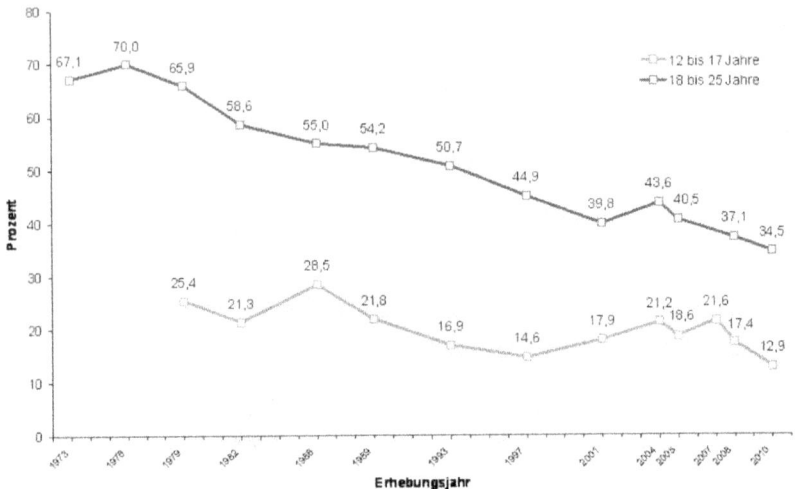

Quelle: BZgA, 2011

Ein Indikator für riskanten Alkoholkonsum ist das Binge Trinken. Als Binge Trinken
wird in epidemiologischen Studien der Konsum von mindestens fünf alkoholischen
Getränken bei einer Trinkgelegenheit bezeichnet. Eine Trendwende ist bei diesem
riskanten und unter jungen Menschen relativ weit verbreitetem Alkoholkonsummuster derzeit nicht zu verzeichnen. Nach wie vor kommt Binge Trinken – gerade
unter jungen Männern – häufig vor: Bei den 16- bis 17-jährigen männlichen Jugendlichen lag die 30-Tage-Prävalenz des Binge Trinkens im Jahr 2010 bei 43,1%, bei den
18- bis 21-jährigen Männern sogar bei 51,5 %. Bei den weiblichen Jugendlichen
gaben 27,3% und bei den jungen Frauen bei 27,9 % an, in den letzten 30 Tagen Binge
Trinken praktiziert zu haben (BZgA, 2011)

Auch die Anzahl der Jugendlichen mit häufigem, d.h. mindestens wöchentlichem,
Binge Trinken hat sich in den letzten Jahren nicht signifikant reduziert: 18,9 % der
männlichen 16- bis 17-Jährigen und 20,7 % der 18- bis 21-Jährigen gaben 2010 an,
sich mindestens wöchentlich einmal in den Rausch zu trinken. Bei den weiblichen
Jugendlichen lag die Quote bei 7,1 %, bei den jungen Frauen bei 6,2 % (BZgA, 2011).

Riskante Alkoholkonsummuster – wie zum Beispiel das Binge Trinken – können gerade bei Jugendlichen, die aufgrund ihrer körperlichen Voraussetzungen besonders
empfindlich auf das Zellgift Alkohol reagieren, zu einer Alkoholintoxikation führen. Die Anzahl von Alkohol-intoxikationen mit stationärem Krankenhausaufenthalt

nahm bei Kindern und Jugendlichen im Alter zwischen 10 und 20 Jahren in den vergangenen Jahren in Deutschland kontinuierlich zu. Waren im Jahr 2000 weniger als 10.000 Fälle zu verzeichnen, betrug diese Zahl im Jahr 2009 bereits rund 26.400, was einer Steigerung um etwa 178% entspricht (Statistisches Bundesamt, 2011). Registriert wurden in der Altersgruppe der 15- bis 19-Jährigen im Jahr 2000 rund 4730 männliche und 2590 weibliche Fälle. Im Jahr 2009 stieg die Anzahl auf rund 14.365 männliche und 7735 weibliche Fälle an. Damit lag die Zahl der Alkoholintoxikationen bei männlichen Jugendlichen in dieser Altersgruppe fast doppelt so hoch wie bei den gleichaltrigen weiblichen Jugendlichen (Statistisches Bundesamt, 2011).

Der hohe Alkoholkonsum von Jugendlichen und jungen Erwachsenen ist im Kontext des weit verbreiteten Konsums in der Gesellschaft insgesamt zu betrachten. Im Jahr 2009 gaben lediglich 2,9 % der erwachsenen Bevölkerung im Alter von 18 bis 64 Jahren an, lebenslang abstinent zu sein. Nur 7,3 % waren in den letzten 12 Monaten vor der Befragung alkoholabstinent (Pabst et al., 2010). Der weit verbreitete und hohe Alkoholkonsum führt dazu, dass Deutschland auch im internationalen Vergleich des Pro-Kopf-Konsums von Reinalkohol seit vielen Jahren einen der Spitzenplätze einnimmt (im Durchschnitt jährlich 9,7 Liter pro Kopf) (Gärtner et al., 2011). Insgesamt rund 9,5 Mio. Menschen überschreiten hierzulande regelmäßig die Grenze zum riskanten Alkoholkonsum und schaden damit ihrer Gesundheit (DHS, 2011).

Sowohl beim riskanten Alkoholkonsum als auch beim gefährlichen Hochkonsum liegt der Anteil der Männer in allen erwachsenen Altersgruppen deutlich über dem der Frauen (Pabst et. al. 2010).

Auch was die Anzahl stationärer Behandlungen aufgrund von Alkoholintoxikation angeht, ist in der erwachsenen Bevölkerung in den letzten Jahren ein deutlicher Anstieg zu verzeichnen (Bitzer et al., 2009): In der Altersgruppe der 45- bis 50-Jährigen zum Beispiel stieg die Anzahl der Fälle um mehr als das Doppelte – von 5675 im Jahr 2000 auf 13.245 im Jahr 2009 (Statistisches Bundesamt, 2011).

Der hohe Alkoholkonsum in Deutschland führt jährlich zu etwa 74.000 Todesfällen, die auf den Alkoholkonsum bzw. den kombinierten Konsum von Alkohol und Tabak zurückzuführen sind (DHS 2011; Hanke & John, 2003). Er geht außerdem mit einer hohen Anzahl alkoholabhängiger Menschen einher: Rund 1,3 Millionen Alkoholkranke werden für Deutschland geschätzt (DHS, 2011). Von der Alkoholabhängigkeit eines oder beider Elternteile sind auch etwa 2,65 Millionen Kinder und Jugendliche unter 18 Jahren betroffen (Klein, 2005). Für sie erhöht sich durch das Aufwachsen in einer Familie mit Alkoholsucht-problematiken das Risiko, selbst abhängig zu werden (Klein, 2001).

Alkoholprävention bei Jugendlichen und jungen Erwachsenen

Alkoholprävention bei Jugendlichen und jungen Erwachsenen hat sich vor dem Hintergrund der Verbreitung des Binge Trinkens und der Zunahme von Alkoholintoxikationen neuen Herausforderungen zu stellen und ihre Maßnahmen auf diese auszurichten.

Grundsätzlich kann Suchprävention – und damit auch Alkoholprävention – die größte Wirkung entfalten, wenn Instrumente der Verhältnis- und der Verhaltensprävention in Kombination eingesetzt werden. Maßnahmen der Verhältnisprävention haben soziale und strukturelle Veränderungen zum Ziel. Durch sie sollen allgemeine Lebensverhältnisse so geändert werden, dass möglichen Suchtgefahren effektiv begegnet wird. Vorrangige Instrumente sind daher zum Beispiel Gesetze, die die Verfügbarkeit, Besteuerung und Werbung für Suchtmittel regeln (Bühler, Kröger, 2006).

Unter Verhaltensprävention versteht man dagegen präventive Maßnahmen, die auf der Verhaltensebene der gesamten Bevölkerung (universalpräventiv) oder von Teilzielgruppen (selektiv, indiziert) wirken (Mrazek, Haggerty, 1994). Die Zielgruppen von verhaltenspräventiven Maßnahmen werden durch Wissensvermittlung und durch Förderung von Fähigkeiten und Kompetenzen in die Lage versetzt, sich für eine gesunde Lebensweise zu entscheiden und verantwortungsvoll mit suchterzeugenden Substanzen umzugehen.

Im Folgenden wird die Jugendkampagne „Alkohol? Kenn dein Limit." der BZgA als eine nationale Mehrebenen-Präventionskampagne beschrieben, die dem Bereich der Verhaltensprävention zuzuordnen ist. Ein besonderer Schwerpunkt wird in der Darstellung auf die innovative und effektive Nutzung von neuen Medien und Kommunikationskanälen im Rahmen der Kampagne gelegt.

Als Mehrebenen-Kampagne umfasst „Alkohol? Kenn dein Limit." aufeinander abgestimmte Präventionsmaßnahmen in den Bereichen der Massenmedien, des Internets und der Personalkommunikation. Die einzelnen Maßnahmen dienen der Umsetzung von konkreten Kampagnenzielen. Durch Evaluation in Form von Pretests oder formativen Evaluationsstudien werden die Maßnahmen auf ihre Wirksamkeit hin untersucht und kontinuierlich optimiert.

Die Jugendkampagne „Alkohol? Kenn dein Limit."

Zur Förderung eines kritisch distanzierten und verantwortungsvollen Umgangs mit Alkohol in der Zielgruppe der Jugendlichen und jungen Erwachsenen setzt die BZgA ein Präventionskonzept um, das im Wesentlichen aus zwei Teilkampagnen besteht:

→ „NA TOLL!" für die Kernzielgruppe der 12- bis 16-Jährigen und

→ „Alkohol? Kenn dein Limit." für die Kernzielgruppe der 16- bis 20-Jährigen.

Die beiden Teilkampagnen sind in einem integrierten Konzept miteinander verknüpft und werden durch eine dritte Teilkampagne ergänzt, die sich an die erwachsene Allgemeinbevölkerung – mit einem besonderen Fokus auf Eltern und schwangere Frauen – wendet.

Mit den drei Teilkampagnen wird die Gesamtbevölkerung mit unterschiedlichen Schwerpunkten durch zielgruppenspezifische Informationen und Angebote der Alkoholprävention erreicht (BZgA, 2009).

Die Teilkampagne „NA TOLL!" informiert Jugendliche unter 16 Jahren zum Thema Alkohol. Außerdem hat die Kampagne zum Ziel, kritische Einstellungen gegenüber Alkohol zu fördern und Verhaltenskompetenzen zu unterstützen, die die Entstehung riskanter Konsummuster verhindern. In der jüngeren Altersgruppe ist ein weiteres wichtiges Ziel, den Einstieg in den regelmäßigen Alkoholkonsum möglichst hinauszuzögern (Strüber et al. 2009).

Die Jugendkampagne „Alkohol? Kenn dein Limit." richtet sich schwerpunktmäßig an ältere Jugendliche ab 16 Jahren, von denen der größte Teil bereits erste Konsumerfahrungen hat. Sie setzt daher insbesondere auf die Initiierung von Selbstreflexionsprozessen in der Zielgruppe, um so riskante Konsummuster wie zum Beispiel das Binge Trinken zu verhindern. Insgesamt gilt es, auch mit dieser Kampagne eine kritische Einstellung zum Konsum von Alkohol zu verstärken.

Die Jugendkampagne „Alkohol? Kenn dein Limit." wurde im Jahr 2009 mit Unterstützung des Verbandes der Privaten Krankenversicherung e.V. (PKV) gestartet.

Die Kampagne gliedert sich in drei Zielbereiche

→ Reduzierung des Binge Trinkens (Rauschtrinken)

→ Reduzierung des regelmäßigen Alkoholkonsums

→ Reduzierung des riskanten Alkoholkonsums

Grundlage des Interventionskonzeptes der Kampagne ist das Phasenmodell der Medienwirkung von McGuire und Rogers (Singhal, Rogers, 1999). Dem Phasenmodell zufolge müssen folgende Voraussetzungen erfüllt sein, um fokussierte Kampagnenziele zu erreichen:

→ Wahrnehmung, Verständnis und Akzeptanz von wirkungsvollen Kommunikations angeboten und Interventionsmaßnahmen durch die Zielgruppe

→ Ausreichende Reichweite, Intensität und Verbreitung der Maßnahmen

Nur wenn diese Bedingungen erfüllt sind, kann eine Zielgruppe ihr Wissen zu einem Thema erweitern und neue Verhaltenskompetenzen sowie erhöhte Selbstwirksamkeitserwartungen entwickeln. Entsprechend dem Stufenmodell der Verhaltensänderung (Prochaska, DiClemente, 1986) wird es hierdurch möglich, dass eine Zielgruppe zu einer Verhaltensänderung bereit ist und letztlich auch eine tatsächliche Verhaltensänderung im gewünschten Sinne eintritt – mit dem Ziel, dass sich dieses Verhalten im suchtpräventiven Sinne auf Dauer etabliert.

Gemäß den oben genannten Wirkungsmodellen von McGuire/ Rogers und Prochaska/ DiClemente werden in der Kampagne „Alkohol? Kenn dein Limit." spezielle Kampagnenziele durch abgestimmte und aufeinander aufbauende Maßnahmen systematisch angesteuert, um vorab definierte Teilziele zu erreichen.

Für die Jugendkampagne „Alkohol? Kenn dein Limit." wurden folgende Teilziele definiert:

→ Erhöhte Aufmerksamkeit und Kommunikation Jugendlicher zum Thema „verantwortungsvoller Umgang mit Alkohol"

→ Differenzierter und entscheidungsrelevanter Informationszuwachs zum Thema „verantwortungsvoller Umgang mit Alkohol"

→ Konzipierung, Implementierung und Kommunikation von Beratungs- und Verhaltensänderungsangeboten

→ Förderung der Kooperation auf Kommunal-, Landes- und Bundesebene zur Alkoholprävention im Jugendalter

Aufbau der Mehrebenenkampagne „Alkohol? Kenn dein Limit."

Mit der Jugendkampagne „Alkohol? Kenn dein Limit." werden bundesweite Präventionseffekte angestrebt. Eine multimethodische Kampagnendurchführung (siehe Graphik 2) ist zu diesem Zweck zielführend. Mit dem kombinierten Einsatz massenmedialer, personaler sowie internetbezogener Maßnahmen sollen die oben beschriebenen Ziele und Teilziele erreicht werden. Klassische massenmediale Medienformen werden mit neuen Kommunikationsformen (Internet/Soziale Netzwerke) crossmedial verknüpft.

Ergänzend sind Kooperationen auf kommunaler und Länderebene im Hinblick auf die Nachhaltigkeit der Präventionsangebote mitentscheidend für den Erfolg.

Graphik 2
Darstellung des strukturellen Aufbaus der Jugendkampagne „Alkohol? Kenn dein Limit."

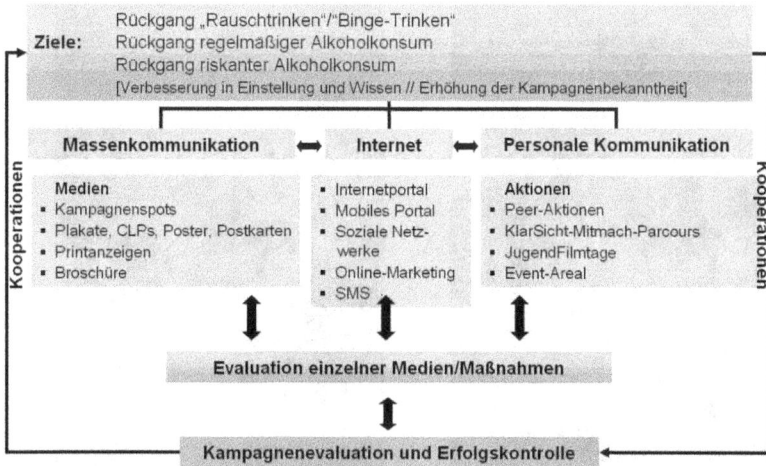

Massenkommunikation

Die massenkommunikativen Angebote der Kampagne „Alkohol? Kenn dein Limit."
wie TV- und Kinospots, Plakate und Anzeigen dienen in erster Linie dazu, die Aufmerksamkeit der Zielgruppe für das Thema „verantwortungsvoller Umgang mit Alkohol" zu erhöhen. Auf niedrigschwelligem Niveau sollen sie zur Bildung sozialer
Normen in Bezug zu einem verantwortungsvollen Umgang mit Alkohol beitragen.

Das Kommunikationskonzept der Kampagne basiert auf dem Prinzip der „Kommunikation auf Augenhöhe": Heranwachsende werden in ihrem Anspruch auf Selbstbestimmung ernst genommen und in ihrer Lebenswelt mit ihren Bedürfnissen, Vorstellungen und Erwartungen angesprochen. Die drei für die Massenkommunikation
genutzten Kampagnenmotive (Abbildungen 1-3) ermöglichen eine direkte Identifikation der Zielgruppe mit den dargestellten Protagonistinnen und Protagonisten. Mit den
Kampagnenmotiven können so Selbstreflexionsprozesse bewirkt und eine kritische
Haltung zum eigenen Alkoholkonsum gefördert werden.

In Pretests erzielten die Motive hohe Werte für den Bereich Aufmerksamkeitsstärke.
Außerdem belegten die Pretest-Ergebnisse eine sehr gute Verständlichkeit der Hauptbotschaft sowie insgesamt eine hohe Akzeptanz der Motive und des Slogans „Alkohol?
Kenn dein Limit." Von 2009 bis Ende 2011 wurden die Bildmotive auf insgesamt mehr
als 92.000 Plakaten bundesweit und als Anzeigen in populären Jugendzeitschriften gezeigt, um die Zielgruppe auf diese Weise mit der Hauptbotschaft zu durchdringen. Die
Kampagne erfuhr in dieser Phase eine sehr hohe öffentliche Aufmerksamkeit.

Abbildungen 1-3
Kampagnenmotive

Motiv: Disco

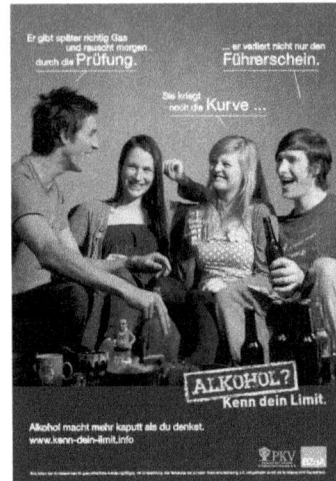

Motiv: WG

Motiv: Outdoor

Der im Jahr 2009 entwickelte Kampagnenspot „Disco" (Abbildung 4) ist die filmische Umsetzung des Kampagnenmotivs „Disco". Auch der knapp eine Minute dauernde Spot zeichnete sich im Pretest durch hohe Werte für Aufmerksamkeitsstärke und Akzeptanz aus. Von der Filmfachwelt wurde der Spot mit nationalen und internationalen Filmpreisen ausgezeichnet. Die hohe Nachfrage der Zielgruppe aber auch von Multiplikatoren belegt, dass der Spot geeignet ist, die Präventionsziele zu unterstützen.

Durch Schaltungen in Kino und TV sowie auf Großveranstaltungen konnten mit dem Kampagnenspot knapp 40 Millionen Kontakte zur Kampagne erzielt werden.

Abbildung 4
Screenshot aus dem Kampagnenspot „Disco"

In der Massenkommunikation spielen neben den audiovisuellen Medien auch Printmedien eine wichtige Rolle, denn mit ihnen gelingt es, eine differenziertere Auseinandersetzung mit dem Thema verantwortungsvoller Umgang mit Alkohol zu fördern. Zur vertiefenden Beschäftigung bietet die Kampagne Basisinformationen für die Zielgruppe in der Broschüre „Limit. Das Magazin" und in einer gekürzten Fassung als Faltblatt mit den wichtigsten Informationen zum Thema Alkohol („Facts for you"). Beide Medien können kostenfrei bestellt werden oder im Internet heruntergeladen werden.

Ergänzend zu diesen massenkommunikativen Kampagnen-Maßnahmen werden mit Telefonhotlines und Internetportalen zusätzliche Informations- und Beratungsmöglichkeiten angeboten.

Personale Kommunikation

Die personale Kommunikation stellt eine weitere wichtige Interventionsebene im Hinblick auf eine individuelle Auseinandersetzung mit dem Thema in der Zielgruppe dar. Mit der direkten und persönlichen Ansprache sollen Jugendliche zu einer gesundheitsförderlichen Gestaltung des eigenen Verhaltens motiviert werden. Hierbei setzt die Kampagne insbesondere auf das Prinzip der „Kommunikation auf Augenhöhe" und nutzt hierfür den Ansatz der „Peer Education": Von so genannten „Kenn dein Limit."-Peers initiierte Gespräche und Diskussionen zum Thema Alkohol mit der

Zielgruppe bilden einen besonderen Schwerpunkt der personalen Kommunikation im Rahmen von „Alkohol? Kenn dein Limit."

Gerade in der Adoleszenz haben die Gleichaltrigen (Peers) großen Einfluss auf den Lebensstil und die Verhaltensweisen der Heranwachsenden. Jugendliche können in dieser Lebensphase untereinander eine soziale Nähe herstellen, die eine günstige Voraussetzung für soziale Lernprozesse ist. Die Initiierung dieser Lernprozesse gelingt im Hinblick auf Gesundheitsförderung oder Suchtprävention gerade dann, wenn diejenigen, die die Botschaften vermitteln, von der Zielgruppe akzeptiert werden (Backes, Schönbach, 2001).

Für Jugendliche spielen die Gleichaltrigen (Peergroup) auch beim Herausbilden von subjektiven sozialen Normen des Alkoholkonsums eine wichtige Rolle (Stumpp et al., 2009). Gleichzeitig scheinen sie sich aber auch an den Konsummustern von Erwachsenen und ihren sozialen Normen des Alkoholkonsums zu orientieren. Um einen verantwortungsbewussten Umgang mit Alkohol in der Jugendphase zu fördern, ist daher langfristig eine Veränderung der Trinkkultur und der Konsummuster in der Gesamtbevölkerung erforderlich. Die erwachsene Bevölkerung hat hierzu ihre Vorbildfunktion für die jüngere Generation stärker als bisher wahrzunehmen.

Der Ansatz der „Peer Education" ist zentraler Bestandteil der personalkommunikativen Maßnahmen der Jugendkampagne „Alkohol? Kenn dein Limit." In der Kampagne werden die „Kenn dein Limit."-Peers in Gesprächsführung und Wissen rund um Alkohol besonders geschult. Durch diese Schulung sind sie in der Lage, mit der Zielgruppe über Alkoholkonsum zu diskutieren und sie zu einem risikoarmen Umgang mit Alkohol anzuregen. Die „Kenn dein Limit."-Peers treffen die Zielgruppe ausschließlich im Freizeitbereich. Einsätze gibt es zum Beispiel in Fußgängerzonen größerer Städte, aber auch auf Musikfestivals, Sportveranstaltungen, Stadtfesten oder in Urlaubsregionen, da es hier häufig zu riskantem Alkoholkonsum kommt. Die „Peer-Teams" sprechen die Jugendlichen proaktiv an (Abbildung 5), wobei Fragen zu folgenden Leitthemen in den Peer-Gesprächen im Vordergrund stehen:

→ Fragen zum eigenen Trinkverhalten

→ Fragen zu den Alkoholwirkerwartungen

→ Fragen zu möglichem Risikoverhalten aufgrund von Alkoholkonsum (z.B. Gewalt, Sexualverhalten etc.)

→ Fragen zu Schutzfaktoren bei Alkoholkonsum (z.B. Einhaltung von Trinkgrenzen und -regeln)

Die „Kenn dein Limit."-Peers verteilen im Anschluss an die Gespräche die Informationsbroschüre oder das Faltblatt, damit die Jugendlichen Möglichkeiten zur Vertiefung der Themen haben. Mit Kampagnen-Give-aways, die ebenfalls verteilt werden, soll die Kampagnenbekanntheit – Logo, Slogan und vor allem Internetseite www.kenn-dein-limit.info – erhöht werden. Im Internet können sich die Jugendlichen weitergehend informieren und konkrete Hilfemöglichkeiten recherchieren.

Abbildung 5
„Kenn dein Limit."-Peers im Gespräch mit Jugendlichen

Neben dem Freizeitbereich wird auch der Schulbereich intensiv für die personale Kommunikation genutzt, da hier eine gute Erreichbarkeit großer Teile der Zielgruppe gewährleistet ist. Schulbezogene Alkoholpräventionsmaßnahmen sind dann besonders wirkungsvoll, wenn sie interaktiv sind und Konzepte der Lebenskompetenzförderung und der sozialen Einflussnahmen berücksichtigen (vgl. u.a. Tobler et al., 2000; Bühler, Kröger, 2006).

Zur Suchtprävention im Bereich Tabak- und Alkoholkonsum bietet die BZgA im Schulbereich den Mitmachparcours „KlarSicht zu Tabak und Alkohol" und die Jugendfilmtage „Nikotin und Alkohol – Alltagsdrogen im Visier" an.

Der Mitmach-Parcours „KlarSicht zu Tabak und Alkohol" ist ein interaktives Aufklärungsangebot aus sieben moderierten Stationen. Die Schülerinnen und Schüler informieren sich in Kleingruppen durch spielerische Aktionen über die Suchtmittel Tabak und Alkohol und werden zu einer kritischen Auseinandersetzung sowie einer Reflexion des eigenen Konsumverhaltens angeregt. Der Mitmach-Parcours erfährt eine hohe Akzeptanz in Schulen.

Die Jugendfilmtage „Nikotin und Alkohol – Alltagsdrogen im Visier" der BZgA wenden sich ebenfalls an Schulklassen und werden in Kooperation mit Kinos und kommunalen Einrichtungen der Suchtprävention durchgeführt. Im Kino werden ausgewählte Filme, die zu den Bereichen Tabak- und Alkoholkonsum wichtige Diskussionsimpulse setzen können, gezeigt. Unter Präventionsaspekten ist es wichtig, dass die Filminhalte im Unterricht vor- oder nachbereitet werden.

Internetbasierte Kommunikation

Von den 12- bis 19-Jährigen sind rund 83 % täglich oder mehrmals in der Woche online (MPFS, 2010). Die Kommunikation über die Internetseite www.kenn-dein-limit.info (Abbildung 6) ist daher eine wichtige und zentrale Interventionsebene der Jugendkampagne „Alkohol? Kenn dein Limit." Wegen der guten Erreichbarkeit der Zielgruppe im Internet bietet sich die internetbasierte Kommunikation insbesondere an, um über Risiken von Alkohol, Suchtgefahren und Möglichkeiten des verantwortungsvollen Umgangs mit Alkohol zu informieren. Mit entscheidungsrelevanten Informationen soll gleichzeitig die kritische Einstellung gegenüber Alkohol gefördert und eine Änderungsbereitschaft des individuellen Konsumverhaltens bewirkt werden (Prochaska, DiClemente, 1986).

Die Internetseite der Kampagne umfasst ein ausführliches Informationsangebot rund um den verantwortungsvollen Umgang mit Alkohol. Zur Förderung der aktiven Auseinandersetzung mit den Themen und Informationen bietet die Internetseite zusätzlich zahlreiche interaktive Mini-Programme, mit denen die Nutzerinnen und Nutzer auf spielerische Art Informationen erhalten. Solche interaktiven Tools sind beispielsweise der Online-Alkohol-Einheitenrechner zur Errechnung des Reinalkoholgehalts in alkoholischen Getränken, der Online-Alkohol-Kalorienzähler, der die Kalorien in alkoholischen Getränken errechnet, und die Alkohol-Bodymap, die den User durch den männlichen und weiblichen Körper führt und über die Folgeschäden von Alkohol in den unterschiedlichen Organen aufklärt.

Neben dem Informationsangebot ist es den Nutzerinnen und Nutzern von www.kenn-dein-limit.info auch möglich, an dem Selbsttest „Check your drinking" teilzunehmen. Dieser wissenschaftlich fundierte Online-Fragebogen gibt in anonymisierter Form Auskunft darüber, ob der Alkoholkonsum im Normbereich oder bereits riskant ist. Eine kritische Einstellung gegenüber den Konsumgrenzen wird hierdurch gefördert. Nach der Testauswertung besteht die Möglichkeit, sich zum internetbasierten Programm zur Verhaltensänderung „Change your drinking" anzumelden, so dass die Interventionsschritte von der Steigerung der Aufmerksamkeit bis hin zu Angeboten der Verhaltensänderung systematisch aufeinander aufbauen und in dem Informationsangebot der Kampagne miteinander verbunden sind. Die konzeptionelle Grundlage des interaktiven Verhaltensänderungsprogramms bilden das „Transtheoretische Modell der Verhaltensänderung" (Prochaska et al., 1992), das lerntheoretische "Modell der

Selbstregulation" (Kanfer, 1986) und das Konzept der "Motivierenden Intervention" (Miller, Rollnick, 1999).

Abbildung 6
Ansicht der Internetseite www.kenn-dein-limit.info

Die Zugriffe auf die Internetseite www.kenn-dein-limit.info bestätigen die hohe Akzeptanz und Relevanz der Kampagne für die Zielgruppe: Durchschnittlich 50.000 Besucherinnen und Besucher werden pro Monat auf der Internetseite registriert. Die Zugriffe auf den Online-Selbsttest „Check your drinking" liegen aktuell auf ein Jahr bezogen bei durchschnittlich knapp 17.000 monatlich (August 2010 bis August 2011).

Im „Forum" werden weiter anhand von Leitfragen Austausch und Diskussionen zum Thema „verantwortungsvoller Umgang mit Alkohol" angeregt. Mit dem in dieser Weise entstehenden „user generated content" sollen soziale Normen des Alkoholkonsums zur Diskussion gestellt werden, um wiederum Selbstreflexionsprozesse im Kontext dieses Austauschs anzuregen und zu einer differenzierten Sicht der sozialen Normen zu führen.

Da die Kommunikation über das **Handy** unter Jugendlichen eine zunehmend große Rolle spielt und gleichzeitig das mobile Surfen durch die Verbreitung so genannter Internet-Flatrates immer beliebter wird, ist eine handykompatible Fassung der Internetseite unter http://mobile.kenn-dein-limit.info (Abbildung 7) aufrufbar.

Abbildung 7
Ansicht der mobilen Internetseite der Jugendkampagne „Alkohol? Kenn dein Limit."

Soziale Netzwerke

Ergänzend zur Internetseite www.kenn-dein-limit.info nutzt die Kampagne als weitere Möglichkeit der internetbasierten Kommunikation den Zugang über die bei Jugendlichen beliebten Sozialen Netzwerke: 60 % der Online-Nutzungszeit verbringen die 12- bis 19-Jährigen mit Kommunikation in Sozialen Netzwerken (oder Chat- und E-Mail-Programmen). 95 % der 16- bis 18-Jährigen nutzt mindestens ein Soziales Netzwerk aktiv (BITKOM 2011, Jugend 2.0). Insbesondere bei Facebook und in den VZ-Netzwerken ist die Zielgruppe zu einem großen Teil mit eigenen Profilen angemeldet und bewegt sich dort regelmäßig.

Neben der guten Erreichbarkeit der Zielgruppe bieten die Sozialen Netzwerke einen weiteren wichtigen Vorteil: Es ist über die Sozialen Netzwerke möglich, in einen direkten Dialog mit der Zielgruppe zu treten sowie den Dialog in der Zielgruppe in der gewünschten Weise zu fördern und zu steuern. Hierdurch kann unmittelbar Einfluss auf die Entwicklung einer sozialen Norm genommen werden (Web 2.0). Der hohe Grad der möglichen Partizipation macht die Sozialen Netzwerke vor diesem Hintergrund auch für die Suchtprävention äußerst interessant.

Die Jugendkampagne „Alkohol? Kenn dein Limit." ist in den bei Jugendlichen und jungen Erwachsenen besonders beliebten Sozialen Netzwerken Facebook (Abbildung 8) , schuelerVZ, studiVZ und meinVZ mit einem eigenen Kampagnenprofil, einer so genannten Fanseite der Kampagne vertreten. Diese Kampagnenprofile bieten neben zahlreichen Informationsmöglichkeiten und der Verlinkung zu www.kenn-dein-limit. info eine täglich aktualisierte Pinnwand, auf der die Nutzerinnen und Nutzer Kommentare, Diskussionsbeiträge und weitere Nachrichten hinterlassen können.

Die regelmäßig aktualisierten Statistiken zur Nutzung der Kampagnenprofilseiten belegen, dass sowohl die Akzeptanz der Profilseiten als auch die Partizipation der Zielgruppe an den Aktivitäten, die so genannte „Response Rate", als sehr gut zu bewerten sind. Im Laufe des ersten Jahrs konnten die Kampagnenprofilseiten in den o.g. Sozialen Netzwerken bereits insgesamt mehr als 60.000 „Kampagnen-Fans" generieren.

Abbildung 8
Ansicht der Facebook-Fanseite der Jugendkampagne „Alkohol? Kenn dein Limit."

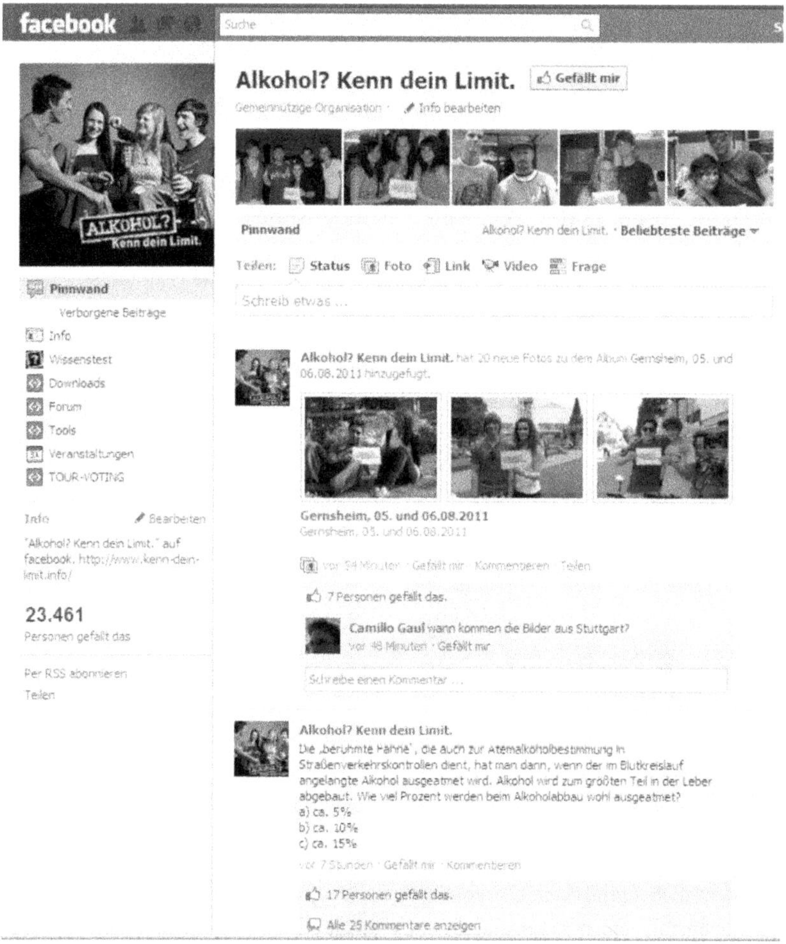

www.facebook.com/alkohol.kenndeinlimit - die Kampagnen-Fanseite auf Facebook

Seit August 2010 ist die Kampagne „Alkohol? Kenn dein Limit." mit einer eigenen Fanseite auf Facebook vertreten. Kampagneninformationen und -botschaften werden hier jugendaffin und dem Nutzungsverhalten in den Sozialen Netzwerken entsprechend aufbereitet, um die Zielgruppe anzuregen, sich auszutauschen, sich zu positionieren und sich auf dem Internetportal der Kampagne vertiefend zum Thema zu informieren.

Hauptmedium der Fanseite ist die „Pinnwand", auf der die Kampagne täglich Nachrichten, Quizfragen, Top-News oder andere kampagnenbezogene Informationen etc. postet. Die User haben auf der Pinnwand die Möglichkeit, bei diesen Kampagnen-Aktionen mitzumachen, ihre Meinung zu äußern und sich mit anderen Usern direkt dazu auszutauschen. Darüber hinaus werden auf der Pinnwand auch Sonderaktionen der Kampagne wie zum Beispiel der Online-Adventskalender „Alkohol? Kenn dein Limit." oder diverse Votings bekannt gemacht.

Die Facebook-Fanseite bietet auch die Möglichkeit, online einen „Wissenstest" rund um Alkohol zu machen. Außerdem stehen in einem „Downloadbereich" unterschiedliche Materialien wie Online-Banner, die Poster, das Logo oder „Limit. Das Magazin" zum kostenfreien Herunterladen bereit. Eine separate „Tool-Seite" ist mit den Mini-Programmen auf der Internetseite www.alkohol-kenn-dein-limit.info verlinkt: Alkohol-Kalorienzähler", „Check your drinking-Selbsttest" oder auch „Alkohol-Einheitenrechner" zählen zu den beliebtesten Tools.

Über den „Veranstaltungskalender" wird auf Kampagnen-Events wie die Peer-Aktionen vor Ort informiert. Fotos der Peer-Einsätze und Videos der Peers sind ebenfalls auf Facebook abrufbar und hier sehr stark nachgefragt. So werden die personalkommunikativen Aktionen der Kampagne auf effektive Weise mit der „virtuellen Welt" der sozialen Netzwerke verknüpft.

Insgesamt bietet die Facebook-Fanseite eine niedrigschwellige Zielgruppenansprache, die eine weite Reichweite gerade in der jugendlichen Zielgruppe entfaltet hat: Innerhalb des ersten Jahres wurden über 26.000 Fans auf der Fanseite registriert. Pro Monat wird die Facebook-Kampagnenseite von rund 20.000 Usern aufgerufen, wöchentlich sind etwa 10.000 User regelmäßig aktiv. Etwa 400 neue Pinnwandeinträge der User selbst werden pro Woche registriert. Die starke Frequentierung und Nutzung der Fanseite zeigen, dass die User die Fanseite im gewünschten Sinne zum Austausch annehmen: Immer häufiger geben User auf der Pinnwand selbst Hinweise auf themenrelevante Veranstaltungen, News oder Diskussionsanlässe.

Ein weiteres wichtiges Ziel – die Verknüpfung von Internetportal und Facebook-Fanseite – wird ebenfalls erreicht: Monatlich kommen etwa 6.000 User der Facebook-Fanseite über die Fanseite auf das Internetportal. Dies spiegelt die sehr gute Verknüpfung von Fanseite und Kampagnen-Internetportal wieder.

Ein genauerer Blick in die Nutzerstatistik zeigt, dass etwa 40 % der Fans des Kampagnenprofils auf Facebook weiblich sind. Von ihnen sind 36 % im Alter von 13 bis 24 Jahre alt. Von den männlichen Fans (insgesamt 60 %) sind 58 % zwischen 13 und 24 Jahre alt. Tendenziell sind mehr ältere Jugendliche Fans der Fanseite als junge, wobei sich dieser Trend zu verstärken scheint.

Die Nutzung des neuen Kommunikationskanals „Soziale Netzwerke" für die Alkoholprävention bei Jugendlichen und jungen Erwachsenen ist mit besonderen Herausforderungen verbunden. Diesen Herausforderungen ist gezielt mit geeigneten Maßnahmen zu begegnen, wobei auch angemerkt sei, dass zunächst Erfahrungen gesammelt werden müssen, wie Fanseiten in Sozialen Netzwerken für die Unterstützung von Präventionszielen sinnvoll und zielführend eingesetzt werden können.

Die Jugendkampagne „Alkohol? Kenn dein Limit." beschreitet mit der Nutzung Sozialer Netzwerk innovative Wege der Zielgruppenansprache und sammelt diese wichtigen Erfahrungen.

Eine Besonderheit in den Sozialen Netzwerken ist zum Beispiel die freie Meinungsäußerung aller User. Es ist also möglich, dass den Präventionszielen entgegengesetzte Meinungen auf einer Fanseite erscheinen. Ein ungeschriebenes Gesetz der Sozialen Netzwerke verbietet es, dass unliebsame Äußerungen der User nach Belieben von den Moderatoren, d.h. in diesem Fall von den Kampagnenverantwortlichen, gelöscht werden. Solange die Äußerungen nicht der festgelegten „Netiquette", die jede Fanseite hat, widersprechen, sollten sie also sichtbar bleiben, um keine Reaktanz auszulösen. Mit einer zu starken Kontrolle und einem restriktiven Löschen von konträren Ansichten kann eine Moderation Desinteresse oder auch Ablehnung bei den Usern bewirken. Dies wiederum würde der Kampagne insgesamt schaden. Diskussionen und Meinungsaustausch in den Sozialen Netzwerken lassen sich zudem nur befördern, wenn unterschiedliche und ggf. konträre Meinungen geäußert werden können. Insofern ist die Moderation von Fanseiten vor die Herausforderung gestellt, auf der einen Seite nicht zu rigide zu löschen und gleichzeitig auf der anderen Seite die Präventionsziele und -botschaften durch eine umsichtige Supervision nicht aus dem Auge zu verlieren.

Eine weitere Besonderheit ist die extreme Schnelllebigkeit in den Sozialen Netzwerken. Die Erwartungen der User sind hoch, d.h. auch, dass interessante, relevante und aktuelle Informationen zum Präventions-Themenkomplex in kurzen Zeitabständen gefunden und veröffentlicht werden müssen, damit ein hohes Niveau an Interaktion auf der Pinnwand erhalten bleibt. Zusätzlich hat die Moderation besondere Aktionen, Votings oder Mitmach-Angebote zu entwickeln, um regelmäßig besondere Highlights zu setzen. Insgesamt steht die Moderation vor der Aufgabe, sich dem schnellen Tempo in den Sozialen Netzwerken anzupassen, dabei aber nicht mit einem „Zuviel" das gesetzte Thema zu verbrennen und auch hierdurch Reaktanz auszulösen.

Um die Wirksamkeit der Kampagnen-Präsenzen in den Sozialen Netzwerken wissen-schaftlich fundiert bewerten zu können, wird in 2012 eine Effektstudie zur Facebook-Fanseite der Kampagne „Alkohol? Kenn dein Limit." durchgeführt. Auf der Basis der erwarteten Forschungsergebnisse sollen Chancen und Risiken der Präventionsarbeit in den Sozialen Netzwerken dargestellt werden. Dies wiederum wird zu einer Opti-mierung der Maßnahmen in diesem Bereich beitragen.

Kampagnenevaluation und Erfolgskontrolle

Mit der systematischen Umsetzung der miteinander vernetzten Kampagnenelemente werden Synergieeffekte erzeugt, die die Bekanntheit der Kampagne erhöhen. Durch die Vermittlung von Information und den damit verbundenen Wissenszuwachs kön-nen die Einstellungen und Überzeugungen der Zielgruppe in gewünschter Weise ver-ändert werden.

Die drei dargestellten Interventionsebenen – Massenkommunikation, Personalkom-munikation und internetbasierte Kommunikation – werden durch die Evaluation einzelner Medien oder auch ganzer Maßnahmenbereiche auf ihre Wirksamkeit hin überprüft.

Medien werden einem Pretest-Verfahren unterzogen, um Verständlichkeit, Aufmerk-samkeitsstärke und Zielgruppenspezifik zu überprüfen und gegebenenfalls zu opti-mieren. Im personalkommunikativen Maßnahmenbereich werden Effekte mittels Evaluationsstudien untersucht. Daneben sind regelmäßige repräsentative Wiederho-lungsbefragungen eine wichtige Maßnahme der Qualitätssicherung der Kampagne. Neben einer Vielzahl von Variablen wird mit diesen Befragungen auch die Entwick-lung der folgenden Kampagnenindikatoren beobachtet:

→ Erreichbarkeit: Wird die Zielgruppe von der Kampagne erreicht, wenn ja in welchem Ausmaß?

→ Wirkung: Tritt die beabsichtigte Wirkung ein?

In den Jahren 2008 bis 2015 werden insgesamt sechs bundesweite Repräsentativ-befragungen zum Themenkomplex Alkoholkonsum bei 12- bis 25-Jährigen von der BZgA durchgeführt. Damit ist eine kurzzyklische Darstellung des jugendlichen Alko-holkonsumverhaltens möglich. Sie bildet die Basis für Adjustierungen in der Ausrich-tung der Kampagnenmaßnahmen.

Dass die Wahrnehmung der Kampagne insbesondere über die bundesweite Plakatak-tion bereits im Jahr 2010 in der Zielgruppe bei über 90 % lag, kann als erstes positives Ergebnis für den Kampagnenindikator der Erreichbarkeit gewertet werden (BZgA, 2011).

Darüber hinaus zeigt die BZgA-Studie zum Alkoholkonsum im Jahr 2010, dass in einigen Altersgruppen auch bereits Rückgänge in der 30-Tage-Prävalenz des Binge Trinkens zu verzeichnen sind. Beim häufigen Binge Trinken sind dagegen bisher noch keine signifikanten Rückgänge zu beobachten. (BZgA, 2011).

Vor diesem Hintergrund bleibt das zentrale Ziel der Jugendkampagne „Alkohol? Kenn dein Limit.", die soziale Norm zum verantwortungsvollen Umgang mit Alkohol hin zu verändern und zu festigen.

In Verbindung mit weiteren Maßnahmen der Alkoholprävention kann die Kampagne ohne Frage einen wichtigen Beitrag zur Förderung eines verantwortungsvollen und kritisch-distanzierten Umgangs mit Alkohol in Deutschland im Jugendalter leisten.

Literatur

Backes H, Schönbach K (2001) Peer Education – ein Handbuch für die Praxis, BZgA, Köln

Bitzer, E. M., Grobe, T. G., Schilling, E. & Döring, H. (2009). GEK-Report Krankenhaus 2009. Schriftreihe zur Gesundheitsanalyse, Bd. 69. Asgard, Schäbisch Gmünd.

Bühler A, Kröger CH (2006) Expertise zur Prävention des Substanzmissbrauchs. In: BZgA (Hrsg) Forschung und Praxis der Gesundheitsförderung, Band 29, BZgA, Köln

Bundesverband Informationswirtschaft, Telekommunikation und neue Medien e.V. BITKOM (Hrsg.) (2011) Jugend 2.0 Eine respräsentative Untersuchung zum Internetverhalten von 10- bis 18-Jährigen, Berlin

Bundeszentrale für gesundheitliche Aufklärung (2009). Die Drogenaffinität Jugendlicher in der Bundesrepublik Deutschland 2008. Verbreitung des Alkoholkonsums bei Jugendlichen und jungen Erwachsenen, Bundeszentrale für gesundheitliche Aufklärung, Köln, http://www.bzga.de/pdf.php?id=d87dafdb e39e87c26d7d5bd6255b129c Letzter Aufruf am 02.08.2011.

Bundeszentrale für gesundheitliche Aufklärung (BZgA) (2009). Alkoholspiegel. Hintergrundinformationen zur Alkoholprävention der Bundeszentrale für gesundheitliche Aufklärung (BZgA), BZgA, Köln

Bundeszentrale für gesundheitliche Aufklärung (BZgA) (2011). Der Alkoholkonsum Jugendlicher und junger Erwachsener in Deutschland 2010. Kurzbericht zu den Ergebnissen einer aktuellen Repräsentativbefragung und Trends. Köln

Deutsche Hauptstelle für Suchtfragen e.V. (DHS) (Hrsg.) (2011). Jahrbuch Sucht 2011. Neuland, Geesthacht, S 7–14.

Gärtner, B., Freyer-Adam, J. et al. (2011). Alkohol – Zahlen und Fakten zum Konsum. Suchtstoffe, Suchtformen und ihre Auswirkungen. In: DHS – Deutsche Hauptstelle für Suchtfragen e.V. (Hrsg.) (S. 29-50). Jahrbuch Sucht 2011. Neuland, Geesthacht.

Hanke, M. & John, U. (2003). Tabak- oder alkoholattributale stationäre Behandlungen. Dtsch Med Wochenschr 1 28(25–26):1 387–1390 (zitiert nach DHS-Jahrbuch Sucht 2010)

Kanfer FH (1986) Implications of a self-regulation model of therapy for treatment of addictive behaviors. In: Miller WR, Heather N (Hrsg) Treating addictive behaviors. Process of change. Plenum Press, New York

Klein, M. (2001). Kinder aus alkoholbelasteten Familien – Ein Überblick zu Forschungsergebnissen und Handlungsperspektiven. Suchttherapie 2:118—124, http://80.92.48.160/addiction.de/fileadmin/user_upload/pdf/beitraege/KleinM2001III.pdf Letzter Aufruf am 02.08.2011.

Klein, M. (2005). Kinder aus suchtbelasteten Familien: Risiko, Resilienzen, Lösungen und Hilfen. In: Verein für Kommunalwissenschaften e.V. (Hrsg).

Die Verantwortung der Jugendhilfe für Kinder von Eltern mit chronischen Belastungen. Aktuelle Beiträge zur Kinder- und Jugendhilfe 49. Verein für Kommunalwissenschaften e.V., Berlin.

Miller WR, Rollnick S (1999) Motivierende Gesprächsführung. Lambertus, Freiburg im Breisgau

MPFS (Medienpädagogischer Forschungsverbund Südwest) (Hrsg) (2010) JIM-Studie 2010. Jugend, Information, (Multi-)Media. Basisstudie zum Medienumgang 12- bis 19-Jähriger in Deutschland, Stuttgart

Mrazek PJ, Haggerty RJ (1994) Reducing Risks for mental disorders. Frontiers for preventive intervention research, National Academy Press, Washington

Pabst, A., Piontek, D., Kraus, L., Müller, S.(2010). Substanzkonsum und substanzbezogene Störungen. Ergebnisse des Epidemiologischen Suchtsurveys 2009. Sucht 56(5):327–336.

Prochaska JO, DiClemente CC (1986) Toward a comprehensive model of change. In: Miller WR, Heather N. (Hrsg) Treating addictive behaviors: Processes of change. Plenum Press, New York

Prochaska JO, DiClemente CC, Norcross JC (1992) In search of how people change: applications to addictive behaviors. AM J Psychol 47: 1102-1114

Singhal A, Rogers EM (1999) Entertainment-education. A communication strategy for social change. Lawrence Erlbaum Associates, London

Statistisches Bundesamt (2011): Aus dem Krankenhaus entlassene vollstationäre Patienten (einschl. Sterbe- und Stundenfälle) 2000 bis 2009
http://www.destatis.de/jetspeed/portal/cms/Sites/destatis/Internet/DE/Content/Statistiken/Gesundheit/Krankenhaeuser/Tabellen/Content75/DiagnoseAlkoholJahre,templateId=renderPrint.psml Letzter Aufruf 01.08.2011

Statistisches Bundesamt (2011). Diagnose Alkoholmissbrauch: 2,8 % mehr junge Krankenhauspatienten im Jahr 2009, Pressemitteilung Nr. 039, Statistisches Bundesamt, Wiesbaden,
http://www.destatis.de/jetspeed/portal/cms/Sites/destatis/Internet/DE/Presse/pm/2011/01/PD11__039__231,templateId=renderPrint.psml Letzter Aufruf 01.08.2011

Strüber E, Lieb C, Dorn T (2009) Die Alkohol-Jugendkampagne „NA TOLL!" der BZgA: Konzeptionelle Grundlagen und Umsetzung. Prävention 4: 116-119

Stumpp, G., Stauber, B. & Reinl, H. (2009). JuR-Studie. Einflussfaktoren, Motivationen und Anreize zum Rauschtrinken bei Jugendlichen. Forschungsprojekt im Auftrag des Bundesministeriums für Gesundheit. Institut für Erziehungswissenschaften, Universität Tübingen.

Tobler NS, Roona MR, Ochshorn P, Marshall DG, Streke AV, Stackpole KM (2000) School-based adolescent drug prevention programs: 1998 meta-analysis. J Primary Prevent 20: 337-352

Stephan Humer

Internetsoziologie – Zwischenruf eines neuen Forschungsfeldes

1. Einleitung

Die Digitalisierung umfasst immer mehr Bereiche unseres Lebens und befindet sich zweifelsfrei auf dem Weg zur unvermeidbaren, allgegenwärtigen Ebene. Frühere analoge Geräte sind heute mehr und mehr, neue elektronische Geräte sind zunehmend ausschließlich digital. Diese Wachablösung findet letztendlich überall dort statt, wo sie technisch möglich ist. Durch die stets komplexer werdende Digitalität ist ein einfacher Einblick in die Funktionsweise der Technik allerdings auch immer schwieriger geworden. Während der Verbraucher früher beispielsweise seinen Videorekorder noch verstehen und teilweise sogar (mit ein klein wenig handwerklichem Geschick) selbst reparieren konnte, eröffnete sich in der digitalen Welt erstmals mit Einführung der Surface Mounting Technology[1] gegen Ende der 1980er Jahre ein Ende dieser Phase, da diese Technologie die Reparatur zu Hause aufgrund ihrer Bauform erheblich erschwerte. Es blieb oft nur der Gang zur Fachwerkstatt und somit das Vertrauen auf einen Experten übrig. Dazu kommt das Komplexitätslevel: nicht nur, dass Chips kaum mit Schraubenzieher und Lötkolben zu reparieren sind, sie sind auch dermaßen komplex, dass man heute Entwicklungsabteilungen mit Hunderten bis Tausenden von Spezialisten benötigt, um Chips zu designen und auf den Markt zu bringen. Wenn selbst die Entwickler die Komplexität nur noch in Form von extrem großen Teams bewältigen können, hat der Endkunde und User mit an Sicherheit grenzender Wahrscheinlichkeit keine realistische Möglichkeit mehr, hier durch eigene Einwirkung entgegenzuwirken. Wir sind also von einem System abhängig geworden, von dem „wir nicht mehr einfach sagen können, wir sind die Herren."[2]

Eingriffe sind nicht nur nicht mehr möglich, sie sind oft auch schlicht und ergreifend nicht gewünscht. Ein erprobtes Mittel zur Verhinderung von Eingriffen ist Verblendung. Durch die Digitalisierung erfolgte eine Auffächerung des Produktangebotes. Zwar kann der heutige PC (mobil wie stationär) als Standalone-Maschine nahezu alles, was für den Endverbraucher interessant und spannend ist (Internet, VoIP-Telefonie, Kopieren, Scannen, Drucken, Spielen, etc.), jedoch hat sich das Produktangebot immer weiter aufgefächert. Dieser Trend wurde erstmals 1992 mit der Einführung des digitalen Mobilfunks deutlich. Musste der Durchschnittsverbraucher in den 1980ern nur wenige (analoge) Geräte wie Fernseher, Radio und Videorekorder bedienen, hat er heute eine Fülle von Geräten zu beherrschen, die in ihrer Komplexität alleine bereits überfordern, geschweige denn im Verbund. Neben einem Mobiltelefon buhlen auch noch MP3-Player, digitale Videorekorder, Navigationsgeräte (mobil und im PKW),

---

[1] Surface-mounted device. https://secure.wikimedia.org/wikipedia/de/w/index.php?title=Surface-mounted_device&oldid=93274904, 6.9.2011.

[2] http://www.xcult.org/banz/texte/banzkittler.html, 6.9.2011

Spielekonsolen (Handhelds und stationäre Geräte für zu Hause) und Pay-TV-, Satelli-
ten- oder Kabel-Decoder (DVB) sowie iPhone und iPad um Aufmerksamkeit. Ganz zu
schweigen von beruflich genutzten Notebooks und Windows-PCs samt ihrer Features
wie E-Mail, Videokonferenz und PowerPoint, deren Beherrschung für viele nur eine
lästige Pflicht[3] ist. Zwar findet auch ein Wegfall alter Medien bzw. eine Verlagerung
von Interessen statt, doch es ist feststellbar, dass die Tiefenschärfe der User sowie
ein tiefgehendes Interesse an den Hintergründen der Technik abnehmen.[4] Daher liegt
nichts näher, als diese zahlreichen Systeme immer bedienerfreundlicher zu gestalten,
so dass sie nur für eine „einzige und unverwechselbare Adresse da (…) sein"[5] können.
Zwar ist Bedienerfreundlichkeit auch eine Bedingung für die Massenverbreitung und
die Akzeptanz in der Bevölkerung, jedoch liegt in der immer benutzerfreundlicheren
Gestaltung auch eine Täuschung verborgen, die vom Wesentlichen ablenken soll. Je
mehr man mit bunten Piktogrammen geblendet und unterhalten wird, desto weniger
will man ins System hineinschauen – es ist ja für die Erfüllung der täglichen Wünsche
auch gar nicht nötig. Die beste Lösung dieser Problematik wären freilich Program-
mierkenntnisse zum Durchschauen des „Bösen". Doch diese Lösung liegt weit weg,
eine Erlösung aus der selbst verschuldeten digitalen Unmündigkeit scheint nicht nahe.
Die User bleiben weiterhin User und bei dem Versuch, „mit den Händen zu denken
und die Blackboxes im praktischen Umgang auszuloten"[6]. Wir passen uns also augen-
scheinlich den Maschinen an, anstatt sie zu beherrschen.

Schreiben auf Codeebene anstatt bunter Oberflächen, die zahlreiche Mausklicks er-
fordern, das entspricht einer sehr puritanischen Denkfigur, die sich so auch bei Im-
manuel Kant findet: „In seiner Verteidigung des alttestamentarischen Bilderverbots
zur Hebung der Moralität verteidigte bereits Kant jene Negativität, die am besten
noch vom Schriftgelehrtentum verkörpert wird, während das gemeine Volk mit Bildern bei der Stange gehalten wird."[7] Zweifelsfrei wäre die Beherrschung von Code
und Maschine ein enormer Gewinn für alle Beteiligten, jedoch sieht es mit der alltäglichen Umsetzung dieser Idee eher schwierig aus. Einer ganz simpler Grund dafür
ist – fern aller vermeintlichen bösen Versuchungen durch die Softwareindustrie und
ihrer schrill-bunten Benutzeroberflächen, die von Wesentlichen ablenken sollen, der
Faktor Zeit.[8] Da die Produktzyklen immer kürzer und die Vielfalt der Geräte immer
größer wird, ist eine Beschäftigung mit diesem Bereich in der Freizeit- und Lebens-

3   Studie: E-Mail-Flut ist Belastung im Beruf. http://www.heise.de/newsticker/meldung/Studie-E-Mail-Flut-
    ist-Belastung-im-Beruf-135120.html, 6.9.2011
4   Schärfere Wahrnehmung und langsameres Denken durch neue Medien. http://www.heise.de/newsticker/
    meldung/Schaerfere-Wahrnehmung-und-langsameres-Denken-durch-neue-Medien-31208.html, 6.9.2011.
5   Kittler, 1993. S. 212.
6   flogging.pdf. http://homepages.uni-paderborn.de/winkler/flogging.pdf, 6.9.2011
7   Vom Sündenfall der Software. http://artematrix.org/kittler/hartmann_vom.sundenfall.der.software.htm,
    6.9.2011
8   Studie: Yahoo erforscht die „i-Generation". http://www.heise.de/newsticker/meldung/Studie-Yahoo-er-
    forscht-die-i-Generation-122910.html, 6.9.2011.

gestaltung des Durchschnittsusers kaum mehr machbar. Für immer mehr Geräte steht immer weniger Zeit und somit immer weniger Raum für die Erforschung der Geräte zur Verfügung. Dass der mündige Kunde König und somit Herrscher bleibt, scheitert weit vor der bedeutsamen und entscheidenden Programmierhürde an viel banaleren Gründen. Ein „Maschinenflüsterer", also der sozial begabte und zugleich technisch versierte Spezialist, der sich den digitalen Phänomenen professionell widmet, erscheint da schon realistischer.

2. Das neue Forschungsfeld Internetsoziologie

Hier, bei der Erklärung digitaler Phänomene mit gesellschaftlicher Relevanz, setzt das neue Forschungsfeld Internetsoziologie an.[9] Internetsoziologie ist (noch) keine institutionell klar definierte oder völlig unzweideutig umrissene Disziplin, sondern ein im Kontext der Arbeit des Verfassers gewachsenes Forschungsfeld und ein Begriff, der erstmals 1999 mit der Initialisierung des gleichnamigen Webangebotes öffentlich gemacht wurde.[10] Der Verfasser betrachtet Internetsoziologie als den Arbeitsbereich, der sich soziologisch mit der Digitalisierung unserer Gesellschaft auseinandersetzt und gleichermaßen soziale wie technische Kenntnisse einbringt. Weniger geht es hier um die (technischen) Möglichkeiten, die das Internet den Soziologinnen und Soziologen gebracht hat, z.B. ganz neue und auch andere Formen der (Online-)Markt- und Meinungsforschung oder die Datenextraktion aus sozialen Netzwerken wie Facebook zwecks Analyse und visueller Aufbereitung. Vielmehr geht es um die inhaltlichen Fragen, die die Digitalisierung unserer Lebenswelt aufwirft, und deren Beantwortung. Freilich wird das Thema Digitalisierung längst von einer Vielzahl Disziplinen bearbeitet und hier stellenweise exzellente (interdisziplinäre) Arbeit geleistet.[11] Jedoch fehlte nach Ansicht des Verfassers bisher (und fehlt auch weiterhin gerade in Deutschland) die Betrachtung von Seiten der Soziologie, die in anderen Ländern wie den USA eben deutlich häufiger anzutreffen ist. Wenn man die Digitalisierung unserer Gesellschaft mit den Mitteln der Soziologie analysiert, schließt man nicht nur eine entscheidende Lücke, sondern kommt in vielen Fällen, so die These, auch zu Ergebnissen, die näher an der lebensweltlichen Realität sind, denn das Internet ist ein (gesamt)gesellschaftliches Phänomen und damit eine genuin soziologische Angelegenheit. Die Soziologie sollte in diesem Falle nicht zu einer Hilfswissenschaft degradiert werden, deren Potential durch die Fokussierung auf eine bunte Mischung von verschiedenen Disziplinfragmenten nicht ausgeschöpft wird. Hierzu ein Beispiel:

[9] Von einer eigenständigen Disziplin zu sprechen erscheint an dieser Stelle anmaßend, denn es mangelt der Internetsoziologie bisher nicht nur an einer entsprechend umfangreichen Ausdifferenzierung, sondern auch an einer grundlegenden Institutionalisierung, die eine solche Weiterentwicklung und einen notwendigen Ausbau realisierbar erscheinen lässt. Eine erste Abhilfe ist in Form des von Google finanzierten Instituts für Internet und Gesellschaft erkennbar, wenn dort entsprechender Wert auf eine soziologische Perspektive gelegt werden wird.

[10] http://www.internetsoziologie.de, 6.9.2011.

[11] Erwähnt sei an dieser Stelle vor allem die äußerst erfolgreiche Arbeit des Berkman Centers der Harvard University, vgl. http://cyber.law.harvard.edu/, 6.9.2011.

Medienpsychologen bearbeiten bspw. die Frage, wie ein Computerspiel auf einen Spieler wirkt – die Internetsoziologie hilft bei der Beantwortung der Frage, welche Auswirkung dieses Computerspiel auf Gruppen oder gar die ganze (deutsche) Gesellschaft hat. Das versuchen Medienwissenschaftler vielleicht auch, doch es gibt in der Ausbildung und Ausrichtung erhebliche Unterschiede zwischen den Medienwissenschaften (andere Theorien, Methoden, Ansätze mit unterschiedlicher Tiefenschärfe und vielfach nur verkürzt wiedergegebenen Hilfswissenschaften) und Soziologie und Psychologie, so dass es zwangsläufig auch andere Ergebnisse geben wird. Wer also soziologische Ergebnisse will, sollte sich deshalb auch direkt der Soziologie widmen. Die Internetsoziologie bringt dabei ganz eigene, unverwechselbare Merkmale mit, die in diesem Zusammenhang besonders hilfreich erscheinen:

- Fokussierung auf digitale Phänomene und konsequenter Ausschluss nichtdigitaler Themen (im Vergleich zur Mediensoziologie)

- Extrem umfangreiche und tief gehende Technikkenntnisse (d.h. Möglichkeit der Analyse "bis ins letzte Bit"; im Vergleich zum klassischen soziologischen Studium ohne umfassende Technikausbildung)

- Intensiver (digitaler) Austausch mit international tätigen Kolleginnen und Kollegen (z.B. den über 2000 Mailinglisten-Mitgliedern der Association of Internet Researchers, Kooperationsvereinbarungen mit Instituten und Einrichtungen in Ländern mit ausgeprägter Internetanalyseaffinität zur Stärkung der Forschernetzwerke und der Institutionalisierung des Forschungsfeldes)

- Anwendung, Weiter- und Neuentwicklung von (etablierten) soziologischen und psychologischen Methoden (gleichermaßen quantitativ wie qualitativ) nach dem Foucaultschen Werkzeugkastenprinzip – kein zwanghaftes Festhalten an *der einen* Lieblingstheorie oder -schule

- Konsequent interdisziplinäre Zusammenarbeit mit Technikern und Juristen in leistungsstarken, kommunikationsfreudigen (Projekt-)Teams mit dem Ziel einer ganzheitlichen Digitalisierungsanalyse

- Verbindung von Grundlagen- und anwendungsorientierter Forschung, d.h. Aufrechterhaltung einer permanenten Skalierbarkeit ("vom Groben ins Feine" und zurück) zur Schaffung von konkretem Mehrwert – kein digitales l´art pour l´art

- Umfangreiche Öffentlichkeitsarbeit durch (populärwissenschaftliche) Beiträge in den Medien, Vorträge und Beratungen

Die Werkzeuge der Internetsoziologie müssen eine *logische* und zugleich *brauchbare* Entwicklung sein, um sie im Alltag anwenden und kontinuierlich weiterentwickeln zu können. Was gebraucht wird, sind dauerhaft gültige Ansätze einer digitalen Theorie, deren Ideen im Idealfall lediglich den gegenwärtigen Erfordernissen angepasst werden müssen, ohne jedoch gleich eine neue Grundlage schaffen zu müssen. Derartige Ansätze sind derzeit nur sehr vereinzelt zu finden. Und sehr häufig wird noch der Fehler gemacht, einzig alte Methoden auf neue Phänomene anzuwenden. Dies führt zu falschen Ergebnissen, die nicht nur an sich unbrauchbar sind, sondern auch im Sinne einer evolutionären Analyseentwicklung in eine Sackgasse führen.[12]

Sinn und Zweck einer internetsoziologischen Analyse kann nur sein, soziale Lösungen für digitale Probleme zu präsentieren. Aus diesem Grunde sollte die Abgrenzung dort erfolgen, wo Theorien Praktikabilität und Verständlichkeit hinter sich lassen und vielleicht sogar phänomenologisch werden. Es ist für den Alltag wohl nicht besonders hilfreich, bis zum Ende der Verstandesleistung zu theoretisieren und dabei die Brauchbarkeit in der Anwendung völlig außer Acht zu lassen. Es reicht jedoch auch nicht, lediglich bloße Empirie zu betreiben. Es ist sehr wichtig, sich dieser Situation stets zu erinnern und im Sinne einer Präsentation brauchbarer Ergebnisse auch anderen Interessierten die Weiterentwicklung und Problemlösung digitaler Phänomene interdisziplinär zugänglich zu machen. Dass dies durchaus provokant verstanden werden kann, ist nicht besonders schlimm, es muss lediglich differenziert werden: es ist gut, auch über den Tellerrand der Brauchbarkeit hinaus zu denken und zu arbeiten. Doch es ist eine Abgrenzung nötig, die andeutet: ab hier verlassen wir den Pfad der Lösung gegenwärtiger Phänomene und wagen uns dann in Bereiche vor, die momentan noch nicht, jedoch vielleicht zukünftig sehr wertvoll sein können. Bei der Analyse digitaler Phänomene, die soziale Auswirkungen haben, sind das Beherrschen von Programmiersprachen, das Verstehen der Systemarchitektur und die technische Analyse eines Netzwerkes notwendige Schritte in die richtige Richtung. Diese sorgen für eine Vertiefung und bessere Beherrschung der Kulturtechnik des Digitalen.[13]

Es dürfte umgekehrt einer der größten Fehler überhaupt sein, den Versuch zu starten, soziale Fragen von Technikern beantworten zu lassen. Techniker kennen die Technik, aber wenn die Grenzen eines Computerchips überschritten werden, spielen andere Dinge eine größere Rolle. Das Motto sollte deshalb stets sein: **Technik ist zu wichtig, um sie nur Technikern zu überlassen.** Schon die (akademische) Ausbildung befähigt Techniker nicht zu gesellschaftlichen Analysen – und reine Technikkenntnis ermöglicht kein Verständnis sozialer Handlungen und Zusammenhänge. Zudem musste leider immer wieder festgestellt werden, dass Techniker sehr oft eine andere Sprache sprechen und allzu oft auch nicht willens sind, sich auf andere Disziplinen – nichtnaturwissenschaftliche Disziplinen, um genau zu sein – einzulassen. Ein gemeinsamer Nenner war in vielen Projekten, an denen der Verfasser beteiligt war, nur äußerst schwer zu finden, was eine interdisziplinäre Analyse wiederum ebenfalls erschwerte. Dies darf wohl zu Recht als sehr frustrierende und ineffiziente Arbeitsweise bezeichnet werden. Deshalb ist es eine der wichtigsten Aufgaben des "Projekts Internetso-

---

[12] Beispiele für offensichtlich fehlgeschlagene Analysen findet man jeweils einzeln in Form von Gegenüberstellungen mit anderen Ansätzen in den Kapiteln 3 und 6 von: Humer, S.: Digitale Identitäten. CSW-Verlag, Winnenden, 2008.

[13] Griffin, Herrmann, 1997. S. 286 – 296.

ziologie", zu Beginn eines jeden interdisziplinären Projekts für einen gemeinsamen (sprachlichen) Nenner zu sorgen. Techniker müssen dann "nur noch" eine gewisse Grundoffenheit an den Tag legen und diese durchhalten, jedoch nicht mehr alles für jeden mühsam "übersetzen".

3. Identität und Identitätsmanagement

Eines der ersten (und inzwischen wichtigsten) Themenfelder der Internetsoziologie ist der Bereich Identitätsmanagement (IDM). Hier zeigt sich auch recht deutlich der Unterschied zwischen einer *ausschließlich* technischen und einer *sozial*-technischen Betrachtung. Die Erkenntnisse der diesbezüglichen Arbeit des Verfassers wurden nicht nur in ein Forschungsprojekt zur Entwicklung von Einsatzszenarien für den neuen Personalausweis (nPA)[14] eingebracht, sondern dienen auch ganz allgemein als Grundlage für den Einsatz eines ganzheitlichen Identitätsmanagements, welches rechtliche (z.B. "Privacy by Design"[15]) und soziologische Aspekte (z.B. Internetsoziologie) von Beginn an mit einbezieht, um ein umfassendes Ergebnis zu erhalten. So entsteht "sozial-technisches Identitätsmanagement"[16], welches den Menschen in den Mittelpunkt stellt und nicht eine rein maschinelle Problemlösung im Sinne der Verwaltung von Username und Passwort. Angelehnt an das OSI-Schichtenmodell[17] und darauf aufbauend ergibt sich folgende Systematik in Form des *sozial-technischen Plus-Vier-Modells*[18]:

> Ebene 4 (unechte bzw. Hauptebene): User
> Ebene 3 (soziale Ebene): soziologische/psychologische Aspekte
> Ebene 2 (kosmetische Ebene): User Interface, Usability, etc.
> Ebene 1 (hybride Ebene): klassisches IDM (Accountgestaltung usw.)

Unterhalb von Ebene 1 knüpfen weitere Ebenen bzw. Schichten an, so wie sie das OSI-Schichtenmodell vorgibt. Damit setzt das Plus-Vier-Modell im Sinne einer Entwicklungs- bzw. Strukturlogik dort an, wo das OSI-Schichtenmodell aufhört (hier: über der Anwenderebene). Dadurch wird die ganzheitliche Betrachtung von Identität im digitalen Raum erstmals systematisiert – und das, nebenbei gesagt, aufgrund der Anlehnung an das OSI-Modell in einer Form, die auch für Techniker direkt verständlich sein dürfte.

[14] http://www.internetsoziologie.at/de/?page_id=4#toc-ttigkeiten-in-der-vergangenheit, 6.9.2011

[15] Vgl. http://privacybydesign.ca/, 6.9.2011

[16] Mobiler Zugang zum Dokumentenschrank – Zeitung Heute – Tagesspiegel. http://www.tagesspiegel.de/zeitung/mobiler-zugang-zum-dokumentenschrank/1969268.html, 6.9.2011

[17] OSI-Modell. https://secure.wikimedia.org/wikipedia/de/w/index.php?title=OSI-Modell&oldid=93128440, 6.9.2011

[18] Erstmals vorgestellt auf der *European Identity Conference 2011* in München, siehe http://www.kuppingercole.com/sessions/901, 6.9.2011

Deutlich werden soll durch das sozial-technische Plus-Vier-Modell vor allem eines: Identität ist im digitalen Raum weit mehr als nur Username und Passwort. Die künftigen Perspektiven im Bereich der digitalen Identitätsarbeit sind gemäß der Breite der Entwicklung und der Vielfältigkeit der Einflüsse extrem umfangreich. Die Kunst des digitalen Identitätsmanagements wird sich zunehmend mit der Notwendigkeit der Abwehr digitaler Manipulation verknüpfen. Identitätsarbeit wird zunehmend PR-Arbeit in eigener Sache, inklusive der Kunst der digitalen proaktiven Manipulation. Das ist nichts anderes als individueller Lobbyismus. Auch Business und Competitive Intelligence werden zunehmend wichtiger. Maßgeschneiderte Angriffe, auch via Social Engineering, werden zunehmen. Einer der wichtigsten technischen Angriffsvektoren wird auch weiterhin Keylogging sein. Das Abfischen von Daten direkt bei der Tastatureingabe ist auch eine Perspektive für die zuständigen Behörden.[19]

Die wohl wichtigste Aufgabe besteht allerdings darin, ein Bewusstsein für die digitale Identitätsarbeit zu schaffen. Es geht um das Wissen, den Weitblick und den Wert von Identität. Allgemeine Identitätsvorstellungen müssen vermittelt werden. Es müssen Methoden entwickelt, vorgestellt und aufgeführt, die soziale gegenüber der technischen Komponente gestärkt werden. Derzeit geben andere die Regeln, das Tempo und die Trends vor: Wirtschaft und Politik. Der Film „Das Netz" mit Sandra Bullock hat es uns – 1995 noch in Form abstrakten Hollywoodhorrors – vorgemacht, wovon wir heute längst tatsächlich bedroht sind: die soziale Komponente, die Einflüsse des Identitätsdiebstahls können sehr gefährlich werden. Einen nicht geringen Anteil an der gegenwärtigen Misere hat allerdings auch die Naivität der User, Kunden und Verbraucher. Es ist eben verlockend, sich auf Bekanntes zu verlassen. Früher hatten wir ausschließlich analoge Verhaltensweisen. Diese waren bekannt, einstudiert, traditionell. Doch heute haben wir die digitale Komponente dazubekommen, sprich: die Digitalisierung als zusätzliche Ebene, und da helfen analoge soziale Muster nur begrenzt – und in vielen Fällen gar nicht. Heute nehmen Menschen *und* Maschinen Einfluss – eine neue Ebene entsteht und wirkt auf uns ein. Ganz und gar nicht schädlich ist da das Schaffen von Reserven, da neue Anforderungen zweifelsohne kommen werden. Sie werden sich nicht immer klar und deutlich am Horizont abzeichnen, aber sie werden kommen. Digitales Wissen muss nicht sofort „nützlich" sein – es kann ganz im Sinne der allgemeinen Bildung als Vorrat dienen, um irgendwann zur Anwendung kommen zu können.[20] Proaktives Arbeiten und Denken sollte aus diesem Grunde dringend eine Pflichtübung werden.

---

[19] Vgl. heise online - „Bundestrojaner" heißt jetzt angeblich „Remote Forensic Software". http://www.heise. de/newsticker/meldung/Bundestrojaner-heisst-jetzt-angeblich-Remote-Forensic-Software-159078.html; BKA rechnet 2009 mit drei oder vier Online-Durchsuchungen. http://www.heise.de/security/meldung/ BKA-rechnet-2009-mit-drei-oder-vier-Online-Durchsuchungen-193048.html; heise online – Mit dem Bundestrojaner gegen mutmaßliche Terrorplaner. http://www.heise.de/newsticker/meldung/Mit-dem-Bundestrojaner-gegen-mutmassliche-Terrorplaner-1235299.html, 6.9.2011

[20] Keupp, 1999. S. 285.

Wir dürfen uns nicht beeindrucken lassen von Tempo, Trends und Emotionen – denn diese werden nicht der Emotionen wegen geschürt, sondern aus anderen Gründen, die nicht primär unserer Identitätsarbeit dienen. Wir müssen objektiv bleiben, und das so gut wie irgend möglich. Wir müssen lernen, leben und dürfen nicht die Kontrolle verlieren. Was wir brauchen, ist positiver Aktivismus, der auch das Potential bietet, kriminellen Ideen den Wind aus den Segeln zu nehmen. Dabei hilft die Analyse auf binärer Ebene: kann ich meine PIN-Nummer beeinflussen? Kann ich die Bank anrufen und um eine Wunsch-PIN bitten? Oder ist die Nummer dank einer Eselsbrücke wie einer symmetrischen Anordnung auf der Tastatur zumindest leicht zu merken? All dies führt aber wieder zurück zu dem, was im Kern dringend gebraucht wird: mehr Denken, mehr Kreativität, mehr Grundlagenorientierung. Und eine wissenschaftliche Grundlagenarbeit, die keine weißen Flecken auf der digitalen Landkarte zulassen will.

4. Fazit

Digitale Identitätsarbeit ist nicht einfach. Die Aktivierung und Ausdifferenzierung von Identitäten ist im digitalen Raum noch vor wenigen Jahren sehr leicht und Erfolg versprechend gewesen, doch das hat sich immer stärker geändert. Heute ist das Internet weit mehr als nur das World Wide Web, sind Identitätsaktivierungen weitaus differenzierter möglich als nur im Schwulen- und Lesbenforum, im Fanbereich einer Fußballvereins-Website oder in einer technisch orientierten Usenet-Group. Das Internet ist erstens deutlich ausdifferenzierter, zweitens deutlich professioneller und drittens deutlich aggressiver geworden. Die Ausdifferenzierung bekommt jeder Mensch zu spüren: war das Internet 1995 noch auf WWW und Usenet beschränkt, so findet heute alles überall statt - Hauptsache, man ist digitalisiert. Das Handy schickt Faxe, die Liebesbeziehung entsteht mithilfe einer Datenbank und der Grenzbeamte überprüft Kopfform und Fingerabdrücke digital. Beim Shoppen wird ein Kundenprofil, beim Fahnden ein Täterprofil erstellt. Und schließlich sollen sämtliche Kommunikationsdaten auf Vorrat gespeichert werden. Man weiß ja nie, womit man sie später mal verknüpfen kann. Die fröhliche Userschar mit Kompetenz und Kreativität, vormals die Pioniere im digitalen Raum, stellt nur noch eine markante Minderheit dar. Alle sind nun dabei – allerdings nicht immer mittendrin, denn sie kamen ins Netz, weil man einfach „drin" sein *muss*. Von den Möglichkeiten und den Gefahren ahnen sie jedoch nur am Rande: Begriffe wie Spyware, Botnetze und Kryptographie bleiben oft diffus und schlussendlich doch eher irrelevant. Mit dabei sind heute aber auch die „Bösen": sie betreiben Botnetze, die fremde Rechner lahmlegen. Sie verkaufen Kreditkarten zum Spottpreis. Sie erstellen und vertreiben Kinderpornographie. Sie machen ihre Attentate öffentlich und betreiben so Propaganda, die vorher undenkbar gewesen wäre. Und sie rufen die auf den Plan, die nicht automatisch eine große Gefahr darstellen, jedoch ohne Zweifel den größten Einfluss ausüben: Strafverfolger, Politiker und Lobbyisten. Sie fordern die Vorratsdatenspeicherung, die Onlinedurchsuchung und die Datenweitergabe von Filesharern – und bekommen sie. Noch bevor sich eine durchschlagend erfolgreiche digitale Kultur bilden konnte, grätschten sie dazwischen, mit wenig Feingefühl, aber viel gutem Willen. Doch „gut gemeint" ist oft das Gegenteil von „gut", und manchmal sind die Maßnahmen auch gar nicht gut gemeint. Den Lobbyisten von Musik- und Filmindustrie geht es schließlich nur ums Geschäft. Sie würden es selbstverständlich begrüßen, wenn sich die Politik dazu entschließen würde, hohe Hürden wie den Richtervorbehalt zu kippen, um endlich an all die Filesharer zu kommen, die ihnen angeblich ihr Geschäft zerstören. Dabei sind sie es selbst, die ihren Businessplan unterminieren, da sie sich der Gegenwart allzu lange verweigert haben und jetzt wie ein bockiges Kind reagieren. Sie sind damit ein interessantes Beispiel für analoges Handeln im digitalen Raum – und das entsprechende Scheitern.

Was ist also zu tun? Fest steht, dass in Deutschland immer noch keine digitale Kultur festgestellt werden kann, die ausreichend schlagkräftig ist, um die Gesellschaft wirklich nach vorne zu bringen oder um zumindest einen Einfluss auszuüben, der dem Netz deutlich mehr positive Seiten abverlangen kann. Die digitale Grundlagenforschung und Aufklärung ist im sozialwissenschaftlichen Bereich, an den Universitäten und Forschungseinrichtungen, viel zu schwach und bedarf dringend der Stärkung. Das Internet ist für viele Menschen - immer noch - nur Mittel zum Zweck: ein schneller Vertriebskanal, ein netter Plausch, ein billiger SMS-Service. Sie haben noch nicht entdeckt, wie revolutionär das Netz nicht nur schon war und ist, sondern erst recht noch sein wird. Es ist vollkommen richtig, wenn gesagt wird, dass wir gerade erst am Anfang stehen: das allgegenwärtige Computing, die Digitalisierung so vieler technischer Geräte und die darauffolgende Vernetzung, all dies ist derzeit nur diffus und kleinteilig erkannt worden. Und das hat Folgen: denn wenn die in Jahrhunderten entstandenen sozialen Gepflogenheiten ohne nennenswerte Anpassung auch im Netz angewandt werden und die dringend notwendige Entwicklung von neuen Formen der Identitätsarbeit im Besonderen und der sozialen Interaktion im Allgemeinen unterbleibt, wird schlicht und einfach nach dem Versuch-und-Irrtum-Schema gearbeitet. Und das ist bekanntlich weder effektiv noch effizient. Was gebraucht wird, ist ein Verständnis der fortschreitenden Kompetenzverlustproblematik in Bezug auf die fortschreitende Digitalisierung, denn diese hat beim „Durchschnittseuropäer zu einer Kompetenz-Entwertung geführt, so dass man durchaus von einer Primitivierung der Beziehungen zwischen Mensch und Lebenswelt sprechen kann".[21]

Was wir brauchen, ist mehr kulturell-digitale Grundlagenforschung. Das Gelingen von digitaler Identität ist kein Privatvergnügen. Es rekurriert immer mit der Gesellschaft; es ist auch ein gesellschaftlich vermitteltes Projekt.[22] Reflexive digitale Soziologie hat ganz allgemein die Möglichkeit, eigenes emanzipatorisches Handeln zu fördern, Identitätszwänge im digitalen Raum aufzuzeigen und zum Widerstand anzuleiten sowie differenziertes Denken zu ermöglichen. Damit kann sie den Bestrebun-

---

[21] Negt, 1998, S. 40.
[22] Keupp, 1999. S. 286.

244 Stephan Humer

gen technischer Art entgegenwirken, die versuchen, „jedes Engagement wissenschaftlicher Vernunft im Politischen zu desavouieren".[23] Und dabei brauchen wir mehr als nur die Adaption US-amerikanischer Ergebnisse. Und das gilt im Übrigen für alle globalisierten Trends, nicht nur für US-amerikanische. Denn in nicht allzu ferner Zukunft werden Trends auch aus China kommen, aus Indien und aus Brasilien. Wenn wir nicht nur Kopisten und Mitläufer sein wollen, müssen wir hier proaktiv, professionell und fair kämpfen. Wir brauchen eine europäische Trendwende, die den Menschen im Mittelpunkt hat und nicht nur Überwachung oder blutleere Profitorientierung. Um es deutlich zu machen: bisher haben sich freilich häufig Entwicklungen durchgesetzt, mit denen niemand gerechnet hatte. Dazu gehören unter anderem die E-Mail und die SMS. Und ebenso gingen zahlreiche nette Versuche sang- und klanglos unter. Doch die Freiräume, in denen positive Dinge entstehen können, werden zunehmend zugunsten umfassender Kontrolle und Profitorientierung beschnitten. Dabei ist Deutschland durchaus ein Testfall: in einem Land, in dem es keine Bodenschätze und keine billigen Arbeitskräfte mehr gibt, kommt es immer mehr auf Imagination, Virtualität, Digitalität und Immaterialität an.

Was wir des weiteren brauchen, ist digitale Bildung. Was wir brauchen, sind „neue Erzählungen" – diese sind die „heimlichen oder auch offenen 'Lehrpläne' für die Identitätsbildung der Subjekte".[24] Dass Menschen im Präventionsbereich hier eine mustergültige Multiplikatorfunktion einnehmen können, kann an dieser Stelle kaum stark genug betont werden. Was wir brauchen, sind aktive Userinnen und User. Das Handeln im digitalen Raum ist neu für die Menschheit, daher wird hier nicht weniger eigenwilliges Verknüpfen und Kombinieren verlangt als im Rahmen anderer (nichtdigitaler) Teilrealitäten. Digitales Handeln muss nicht zwangsläufig auf Perfektion hinauslaufen. „Dem Gelingen muss das Misslingen gleichberechtigt zur Seite stehen, um das Selbst nicht auf das Gelingen festzulegen und es nicht unter Erfolgszwang setzen zu lassen".[25] Die Qualität von Identitätsarbeit und Lebensart steigt mit dem Level der Aufdeckung von digitalen Machtverhältnissen und nur durch die Kenntnis der Machtverhältnisse sind entsprechende Eingriffe und Einwirkungen möglich. Die digitale Identität sollte sich im diskursiven Sinne positionieren zwischen der fitten individualisierten, beinahe narzisstischen Person[26] und den großen Erzählungen mit Ewigkeitscharakter, die mit dem Verlust von Individualität einhergehen[27]. Die Rede ist also von einem „reflexiven Selbst"[28], das Freiheit und Zivilgesellschaft erfolgreich verknüpft: „Ein solches Konzept des Empowerment hilft den Menschen, die Kon-

---

[23] Ders., S. 273; Bourdieu et al., 1997, S. 825f.
[24] Keupp, 1999, S. 293; 1996, S. 42.
[25] Keupp, 1999, S. 275f.; Schmid, 1998, S. 77f.
[26] Keupp, 1999, S. 290.
[27] Ders., S. 291.
[28] Ders., S. 292; 1996, S. 56.

trolle über ihre eigene Lebenssituation auszudehnen."[29] Und das ist auch dringend notwendig, denn:

„Vor einem Vierteljahrhundert war die Vergangenheit bekannt, die Zukunft vorhersagbar und die Gegenwart veränderte sich in einem Schrittmaß, das verstanden werden konnte. (...) Heute ist die Vergangenheit nicht immer das, was man von ihr angenommen hatte, die Zukunft ist nicht mehr vorhersehbar, und die Gegenwart ändert sich wie nie zuvor."[30]

Warum nun das alles? Ganz einfach: Nur wenige Generationen bekommen die epochale Chance, Gegenwart und Zukunft in diesem Maße entscheidend zu formen. Die Digitalisierung wird die Welt umfassend verändern. Sie ist eine Revolution und nicht nur eine evolutionäre Entwicklung bestehender Techniken und Medien. Die Internetsoziologie kann, davon ist der Verfasser überzeugt, hier einen wichtigen Beitrag leisten und die Userinnen und Usern durch Erkenntnisgewinn dabei unterstützen, diese Revolution positiv zu beeinflussen, aktiv zu sein und nicht passiv alles geschehen lassen. Dies wäre nicht nur hilfreich für die Individuen, sondern letztlich auch für die Gesellschaft.

---

[29] Ders., S. 293.

[30] Gelatt, 1989, S. 252. Zit. von Keupp in: http://www.ipp-muenchen.de/texte/identitaeten.pdf, 6.9.2011

Literatur- und Linkliste

Berkman Center. http://cyber.law.harvard.edu/, abgerufen am 6. September 2011.

BKA rechnet 2009 mit drei oder vier Online-Durchsuchungen. http://www.heise.de/ security/meldung/BKA-rechnet-2009-mit-drei-oder-vier-Online-Durchsuchungen-193048.html, abgerufen am 6. September 2011.

Bourdieu, Pierre et al.: Das Elend der Welt. Zeugnisse und Diagnosen alltäglichen Leidens an der Gesellschaft., Universitäts-Verlag, Konstanz, 1997.

CV [de] : Stephan Humer – Internetsoziologie. http://www.internetsoziologie.at/ de/?page_id=4#toc-ttigkeiten-in-der-vergangenheit, abgerufen am 6. September 2011.

flogging.pdf. http://homepages.uni-paderborn.de/winkler/flogging.pdf, abgerufen am 6. September 2011.

Friedrich Kittler, Stefan Banz. Platz der Luftbrücke. Ein Gespräch. http://www.xcult. org/banz/texte/banzkittler.html, abgerufen am 6. September 2011.

Gelatt, H.B.: Positive uncertainty: A new decision-making framework for counselling. Journal of Counselling Psychology, 36, 1989. Online verfügbar unter http://depts.washington.edu/apac/roundtable/10-23-06_positive_uncertainty. pdf, abgerufen am 6. September 2011.

Griffin, Matthew; Herrmann, Susanne: Interview mit Friedrich A. Kittler. Weimarer Beiträge 43/2, 1997.

heise online - „Bundestrojaner" heißt jetzt angeblich „Remote Forensic Software". http://www.heise.de/newsticker/meldung/Bundestrojaner-heisst-jetzt-angeblich-Remote-Forensic-Software-159078.html, abgerufen am 6. September 2011.

heise online – Mit dem Bundestrojaner gegen mutmaßliche Terrorplaner. http:// www.heise.de/newsticker/meldung/Mit-dem-Bundestrojaner-gegen-mutmassliche-Terrorplaner-1235299.html, abgerufen am 6. September 2011.

Humer, Stephan: Digitale Identitäten. CSW-Verlag, Winnenden, 2008.

IDENTITÄTEN IN DER AMBIVALENZ DER POSTMODERNEN GESELLSCHAFT. http://www.ipp-muenchen.de/texte/identitaeten.pdf, abgerufen am 6. September 2011.

Keupp, Heiner: Wer erzählt mir, wer ich bin? Identitätsofferten auf dem Markt der Narrationen. Psychologie & Gesellschaftskritik 20 (1996), H. 4, S. 39-64.

Keupp, Heiner: Identitätskonstruktionen. Das Patchwork der Identitäten in der Spätmoderne. Rowohlt, Reinbek, 1999.

Keupp, Heiner: Identitäten in der Ambivalenz der postmodernen Gesellschaft. Vortrag beim 6. Benediktbeurer Herbstforum „,... entweder – und ...'" Vom Umgang der Sozialen Arbeit mit unlösbaren Widersprüchen am 19.10.2002 in Benediktbeuren. http://www.ipp-muenchen.de/texte/identitaeten.pdf, abgerufen am 6. September 2011.

Kittler, Friedrich: Draculas Vermächtnis. Technische Schriften. Leipzig, 1993.

Mobiler Zugang zum Dokumentenschrank – Zeitung Heute – Tagesspiegel. http://www.tagesspiegel.de/zeitung/mobiler-zugang-zum-dokumenten-schrank/1969268.html, abgerufen am 6. September 2011.

OSI-Modell. https://secure.wikimedia.org/wikipedia/de/w/index.php?title=OSI-Modell&oldid=93128440, abgerufen am 6. September 2011.

Negt, Oskar: Lernen in einer Welt gesellschaftlicher Umbrüche; in: Dieckmann, H.; Schachtsiek, B. (Hrsg.): Lernkonzepte im Wandel. Klett-Cotta, Stuttgart, 1998.

Privacy by Design. http://privacybydesign.ca/, abgerufen am 6. September 2011.

Schärfere Wahrnehmung und langsameres Denken durch neue Medien. http://www.heise.de/newsticker/meldung/Schaerfere-Wahrnehmung-und-langsameres-Denken-durch-neue-Medien-31208.html, abgerufen am 6. September 2011.

Schmid, Wilhelm: Philosophie der Lebenskunst. Eine Grundlegung. Suhrkamp, Frankfurt am Main, 1998.

Stephan Humer – Internetsoziologie. http://www.internetsoziologie.de, abgerufen am 6. September 2011.

Studie: E-Mail-Flut ist Belastung im Beruf. http://www.heise.de/newsticker/meldung/Studie-E-Mail-Flut-ist-Belastung-im-Beruf-135120.html, abgerufen am 6. September 2011.

Studie: Yahoo erforscht die „i-Generation". http://www.heise.de/newsticker/meldung/Studie-Yahoo-erforscht-die-i-Generation-122910.html, abgerufen am 6. September 2011.

Surface-mounted device. https://secure.wikimedia.org/wikipedia/de/w/index.php?title=Surface-mounted_device&oldid=93274904, abgerufen am 6. September 2011.

The German National Digital ID and it´s Exemplarity for Other Countries – Kuppinger Cole. http://www.kuppingercole.com/sessions/901, abgerufen am 6. September 2011.

Vom Sündenfall der Software. http://artematrix.org/kittler/hartmann_vom.sundenfall.der.software.htm, abgerufen am 6. September 2011.

Leo Keidel

Wer hilft Hannes?

- Wie aus das Idee für ein Projekt ein preisgekröntes schulisches Gewaltpräventionsprogramm wurde -

„Sehr geehrte Damen und Herren,

die Jugendfeuerwehr Rems-Murr und die Polizeidirektion Waiblingen sind stolz auf das gemeinsam entwickelte Programm „Gewalt ist keine Lösung" zur schulischen Gewaltprävention, dass wir Ihnen gerne vorstellen.

Das Kernstück ist ein Medienpaket für Schulen und Jugendarbeit zu den mittlerweile leider typischen jugendlichen Alltagsproblemen: Mobbing – Gewalt – Happy Slapping – Gewaltvideos auf Mobilfunkgeräten.

Wie kam es vor genau vier Jahren zu der zugegebenen etwas ungewöhnlichen Konstellation Polizei u n d Jugendfeuerwehr in einem Projekt zur Gewaltprävention?

Zwei Ursachen waren dafür verantwortlich:

1. Bei der Ausbildung von Jugendleitern der Feuerwehren im Rems-Murr-Kreis sollte ein Projekt geplant werden. Bei der Suche nach einem geeigneten Thema fiel der Blick auf einen kritischen Artikel in der Tageszeitung zum Phänomen „Happy Slapping" und führte zu einer heftigen Diskussion über die Verbreitung Gewaltvideos auf Mobilfunkgeräten Jugendlicher.

Unabhängig von der Jugendleiterausbildung reifte der Entschluss, gegen Gewaltvideos auf Handy und deren Verbreitung vorgehen zu wollen.

2. Im gleichen Jahr wurden durch das Land Baden-Württemberg bzw. die Landesstiftung über das Programm „Kriminalpräventive Modellprojekte" (KPM) Fördermittel für lokale Gewaltpräventionsprojekte ausgelobt. Eine Voraussetzung war die Beteiligung der örtlichen Polizeidienststelle. Die Jugendfeuerwehr nahm für die Antragstellung Kontakt mit der Polizeidirektion Waiblingen auf und es wurde gemeinsam eine Projektskizze erstellt und als Projekt „Gewalt ist keine Lösung" eingereicht, welches dann staatliche Fördermittel in Höhe von 11.500,- € bei einem Gesamtetat von 16.500,- € erhielt.

Wie lautete die Problemstellung innerhalb des Projekts?

Mittlerweile gibt es kaum noch einen Schüler in den weiterführenden Schulen, der nicht mindestens über ein Mobilfunkgerät verfügt. Außerdem hat die neue Handy-Generation die Mediennutzung von Jugendlichen und Kindern gravierend verändert. Stand zuvor noch die verbale Kommunikation zwischen den Gesprächspartnern im Vordergrund und für die Eltern die Erreichbarkeit in Notfällen, gelang es durch geschickte Marketingstrategien und technische Neuerungen das Handy als unverzichtbares Medien-Center in der Gesellschaft zu platzieren.

Es gibt praktisch kein Handy mehr, mit dem „nur" telefoniert wird. Jede weitere technische Errungenschaft birgt aber auch Gefahren und Risiken. Eine Besonderheit stellt das „Happy-Slapping" dar. Durch die ausgereifte Technik ist es für einen Jugendlichen einfach gewaltverherrlichende Videos entweder selbst zu produzieren oder Schlägereien von anderen aufzunehmen und via MMS oder Bluetooth-Schnittstelle weiter zu geben oder ins „weltweite Web" zu stellen.

Damit ergab sich auch für die Polizei ein neues Straftaten-Phänomen. Prügelszenen auf dem Pausenhof werden inszeniert, um ein spektakuläres Video drehen und verbreiten zu können. Die bislang „altersüblichen" Gewalttaten und Erniedrigungen zusätzlich gefilmt und insbesondere in der Schule verbreitet führen dazu, dass die Opfer die Erniedrigungen ständig aufs Neue erleiden müssen. Diese jugendtypischen Straftaten werden in erster Linie gegen Mitschüler ausgeübt, die bereits zuvor als Opfer Späßen, Mobbing und anderen Erniedrigungen innerhalb der Schulklasse ausgesetzt waren.

Im Rems-Murr-Kreis musste die Polizei mehrmals gegen Schüler ermitteln, die Mitschüler verprügelten und diese Gewalttaten mit dem Handy aufnahmen. Bei Projektbeginn gab es im Jahr 2008 bei 17.891 registrierten Straftaten lediglich 3 solcher Fälle von eigener Gewaltvideos auf dem Schulhof, die offiziell bekannt wurden Umfragen unter den Schülern bestätigten aber, dass Gewaltvideos sehr weit verbreitet sind. Obwohl diese Straftaten in der Öffentlichkeit stattfinden, weisen sie ein hohes Dunkelfeld auf, weil insbesondere die Mitschüler bei diesen Taten in ihrem Werteverständnis kein oder nur ein schwach ausgeprägtes Unrechtsbewusstsein verspüren (Aussage von Mitschülern bei einer der drei Straftaten: „Endlich mal was los hier!").

Anderes Beispiel:

Schüler filmen sich mit ihren Handys beim Vandalismus in der S-Bahn in der Öffentlichkeit (60 Einzeltaten) und feuern sich dabei gegenseitig an. Auch dieser „Spaß" landet selbstverständlich im Internet.

Personen die wegen fehlender Zivilcourage nur zuschauten ohne dem Opfer zu helfen, wurden bisher in der Psychologie als „non helping bystander" definiert. Nun zeigt sich in solchen Fällen, dass selbst bislang als unauffällig geltende Schüler aktiv werden, allerdings völlig eigennützig, indem sie die Gelegenheit ausnutzen, mit dem eigenen Handy die Erniedrigung des Opfers zu filmen.

Ich möchte hier auf eine „Un-Kultur" des Ergötzens an menschlichen Unzulänglichkeiten (z.B. das Filmen von Betrunkenen, Behinderten oder Verkehrsopfern) hinweisen und bezeichne die „Täter" als „Greedily bystander", denn sie haben ihr Handy immer griffbereit und sind gierig nach medialen Sensationen, die sie sofort unter ihrem „Nickname" relativ anonym im Internet (z.B. auf der Plattform „Youtube") wie „Jagdtrophäen" präsentieren. Insbesondere die Feuerwehr und die Rettungsdienste leiden immer infolge der medialen Aufrüstung mehr unter diesem Phänomen, dass mittlerweile eine leider selbstverständliche Folgeerscheinung eines jeden Verkehrsunfall oder einem großen Unglücksfall ist.

Was ist der Inhalt des Präventionsprojekts?

Das Gewaltpräventionsprojekt „Gewalt ist keine Lösung" entstand als Reaktion auf diese besorgniserregende Entwicklung. Gemeinsam wurde ein Medienpaket geschnürt, das im Schulunterricht zur Gewaltprävention als Anschauungsmaterial dienen soll. Und was ist anschaulicher als ein Film als Medium zur Vermittlung der medialen Probleme?

Wie viele andere erfolgreiche Projekte begann es im Kleinen mit vielen Abendsitzungen in Feuerwehrgerätehäusern. Interessierte Jugendliche und Jugendleiter der Feuerwehr entwarfen, moderiert durch einen Kriminalbeamten, Ideen für den Film auf Moderationskarten und an der Flip-Chart.

Zum Inhalt des Films: Hauptdarsteller des Films ist der Schüler Hannes. Er wird von den Mitschülern als „Streber" verschrien und „gehänselt"; Mitschüler filmen das mit ihren Handys. Der „Spaß" spitzt sich im Verlauf des Films zu. Hannes wird mehrfach das Taschengeld abgezockt und alle Erniedrigungen werden mit dem Handy auf Video festgehalten, auf dem Pausenhof allen anderen gezeigt und natürlich an alle Mitschüler, die es interessiert verschickt. Hannes ist verzweifelt.

Der Film zeigt neben der Opferperspektive auch die gewünschten Reaktionen wie Hilfe von anderen und mögliche Folgen (Strafanzeige, Gerichtsverfahren). Es wird bewusst sehr deutlich dargestellt, welche Konsequenzen eintreten und die neuen Medien nicht nur Spaß und Unterhaltung bieten.

Die inhaltliche Gestaltung des Films ermöglicht, dass er im Unterricht nach jeder der sechs Szenen angehalten werden kann, um mit den Schülern darüber diskutieren zu können, was in der jeweiligen Situation richtig oder falsch ist, was noch harmlos ist und was nicht mehr. Alle Beteiligten werden angesprochen, insbesondere auch jene Schüler, die mitbekommen, was da geschieht, unabhängig davon ob sie entweder einfach wegschauen oder die Zivilcourage aufbringen, sich einzumischen. In der dritten Auflage wurden zu jeder Szene jeweils ergänzende Aussagen der Beteiligten eingefügt (Opferperspektive, Was sagen die anderen Beteiligten?) sowie Untertitel in deutscher (für Hörgeschädigte) und englischer Sprache.

Abgerundet wird der Film durch das Begleitheft der Polizeidirektion zu den rechtlichen Aspekten, die so genannte Normverdeutlichung und dem Aufzeigen der Konsequenzen bei einem erkannten Rechtsverstoß sowie eine Anleitung für die Nutzung des Medienpakets für den Schulunterricht.

Eine wichtige Besonderheit stellt die Authentizität der „Schauspieler" dar: jeder Darsteller spielt sich selbst wie z.B. der Jugendrichter vom Amtsgericht Waiblingen hat die im Film gezeigten Straftaten juristisch geprüft und spricht das Urteil. Dadurch werden die realen Bezüge glaubhaft vermittelt.

Seit Februar 2009 sind alle Schulen des Rems-Murr-Kreises sowie sämtliche Jugendfeuerwehren und die Polizeidirektionen des Landes im Besitz eines kostenlosen Exemplars. Flankiert wird das Medienpaket durch eine eigene Infowand und eine Ausstellung eines Schulmalwettbewerbes, die als Wanderausstellung zur Verfügung stehen. Außerdem bietet die Jugendfeuerwehr einen Aktionstag für Schulklassen bei der örtlichen Feuerwehr an.

Mit der Prämierung durch das Bündnis für Demokratie und Toleranz 2008 und der Vorstellung auf dem Deutschen Präventionstags in Leipzig 2008 bzw. Hannover 2009 gelang es, auch über die Landesgrenzen und bis ins benachbarte Ausland hinaus, das Projekt bekannt zu machen. Darüber hinaus kann es an ca. 100 Kreismedienzentren im Bundesgebiet ausgeliehen werden Höhepunkt war bisher die Präsentation des Projekts im Rahmen der Best Practice Conference 2009 in Stockholm vor Teilnehmern aus 25 europäischen Ländern. Die Auswahl erfolgte national durch das Bundesministerium für Justiz bzw. des Inneren in einer strengen Qualitätsauslese im Hinblick auf die Effektivität der eingereichten Projekte. Deshalb war die Einladung zum jährlichen Weltkongress der Kriminologen „Stockholm Criminology Symposium" im Jahr 2010 mit über 600 Teilnehmern aus 30 Ländern nur eine logische Fortsetzung. Im gleichen Jahr erhielt es den Hans Götzelmann-Preis für Streitkultur.

Was ist das besondere an *diesem* Präventionsprojekt?

Zum Einen die **Vielzahl der unterschiedlichen Akteure**, die mit dem Medienpaket arbeiten:

Neben den üblichen „Verdächtigen" wie Pädagogen und Polizeibeamten engagieren sich Jugendleiter aus den örtlichen Feuerwehren, die einerseits innerhalb ihres Vereins Schulungen durchführen, als auch selbst in Schulklassen aktiv werden.

Darüber hinaus konnten Streitschlichter und „Medienscouts", also Schüler („Peer Group") ausgebildet werden, die wiederum selbstständig an ihren Schulen mit dem Medienpaket agieren.

Experten aus der Medienbranche konnten einbezogen werden und nutzen die Unterlagen im Kontext zu weiteren Medieninformationen auf einer E-Learning-Plattform im Internet (www.school-meets-media.de).

Und nicht zu vergessen, die Eltern. Über den ehrenamtlichen Zugang des Vereins „Freunde üben Rücksicht e.V." engagieren sich Eltern an Schulen zum Thema Gewaltprävention und führen eigenständig Unterrichtseinheiten durch, allein im Rems-Murr-Kreis gibt es bereits 14 Stützpunkte. Auch ihnen steht das Medienpaket zur Verfügung.

Ein weiteres Beispiel für die Vielfalt ist das Ergebnis unserer Ausschreibung eines Wettbewerbs im Internet 2009. Hier gewann der Judo-Abteilung des TSV Tauberbischofsheim, die auf Grund unseres Wettbewerbs eine eigene Initiative gegen Happy-Slapping begann und u.a. dafür sorgte, dass unser Medienpaket an den örtlichen Schulen eingesetzt wird. Die Gesamtaktion gewann zuletzt 2011 einen landesweiten Wettbewerb.

Zum Anderen **die Vielfalt der Einsatzmöglichkeiten**

- in der Schule (selbstständig oder mit Unterstützung der Kooperationspartner)
- als Wanderausstellung (Rathäuser, Schulveranstaltungen, Feuerwehrfeste)
- Aktionstag der örtlichen Feuerwehr für die Schule
- in der Lehrerausbildung (PH Ludwigsburg)
- für Jedermann (Ausleihe beim örtlichen Kreismedienzentrum)
- interaktive Version 2011 mit Zusatzsequenzen (Opfer-/Lehrer-/Polizei-/Täterperspektive) als Ergänzung eigener Medien
- im Internet auf Kommunikationsplattformen (www.school-meets-media.de bzw. auf Facebook)

Ist ein Erfolg messbar?

Folgende Probleme stellten sich nach der kreisweiten Verteilung an 170 Schulen heraus:

- Die Benutzung im Schulunterricht war nicht verbindlich
- Manche Pädagogen waren „nur" daran interessiert, aktuelle Probleme in ihrer Klasse zu lösen und nicht noch zusätzliche Aufgaben wahr zu nehmen
- aus finanziellen Gründen gab es keine wissenschaftliche Begleitung (die Fördermitteln waren durch die kostenlose Produktion des Medienpakets aufgebraucht), lediglich eine Umfrage des Staatlichen Schulamts Backnang über die Nutzung des Programms an den Schulen

Die Wirksamkeit eines Präventionsprojekts, das auf eine Veränderung des eigenen Verhaltens zielt, messen zu können ist schwierig, weil z.b. nicht in Form eines wissenschaftlichen Experiments mit den Probanden (hier: alle Schüler) unter realen Bedingungen überprüft werden kann, ob die Schüler tatsächlich im konkreten Fall die gewünschte Reaktion zeigen. Deshalb sollte die wissenschaftliche Überprüfung anhand des in solchen Fällen üblichen Messinstruments in Form eines Fragebogens erfolgen, der die möglichen (Verhaltens-) Veränderungen durch die persönliche (subjektive) Einschätzung des Einzelnen darstellen soll. Dies geschieht per Abfrage 1. vor Beginn des Programms zur Ausgangssituation (Prä-Befragung T0), 2. unmittelbar nach Durchführung der Maßnahmen (Post-Befragung T1) und 3. ca. ein halbes Jahr nach der Durchführung des Programms an der Schule hinsichtlich der Langzeitwirkung (T2).

Der Fragenkatalog orientiert sich am wissenschaftlichen Erhebungsbogen der Ruhruniversität Bochum, mit dem Frau Dr. Brigitta Goldberg das eintägige polizeiliche Gewaltpräventionsprogramm „Ohne Gewalt stark" für Bochumer Schulen erfolgreich auf dessen Wirksamkeit überprüft hatte und von ihr freundlicherweise für das hiesige Projekt zur Verfügung gestellt wurde.

Weil das dortige Projekt einen tiefer gehenden und umfassenderen Untersuchungsauftrag beinhaltete (Viktimisierung, Orte der Kriminalität etc.), wurde der Fragebogen auf die Kernaussage einer möglichen Verhaltensänderung in bestimmten Situationen reduziert.

Beispiel aus dem vierseitigen Fragenkatalog

Du bekommst auf dem Schulhof mit, dass andere Jugendliche Gewaltvideos per Handy verschicken.

	Ja	Nein
Das ist mir selbst schon passiert	☐	☐
Das habe ich schon beobachtet...	☐	☐

Wie verhältst du dich?

	be-stimmt	viel-leicht	eher nicht	keines-falls
Es ist mir egal.............	☐	☐	☐	☐
Ich lasse mir das Video zuschicken, um es anzuschauen	☐	☐	☐	☐
Ich lasse mir das Video zuschicken, um es weiterzuverbreiten	☐	☐	☐	☐
Ich bitte die Jugendlichen, das Weiterverbreiten zu unterlassen......	☐	☐	☐	☐
Ich melde es der Pausenaufsicht..........	☐	☐	☐	☐
Ich melde es dem (Beratungs-/Vertrauens-) Lehrer	☐	☐	☐	☐
Ich wende mich an die Polizei............	☐	☐	☐	☐
Ich informiere den Streitschlichter...............................	☐	☐	☐	☐
Ich erzähle meinen Eltern davon...............................	☐	☐	☐	☐

Aus finanziellen Gründen waren die professionelle wissenschaftliche Begleitung und eine flächendeckende Datenerhebung nicht möglich. Bislang gab es nur stichprobenartige Auswertungen ausgewählter Schulklassen in unterschiedlichen Schulen des Landkreises (Haupt-, Realschule und Gymnasium). Die Auswertung ergab nur minimale Veränderungen der angekreuzten Antworten.

Ist es wirksam?

Schüler erzählen nach den Unterrichtseinheiten, dass sich nun nicht mehr unsicher fühlen, was sie tun sollen in solchen Fällen, wie sie Opfern in ihrer Klasse helfen können und couragiert aktiv werden...

...und deren Lehrer stellen später in ihren Klassen fest, dass tatsächlich positiven Veränderungen in deren Verhalten untereinander zu erkennen waren.

Ich möchte noch den Rektor einer Schule zitieren:

„Sehr geehrter Herr Keidel,

gerne bestellen wir das Update zum Medienpaket „Gewalt ist keine Lösung".

Gerade an unserer großen Schule machen wir regen Gebrauch von dem bisherigen Paket. Auch bei Elternabenden und Elternbeiratssitzungen haben wir bereits Ausschnitte davon präsentiert. Speziell zwei Lehrerinnen unseres Kollegiums haben sich besonders als Multiplikatoren eingearbeitet und arbeiten intensiv mit Klassen im Unterricht."

Ein Erfolgsfaktor für das Projekt stellt auch der bereits in vielen Präventionsprogrammen als wirksam erwiesene Peer-Group-Einfluss dar. Hier in diesem Fall waren es 25 Mitglieder aus 5 Jugendfeuerwehren, die natürlich noch zur Schule gingen und somit von der Zielgruppe des Programms „Schulklassen" als Schüler akzeptiert wurden. Außerdem die Jugendleiter bzw. Streitschlichter, die ebenfalls innerhalb ihrer Altersgruppe aktiv wurden.

Interessant sind die Reaktionen der Schüler beim Vorführen des Films: zuerst viel Gelächter, weil sie oft Parallelen zu eigenen Erfahrungen erkennen, dann aber im Verlaufe der Geschichte doch Nachdenklichkeit und zum Schluss deutliche Betroffenheit, insbesondere über die in der Gerichtsverhandlung ausgesprochenen Strafen bzw. Konsequenzen.

Den Schülern wird verdeutlicht die damit verbundenen Wertvorstellungen wie „Menschenwürde oder Recht auf körperliche Unversehrtheit", die sie vielleicht nicht so definieren. Aber die Schüler erkennen den Unterschied ob etwas „nur verboten ist" oder sie unabhängig davon das Gefühl haben, es wäre nicht richtig („Das tut man nicht") und dies regt zum Nachdenken an und kann zu einer zukünftigen Verhaltensänderung beitragen.

Im Umgang mit den Jugendlichen wird klar, dass sie sehr wohl Wertvorstellungen haben, die sich im Wesentlichen mit denen unserer Gesellschaftsordnung decken, jedoch hat es den Anschein, dass sie bei der Erziehung nicht mehr den Stellenwert genießen, wie noch in den früheren Generationen.

Die **„Mediatisierung der Erfahrung"** sieht Neil Postman durch den Einfluss des Fernsehens auf die Kinder bestätigt, es führt zu einer starken Veränderung der Kindheit. Die Schriftkultur, fast ausschließlich zugänglich für Erwachsene, wird durch die elektronischen Medien zur **Bilderkultur**. Er bedauert, dass heute damit auch Kinder im Prinzip den gleichen (ungefilterten) Zugriff auf Bilder und damit auf Nachrichten haben wie Erwachsene, ohne dass sie reif genug dafür wären.

Postman stellt klar, dass diese Medien ein Erleben des Hier und Jetzt suggerieren und für Kinder ein Anspruchsverhalten fördern auf komplette und sofortige **Bedürf-**

nisbefriedigung ohne eine schrittweise (kindgerechte) Hinführung und Einweisung in bislang noch nicht bekannte Lebensbereiche. Die neuesten technischen Errungenschaften wie Internet-Handy oder IPhone lösen bei den Kindern reflexartig Fragen nach den vorhandenen Klingeltönen, Spielen oder Musikvideos aus. Alle haben „kinderleichte" Bedienung und sorgen eher dafür, dass den Erwachsenen die Geheimnisse der neuen Medien verschlossen bleiben! Dies bestätigt sich in den Gespräche mit Eltern und Pädagogen, die oft Schwierigkeiten haben, mit dem (technischen) Wissenstand der Kinder mitzuhalten.

Wie viele andere Wissenschaftler und Pädagogen und eben auch Postman selbst sehen sie die Lösung des Problems in der **Begrenzung des Medienkonsums** bzw. in einer kontrollierten Nutzung.1 Ein Ziel des Programms „Gewalt ist keine Lösung" ist deshalb auch nicht das Handy zu verbieten oder generell zu kritisieren, sondern die Schüler dahingehend zu sensibilisieren, welche Möglichkeiten die neuen Medien bieten und zu hinterfragen, wie das Nutzungsverhalten aussieht (Beispiel: 4 Mädchen sitzen in einem Cafe an einem Tisch und alle schreiben SMS).

Die Jugendfeuerwehr als Kooperationspartner ist in diesem Fall hervorragend geeignet, um einen atypischen, aber altersgerechten Zugang (Peer-Group) zu den Schülern und den Projektinhalten (Handynutzung, Verbreitung von Gewaltvideos und Zivilcourage) zu bekommen. Außerdem ist die Feuerwehr m.E. ein ideales Beispiel zur Vermittlung von Werten, die in einer Gesellschaft wichtig sind: soziale Verantwortung und Ehrenamt.

Die Freiwillige Feuerwehr in der Region Stuttgart, weist nur wenige „Migranten" als Mitglieder aus. Ein Grund könnte die Unkenntnis über die hiesigen Strukturen zur Berufsfeuerwehr und der Freiwilligen Feuerwehr sein. In der Türkei gibt es z.B. wie in vielen anderen Ländern nur eine Berufsfeuerwehr. Gerade in einer „multikulturellen" Gesellschaft ist es wichtig, Kindern mit Migrationshintergrund zu vermitteln, dass sich hier Ehrenamtliche in ihrer Freizeit betätigen und die Feuerwehr für helfen und retten in der Verantwortung für die gesamte Gesellschaft steht. Ein weiterer wichtiger Aspekt ist die Kameradschaft und Teamarbeit innerhalb der Feuerwehr und das sich auf den anderen verlassen können. Diese Bereiche werden gerade in der heutigen Zeit des Individualismus besonders wichtig ist und fehlen oft in der Erziehung.

Deshalb steht der zweite Baustein des Präventionsprogramms unter dem Motto „Helfen macht Spaß" und ist ein erlebnispädagogischer Projekttag für die Schulklasse bei der örtlichen Jugendfeuerwehr. Die ganze Schulklasse wird in einem praktischen Übungstag eingebunden und kann so im Vorübergehen en passant positive Erfahrungen in der Gruppenarbeit machen. Dies fördert einen besseren Zusammenhalt in der Schulklasse/ Veränderungen in der Cliquenbildung und ermöglicht die Integration von Außenseitern und von potenziellen Opfern. Daneben werden anhand der Einsatzbeispiele der Feu-

---

1   Keidel: Ist die Kindheit noch zu retten oder Neil Postman Recht?, S.16

erwehr auch die Wertvorstellungen und Auswirkungen des Werteverfalls (Stichwort: mutwilliger Fehlalarm, Sachbeschädigung, Feuerwerkskörper in einer Menschengruppe zünden, leersprühen von Feuerlöschern in Schulen etc.) verdeutlicht.

Im Idealfall wird durch dieses Projekt erst das Interesse an der Tätigkeit in der Jugendfeuerwehr geweckt und nicht nur Prof. Dr. Christian Pfeiffer ist der Auffassung, dass die Jugendlichen im Süden der Republik u.a. deshalb eine geringere Kriminalitätsrate aufweisen, weil sie über eine deutlich höhere Zugehörigkeit zu Vereinen und damit eine stärkere Einbindung in die Gesellschaft verfügen. Informelle Kontrolle durch die Gruppe ist hier ein wichtiger Faktor, umgekehrt wissen wir, dass Gruppenzwang Jugendliche auch negativ beeinflussen kann, allerdings außerhalb der klassischen Vereinsbindung wie Sport-, Musikverein oder eben in der Jugendfeuerwehr.

Die Zugehörigkeit in einem Verein und die damit verbundene regelmäßige (pünktliche!) Teilnahme an Übungen, Fortbildungen etc. ermöglicht unterschwellig ebenfalls die Vermittlung von Werten wie Leistung, Verantwortung für die Gemeinschaft und fremdes Eigentum sowie Anerkennung. Heute ist es zwingender denn je notwendig, die Verhaltensweisen, die wir einfordern, auch vorzuleben.[2]

Wird das Präventionsprogramm entsprechend dieser theoretischen Vorstellungen angewandt, ist es weit mehr als nur ein rechtlicher Hinweis und erhobener Zeigefinger zum ordentlichen Umgang mit dem Handy, sondern ein kleiner Schritt zur pädagogischen Aufbereitung von teilweise bereits verschwundenen Werten. Und die Kinder von heute sind die Eltern von morgen und sie werden die Gesellschaft in der Zukunft entscheidend prägen.

Vielen Dank für Ihre Aufmerksamkeit!

---

[2]   Frank 2009

Literaturangaben

Bergmann, Wolfgang: „Eine teuflische Mischung", Interview im Magazin Stern, Ausgabe 22 vom 21.05.2008, Hamburg 2008, Seite 56

Frank, Uwe: „Kinder und Jugendliche fordern zu Recht mehr Respekt", Kommentar in der Waiblinger Kreiszeitung vom 28.12.2009, Seite C3, Waiblingen, 2009

Keidel, Leo: „Beispiel für ein Gewaltpräventionsprogramm in der Schule zur kritischen Reflexion eigenes Verhalten" in „Werteorientierte Medienpädagogik – das Präventionsprojekt Medienscout" Schönherr Kurt W. (Hrsg.) VS-Verlag Wiesbaden 2011

Keidel, Leo: „Gewalt ist keine Lösung" Begleitheft zum Medienpaket, Waiblingen, 2009

Keidel, Leo: „Ist die Kindheit noch zu retten oder hat Neil Postman Recht?" Unveröffentlichte Hausarbeit im Fach Soziologie, Fernuniversität Hagen, 2008

Postman, Neil: „Das Verschwinden der Kindheit", Deutsche Übersetzung von Reinhard Kaiser, Deutsche Ausgabe S. Fischer Verlag, Frankfurt/Main 1983

Internet: Vortrag „Wer hilft Hannes?" 16. Deutscher Präventionstag Oldenburg, www.praeventionstag.de

Kerstin Koletschka

„Chatten – aber sicher?!"

Ein geschlechtsspezifisches Präventionsangebot für weiterführende Schulen von Wildwasser Oldenburg e.V., Anlauf und Beratungsstelle gegen sexualisierte Gewalt

In unserer Arbeit gegen sexualisierte Gewalt nimmt der Bereich der Prävention zum Thema „Formen und Folgen von sexualisierte Gewalt im Internet" einen immer größeren Stellenwert ein.

Die Nutzung des Internets ist mittlerweile für fast alle Mädchen und Jungen ab Klasse 5 zu einer Selbstverständlichkeit geworden. Das Medium Internet bietet ihnen die Möglichkeit, Kontakte zu knüpfen, Freundschaften zu schließen, zusätzlich zum Telefon mit Freunden und Freundinnen online zu plaudern, sich Informationen zu beschaffen, dazu zu gehören, sich in wechselnden Rollen darzustellen und auszuprobieren, zu spielen und Spaß zu haben. Trends und neue Internetseiten werden meist im Freundeskreis weiterempfohlen.

Gleichzeitig birgt das Internet aber auch Gefahren, die sowohl Kinder und Jugendliche als auch Eltern und Lehrkräfte meist aus Unkenntnis unterschätzen:

Das Netz ist ein Tummelplatz für Pädokriminelle, Stalker und Erwachsene, die via Netz Mädchen und Jungen mit pornografischen Produkten und exhibitionistischen Handlungen (z.B. per Webcamübertragung), konfrontieren. Geschriebener Text im Chat, wie die Beschreibung und Aufforderung zu sexuellen Handlungen (cybersex) oder Audio- und Videoübertragungen können für die Betroffenen traumatisierende Folgen haben – in dem sie Scham, Verwirrung und Ekel erzeugen. Auf psychotraumatologischem Hintergrund bedeutet dies eine nachhaltige Speicherung der Bilder in bestimmten Gehirnregionen.

Was viele ebenso nicht wissen: Einmal online gestellte persönliche Daten oder Bildmaterial (z.B. in Sozialen Netzwerken wie das bei Schülern stark frequentierte *SchülerVZ*, oder auf der Videoplattform *youtube*) lassen sich nicht mehr vollständig aus dem Netz entfernen *(Das Netz vergisst nichts!)*

Diese Daten können von Dritten gesammelt und missbraucht werden. Die Mädchen und Jungen glauben oftmals an die Sicherheitsversprechen der Anbieter und fühlen sich vermeintlich gut geschützt. Die scheinbare Anonymität des Mediums allerdings senkt die Hemmschwelle bei TäterInnen, und wer sich gut auskennt, kann Sperren meist leicht umgehen.

Besonders besorgniserregend ist die Tatsache, dass Kinder und Jugendliche oft leichtfertig ihre persönlichen Daten, Adressen und Telefonnummern herausgeben, so dass leicht ein persönlicher Kontakt zwischen Täter und Opfer entstehen kann. Sichere technische Möglichkeiten, die diese Art der Kontaktaufnahme verhindern können, gibt es dabei nicht.

Unsere Erfahrungen in der Präventionsarbeit haben gezeigt, dass die Mehrzahl der Erwachsenen arglos, unerfahren und nicht ausreichend informiert ist über die Gefahren im Netz, insbesondere für Kinder und Jugendliche. Nur sehr wenige Lehrkräfte und Eltern haben Zugang zur virtuellen Welt ihrer SchülerInnen bzw. Töchter und Söhne. Nur selten erzählen Kinder und Jugendliche Erwachsenen von ihren negativen Erlebnissen im Internet. Sie haben Angst, nicht verstanden zu werden oder dass ihnen das Internet ganz verboten wird. Wenn überhaupt, tauschen sie sich mit Gleichaltrigen aus. Auch die Hemmschwelle, sich Unterstützung in einer Beratungsstelle zu holen, ist groß.

Jungen nehmen tendenziell noch seltener professionelle Hilfe in Anspruch, da die Opferrolle dem immer noch gängigen Jungen- und Männlichkeitsbild widerspricht. Aber viele Schülerinnen und Schüler (fast jeder 4. Schüler/jede 4. Schülerin) haben bereits negative Erfahrungen sammeln müssen.

Wildwasser Oldenburg sieht hier die Notwendigkeit, durch <u>Aufklärung und Prävention</u> dem Missbrauch von Kindern und Jugendlichen entgegenzuwirken und Brücken zu professionellen Hilfsangeboten zu bauen. Wegen der steigenden Gefahren (wie z.B. sexualisierte Gewalt / Cybermobbing / Umgang mit persönlichen Daten) ist es wichtig, dass sich auch erwachsene Bezugspersonen mit dem Medium auskennen.

Seit 2004 führt Wildwasser Oldenburg das **Präventionspaket „Chatten - aber sicher?!"** an Schulen ab der 5. Klasse durch.

Das Präventionspaket umfasst:

1.   Eine Informationsveranstaltung für Lehrkräfte

2.   Einen Elternabend für den gesamten Jahrgang

3.   Workshops mit Schülerinnen und Schülern

Präventive Ziele des Projekts

Ziel dieses Projekts ist es, gemeinsam mit den **Schülerinnen und Schülern** Handlungsstrategien für einen verantwortungsvollen Umgang mit dem Medium Internet zu erarbeiten, ein Gespür für Grenzüberschreitungen zu vermitteln und geeignete Hilfsangebote bei sexueller Belästigung aufzuzeigen.

Es soll verhindert werden, dass Kinder und Jugendliche Schaden durch die Nutzung des Internet nehmen oder, auch unbewusst, anderen zufügen.

Eltern werden ermutigt, ihre Kinder bei der Internetnutzung nicht alleine zu lassen, schützende Maßnahmen zu etablieren und sich so als AnsprechpartnerInnen bei Pro-

blemen anzubieten und **Lehrkräfte** erhalten Informationen über Nutzen und Gefähr-
dungspotential, denen die Schülerinnen und Schüler durch ihre Mediennutzung ausgesetzt sind. Dadurch rückt das Thema mehr in den Fokus der Lehrkräfte, so dass sie
bei Problemen angemessen reagieren und den betroffenen Schülerinnen und Schülern
adäquate Hilfe zukommen lassen können.

Auch nach Durchführung des Präventionspakets steht Wildwasser Oldenburg als Anlaufstelle bei Beratunsgbedarf allen Beteiligten zur Verfügung. Die kostenlose Beratung kann persönlich aber auch online erfolgen. www.wildwasser-oldenburg.de

Inhalt und Art des geschlechtsspezifischen Konzeptes

Das bisherige Präventionsprojekt „Chatten – aber sicher?!" war eher auf Schülerinnen
zugeschnitten. Konzipiert und durchgeführt wurde es von der langjährigen Wildwasser - Mitarbeiterin Kerstin Koletschka, Diplompädagogin, Fachberaterin für Psycho-
traumatologie und (Online-)Beraterin.

Mit dem erweiterten, geschlechtsspezifischen Präventionskonzept bietet Wildwasser
Oldenburg seit 2010 gezielt auch den Schülern ein auf sie angepasstes Angebot mit
einer speziell geschulten, männlichen pädagogischen Fachkraft an.

Dabei finden in jeder weiterführenden Schule, die beabsichtigt, dieses Projekt in einem Jahrgang anzubieten, vorab eine Informationsveranstaltung für Lehrkräfte und
ein Elternabend (für den gesamten Jahrgang) statt. Die TeilnehmerInnen werden hierbei über den Ablauf der Workshops mit den Schülerinnen und Schülern informiert.
Auf Fragen wie z.B.:

* „Welche Täterstrategien gibt es im Netz?!"
* „Wie schütze ich Kinder und Jugendliche vor sexueller Belästigung im Internet?"
* „Was kann ich tun, wenn mein Kind/ein Schüler/eine Schülerin belästigt wurde?"

wird eingegangen.

Anschließend findet pro Klasse ein Workshop in geschlechtergetrennten Gruppen
ohne Lehrkraft statt. Der Nutzen und die potentiellen Gefahren des Internets werden
verdeutlicht. Schutzmaßnahmen und professionelle Hilfen werden erläutert.

Die Schülerinnen und Schüler werden nach ihren Erfahrungen mit Internet und Chat
gefragt. Auf Themenwünsche der Gruppe kann flexibel eingegangen werden. Es wird
der positive Nutzen des Internets gewürdigt.

An Hand von Filmen und Clips, (www.watchyourweb.de) Screenshots und Fallbei-
spielen aus der Beratungsarbeit von Wildwasser Oldenburg werden die potentiellen
Risiken aufgezeigt und Gefahren verdeutlicht.

Das Vorgehen Pädokrimineller und grenzüberschreitender Jugendliche im Chat werden durch Chatprotokolle veranschaulicht.

Zu Recherchezwecken begab ich mich in Jugendchaträume. Meiner Erfahrung nach dauert es nur wenige Minuten, bis ich vom überwiegend männlichen Klientel kontaktiert und sexualisiert >>angemacht<< werde.

Die Chats beginnen meist harmlos, enden jedoch oft nicht so, wie folgendes Chatprotokoll beispielhaft verdeutlicht:

huschhuschinskoerbchen: hallo lena

lenaschlueter: huhu

huschhuschinskoerbchen: was machst du gerade?

lenaschlueter: ich chatte

huschhuschinskoerbchen: bist du alleine

lenaschlueter: ja

huschhuschinskoerbchen: sag mal hast du lust ein wenig mit mir zu spielen?

lenaschlueter: was denn spielen?

huschhuschinskoerbchen: streicheln

huschhuschinskoerbchen: und reiben

huschhuschinskoerbchen: ich zeig dir wie ich meinen schwanz auspacke und mich verwöhne

lenaschlueter: dafür bin ich zu jung

huschhuschinskoerbchen: bitte?

huschhuschinskoerbchen: wie alt bist du denn

lenaschlueter: 12

huschhuschinskoerbchen: oh

huschhuschinskoerbchen: sorry

huschhuschinskoerbchen: da hast du recht

lenaschlueter: stimmt

huschhuschinskoerbchen: gut lena. was machst du denn sonst so wenn du alleine bist

huschhuschinskoerbchen: ausser chatten

lenaschlueter: ich mag musik hörn

huschhuschinskoerbchen: super

huschhuschinskoerbchen: internetradio?

huschhuschinskoerbchen: oder cd

lenaschlueter: cd

huschhuschinskoerbchen: aha

huschhuschinskoerbchen: und für cs bist du noch zu jung

lenaschlueter: cs?

huschhuschinskoerbchen: cam sex

lenaschlueter: ich weis nich was damit gemeint ist

huschhuschinskoerbchen: damit meint man, dass mindestens einer von zwei chatpartnern eine Kamera hat

huschhuschinskoerbchen: und

huschhuschinskoerbchen: mit dieser kamera

huschhuschinskoerbchen: dem anderen zeigt

huschhuschinskoerbchen: wie er sich verwöhnt

huschhuschinskoerbchen: dem anderen gefällt das und er streichelt sich dabei

huschhuschinskoerbchen: während er zusieht

lenaschlueter: aha

huschhuschinskoerbchen: nur zur aufklärung

huschhuschinskoerbchen: kanns ja in 4 jahren mal wieder anklingeln

huschhuschinskoerbchen: bis dann lene

huschhuschinskoerbchen: ausser wenn du mal interesse an einer kostprobe hast meldest du dich mal

huschhuschinskoerbchen: ok

huschhuschinskoerbchen: machs gut

Täterstrategien im Netz:

Das Vorgehen ist stets ähnlich:

Zu Beginn eines Chats wird meist nach Name, Alter und Wohnort gefragt:

„Wie heißt du, wie alt, woher?"

Dann geht es um das Aussehen:

„Hast du ein Foto?"

Wenn kein Foto geschickt werden kann oder will, werden Fragen nach dem Aussehen gestellt:

„Wie siehst du aus? Beschreib dich mal … Was hast du an?"

Schnell gehen die Fragen in eine sexuelle Richtung:

„Bist solo? ", „Hast Du einen Freund?"

Viele Chatpartner wollen wissen, ob man „alleine zu Hause" ist, damit sie ungestört mit ihrem potentiellen Opfern chatten können und Fragen stellen, wie:

„Hast du Bock auf cs?" (cybersex = Dialog mit sexuellem Inhalt führen, oder auch camsex, hierbei werden die Kinder und Jugendlichen auch aufgefordert, sexuelle Handlungen an sich vorzunehmen)

„Was trägst du drunter? Hast du schon einen BH? Schon Haare unten?"

„Hast du irgendwie schon Erfahrungen? Hast du schon Sex?"

„Denkst du oft daran, wie es ist, mit einem Mann zu ficken?"

Auch wird man von Exhibitionisten „eingeladen" zu einem Videochat per Webcam.

Klickt man auf « accept », erscheint allerdings nicht das Gesicht des Chatpartners sondern in den meisten Fällen das männliche Geschlechtsteil im erigierten Zustand, auch mit der Aufforderung sich selbst zu befriedigen.

Viele möchten auch ein reales Treffen vereinbaren und locken mit Geschenken:

„Ich komm zu dir, das ist kein Problem"... „Ich komm mit dem Zug"... „Willst du dein Taschengeld aufbessern?"

Gemeinsam mit den Kindern und Jugendlichen werden in den geschlechtergetrennten Workshops Handlungsstrategien erarbeitet und geeignete Hilfsangebote bei sexueller Belästigung aufgezeigt. Es werden Tipps zum sicheren Chatten vermittelt und Hinweise auf gute Informationsquellen im Internet gegeben. Hilfreiches, weiterführendes Informationsmaterial wird verteilt.

Durch die Arbeit in gleichgeschlechtlichen Gruppen, die Abwesenheit der Lehrkräfte und die Schweigepflicht der Fachkräfte wird eine möglichst vertrauensvolle Atmosphäre geschaffen. In der Vergangenheit nutzten viele Mädchen die Gelegenheit, sich der Pädagogin anzuvertrauen, offen über ihre Erlebnisse beim Chatten zu sprechen und von erlittenen Missbrauchserfahrungen zu berichten.

Durch die Mitarbeit eines männlichen Jungenpädagogen und den gleichgeschlechtlichen Arbeitsgruppen sollen die Jungen ermutigt werden, ihre „Performance-Ebene" zu verlassen und jenseits gespielter/inszenierter Männlichkeit in einen ehrlichen Austausch zu treten. Grenzen werden definiert (was ist in Ordnung, was nicht). Grenzverletzungen, auch selbst erfahrene, werden thematisiert, um das eigene Gespür für Unrecht zu sensibilisieren. Opfererfahrungen bei Jungen und Männern werden enttabuisiert und so der Weg für die Inanspruchnahme von Hilfen geebnet.

Im Jahr 2010 haben über 1600 Schülerinnen und Schüler und rund 800 Erwachsene an unseren Präventionsveranstaltungen teilgenommen.

Aus den Workshops mit den Schülerinnen und Schülern erreichten Wildwasser 380 Meldungen über sexualisierte Übergriffe im Internet (Cybersex-Angebote, Cybermobbing, Übersendung und Konfrontation (kinder-) pornografischer Bilder).

Das Feedback der SchülerInnen und der Lehrkräfte und Eltern war stets positiv, wie zb folgende Anmerkungen aus unserer Fragebogenauswertung für Schülerinnen verdeutlichen:

Anmerkungen der Mädchenfragebögen 2011

- *Ich finde es gut, dass sich Leute um die Betroffenen kümmern*

- *Ich werde heute auf SVZ gehen und meine Seite überprüfen, auf das, was ich alles geschrieben habe*

- *Ich finde es gut, dass man eine Email-schicken kann (Onlineberatung Wildwasser)*

- *Ich finde es gut dass man jetzt weiß was alles im Internet passieren kann.*

- *Jetzt kann man sich schützen vor solchen Leuten*

- *Ich fand es super interessant und ich weiß jetzt auch was ich in komischen Situationen machen soll*

- *Man sollte vorsichtig sein und alles was ich heute gelernt habe darauf achte ich in Zukunft. - Wichtige Informationen nicht angeben und keine Fotos reinstellen.*

- *Ich fand es gut, dass wir Filme ansehen konnten. So habe ich es besser verstanden.*

- *Ich fand es gut, dass Jungen und Mädchen getrennt waren. Da konnte man offener reden und es ist nicht so peinlich als vor den Jungs!*

- *Es ist gut dass es solche Projekte gibt. Vielleicht können so mehr Missbrauche verhindert werden.*

- *Es hat sehr viel Spaß gemacht und wir haben auch viele gelernt über die Sicherheit im Internet die uns in Zukunft sicher weiter helfen wird.*

- *Ich fand die zwei Schulstunden sehr gut, weil man etwas gelernt hat und weil niemand erfährt was man hier gesagt hat. Ich hätte es nicht so gut gefunden wenn die Jungen hier gewesen wären, weil manche Sachen peinlich gewesen wären.*

- *War gut ! Ich wusste nicht das man das was im Internet steht überhaupt NICHT mehr löschen kann*

Anmerkung Fragebögen Jungen 2011

- *es war interessant zu wissen, wer alles von mir was sehen kann*
- *Ich finde das Projekt gut und wichtig!*
- *Einfach super! Ich werde vieles anders machen. Hut ab!*
- *Ich persönlich fand es gut, man hat viel gelernt.*
- *War interessant zu wissen was mit meinen persönlichen Daten passiert*
- *Super erklärt, aufklärend und interessant. Wünschte hätte länger gedauert.*
- *Ich finde die arbeit die du machst gut und hilft Kinder sich auf Gefahren vorzu-bereiten*
- *Mir sind die Gefahren im Internet bewusst geworden*
- *Es war perfekt und jetzt weiß ich das ich im Internet nicht sicher bin*
- *Jeder der gut zugehört hat weiß sich jetzt im Internet zu helfen*
- *Find ich gut das wir das alles getrennt und unter uns besprochen haben*
- *Ich fand das Projekt sehr gut, vor allem das man über alle Themen ohne Lachen reden konnte*
- *Es war interessant und ich werde jetzt mehr im Netz aufpassen*
- *Gute Beratung/ viele Informationen/ freundlich und lustig*

Die stetig steigende Nachfrage der Schulen nach unserem Präventionspaket (siehe Tabelle) zeigt den dringend notwendigen Informationsbedarf in diesem Bereich.

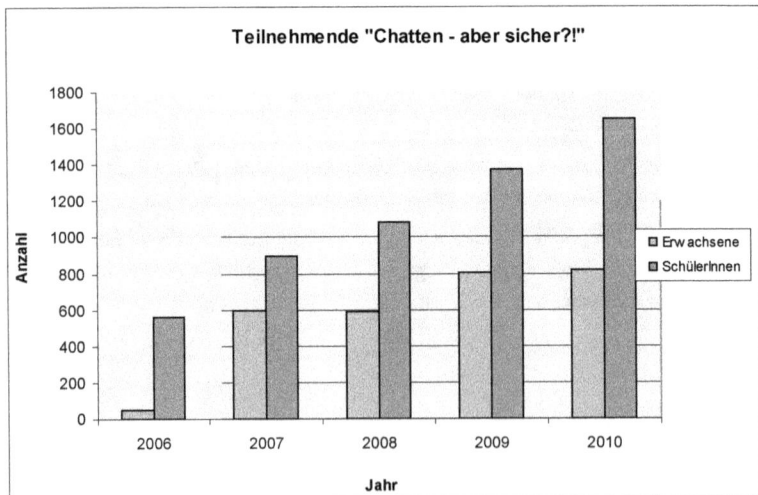

Teilnehmende "Chatten - aber sicher?!"

Dieses Präventionsangebot erfordert viel Einsatz und die Bereitschaft, sich auf die virtuelle Welt der Kinder und Jugendlichen einzulassen. Der Zeitaufwand für die On-line-Recherche nach geeigneten Hilfsangeboten, empfehlenswerten Homepages, oder eben auch nach jugendgefährdenden Websites ist hoch. Vor allem die Konfrontation mit der Menge an gewaltbelastetem (Bild-)Material bei der Recherche Bedarf ein hohes Maß an entlastender individueller und institutioneller Pysychohygiene für die Fachkräfte. Diese wird durch die Einbindung in das Beratungsteam bei Wildwasser, regelmäßige Fallbesprechung und Supervision gewährleistet.

Empfehlenswerte Links:

www.watchyourweb.de
Jugendkampagne zur Sensibilisierung im Umgang mit persönlichen Daten im Internet

www.chatten-ohne-risiko.net
alles rund um das Thema Gefahren beim chatten

www.klicksafe.de
informiert umfassend über Sicherheitsthemen im Internet

Gerd Koop

Wie organisiert man erfolgreich kommunale Präventionsarbeit?

Sehr geehrte Damen und Herren,

bevor ich mit meinen thematischen Ausführungen beginne, möchte ich Sie auch im Namen des Präventionsrates Oldenburg sehr herzlich zum 16. Deutschen Präventionstag in der wunderschönen Stadt Oldenburg begrüßen. Es ist für uns eine Ehre und eine besondere Herausforderung zugleich, an der Planung und Durchführung dieses Präventionstages mitwirken zu dürfen. Natürlich erfüllt uns die Tatsache, dass die Verantwortlichen des Deutschen Präventionstages die Stadt Oldenburg als Austragungsort für diesen national und international wohl wichtigsten und größten Präventionskongress ausgewählt haben, mit Stolz. Wir hoffen, dass wir Ihnen ein guter Gastgeber in Oldenburg sind.

Wie organisiert man erfolgreich kommunale Präventionsarbeit?

Die Antwort suggeriert Ihnen, meine Damen und Herren, dass wir in Oldenburg davon ausgehen, erfolgreiche Präventionsarbeit zu leisten. Ich möchte dem nicht widersprechen, denn wir haben in Oldenburg in den letzten zehn Jahren aus hiesiger Sicht gute Strukturen für eine wirkungsvolle und nachhaltige kommunale Präventionsarbeit geschaffen. Diesen Prozess, die Ziele und die Aufgaben möchte ich Ihnen im Folgenden in meinen Ausführungen vorstellen.

„Solange das Ziel nicht klar ist, ist jeder Weg richtig". Dieser wegweisende Satz aus der Managementlehre hat uns in Oldenburg vor knapp zehn Jahren dazu veranlasst, den bis dahin sich eher zögerlich entwickelnden kommunalen Präventionsrat neu auszurichten. Ausgangspunkt war ein eintägiger Strategieworkshop, zu dem wir als Präventionsrat Oldenburg seinerzeit alle an der Präventionsarbeit interessierten und engagierten Personen und Organisationen Oldenburgs eingeladen hatten. Hierzu zählten Vertreter der Stadtverwaltung, der Polizei, der Schulen, der Justiz, des Justizvollzuges, soziale Organisationen, die Konfliktschlichtung, einige Beratungsstellen und der Förderverein des Präventionsrates. Wegweisendes Ergebnis dieses Workshops waren die Entwicklung einer Vision, eines Leitbildes, Grundsatzziele und ein Organisationsmodell für die kommunale Präventionsarbeit.

Vision, Leitbild und Ziele

Um kommunale Präventionsarbeit wirkungsvoll und nachhaltig zu organisieren, bedurfte es einer Idee, die es erlaubt, Bürgerinnen und Bürger, Organisationen, Unternehmen und Einrichtungen für die Präventionsarbeit zu begeistern. Wir wollten niemanden ausgrenzen und alle Projekte, die es natürlich bis dahin schon gab, effektiv nutzen. Um dieses zu erreichen, einigten wir uns auf das bis heute uneingeschränkt gültige Leitbild:

„Eine ganze Stadt macht Prävention"

Aufbauend auf dieses Leitbild entwickelten wir eine zentrale Leitidee, die unsere Arbeit lenken sollte:

„Schau hin! Sag was! Tu was!"

Diese Leitidee macht deutlich, worum es bei der kommunalen Präventionsarbeit wirklich geht. Wir müssen Problemlagen erkennen, sie öffentlich aussprechen und dann handeln. Präventionsmaßnahmen funktionieren nämlich nur dann, wenn sie von Beginn an wirkungsvoll und nachhaltig angelegt sind.

Der Strategieprozess von 2002 machte auch deutlich, dass ein reorganisierter kommunaler Präventionsrat nicht einfach den Anspruch haben darf, das Rad in einer Kommune völlig neu zu erfinden. So gab es auch in Oldenburg weit vor Gründung des Präventionsrates Präventionsprojekte. Leider waren diese Projekte nicht oder nur unzureichend vernetzt. Es gab Runde Tische in den Stadtteilen, die dort gute Projekte umsetzten. Einzelne Schulen hatten eigene Präventionsprojekte ins Leben gerufen. Das Sicherheitsgefühl der Senioren wurde durch polizeiliche Präventionsmaßnahmen verbessert. Kirchen und Glaubensgemeinschaften machten gemeindenahe Prävention.

Für den Präventionsrat galt, nicht Konkurrent für andere Initiativen zu werden, sondern Andere einzuladen, an einem kommunalen Netzwerk aller Ideen und Maßnahmen zu basteln und bereits bestehende Synergien zu nutzen. Wir wollten ein gemeinsames Präventionsdach schaffen, welches weder andere Eigenständigkeiten antastet, noch bevormundend sein sollte. Grundlage dafür wurde folgender Kernsatz:

„Wir wollen vernetzen, vermitteln und veranstalten".

Auf der Basis der Vision, des Leitbildes und der Leitidee entwickelten wir folgendes Grundsatzziel:

> **„Wir wollen Zivilcourage fördern, berufliches und bürgerschaftliches Engagement stärken, das Zusammenleben in Oldenburg friedlich gestalten, Schwächeren Schutz bieten, vorhandene Ressourcen koordinieren und neue gewinnen."**

Vor diesem Hintergrund erfand sich der Präventionsrat Oldenburg 2002 neu und entwickelte hierzu eine entsprechende Organisationsstruktur.

Organisation des Präventionsrates Oldenburg

Bestandteil unseres Strategiekonzepts war, dass mit dem Leitbild „Eine ganze Stadt macht Prävention" bürgerschaftliches Engagement mit Fachwissen und hauptamtlicher Professionalität verbunden werden sollte. Zudem wollten wir von Anfang an die Wirtschaft, also die Oldenburger Unternehmen, in die Präventionsarbeit einbinden. Die bewusste Übernahme einer Vermittlerrolle, da es (auch) um die Überwindung von

Fachgrenzen und unterschiedlicher (Selbst-)Verständnisse geht, sowie die kompetente Gestaltung des Netzwerkes waren hierbei Herausforderung und Anspruch zugleich. Uns war klar, dass eine weitgehend ehrenamtlich organisierte kommunale Präventionsarbeit eine abgesicherte Infrastruktur brauchte. Deshalb wurde die enge Verbindung mit der Stadt Oldenburg und ihre Unterstützung ein wesentlicher Bestandteil der funktionierenden Arbeit. Gleichermaßen von Bedeutung war für uns die starke Unterstützung von unternehmerischer Seite mit Know-how und Ressourcen.

Wir entschieden uns für einen Top Down Prozess. Uns war wichtig, die Führungskräfte unserer Partner und die Unternehmer selbst einzubinden. Mit ihnen als Unterstützer und Vorbilder erhofften wir uns Aufmerksamkeit und konkrete Unterstützung. Wir sprachen daher zunächst mit den Spitzen aus Verwaltung, Politik, Justiz, Wissenschaft, Kirchen, sozialen Organisationen, Vereinsvorständen und Unternehmen. Mit ihrer Unterstützung entstand im Laufe der Zeit eine solide operative Arbeitsebene. Besonders wichtig war uns, den Repräsentanten der Stadt Oldenburg für unsere Arbeit zu gewinnen. Dies gelang uns. Seit 2003 ist der Oberbürgermeister der Stadt Oldenburg Schirmherr des Präventionsrates. Er unterstützt in Person unsere Ziele und Maßnahmen, er ist Motor und Repräsentant für Veranstaltungen und Projekte und Vermittler gegenüber Öffentlichkeit, Politik, Verwaltung und Wirtschaft.

Um eine Bindung an den Präventionsrat zu schaffen, entschieden wir uns dafür, alle Partner der Präventionsarbeit zu bitten, durch eine schriftliche Vereinbarung zu bestätigen, dass sie sich zu den Zielen des Präventionsrates bekennen und die Maßnahmen aktiv unterstützen. Es handelte sich dabei um eine (kostenfreie) Selbstverpflichtung, ohne in eine vereinsähliche Mitgliederstruktur eingebunden zu sein. Einmal jährlich treffen sich in Anwesenheit des Schirmherrn unsere Partner zu einer **Mitgliederversammlung**. Inzwischen sind mehr als 60 Organisationen, Unternehmen und Einrichtungen Mitglied im Präventionsrat Oldenburg. Die Mitgliederversammlung bestimmt die/den Vorsitzende/n und eine Stellvertretung, die für drei Jahre bestellt werden. In der Mitgliederversammlung wird über die Ziele und Maßnahmen des Präventionsrates informiert, es werden neue Projekte vorgestellt und Sachthemen der Prävention erörtert.

Operativ ist der Präventionsrat seit 2003 in einer **Lenkungsgruppe** organisiert, bestehend aus dem Vorsitz, Verantwortlichen, Beraterinnen und Beratern, Projektleitungen und Vertretern des Fördervereins. Die Gruppe trifft sich alle sechs bis acht Wochen und organisiert die konkrete Präventionsarbeit in Oldenburg. Die Verantwortlichen in der Lenkungsgruppe vertreten Fachthemen wie z.B. Zivilcourage, Familie, Schule, Sucht, Graffiti, Jugend, Senioren usw. Sie haben teilweise selbst eine eigene Lenkungsgruppe, in denen sie ihre Arbeit organisieren. So hat z.B. die Verantwortliche für den Bereich Schule gleich drei Projektgruppen (Schulmediation, Schülerstreitschlichter, Klasse2000), die sie betreut. Die **Verantwortlichen** sind zurzeit die Leiterin des Oldenburger Fortbildungszentrums der Universität, die Leiterin der Evangelischen Familienbildungsstätte, der Leiter des Zentralen Dienstes der Polizei, ein Richter, eine Rechtsanwältin, eine Fachbereichsleitung des Diakonischen Werkes, der Leiter des Bürger- und Ordnungsamtes und die Leiterin der Kulturabteilung der Stadtverwaltung. **Berater** sind diejenigen, die ohne konkrete Projekte selbst zu moderieren, ihr Wissen, das ihrer Organisation, Behörde oder Einrichtung und deren Ressourcen bereitstellen. Gegenwärtig sind Berater in der Lenkungsgruppe der Leiter der Polizeiinspektion Oldenburg-Stadt / Ammerland, der Leiter des Amtes für Jugend, Familie und Schule, die Integrationsbeauftragte, die Sozialdezernentin, die Delegierte der Seniorenvertretung, der Sprecher der Stadtoldenburger Bürgervereine und eine Vertretung des Fördervereins. Zudem gibt es **Projektleitungen**, die während der Zeit des konkreten Projekts in der Lenkungsgruppe mitarbeiten. Diese wechseln je nach Länge und Dauer des Projekts. Gemanagt wird die Lenkungsgruppe durch die **Geschäftsstellenleitung**, moderiert wird sie durch den **Vorstand** des Präventionsrates. Die Lenkungsgruppe entscheidet über Anträge, Ideen und Projekte, die von den Partnern oder Dritten in den Präventionsrat eingebracht oder vom Präventionsrat und deren Organen selbst entwickelt wurden.

Finanziell wird der Präventionsrat durch den **Förderverein** gesteuert. Der Förderverein legt fest, welche Projekte, die zuvor von der Lenkungsgruppe grundsätzlich genehmigt wurden, eine finanzielle Förderung erhalten. Der Vorstand des Fördervereins trifft sich alle sechs Wochen. Mitglieder sind zurzeit zwei selbständige Unternehmer, ein Vorstand einer großen Bank, eine Sozialpädagogin einer Schule, eine Führungskraft eines städtischen Unternehmens, eine Führungskraft eines großen Unternehmens und ein pensionierter ehemaliger Banker. Beratend nehmen an Sitzungen auch der Vorstand des Präventionsrates und die Geschäftsstellenleiterin teil. Das Besondere am Oldenburger Förderverein ist, dass dessen Vorstandsmitglieder sich nicht nur um das wichtige Thema Finanzen kümmern, sondern auch eigene Projekte steuern (z.B. überregionale Netzwerke, Kooperationen mit anderen Präventionsräten der Region, Fundraising, Öffentlichkeitsarbeit). Zudem nehmen zahlreiche Vereinsmitglieder, zurzeit sind das ca. 160, konkrete Aufgaben innerhalb des Präventionsrates wahr oder beteiligen sich an dessen Projekten.

Der **Vorstand** des Präventionsrates besteht aus zwei Personen. Er vertritt den Präventionsrat nach außen, nimmt an den Sitzungen des Fördervereins teil, moderiert die Lenkungsgruppe, leitet auch operativ Projekte, ist Bindeglied zwischen den einzelnen Organisationsformen und betreibt aktive Öffentlichkeitsarbeit.

Das Besondere am Präventionsrat Oldenburg ist die eigene **Geschäftsstelle**, die von einer hauptamtlichen Geschäftsstellenleiterin (Vollzeitkraft) geleitet wird. Finanziert wird die Geschäftsstelle von der Stadt Oldenburg, die nicht nur die Personalkosten übernimmt, sondern auch die Betriebskosten bezuschusst. Gegenwärtig beläuft sich der jährliche Zuschuss auf ca. 50.000 €. Ohne dieses Engagement könnte die Präventionsarbeit in Oldenburg nicht so durchgeführt werden.

Sehr geehrte Damen und Herren,

um Ihnen nach der Organisation auch die eigentliche Arbeit des Präventionsrates näher zu bringen, möchte ich Ihnen einige Projekte aus dem vielfältigen Programm des Präventionsrates vorstellen. Es ist unmöglich, die Fülle aller Maßnahmen zu beschreiben. Wer sich mehr über den Präventionsrat informieren möchte, sollte unseren Stand hier in der Weser-Ems Halle besuchen oder uns im Internet unter www.praeventionsrat-oldenburg.de anklicken.

Zivilcourage: Gemeinsam mit unserem Partner Nordwest-Zeitung verleiht der Präventionsrat Oldenburg seit 2004 jährlich den Preis für Zivilcourage. Wir belohnen Menschen, die sich in besonderer Weise durch das Zeigen von Zivilcourage verdient gemacht haben. Alle Fälle werden in der Nordwest-Zeitung öffentlich vorgestellt, die Preisträger werden von einer jährlich neu besetzten, prominenten Jury ermittelt und in einem öffentlichen Festakt durch den Schirmherrn und Oberbürgermeister geehrt. Die Preisgelder werden von Oldenburger Unternehmen gestiftet.

Schulmediation: Gemeinsam mit unseren Partnern Universität, Konfliktschlichtung, Mediationsstelle Brückenschlag und mit finanzieller Unterstützung vieler Oldenburger Unternehmen und Organisationen bildet der Präventionsrat seit 2003 regelmäßig Lehrkräfte zu Schulmediatoren an Oldenburger Schulen aus, fördert die Qualifizierung von Schülerstreitschlichtern und bildet ein Netzwerk für die Beratung der Lehrkräfte und der Schulen. Insgesamt konnten in den letzten acht Jahren an 34 Schulen über 134 Lehrkräfte ausgebildet werden. Jährlich nehmen mehrere hundert Schülerinnen und Schüler an den Schülerstreitschlichtertagen teil.

Graffiti: Gemeinsam mit unseren Partnern Bürger- und Ordnungsamt, Polizei, Justizvollzugsanstalt, Arbeitskreis Graffitikunst, Evangelische Kirchengemeinde Bloherfelde, Oldenburger Unternehmen und vielen Ehrenamtlichen fördert der Präventionsrat legale Graffitikunst. In einer von einem Unternehmen zur Verfügung gestellten Halle kommen Sprayer und Graffitikünstler unter fachlicher Anleitung eines Sozialpädagogen zusammen und bringen ihre Kunst auf Spanplatten auf, die an öffentlichen Orten, wie jetzt beim Deutschen Präventionstag, ausgestellt werden. Die Schaffung legaler Flächen reduziert illegales Sprayen, holt viele Sprayer aus der Illegalität heraus und fördert Graffitikunst.

Familie: Gemeinsam mit unseren Partnern Familienbildungsstätte, autonomes Frauenhaus, Amt für Jugend, Familie und Schule, Kirchen und vielen Ehrenamtlichen fand 2010 mitten im Einkaufszentrum Wechloy die vielbeachtete 14-tägige Ausstellung „Rosenstraße 76" zum Thema „Häusliche Gewalt" statt. Durch die Ausstellung und durch zahlreiche Begleitveranstaltungen an verschiedenen Orten informierten sich mehrere hundert Menschen über häusliche Gewalt und über Hilfemöglichkeiten.

Kinder und Jugendliche: Gemeinsam mit unseren Partnern Justiz, Nordwest-Zeitung, Staatstheater, Polizei, Öffentliche Versicherungen und vielen Ehrenamtlichen fand 2005 im Amtsgericht Oldenburg eine 14-tägige Großveranstaltung zum Thema „Die Lebenswelt von Astrid Lindgren und Kinderrechte heute" statt. Dafür wurde das gesamte Amtsgericht zur Villa Kunterbunt umgestaltet. Eine Ausstellung, eine tägliche Kinderzeitung der Nordwest-Zeitung, Rollenspiele, Gerichtsverhandlungen zum Thema Kinderrechte, Diskussionsforen, Tanz, Musik, Vorlesungen im einem Großraumzelt durch Prominente, das Musical „Ronja Räubertochter" im Staatstheater und eine friedliche Großdemonstration mit Pippi Langstrumpf an der Spitze lockten mehr als 20.000 Besucherinnen und Besucher ins Amtsgericht.

Kinospot gegen Gewalt: Gemeinsam mit unserem Partner Helene Lange-Gesamtschule und einem Fernsehjournalisten entwickelten Schülerinnen und Schüler den einminütigen Kinospot „In die Augen, in den Sinn". Dieser Spot zum Thema Gewalt und Zivilcourage wurde mehrere Jahre in allen Kinos Oldenburgs, der Region und später in vielen Großraumkinos Deutschlands mehr als eine Millionen Mal gezeigt. Der Spot erhielt einen Filmpreis und ist noch heute auf der Internetseite des Bundesinnenministeriums zu sehen.

Meine sehr geehrten Damen und Herren,

ich habe Ihnen die Organisationsstruktur des Präventionsrates Oldenburg erläutert und beispielhaft nur einige Projekte aus Oldenburg vorgestellt.

Seit zehn Jahren arbeitet der Präventionsrat Oldenburg nach der hier vorgestellten Organisationsstruktur. Der Präventionsrat hat sich in dieser Zeit im Sinne einer lernenden Organisation stetig weiter entwickeln können. Grundlage dafür war neben dem persönlichen Einsatz Vieler die Unterstützung durch die Stadt Oldenburg. In den ersten Jahren arbeiteten wir rein ehrenamtlich. Dann konnte die Geschäftsstelle eingerichtet werden, in den ersten Jahren jedoch nur auf der Basis von Arbeitsbeschaffungsmaßnahmen. Das war gut für den Start, aber problematisch für das Thema Nachhaltigkeit. Wir sind deshalb besonders froh, dass unser Oberbürgermeister und die Ratsmitglieder entschieden haben, die Geschäftsstelle mit der Vollzeitkraft langfristig zu finanzieren.

Ein wichtiges politisches Signal für den Erfolg des Präventionsrates waren zwei Auftritte der Verantwortlichen bei einer Stadtratssitzung. Wir sind froh und glücklich, dass das Thema Prävention in Oldenburg zu keiner Zeit im Spannungsfeld von parteipolitischen Auseinandersetzungen stand. Der gesamte Stadtrat steht hinter der Präventionsarbeit. Die Parteien im Rat bekunden dies bei vielen Gelegenheiten immer wieder auch öffentlich.

Für unser Organisationsmodell spricht auch die Tatsache, dass es uns gelungen ist, viele Oldenburger Unternehmen für die Präventionsarbeit zu gewinnen. Der berühmte Satz von einer der erfolgreichsten Unternehmerpersönlichkeiten der Gegenwart, Reinhard Mohn, Mitglied der Gründerfamilie des Traditionsunternehmens Bertelsmann, ist der von „der gesellschaftlichen Verantwortung des Unternehmers". Wir erleben in Oldenburg nicht nur eine breite Akzeptanz und Förderung unserer Präventionsprojekte, sondern zählen manchen Unternehmer zu den Protagonisten und Aktivposten in der operativen Präventionsarbeit.

Wir haben in den letzten zehn Jahren mit den vielen Partnern zahlreiche Projekte realisieren und damit das Sicherheitsgefühl in Oldenburg verbessern können. Wir konnten Bewusstsein dafür schaffen, dass Prävention uns alle angeht, dass sie eine gesamtgesellschaftliche Aufgabe ist, der man sich nicht entziehen sollte. Mit unserem Leitbild „Eine ganze Stadt macht Prävention" konnten wir ein Netzwerk aufbauen, dem sich immer mehr Organisationen und Unternehmen anschließen, bei dem es keine Konkurrenz zu anderen Projekten gibt und durch das Synergien für Nachhaltigkeit und Veränderung innerhalb der Stadt Oldenburg entstehen. Natürlich wäre es fatal, in diesem Vortrag ein glorifiziertes Bild zu zeichnen. Wir wissen natürlich auch, wo es hakt, wo es nicht funktioniert, wo Probleme auftreten. Immer noch sind wir nicht überall in der Stadt bekannt. Uns fehlen bei den vielen Projekten Finanzen und genügend helfende Hände. Präventionsarbeit ist nicht für umsonst zu haben. Viele ehrenamtlich tätige und zahlreiche professionell im Hauptamt arbeitende Menschen setzen sich für die Präventionsarbeit ein. Finanziell ist Präventionsarbeit ein ständiger Kampf um jeden Euro. Es gibt viele Wünsche an Unternehmen, an öffentliche und private Einrichtungen, an Stiftungen und Serviceclubs, Bußgeldstellen und an den Staat. In Zeiten knapper Kassen ist die Überlegung groß, wem Zuwendungen zukommen sollen. Deshalb ist es für die Aktiven im Präventionsrat eine ständige Aufgabe, neben der eigentlichen praktischen Arbeit für die Finanzierung von Präventionsmaßnahmen zu werben. Klinkenputzen sagt man dazu. Schöner wäre es, wenn diese wichtige Arbeit auf einer soliden, dauerhaft angelegten finanziellen Basis organisiert werden könnte. Das bleibt wohl für alle Ehrenämter ein Traum und eine Herausforderung. Gleiches gilt für die Würdigung der Arbeit der Einzelnen. Diese kommt im Präventionsalltag oft viel zu kurz. Deshalb ist der heutige Kongress Grund genug, allen Ehrenamtlichen für Ihre wertvolle Arbeit zu danken. Ohne sie wäre die Präventionsarbeit nicht vorstellbar. Dank gebührt aber auch allen Organisationen und Unternehmen, die Mitarbeiterinnen und Mitarbeiter für Präventionsprojekte während der Arbeitszeit entsenden. Das kostet schließlich auch Geld und Ressourcen. Hier schließt sich der Kreis und der Vortrag könnte mit der erfolgreichen Geschichte der Organisation des Präventionsrates Oldenburg wieder neu beginnen.

Ich danke, sehr geehrte Damen und Herren, für Ihre Aufmerksamkeit und lade Sie ein, sich neben dem hervorragenden Programm des 16. Deutschen Präventionstages dem ebenfalls großartigen Rahmenprogramm, welches unsere Oldenburger Präventionspartner gemeinsam mit uns seit knapp einem Jahr vorbereitet haben, zu widmen. Die Fülle des hier in Oldenburg aufgestellten Rahmenprogramms erfüllt uns mit Stolz und Dankbarkeit.

Kommen Sie gerne wieder und ich hoffe, dass wir uns heute Abend bei der von uns organisierten Netzwerkparty wiedertreffen. Denn nach der Arbeit haben die Götter den Spaß gesetzt.

Vielen Dank.

Claudia Kuttner

Soziale Online-Netzwerke als Erfahrungs- und Entwicklungsraum Heranwachsender. Potentiale und Handlungsbedarf.

Soziale Online-Netzwerke wie *schülerVZ*, *Schüler.CC*, *Facebook* und *wer-kennt-wen* sind aus dem Alltag Jugendlicher nicht mehr wegzudenken. Längst handelt es sich hierbei nicht mehr um Nischenangebote, die gezielt kleine Nutzergruppen ansprechen sollen, sondern um für die Mehrheit der Heranwachsenden etablierte Bestandteile des regelmäßig genutzten Medienensembles (vgl. etwa mpfs 2010: 41, Busemann/Gescheidle 2010: 364). Je nach dem, in welchem Netzwerk sie sich bewegen, steht die Kommunikation mit anderen, der Austausch über bestimmte Hobbys und Interessen oder aber die Präsentation medialer (Eigen-)Produktionen im Vordergrund (vgl. z.B. Meise/Meister 2009: 21). Die Möglichkeiten, die sich Jugendlichen zu diesem Zweck bieten und der mit der Nutzung wahrgenommene Mehrwert werden im öffentlichen Diskurs und insbesondere im Rahmen der medialen Berichterstattung jedoch nur selten thematisiert. In der Regel ist die Diskussion stattdessen auf Probleme und Risiken beschränkt, die mit der Aneignung verknüpft sein können: Cyber-Mobbing, die Konfrontation mit jugendschutz- und strafrechtlich relevanten Inhalten sowie der Mangel an Sensibilität im Umgang mit persönlichen Daten sind prominente Themen.

In der Tat handelt es sich hierbei um Aspekte, für die Präventions- und Lösungsstrategien zu erarbeiten sind, die auch eine Anpassung der Angebote durch die Macher erfordert. Während öffentlicher Druck die richtige Herangehensweise darstellen mag, um die Anbieter anzusprechen, erscheint mit Blick auf die Nutzerinnen und Nutzer eine rein defizitorientierte Herangehensweise jedoch wenig erfolgversprechend: Um Jugendliche dabei zu unterstützen, verantwortungsbewusst und kritisch mit Medien umzugehen und schwierigen Situationen auf diese Weise zu begegnen, ist es wichtig, nicht ausschließlich an den Problemen anzusetzen, sondern die Aneignung Sozialer Online-Netzwerke ganzheitlich zu betrachten. Erst wenn Heranwachsende in ihrem Gegenüber entsprechend kompetente Ansprechpartner wahrnehmen, ist schließlich eine gute Voraussetzung geschaffen, um sich gemeinsam auch kritisch über den Umgang mit Medien auseinander zu setzen, Empfehlungen ernst zu nehmen und einen ggf. regulierten Zugang zu akzeptieren. Die Kenntnis um die Perspektive der Jugendlichen bietet Eltern und Pädagogen überdies Sicherheit in der Argumentation und wichtige Ansatzpunkte für medienerzieherisch wirksame Maßnahmen.

Entsprechend soll im Folgenden eine Annäherung an die Nutzerperspektive zunächst durch die Auseinandersetzung mit Funktionen und Potentialen Sozialer Online-Netzwerke erfolgen, bevor im zweiten Teil exemplarisch Cyber-Mobbing und der Schutz der Privatsphäre als Herausforderungen für die (medien-)pädagogische Praxis diskutiert werden. Empirische Grundlage des Beitrages ist dabei insbesondere eine Teilstudie des Forschungsprojektes Medienkonvergenz Monitoring, das seit 2003 an der

Professur für Medienpädagogik und Weiterbildung der Universität Leipzig durchgeführt und von der Sächsischen Landesanstalt für Rundfunk und neue Medien gefördert wird.[1] Die Nutzung und Bewertung Sozialer Online-Netzwerke wurde im Winter 2008/2009 im Rahmen einer weitgehend standardisierten Online-Befragung von 8382 Jugendlichen zwischen 12 und 19 Jahren[2] und qualitativen leitfadengestützten Interviews mit 31 Heranwachsenden der gleichen Altersgruppe untersucht. Die hier vorgestellten Ergebnisse stellen lediglich einen Ausschnitt dar. Ein ausführlicher Report wurde 2010 veröffentlicht und kann auf der Internetseite des Forschungsprojektes (www.medienkonvergenz-monitoring.de) eingesehen und heruntergeladen werden.

1. Funktionen und Potentiale Sozialer Online-Netzwerke

Das für Jugendliche aktuell wichtigste Soziale Online-Netzwerk in Deutschland ist mit 5,8 Mio. angemeldeten Nutzerinnen und Nutzern zwischen 10 und 21 Jahren das *schülerVZ*.[3] 6588 Jugendliche der Gesamtstichprobe des Medienkonvergenz Monitorings gaben Auskunft darüber, womit sie hier die meiste Zeit verbringen (Abb. 1) und welche Aspekte des *schülerVZ* ihnen besonders wichtig sind (Abb. 2).

Abb. 1: Tätigkeiten Jugendlicher im schülerVZ (vgl. Schorb et al. 2010: 18)

Tätigkeiten Jugendlicher im *schülerVZ*

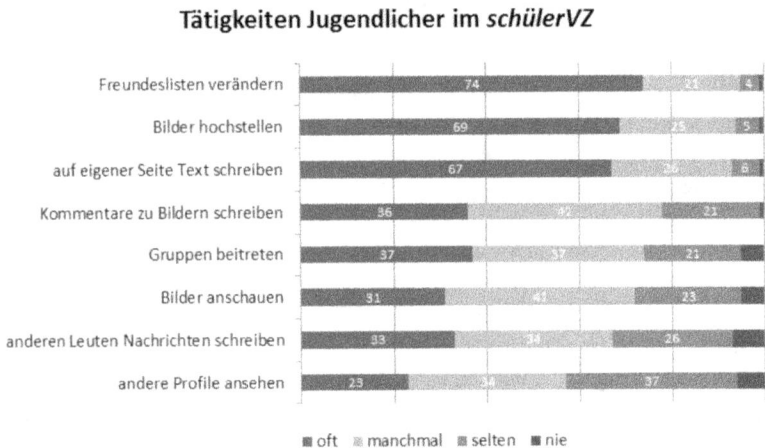

	oft	manchmal	selten	nie
Freundeslisten verändern	74		21	4
Bilder hochstellen	69		24	5
auf eigener Seite Text schreiben	67		26	6
Kommentare zu Bildern schreiben	36		42	21
Gruppen beitreten	37		41	21
Bilder anschauen	31	41		23
anderen Leuten Nachrichten schreiben	33		38	26
andere Profile ansehen	23	24		37

Basis: N = 6588

---

[1]   weitere Informationen zum Forschungsprojekt: www.medienkonvergenz-monitoring.de

[2]   Die Stichprobe der Befragung ist nicht repräsentativ, da Mädchen mit 60 Prozent leicht (60%) und 14- bis 17-Jährige sowie Befragte mit formal höherem Bildungshintergrund mit 70 Prozent stark überrepräsentiert sind (vgl. Schorb et al. 2010: 5). Um künstliche Verzerrungen zu vermeiden, wurde jedoch darauf verzichtet, diese nachträglich zu gewichten. Die Daten wurden jedoch in Bezug auf Alter, Geschlecht und Bildung differenziert ausgewertet und relevante Unterschiede in der Ergebnisdarstellung herausgearbeitet.

[3]   Stand: Juli 2010; vgl. http://www.schuelervz.net/l/schueler/3/ [letzter Zugriff: 23.07.2011]

Am häufigsten schauen sich Jugendliche demnach Profile anderer an, kommunizieren miteinander, durchstöbern die Fotoalben anderer Nutzerinnen und Nutzer, kommentieren diese und treten Gruppen bei – jedoch zumeist ohne sich in den hier angebotenen Diskussionsforen aktiv zu beteiligen (vgl. Schorb et al. 2010: 18ff.). Aber auch die Bearbeitung der eigenen Profilseite gehört zum Nutzungsspektrum: Die Mehrheit der Jugendlichen aktualisiert regelmäßig die angegebenen Informationen etwa zu Hobbys und Lieblingszitaten, stellt Bilder von sich selbst, Freunden, Familienangehörigen und Bekannten ein und aktualisiert bzw. erweitert die Liste der mit der eigenen Seite verknüpften Freunde (ebd.: 20f.). All diese Tätigkeiten der Heranwachsenden korrelieren dabei stark mit der subjektiven Wichtigkeit der einzelnen *schülerVZ*-Funktionen[4] und den Potentialen Sozialer Online-Netzwerke für die Beziehungs- und Identitätsarbeit.

Abb. 2: Subjektive Wichtigkeit verschiedener Aspekte des schülerVZ (vgl. Schorb et al. 2010: 25)

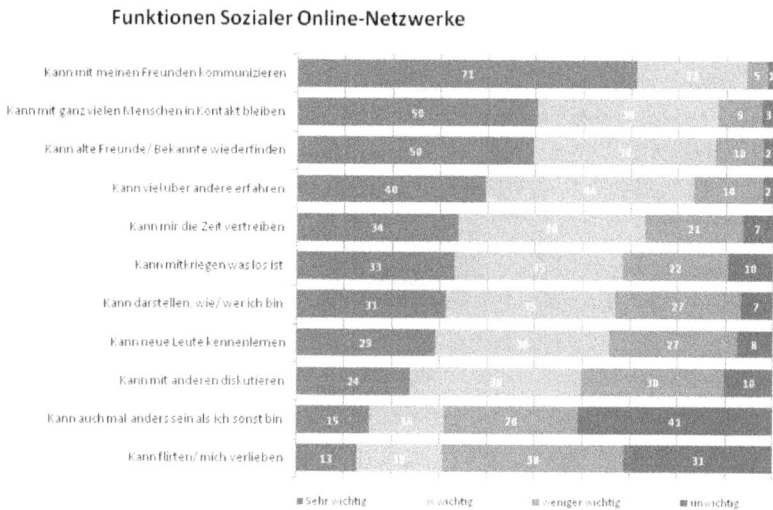

Funktionen Sozialer Online-Netzwerke

Basis: N = 6588

Beziehungsarbeit durch Kommunikation und Interaktion

Die Möglichkeit, mit Freunden kommunizieren zu können, wird von den meisten Jugendlichen als wichtigste Funktion benannt. Doch auch mit vielen Menschen in Kontakt bleiben, alte Freunde bzw. Bekannte wiederfinden, neue Leute kennen lernen und mit anderen diskutieren zu können, stellen nicht minder wichtige Funktionen dar

---

4   Die Antwortvorgaben sind das Ergebnis einer Analyse von mehreren tausend Aussagen Jugendlicher, die im Rahmen einer vorherigen quantitativen Befragung des Medienkonvergenz Monitorings erhoben wurden.

(vgl. Abb. 2). Kommunikation, Beziehungspflege und -ausbau sind damit als bedeutsame Motive der Zuwendung herauszustellen (vgl. auch Busemann/Gescheidle 2010: 365, Schorb et al. 2010: 39f.). Die virtuellen Netzwerke bieten zu diesem Zweck vielfältige Möglichkeiten der interpersonalen Kommunikation, die bis auf die anfallenden Internetkosten im Vergleich zum Telefonieren und Simsen kostenlos sind und die Archivierung von Telefonnummern und Mail-Adressen unnötig machen. Mit nur einem Klick auf das gewünschte Profil oder die Gruppe der Wahl sind alle nötigen Voraussetzungen für einen Austausch geschaffen. Online-Communitys bieten damit nicht zuletzt eine „zentrale und effiziente Verwaltung einer Vielzahl von Beziehungen" (Neuberger 2011: 55).

Die Kommunikation mit anderen Nutzerinnen und Nutzern kann dabei sowohl zeitversetzt ablaufen – etwa durch das Schreiben netzwerkinterner Nachrichten, das Verfassen von Pinnwand- und Gruppeneinträgen sowie durch Kommentierungen eingestellter Bilder – als auch quasi-synchron, indem Textnachrichten durch Instant Messenger-ähnliche Programme (‚Plauderkasten‘ im *schülerVZ*) ausgetauscht werden. Kontakte mit Personen aus dem „sozialen Nahraum" (vgl. Schorb et al. 2010: 26) stehen dabei deutlich im Vordergrund. Es geht darum, „zu Hause Schulhofgespräche fortzusetzen" (ebd.), aber auch mit all denen verbunden zu sein, mit denen ein Austausch face-to-face aufgrund einer räumlichen Trennung nicht ohne Weiteres möglich ist. Die 14-jährige Lilly berichtet beispielsweise davon, dass sie nach dem Wechsel vom Internat in eine öffentliche Schule regelmäßig über das Internet mit ihren Freundinnen kommuniziert. Wie viele andere Jugendliche auch, greift sie dabei auf mehr als ein Netzwerk zurück (ebd.: 9ff.): das *Schüler.CC*, um mit dem Freundeskreis im Internat Kontakt zu halten und das *schülerVZ*, weil hier ihre neuen MitschülerInnen angemeldet sind. Zwei Jahre später gibt Lilly in einem weiteren Interview an, zusätzlich im *studiVZ* aktiv zu sein. Ihr Engagement bei den Jusos und damit verbunden der zunehmende persönliche Kontakt zu älteren Jugendlichen veranlasste sie hierzu. Gemeinsam nutzen sie nun das *studiVZ* unter anderem, um ihre Treffen zu organisieren (vgl. hierzu auch Wagner 2011: 102).

Auch wenn es für die meisten Jugendlichen kein primäres Nutzungsmotiv darstellt: Neben der Pflege bestehender Beziehungen ist für Viele die Möglichkeit von Bedeutung, neue Leute kennen zu lernen, „die gleiche Interessen oder Problemlagen oder aber ähnliche soziale oder lokale Bezügen aufweisen" (Schorb et al. 2010: 34). Potentielle Kontakte ergeben sich in Online-Netzwerken etwa durch eine aktive Teilnahme an Gruppendiskussionen, durch das Kennenlernen der Bekannten von Freunden (vgl. hierzu Meister/Meise 2009: 29) oder aber durch eine mehr oder weniger spezifische Suche nach Personen. So können über die netzwerkinterne Suche beispielsweise Mitschüler, sämtliche Anikas und Stefans oder etwa Personen mit der gleichen politischen Gesinnung gefunden werden. Einige Plattformen bieten darüber hinaus Funktionen an, bei der nach Zufallsprinzip oder mit Bezug auf Gemeinsamkeiten Profile vorgestellt werden, die für die Nutzerinnen und Nutzer interessant sein könnten (z.b. „Kennst du schon?" im *studiVZ* und „Personen, die du vielleicht kennst" im *Facebook*). Nach Angaben der befragten Jugendlichen sind so zustande gekommene Kontakte jedoch selten Basis für eine engere, dauerhafte Freundschaft. Die Möglichkeit, sich – wenn auch nur kurzfristig – mit Gleichgesinnten über unterschiedliche Meinungen und Ansichten auszutauschen, ihre Motive und Hintergründe zu erfahren, wird von den Heranwachsenden jedoch als „Bereicherung ihrer sozialen Beziehungen" (Schorb et al. 2010: 34) erlebt.

Mediale Identitätsarbeit

Als weitere wichtige Funktionen der Online-Community *schülerVZ* werden von den Jugendlichen die Möglichkeiten benannt, viel über andere erfahren und sich selbst darstellen zu können (vgl. Abb. 2). Dass sich diese Aspekte auch im Spektrum der ausgeübten Tätigkeiten deutlich niederschlagen (vgl. Abb. 1), verwundert nicht, schließlich stellt das Bedürfnis, die eigene Persönlichkeit zu festigen, neben dem Ausbau sozialer Beziehungen außerhalb der Familie eine zweite zentrale Entwicklungsaufgabe im Jugendalter dar (vgl. etwa Fend 2005).[5] Die Offerten des Web 2.0, insbesondere aber Sozialer Online-Netzwerke, bieten hierfür ein großes Potential: So werden die Nutzerinnen und Nutzer insbesondere beim Ausfüllen der Profilseite dazu angehalten, sich mit den eigenen Interessen, Kenntnissen und Fähigkeiten auseinanderzusetzen, indem sie beispielsweise Hobbys sowie Buch-, Film- und Musikpräferenzen angeben. Die Kategorie ‚Was ich mag' sowie sein Pendant ‚Was ich nicht mag' laden außerdem dazu ein, über individuelle Eigenschaften und Besonderheiten nachzudenken. Gleiches gilt für die unterschiedlichen Formen der Eigendarstellung unter ‚Über sich selbst' und ‚Ich bin', bei denen man sich im *schülerVZ* entweder mit eigenen Worten, oder aber mittels vorgefertigter, nicht immer ernst gemeinter Antwortvorgaben (z.B. ‚Frauenversteher') beschreiben kann. Neben diesen textbasierten Möglichkeiten bieten sich Jugendlichen auch symbolische Formen (vgl. Wagner/ Brüggen/Gebel 2009: 34) der Selbstdarstellung – je nach Plattform nicht nur visuell (z.B. Fotos), sondern auch audiovisuell (z.B. Videoclips). Als symbolisch zu bewerten ist ebenso die Präsentation der sozialen Eingebundenheit (vgl. Meister/Meise 2009: 29), ablesbar an umfangreichen Freundeslisten, großen Personengruppen auf Bildern, am Partizipationsgrad in verschiedenen Diskussionsforen, an der Anzahl der Gästebucheinträge und so weiter. Die Profile (aber auch Tätigkeiten außerhalb der eigenen Seite) dienen damit „der Selbstbeschreibung sowie der Selbstthematisierung und können durch die schriftliche Auseinandersetzung Basis für Identitätserfahrungen darstellen" (ebd.: 26). Beim Versuch, „sich als Ganzheit wahrzunehmen" (ebd.), bieten sich dabei zudem Möglichkeiten, auch jene Facetten der eigenen Peron zu präsentieren, „die im alltäglichen Kontakt weniger in den Vordergrund treten" (Wagner 2011: 137). Auf diese Weise ist es mitunter möglich, „dass eine neue, hochkomplexe soziale Rolle

---

[5] Die Ausformung der eigenen Identität ist zwar als lebensbegleitender Prozess zu verstehen, die Jugend stellt hierfür jedoch eine besonders wichtige Phase dar.

entsteht, die offline kaum eine Entsprechung findet" (Meister/Meise 2009: 26).

Diese komplexen „Online-Identitäten" (ebd.) sind zwar durchaus inszeniert, indem eher die Vorzüge als die Schwächen herausgestellt werden, die Ergebnisse des Medienkonvergenz Monitorings weisen allerdings darauf, dass es sich hierbei selten um die Konstruktion von Scheinidentitäten handelt, sondern von den Jugendlichen vielmehr „eine nach subjektiven Kriterien authentische Darstellung" (Schorb et al. 2010: 32) der eigenen Person angestrebt wird: Schönheitskorrekturen und „Authentizitätsverstöße" (ebd.: 33) werden innerhalb des Profils schließlich vom Freundes- und Bekanntenkreis aufgedeckt oder spätestens dann sanktioniert, wenn neue Kontakte Unstimmigkeiten wahrnehmen. Einmal mehr zeigt sich hierbei die Wahrnehmung und das In-Gebrauch-Nehmen Sozialer Online-Netzwerke als soziale Räume, die keine Parallelwelten, sondern Bestandteile bzw. ‚Verlängerungen' der realen Lebenswelt darstellen.

Noch mehr Zeit als mit der Gestaltung ihres eigenen Profils verbringen die befragten Jugendlichen damit, die Profile insbesondere der Freunde, aber auch flüchtiger Bekannter und fremder Personen anzusehen (vgl. Abb. 1). Auch hierin spiegelt sich ein wichtiger Aspekt der Identitätsarbeit wider: Das Studieren anderer Profile kann nicht nur eine wichtige Entscheidungsgrundlage für die Vertiefung neuer Kontakte darstellen, die Jugendlichen bewerten auch „die Selbstdarstellungen anderer und vergleichen diese mit eigenen Selbstbildern" (Schorb et al. 2010: 30). Damit verbundene Differenzerfahrungen können einmal mehr Anstoß für die Reflexion der eigenen Person sein: Wie sehen mich andere? Wie bin ich? Wie möchte ich wahrgenommen werden?

2. Herausforderungen für die (medien-)pädagogische Praxis

Vor dem Hintergrund der bisher dargestellten Ergebnisse sind Soziale Online-Netzwerke als reale soziale Räume zu begreifen, in denen Jugendliche kommunikativ handelnd miteinander interagieren, in denen sie Beziehungen aufbauen, sich weiter entwickeln und Orientierung finden können. Ebenso wie in anderen Lebensräumen, besteht jedoch auch hier die Gefahr, durch selbst oder von anderen begangene Regelverstöße schlechte Erfahrungen zu machen (vgl. Schorb et al. 2010: 70f.). In der Aneignungsstudie des Medienkonvergenz Monitorings berichteten 23 Prozent der befragten Jugendlichen (N = 8382) von negativen Erlebnissen in Online-Netzwerken wie dem *Schüler.CC*, dem *schülerVZ* und *Facebook* – Mädchen (25%) etwas häufiger als Jungen (19%) (vgl. ebd.: 43). Eine Analyse der Aussagen zeigt, dass **Bedrohungen, Beleidigungen und Mobbing** die häufigsten Negativerfahrungen darstellen: 24 Prozent der Jugendlichen, die ihre Erlebnisse explizierten (N = 1816), waren schon einmal davon betroffen (ebd.: 44f.).

Sowohl die allgemeine Netiquette[6] als auch die AGBs und Verhaltenscodizes verschiedener Anbieter sprechen sich gegen derartige Regelverletzungen aus, weshalb in den meisten Online-Communitys inzwischen technische Möglichkeiten eingeführt wurden, die es Betroffenen ermöglichen, Angriffe abzuwehren und Fehlverhalten zu sanktionieren. Zu diesen plattforminternen Funktionen zählen unter anderem das ‚Ignorieren' anderer Nutzer sowie das ‚Melden' von Personen und problematischen Inhalten.[7] Von den im Medienkonvergenz Monitoring befragten Jugendlichen (N = 8382) haben bereits 45 Prozent schon einmal Versuche belästigender Kontaktaufnahme durch den Rückgriff auf die Ignorieren-Funktion unterbunden (vgl. ebd.: 51f.). Den offiziellen Weg über das Melden sind schon 30 Prozent der Befragten gegangen. Sie haben die Plattformbetreiber über Regelverstöße anderer informiert und diese so dazu angehalten, sich dem Problem anzunehmen.

Zur Begrenzung von Cyber-Mobbing seitens der Opfer ist es wichtig, diese Möglichkeiten zu kennen und zu nutzen. Im Zuge von Aufklärungs- und Präventionsmaßnahmen sind darüber hinaus jedoch auch diejenigen anzusprechen, die mit ihrem problematischen Handeln andere Nutzerinnen und Nutzer erst in diese Lage bringen. Es ist davon auszugehen, dass viele Jugendliche weder die Folgen ihres Handelns abschätzen können noch wissen, dass Mobbing mit Hilfe moderner Kommunikationsmittel ein für sie mitunter unkontrollierbares Ausmaß annehmen kann. Im Rahmen der Initiative *Klicksafe* werden neben anderen folgende zentrale Aspekte von Cyber-Mobbing auf den Punkt gebracht: „Cybermobbing endet nicht" (Klicksafe 2011: 4). Indem die Angebote des Internets permanent verfügbar sind, werden auch die Opfer dauerhaft mit entsprechend problematischen Verhaltensweisen konfrontiert, was den Umgang damit zusätzlich erschwert. Darüber hinaus ist das Publikum „unüberschaubar groß" (ebd.). Werden in Online-Communitys nicht netzwerkinterne Nachrichten, sondern Diskussionsforen, Pinnwände und Fotoalben genutzt, um andere Nutzerinnen und Nutzer zu diskreditieren, wird damit zugleich eine Vielzahl anderer Personen angesprochen, die im schlimmsten Fall als ‚Trittbrettfahrer' einstimmen. Im Internet ausgetragene Konflikte werden damit selten nur zwischen zwei Menschen ausgetragen. Das vorab vorgestellte Potential Sozialer Online-Netzwerke für den Ausbau von Beziehungen kann sich so schnell auch als Nachteil erweisen. Im Zusammenhang mit der ‚unbekannten Öffentlichkeit' ist überdies nicht zu unterschätzen, dass problematische Inhalte wie beschämende Texte und bloßstellende Fotos innerhalb kürzester Zeit vervielfältigt und verbreitet werden können – eine Entwicklung die vermutlich von den wenigsten Jugendlichen tatsächlich beabsichtigt wird.

---

[6]   Kunstwort aus engl. ‚net' und ‚etiquette'. Als Netiquette wird die Übersicht über einzuhaltende Benimmregeln im Internet bezeichnet, die von vielen Netzteilnehmerinnen und -teilnehmern zwar als sinnvoll anerkannt wird, jedoch keinerlei rechtliche Relevanz besitzt; vgl. etwa http://www.uni-leipzig.de/netikett. htm [Zugriff: 23.07.2011]

[7]   Die Bezeichnungen für die benannten Sanktionsmöglichkeiten variieren zwischen den Plattformen.

Das Wissen um die genannten Aspekte kann vermutlich zumindest bei einem Teil der Jugendlichen derart problematische Verhaltensmuster verhindern. So deuten einige Aussagen der befragten Mädchen und Jungen auf eine kritische Reflexion des eigenen Handelns und damit verbundene Reue. Hierbei „ist anzunehmen, dass diese Lernprozesse durch wahrgenommene ‚real-weltliche' Konsequenzen bedingt sind, die den Heranwachsenden die Verknüpfung bzw. Einheit von Offline- und Online-Welt vor Augen geführt haben" (vgl. Schorb et al. 2010: 49f.).

Dieses Verständnis, dass zwischen der realen und virtuellen Lebenswelt durchaus Unterschiede bestehen, die Konsequenzen für das mediale Handeln haben sollten, bildet auch eine wichtige Voraussetzung für einen **kritischen Umgang mit personenbezogenen Daten**: Jugendnahe Online-Communitys wie das *schülerVZ* und das *Schüler.CC* sind zumindest in der Regel zwar „Freiraum elterlicher Kontrolle" (Brüggen 2009: 118), Heranwachsende befinden sich hier jedoch keineswegs in einem „Schutz- und Rückzugsraum" (Meister/Meise 2009: 29), der nach außen durch den Freundeskreis abgesteckt wird. Mit der Veröffentlichung persönlicher Daten werden zum einen teilweise „Verwertungsrechte an die Betreiber der Plattformen abgetreten" (Brüggen 2009: 119), zum anderen sind bestimmte Profilinformationen nur dann für Nutzerinnen und Nutzer außerhalb des Freundeskreises ‚unsichtbar', wenn eine entsprechende Zugriffskontrolle durch die Profilinhaber durchgeführt wird.

Mit Hilfe von Privatsphäre- bzw. Sichtbarkeitseinstellungen lässt sich in erster Linie bestimmen, welche Personengruppen (z.B. nur Freunde oder alle Nutzer der Online-Community) die im Profil veröffentlichten Daten einsehen dürfen. Um der Gefahr entgegenzuwirken, ungewollt verbal belästigt zu werden (z.B. durch Spam-Nachrichten und gezielte verbale ‚Angriffe'), können ebenso die Möglichkeiten der Kontaktaufnahme durch netzwerkinterne Nachrichten reguliert werden. Gleiches gilt für Verlinkungen der eigenen Person auf Bildern anderer, womit nicht zuletzt also auch Formen einer ungewollten Außeneinwirkung auf die eigene Identitätsdarstellung einzuschränken ist.

Obwohl dem Großteil der im Medienkonvergenz Monitoring befragten Jugendlichen (N = 8382) die verschiedenen Möglichkeiten der Zugriffskontrolle bekannt sind, machen nur knapp 41 Prozent der Mädchen und Jungen auch davon Gebrauch; 55 Prozent verzichten sogar ganz darauf (Schorb et al. 2010: 58ff.). Die Gründe dafür sind vielfältig: Einige Jugendliche sind der Meinung, keine Informationen von sich preiszugeben, die zu privat oder „peinlich" sind; andere haben Schwierigkeiten damit, nachzuvollziehen, warum man „etwas verbergen" sollte, bzw. sich vorzustellen, was andere mit den preisgegebenen Informationen überhaupt anfangen könnten (vgl. ebd.: 63f.). Dass sie mit der Weitergabe persönlicher Daten unter anderem eine zielgruppenspezifische Ansprache durch Werbetreibende unterstützen, ist vielen vermutlich nicht bewusst. – Nicht zuletzt korrelieren die vorgenommenen Privatsphäreeinstellungen stark mit dem Wunsch, neue Leute kennen zu lernen, sich entsprechend darzustellen (auch um Anknüpfungspunkte für die Kontaktaufnahme mit noch unbekannten Personen zu bieten) und – im Gegenzug – ebenso viel über andere zu erfahren (ebd.: 59f.). In Sozialen Online-Netzwerken gelten schließlich auch „Erwartungen der Wechselseitigkeit, das heißt mit dem Gewähren von Einblick in eigene persönliche Bereiche ist auch die Erwartung verbunden, eine Rückmeldung oder ebenfalls Einblick in persönliche Informationen zu erhalten" (Brüggen 2009: 29). Hier gilt es, einen „Ausgleich zwischen gewollter Datenpreisgabe und dem Schutz seiner Privatsphäre nach seinen Bedürfnissen" (Poller 2008: 11) zu schaffen. Jugendliche müssen folglich dafür sensibilisiert werden, (1.) welche Informationen sie überhaupt von sich preisgeben und (2.) wie sie diese gegenüber unerwünschten Profilbesuchern schützen (können). Zudem sind Jugendliche (3.) in ihrer Verantwortung zu stärken, auch das zu beeinflussen, was andere über sie veröffentlichen. In diesem Zusammenhang erscheint es auch notwendig, ihnen einmal mehr das Speichervermögen des Internets bewusst zu machen: „kein Eintrag, kein Foto wird im Netz vergessen" (Meister/Meise 2009: 30).

Fazit

Soziale Online-Netzwerke sind als reale Erfahrungs- und Entwicklungsräume Jugendlicher zu verstehen, als Verlängerung ihrer Lebenswelt. Entsprechend ist das Aufhalten und Agieren in diesen Räumen auch mit Erfahrungen und individuellen Lernprozessen verknüpft, denen mitunter großes Potential für die entwicklungsrelevante Beziehungs- und Identitätsarbeit zugesprochen werden kann. Eine lustvolle Nutzung und – damit verbunden – die Ausschöpfung dieses Potentials setzt jedoch eine medienkompetente Aneignung der medialen Offerten voraus. Für eine Förderung dieser Kompetenz erscheinen drei Aspekte zentral, die in Bezug auf Cyber-Mobbing und den Umgang mit personenbezogenen Daten vorab exemplarisch dargestellt wurden: aufklären, sensibilisieren und Handlungsoptionen aufzeigen. Hier sind zunächst Eltern und Pädagogen gefragt, aber auch großangelegte Kampagnen wie die der Initiative *Klicksafe*, die Erwachsene und Jugendliche gleichermaßen ansprechen. Bemühungen dieser Art sollten jedoch nicht nur außerhalb der Netzwerke stattfinden, sondern auch ‚vor Ort' in den Online-Communitys platziert sein. An dieser Stelle sei etwa auf *Respekt im Netz* und *watch your web* verwiesen – zwei Programme, die erfolgreich im *schülerVZ* durchgeführt wurden. In einer Begleitstudie gaben einige der Nutzerinnen und Nutzern an, im Zuge dieser Sensibilisierungskampagnen bewusster mit persönlichen Daten umzugehen (vgl. Gaidies 2009: 42ff.). Deutlich zeigte sich allerdings auch, dass die meisten Jugendlichen beim „Transfer der Inhalte in das persönliche Mediennutzungsverhalten (…) Unterstützung von weiteren Seiten benötigen" (ebd.: 48). Und hierzu zählen nicht zuletzt ebenso die Anbieter Sozialer Online-Netzwerke selbst. Insbesondere jugendnahe Online-Communitys haben diese Verantwortung inzwischen erkannt und nehmen sie mit der Umsetzung diverser Sicherheitsmaßnahmen zunehmend auch wahr, so zum Beispiel mit der automatischen Voreinstellung bestimmter Zugriffskontrollen.

Literatur

Niels Brüggen (2009): Auf den Online-Spuren von Jugendlichen und ihren Vor-
stellungen von Privatsphäre. In: Bundesministerium für Familie, Senioren,
Frauen und Jugend (Hrsg.): (K)Ein Ende der Privatheit. Strategien zur
Sensibilisierung junger Menschen beim Umgang mit persönlichen Daten im
Internet. Dokumentation der Fachtagung „Das Ende der Privatheit" im April
2009 in Remscheid. RabenStück Verlag: Berlin, S. 117-126.
Katrin Busemann, Christoph Gscheidle (2010): Web 2.0: Nutzung steigt – Interesse
an aktiver Teilhabe sinkt. Ergebnisse der ARD/ZDF-Onlinestudie 2010. In:
Media Perspektiven 7-8/2010, S. 359-368.
Helmut Fend (2005): Entwicklungspsychologie des Jugendalters. Lehrbuch. 3.,
durchgesehene Auflage. VS Verlag für Sozialwissenschaften: Wiesbaden.
Maren Gaidies (2009): Sensibilisierungsangebote in sozialen Online-Netzwerken.
Möglichkeiten und Wirkungen am Beispiel zweier Kampagnen im schüler-
VZ. In: Harald Gapski, Lars Gräßler (Hrsg.): Medienkompetent in Commu-
nitys. Sensibilisierungs-, Beratungs- und Lernangebote. Schriftenreihe Medi-
enkompetenz des Landes Nordrhein-Westfalen, Band 8. kopaed: Düsseldorf
u. München, S. 33-49.
Klicksafe (2011): Was tun bei Cyber-Mobbing? Zusatzmodul zu Knowhow für
junge User. Materialien für den Unterricht. 3., aktualisierte Auflage. LMK:
Ludwigshafen u. Düsseldorf.
Dorothée M. Meister, Bianca Meise (2009): Sozial medienkompetent – Jugendliche
in virtuellen sozialen Netzwerken. In: Harald Gapski, Lars Gräßler (Hrsg.):
Medienkompetent in Communitys. Sensibilisierungs-, Beratungs- und
Lernangebote. Schriftenreihe Medienkompetenz des Landes Nordrhein-
Westfalen, Band 8. kopaed: Düsseldorf u. München, S. 21-32.
mpfs [Medienpädagogischer Forschungsverbund Südwest] (2010): JIM-Studie 2010.
Jugend – Information – (Multi-)Media. Basisuntersuchung zum Medienum-
gang 12- bis 19-Jähriger in Deutschland. mpfs: Stuttgart.
Christoph Neuberger (2011): Soziale Netzwerke im Internet. Kommunikationswis-
senschaftliche Einordnung und Forschungsüberblick. In: Christoph Neu-
berger, Volker Gehrau (Hrsg.): StudiVZ. Diffusion, Nutzung und Wirkung
eines sozialen Netzwerks im Internet. VS Verlag für Sozialwissenschaften:
Wiesbaden, S. 33-96.
Andreas Poller (2008): Privatsphärenschutz in Soziale-Netzwerke-Plattformen.
Fraunhofer-Institut für Sichere Informationstechnologie: Darmstadt.
Online verfügbar: http://www.mediaculture-online.de/Autoren-A-
Z.253+M5272deb9f9a.0.html [letzter Zugriff: 23.07.2011]
Bernd Schorb, Matthias Kießling, Maren Würfel, Jan Keilhauer (2010): Medienkon-
vergenz Monitoring. Soziale Online-Netzwerke-Report 2010. Universität
Leipzig. Online verfügbar: http://www.uni-leipzig.de/mepaed/sites/default/

files/MeMo_SON10.pdf [letzter Zugriff: 29.07.2011]

Ulrike Wagner (2011): Medienhandeln, Medienkonvergenz und Sozialisation. Empirie und gesellschaftswissenschaftliche Perspektiven. kopaed: München.

Ulrike Wagner, Niels Brüggen, Christa Gebel (2009): Web 2.0 als Rahmen für Selbstdarstellung und Vernetzung Jugendlicher. Analyse jugendnaher Plattformen und ausgewählter Selbstdarstellungen von 14- bis 20-Jährigen. Erster Teil der Studie „Das Internet als Rezeptions- und Präsentationsplattform für Jugendliche" im Auftrag der Bayrischen Landeszentrale für neue Meiden (BLM). Unter Mitarbeit von Peter Gerlicher und Kristin Vogel. Online verfügbar: http://www.jff.de/dateien/Bericht_Web_2.0_Selbstdarstellungen_JFF_2009.pdf [letzter Zugriff: 23.07.2011]

Christian Schwägerl

Das Anthropozän: Tatort oder Keimzelle?

Was sollte kriminologische Prävention mit der Geologie der Erde zu tun haben?

Ich will gleich mit der Tür ins Haus fallen: Unser Heimatplanet ist dabei, zu einem gigantischen Tatort zu werden, zum Schauplatz eines kollektiv begangenen Verbrechens oder eher sogar einer Vielzahl von Verbrechen: Diebstahl, Plünderung, Nötigung, Freiheitsberaubung, Körperverletzung und Totschlag drohen in vielfacher Form.

Doch die meisten dieser Verbrechen lassen sich noch verhindern.

Viele von Ihnen wissen aus eigener Erfahrung, was aus Menschen werden kann, die ihre Verbrechen erst gar nicht begangen haben, weil ihnen vorgebeugt wurde: glückliche, kreative, produktive Zeitgenossen, denen man nichts anmerkt.

Deshalb will ich mich zwischen zwei Polen bewegen: der Erde als Tatort und der Erde als Keimzelle für Gutes.

Es geht darum, wie wir die langfristigen und tiefgreifenden Umweltveränderungen gestalten, die wir Menschen bewirken.

Ich halte den Menschen für eine Bereicherung der Natur, nicht primär für eine Gefahr. Es gibt Umweltdenker, die das Menschsein an sich schon als Verbrechen erscheinen lassen. Zu denen gehöre ich absolut nicht. Im Gegenteil, es ist das größte Glück, das einer Kollektion von Kohlenstoff, Wasserstoff, Stickstoff, Phosphor, Schwefel und 70 anderen Elementen widerfahren kann, sich als Mensch zu konfigurieren.

Die Menschen haben im Lauf ihrer Evolution Großes geschaffen und sich im Kleinen als erstaunlich soziales Wesen bewährt. Doch es lässt sich nicht leugnen, dass unsere Spezies in einer krisenhaften Phase ihrer Entwicklung steht, in der ihr Potential, sich selbst und dem Leben auf der Erde langfristig zu schaden, gewaltig ist.

Der Mensch ist im Vergleich zu vielen schon viel länger vertretenen Tier- und Pflanzenarten, mit denen er den Planeten Erde teilt, eine relativ junge Art. In seiner heutigen Form ist er vor rund 250.000 Jahren in Afrika entstanden. In evolutionsbiologischer Perspektive sind wir also ein brandneues Modell, ein Neuankömmling.

Die ersten 95 Prozent unserer Entwicklungsgeschichte verliefen vergleichsweise stetig. Aber in den vergangenen 12.000 Jahren seit dem Ende der letzten Eiszeit und noch viel mehr in den vergangenen 200 Jahren seit dem Beginn der Industriellen Revolution hat sich der Mensch zu einer neuen Rolle aufgeschwungen, die noch der Deutung harrt.

Mit dem, was uns Menschen auszeichnet – ein großes, zu Selbstbewusstsein und Vorausschau befähigtes Gehirn, frei einsetzbare Hände, aufrechter Gang, Werkzeuggebrauch, Erkenntnisdrang, Sozialtrieb, Fähigkeit zur Aggression und Allesfressertum – ist es uns gelungen, in extrem kurzer Zeit eine zentrale Rolle im Stoffwechsel des Planeten einzunehmen.

Die folgenden aktuellen Entwicklungen mögen bekannt und vertraut wirken. Worauf es aber ankommt ist ihre Summation, ja ihre gegenseitige Multiplikation zu erkennen:

Die Weltbevölkerung ist von wenigen Millionen Menschen zur Zeit von Christi Geburt auf heute sieben Milliarden Menschen angewachsen. Sie könnte bis zum Jahr 2100 auf zehn anwachsen, ja sogar auf 27 Milliarden Menschen, wenn die heutige Geburtenrate nicht sinkt. Wir steuern auf eine Welt zu, in der pro Quadratkilometer Landfläche deutlich mehr als hundert Menschen leben werden.

Statt Klimaveränderungen schicksalhaft zu erfahren, beginnt der Mensch das Klima in globalem Maßstab zu beeinflussen. Seit Beginn der Industrialisierung haben die Menschen mehr als 500 Milliarden Tonnen Kohlenstoff aus tiefen Bodenschichten als Kohle, Öl und Erdgas gefördert, verbrannt und in Form des Treibhausgases Kohlendioxid in die Atmosphäre eingebracht. Das erwärmt die Durchschnittstemperatur des Planeten potentiell um mehrere Grad und macht die Ozeane saurer, was Korallen und anderen Meeresorganismen zusetzen wird.

Die Ausbreitung des Menschen über die Erde hat dazu geführt, dass inzwischen eine Fläche halb so groß wie Australien aus Siedlungsgebieten besteht. Die landwirtschaftlich genutzten Gebiete, würde man sie alle aneinanderfügen, nehmen eine Fläche von 7000 mal 7000 Kilometer ein, also einen erheblichen Teil der Landfläche.

Als Alexander von Humboldt vor gut 200 Jahren die Welt erkundete, fand er sie noch zu **95 Prozent** in einem vom Menschen eher schwach beeinflussten Zustand vor. Heute sind rund 75 Prozent der Landfläche bereits intensiv vom Menschen verändert.

Dieses Vordringen ins Land hat Ökosysteme und Lebensgemeinschaften massiv verändert und teilweise ihre Funktionen eingeschränkt. Menschliche Nutztiere zählen Dutzende Milliarden und nehmen an Zahl stark zu, während Zehntausende Arten in ihren Beständen stark zurückgehen oder sogar von Ausrottung bedroht sind. Die globale Waldfläche ist halbiert, während immer mehr Landstriche von ihrer industriellen Nutzung, etwa zur Ausbeutung von Rohstoffen geprägt sind.

Was Biologen früher Biome genannt haben, also Großlebensräume, wird von Geographen nun bereits Anthrome genannt, Menschenräume.

Die Veränderungen im Stoffwechsel der Erde begrenzen sich nicht auf das Kohlendioxid. Hunderte Millionen Tonnen Plastikmüll in den Ozeanen sind nur das sichtbarste

Zeichen einer anwachsenden Vermengung natürlicher und synthetischer Chemikalien.

Diese Liste ließe sich noch beinahe beliebig verlängern. Stickstoffanreicherung, Bodenerosion, Überfischung – und vieles mehr.... Wenn man genau hinsieht, sind Spuren oder Schneisen menschlichen Handelns von der Tiefsee bis zur Ozonschicht, von den Polkappen bis zum Tropenwald inzwischen eher die Regel als die Ausnahme.

Natürlich ist es nicht ausreichend, allein die krisenhaften Symptome der Veränderungen aufzuzählen. Was dabei energetisch und stofflich der Erde abgerungen wird, etwa Nahrung im Überfluss, Beweglichkeit im Raum, medizinische Fortschritte und die Ressourcen für Bildung und Wissenschaft, sind hohe Werte unserer Zivilisation. Aber immer deutlicher tritt uns vor Augen, wie hoch der Preis ist, den wir durch eine meiner Ansicht nach falsche Ausgestaltung unseres Umgangs mit Energie, Rohstoffen und Ökosystemen zahlen.

Zerstörerische Kräfte und gestalterische Kräfte wachsen gemeinsam, diesen dialektischen Prozess haben wir in den vergangenen zweihundert Jahren gesehen. Hier funktionierende, artenreiche Kulturlandschaften. Dort verwüstete, langfristig ruinierte Rodungsgebiete.

Der vorläufige Höhepunkt dieser dialektischen Entwicklung spielt vielleicht gar nicht in der landschaftlichen Außenwelt, sondern in der molekularen Innenwelt. Es geht um Forschungsarbeiten im amerikanischen Labor des Genforschers Craig Venter. Ihm und seinen Mitarbeitern ist es im vergangenen Jahr gelungen, das Erbgut eines Bakteriums komplett künstlich zu synthetisieren. Von der Domestikation des Wolfs über die agrarischen Nutztiere und Kulturpflanzen bis zur modernen Wissenschaft steigt die Macht des Menschen über das Leben selbst.

Mitte des 19. Jahrhunderts galt es als revolutionär, als Friedrich Wöhler den Harnstoff im Labor herstellte, der aus sieben Atomen besteht. In den 1980er Jahren galten erste gentechnische Eingriffe in Abschnitte des Erbguts als Sensation. Venter hat die Millionen Atome das Erbgut des Bakteriums *Mycoplasma* künstlich zusammengefügt und seiner Kreation den schönen Namen „Synthia" gegeben.

Das ebnet einer menschlichen Schöpfung von Lebewesen den Weg, die vielleicht noch Jahrzehnte entfernt ist, aber dennoch wahrscheinlich erscheint. Es bedarf nicht viel Phantasie für Ideen, wie sich eine solche Schöpferkraft missbrauchen ließe. Craig Venter will das Synthia einsetzen, um zur Lösung unserer Energieprobleme beizutragen. Ein vieldeutiges Unterfangen.

Es kommt nicht so sehr auf einzelne Entwicklungen an, sondern auf ihre Gesamtheit. Was am Entstehen ist, ist eine weitgehend bis komplett vom Menschen dominierte Welt, eine Menschen-Erde. Wie bedeutsam ist das?

In unserer bisherigen Zeitwahrnehmung handeln wir auf der Skala von Jahren, Jahrzehnten, höchstens Jahrhunderten. Wir erleben, wie sich unsere eigenen Spuren
schnell verwischen. Fällt eine menschliche besiedelte Gegend brach, wird sie bald
von dem, was wir Natur nennen, zurückerobert. Unser Selbstbild bestand über Jahr-
tausende darin, dass wir trotz des Schöpfungsauftrags zur Beherrschung doch eher
kleine Rebellen gegen eine stets größere Urgewalt sind und auch alles Menschgemachte einer schnellen Vergänglichkeit anheim fällt. Das Erdbeben von Lissabon
1755 oder das Erdbeben und Tsunami von Japan im März erscheinen wie ein brutaler
Beweis für eine untergeordnete Rolle des Menschen. Die Menschenerfahrung ist es,
dass Siege über die Naturgewalten immer nur vorläufig sind und die Zivilisation diesem größeren Geschehen regelrecht abgetrotzt werden muss.

Doch diese Relativierungen verdampfen spätestens seit dem Beginn des globalen
Wirtschaftsaufschwungs 1945 regelrecht vor unseren Augen. Und Fukushima zeigt,
wie menschlich geprägt inzwischen selbst die langfristigsten Folgen eines Tsunamis
sind.

Die Rolle des Menschen auf der Erde zu bewerten heißt also zunächst einmal, die
Wucht der Veränderungen anzuerkennen, aber dann zugleich auch, dazu komme ich
später, Mensch und Natur nicht länger als Gegensatzpaar zu definieren. Natur wird
zum Kulturprozess. Der klassische Darwinismus kommt an eine neue Wegmarke,
wenn nämlich neue Arten nicht durch Mutation und Selektion entstehen, sondern
beim Waldspaziergang eines genialen Wissenschaftlers á la Craig Venter. Wir erleben
den Beginn einer kulturell-neuronalen Phase der Evolution.

Es war der Chemie-Nobelpreisträger **Paul J. Crutzen**, der ein meiner Ansicht nach
geniales Wort für diesen Prozess gefunden hat, für die Summe aller Umweltveränderungen, die wir Menschen bewirken, positive wie negative.

Auf einer Konferenz des Internationalen Geosphären-Biosphären-Programms der
Vereinten Nationen in Mexiko im Februar 2000 stand Crutzen zu einer Kurzinter-
vention auf.

Die Diskussion der versammelten Wissenschaftler hatte sich um unsere aktuell lau-
fende Erdepoche gedreht, das Holozän. Dieses Holozän hat laut der offiziellen Zeit-
rechnung vor 11.700 Jahren begonnen, nach dem Ende der letzten Eiszeit. Es ist also
eine sehr junge Erdepoche.

Crutzen war 1995 zuvor mit dem Chemie-Nobelpreis geehrt worden, weil er als einer
der ersten erkannt hatte, welche Gefahr Stickoxide und FCKWs für die Ozonschicht
bedeuten. Schon wegen dieses Beitrags zur Rettung unserer Zivilisation vor einem
womöglich irreparablen Ende der lebensschützenden Ozonschicht genoss und genießt
er weit über die Wissenschaft hinaus großes Ansehen.

Dieser Mann, den sie hier auf dem Foto sehen, stand also auf und unterbrach die Debatte abrupt. „Wir leben doch gar nicht mehr im Holozän", sagte er, „wir leben doch schon längst im Anthropozän." Also im Erdzeitalter des Menschen.

Crutzens Satz war eine gewaltige Provokation und wurde auch so aufgefasst. Denn er rückte das menschliche Handeln mit einem Schlag auf eine völlig neue Zeitskala – eben von der bisherigen Skala unseres Denkens in Jahren und Jahrzehnten auf eine ganz andere, die geologische Skala. Frühere Erdepochen, Pleistozän, Pliozän, Miozän dauerten Millionen von Jahren.

Das mag vermessen und übertrieben erscheinen. Doch stellen Sie sich für einen Moment vor, der Verbrauch von ozonschädigenden Substanzen wäre in den 1980er Jahren explosionsartig angestiegen, zum Beispiel weil jeder Mensch einen Kühlschrank und Deosprays hätte kaufen können, ohne dass die schädliche Wirkung bekannt gewesen wäre. Das hätte bedeuten können, dass sich die lebensschützende Ozonschicht der Erde in kürzester Zeit aufgelöst und ein globales Bombardement von UV-Strahlen das Leben auf der Erde grundsätzlich verändert hätte.

Wir müssen aber gar nicht in den Konjunktiv gehen.

Der Klimawandel wird, wenn er nicht rechtzeitig abgemildert wird, eine vom Menschen gemachte Heißzeit der Erde mit sich bringen und könnte langfristig große Teile der in Gletschern und Polarregionen gebundenen Süßwassermengen im Meer lösen. Vielleicht verhindert das, was wir heute tun, eine nächste Eiszeit. Vielleicht lässt es wichtige Ökosysteme kippen und verändert den Planeten dauerhaft.

Die beschleunigte Ausrottung von Arten ist dauerhaft, sie verändert nicht nur die Ökosysteme heute, sondern auch die Fossilienbestände der Zukunft, in denen die ausgerotteten Arten fehlen werden. Gleichzeitig können Wesen wie Synthia, einmal freigesetzt, die Evolution der Zukunft maßgeblich verändern.

Weltweit entstehen bereits menschgemachte Bodenschichten, so genannte Technosole, aus früheren Städten, Mülldeponien, auf verseuchten postindustriellen Flächen, hinter den Tausenden Dämmen in Flusstälern, wo sich Sedimente aufstauen.

Die Nutzung von Rohstoffen verteilt konzentrierte Lagerstätten etwa von Öl, Kupfer oder Gold via Autos und Elektrogeräten in niedrigeren Konzentrationen in aller Welt.

Zusammenfassend lässt sich eine neue Formel von der Natur der Natur entwickeln: Früher haben wir Menschen in das Natursystem hineingewirkt. Heute wird die Natur eingebettet in ein entstehendes Humansystem. Zugleich hat sich das Tempo der Veränderung beschleunigt, so dass Prozesse, die früher auf der Skala von Hunderttausenden Jahren passiert sind, in hunderten Jahren passieren können.

Paul Crutzen nennt das die „große Beschleunigung".

Der Gedanke des Anthropozäns wirft die auf den ersten Blick nicht sehr alltagsnahe Frage auf, was von uns in künftigen Bodenschichten bleiben wird. Oder vielleicht ist sie doch alltagsnah? Was vielleicht von außerirdischen Geologen der Zukunft ausgegraben wird, wird aber sehr viel über uns aussagen, so wie wir heute durch Geologie und Archäologie viel über vergangene Ereignisse lernen. Werden diese Geologen können wir Ermittler arbeiten, die an einen Tatort kommen?

Werden wir eine Art toxische Störung hinterlassen, zusammengesetzt aus Schwermetallen, Radionukliden und zerfallenem Beton? Oder werden die Nachkommenden uns als fruchtbare Bodenschicht wiederfinden?

Ich habe von Nötigung, Freiheitsberaubung, Körperverletzung, ja sogar Totschlag gesprochen. Es könnte Nötigung sein, unseren Nachfahren ein Klima aufzuzwingen, das nicht zu einer komplexen Zivilisation mit zehn Milliarden Menschen passt. Es könnte Diebstahl sein, ihnen fruchtbare Böden durch Erosion und Versiegelung zu nehmen, die sie zum Anbau von Nahrungsmitteln brauchen.

Es könnte Freiheitsberaubung sein, die Fischbestände so dezimieren, dass es in Zukunft ein absoluter Luxus wird, Fisch zu essen und in den Genuss seiner gesundheitlichen Vorteile zu kommen. Es könnte Körperverletzung und in Totschlag resultieren, Wetterextreme heraufzubeschwören und das zu forcieren, was wir heute noch Naturkatastrophen nennen, was in Zukunft aber Kulturkatastrophen wären.

Bisher ging es darum, wie wir mit unserem Denken die Erde so verändern, dass wir nun von einem Anthropozän sprechen können.

Nun komme ich dazu, wie der Anthropozän-Gedanke unser Denken verändern könnten.

Er bietet bei aller Krisenrhetorik viel Positives, nämlich einen Lern-Raum.

Die Anthropozän-Idee bietet eine langfristige und konstruktive Perspektive jenseits eingeübter Denkmuster, die entweder nicht mehr zutreffen oder uns in die falsche Richtung führen.

Zu diesen falschen Denkmustern zählt das in Umweltschutzkreisen so eingeübte Weltuntergangsdenken, das der Menschheit höchstens bis zum Jahr 2050 noch eine Überlebenschance gibt und deswegen auch den Blick über diesen Horizont hinaus behindert.

Dazu zählt noch viel mehr das in der Wirtschaft grassierende Kurzfristdenken, das längerfristige Prozesse im Erdsystem, auf die wir existentiell angewiesen sind, gar nicht erst wahrnimmt, also blind dafür ist und der funktionierenden, lebendigen Natur keinerlei ökonomischen Wert zumisst sondern erst dann, wenn sie in ein kommerzielles Produkt verwandelt ist.

Drittens schafft das Anthropozän einen Denkrahmen für ein neues Naturbild, in dem Mensch und Natur eben keine dualistischen Gegensatzpaare mehr sind, sondern integriert werden, mit dem Menschen in der Rolle eines Hüters oder Gärtners des Erdsystems. Es gibt anthropogenen Ökosystemen – etwa Städten – eine neue, höhere Bedeutung und erhöht den Anspruch an unser Handeln enorm. Die menschliche Kultur wird als biologisches Phänomen auf den Boden der Erde gestellt. Bildlich gesprochen werden Johannes Sebastian Bachs Melodien mit denen der Vogelwelt ins Verhältnis gesetzt. Warum sollte letztlich nicht auch ein vom Menschen geschaffenes Kunstbakterium als Kunstwerk entstehen und bewundert werden?

Ich kann gut eine Kritik am Begriff des Anthropozäns verstehen, die besagt, dass ein Zeitalter des Menschen nur unseren eigenen Größen- und Machbarkeitswahn verstärken würde, also ein Ausdruck von Hybris wäre.

Ich glaube aber, dass unsere Zivilisation zumindest schon so gereift ist, nicht mehr in diese Falle zu gehen. Indem das Anthropozän den Blick auf das Langfristige erweitert und zugleich die Wucht unseres Handelns auf den Punkt gebracht wird, verschärft das wissenschaftliche Wort unsere ethische Verantwortung.

Durch kurzsichtige Entscheidungen über Klima und Artenvielfalt üben wir womöglich bereits eine Diktatur über die Zukunft aus und schränken die Freiheit der Nachkommenden ein.

Das wäre anders, wenn wir bereits ein perfektioniertes Verständnis des Klimasystems hätten und nach bestem Wissen und Gewissen 44 Milliarden Tonnen Treibhausgase pro Jahr in die Atmosphäre entsorgen würden, mit dem Ziel einer Wende zum Guten, etwa zur Verhinderung der nächsten Eiszeit. Es wäre anders, wenn wir bereits einen umfassenden Katalog aller Tier- und Pflanzenarten auf der Erde hätten und ihre Wechselwirkungen untereinander kennen würden. Dann könnte es sich eventuell rechtfertigen lassen, eine Art, die eine große Gefahr für den Rest des Lebens darstellt, auszurotten.

Aber wir sind noch längst nicht auf dieser Ebene des Wissens angelangt und zerstören blindwütig, von was wir leben.

Wir halten uns für unglaublich fortgeschritten. Doch auf unsere Nachkommen könnten wir reichlich barbarisch wirken. Es besteht die Gefahr, dass wir die Primitiven, die Techno-Wilden der Zukunft sind.

Aus unseren Entscheidungen, Gefühlen, Bewusstseinsformen und Denkweisen von heute entsteht gerade ein vom Menschen dominierter Planet, eine Menschen-Erde.

Deren Zukunft wird auf immer von dieser menschlichen Phase geprägt sein, ob die Menschheit nun noch weitere 250.000 Jahre existiert oder weitere 2,5 Millionen Jahre, oder ob sie schon recht bald ausstirbt und ihre Hinterlassenschaften vom Erdsystem verstoffwechselt werden.

Was also müssen wir als soziale Wesen mit unseren Gehirnen lernen, um einer Vielzahl von Verbrechen vorzubeugen?

Wir müssen lernen, unsere persönlichen Wechselwirkungen mit der Erde zu verstehen und intensiv wahrzunehmen. Was uns heute in Supermärkten und an den Tankstellen begegnet, sind destillierte Formen von Ökosystemen. Über unseren Konsum treten wir in einen höchst realen und wirkungsvollen Austausch mit der ganzen Welt. Das reicht vom Palmöl aus indonesischen Rodungsflächen bis zum Benzin aus Tiefseebohrungen. Die moderne Konsumwelt besteht darin, diese Verbindungen auszublenden, zu verschleiern. Wir müssen lernen, unseren eigenen Stoffwechsel als Person, Familie, Unternehmen und Staat voll zu verstehen.

Daraus leitet sich das Gebot ab, in einer Art Notreaktion jene Stoffwechselströme zu unterbinden, die großen Schaden anrichten oder langfristige Folgen zeitigen, die wir überhaupt nicht durchschauen können. Mäßigung und Verzicht inmitten des Überflusses, vor dem Hintergrund einer kollektiv gehegten Wachstumsideologie, ist sicher ein neurobiologisches und soziales Großprojekt, bei dem es darum geht, Suchtmechanismen, Ersatzreligionen und Statussymbole zu dekonstruieren – denken Sie nur an die religiös anmutenden Schlangen vor Apple-Shops, wenn es das neue iPad gibt oder an die Bedeutung, die Ölverschwendungsmaschinen namens BMW und Mercedes in unserer Gesellschaft haben.

Wir müssen drittens lernen, eine Lebensweise zu entwickeln, die weltweit gelebt werden könnte. Wir sind heute Zeugen eines gigantischen Völkerwanderung in den westlichen Lebensstil. Chinesen, Inder und Hunderte Millionen Menschen aus aller Welt schicken sich an, so leben zu wollen wie wir. Und wer sind wir, diesen Menschen zu sagen, dass sie zu spät dran sind oder einfach zu viel auf der Erde? Wir haben den westlichen Lebensstil in alle Welt projiziert, deshalb müssen wir ihn jetzt so weiterentwickeln, dass alle Welt ihn leben könnte.

Was sicher nicht länger funktioniert ist es, Fleisch als Billigware zu produzieren. Ein wichtiger Schritt wäre es, Ökosystemen einen ökonomischen Wert zuzubilligen und durch Verhaltensänderungen und neue Technologien den Pro-Kopf-Ausstoß von Kohlendioxid auf zwei Tonnen im Jahr zu drosseln. Im Moment sind es in Deutschland zehn Tonnen pro Kopf, in den USA 20 Tonnen und in China bereits rund 7 Tonnen.

Ziel muss es ein, so zu leben wie der zehnmilliardste Mensch, also Knappheiten und Katastrophen vorwegzunehmen, um sie zu verhindern.

Heißt das, in Richtung eines Öko-Nordkorea zu gehen? Nein, natürlich nicht. Der größte Lernprozess besteht darin, gesellschaftliche Ressourcen vom Konsum und vom Subventionieren des Falschen abzuziehen und in Bildung und die Forschung zu investieren. Die weltweiten Energieforschungsausgaben liegen heute unter dem Niveau der 1980er Jahre. Unmengen Geld werden derzeit aufgewandt, um die Machenschaften krimineller Banker abzufedern, auf dass niemand auf die Idee komme, grundsätzlichere Fragen zu stellen. In dieser Umwidmung von Geldern weg vom Konsum des Jetzt hin zum Gestalten des Morgen liegt eine höchst politische Aufgabe des Erklärens und Durchsetzens. Wir sind noch weit davon entfernt.

Wir müssen, das ist ein herausragend wichtiger Punkt, alle technologische Schaffenskraft darauf verwenden, das technologische System den Gegebenheiten unseres Planeten anzupassen. Heute schöpft es aus fossiler Energie und es wird so getan, als gäbe es Rohstoffe ohne Ende. Das Gegenkonzept heißt Bioadaptation. Sie steht für eine Anpassung der Technologie an das Leben, aber zugleich für das technologische Schöpfen aus dem Reichtum Leben. Denn unsere Maschinen sind noch immer nur einen Bruchteil so komplex wie das, was in Organismen passiert. Die Biologie sollte Leitwissenschaft der Technologie zu werden.

Der Lernprozess im beginnenden Anthropozän sollte zu einer Kultur und Zivilisation führen, die mit dem noch immer großen Reichtum des Lebens auf der Erde wächst, statt gegen ihn, statt auf seine Kosten.

Es wird wohl noch mindestens eine Milliarde Jahre bewohnbar bleiben, bis die Ausdehnung der Sonne die Erde unwirtlich macht. Deshalb leben wir nicht in einer Endzeit, sondern in einer Anfangszeit. Nach uns gibt es noch reichlich Zeit für weitere intelligente Lebensformen wie uns. Wir sind also die Pioniere bewusster Planetengestaltung. Deshalb sollten wir sicherstellen, dass die Geologie der Menschheit uns später nicht blamieren oder gar als Verbrecher dastehen lassen wird.

Es liegt in unserem ureigensten Interesse.

Walter R.W. Staufer

Medien-Mensch
Menschenbilder in Hip-Hop, Sozialen Netzwerken und Computerspielen
Tipps – Links – Medienempfehlungen

„Als Jugendlicher hast du medial alle Möglichkeiten, dich auszutoben, Flexibilität parasozial zu erproben, aber gleichzeitig musst du selbst deine Grenzen im Hinblick auf später erkennen, damit dich die jugendlichen Medienrepräsentationen nicht zu einer Zeit einholen, wo sie dir negativ aber sozial verbindlich ausgelegt werden. Du bist früh aufgefordert, die Kontrolle über deine eigene biografische Erzählung zu behalten."

Lothar Böhnisch: Jugend heute. In: Theunert 2009, S. 33

Inhalt

1. Jugend und ihre Medien

Keine Jugendgeneration hatte je so viele Medien zur Verfügung und keine Generation war so sehr über Medien vernetzt. Ist sie damit auch von den Medien beherrscht und von ihnen abhängig? Andererseits sind die Kinder in dieser Medienfülle aufgewachsen, sie kennen keine andere Welt. Wählen sie nicht viel intelligenter und zweckbestimmter das jeweils geeignetste Medium aus und lassen alle anderen dafür fallen? Welche Selbstbilder und Fremdbilder bestimmen die Jugend und ihre Medien, welche Menschenbilder stehen dahinter oder ergeben sich daraus? Oder sind das gar alles mediale Zerrbilder und die Wahrheit sieht ganz anders aus?

Jugendkulturen

„Etwa 20 Prozent der Jugendlichen in Deutschland gehören aktiv und engagiert Jugendkulturen an; sie sind also Punks, Gothics, Emos, Skinheads, Fußballfans, Skateboarder, Rollenspieler, Cosplayer, Jesus Freaks usw. und identifizieren sich mit ihrer Szene. Minderheiten, die - am deutlichsten sichtbar im Musik- und Modegeschmack – als opinion leader die große Mehrheit der Gleichaltrigen beeinflussen. Rund 70 Prozent der übrigen Jugendlichen orientieren sich an Jugendkulturen. Sie gehören zwar nicht persönlich einer Jugendkultur an, sympathisieren aber mit mindestens einer jugendkulturellen Szene, besuchen am Wochenende entsprechende Szenepartys, Konzerte oder andere Events, hören bevorzugt die Musik einer bestimmten Szene, wollen sich aber nicht verbindlich festlegen. Jeder Szene-Kern wird so von einem mehr oder weniger großen Mitläuferschwarm umkreist, der zum Beispiel im Falle von Techno bzw. elektronischer Musik und Hip-Hop mehrere Millionen Jugendliche umfassen kann."[1], so der Leiter des Archivs der Jugendkulturen, Klaus Farin. Es entstehen globale Gemeinsamkeiten aber auch eine Unzahl von kleinsten Zirkeln, deren Codes nur die Mitglieder entschlüsseln können. Und die Verbindung all dieser Elemente entsteht durch Medien.

Die Vielfalt der gegenwärtigen Jugendkulturen entsteht auch dadurch, dass nichts mehr verschwindet: Fast alle Jugendkulturen, die es jemals gab, ob Rock ‚n' Roller, Teddy Boys, Mods oder Hippies existieren heute noch: Sie sind nicht mehr so groß, so medienwirksam wie zu ihrer hohen Zeit, aber sie leben. Klaus Farin beschreibt dies mit einem fast märchenhaften Bild:

„Man kann sich Jugendkulturen bildlich wie Tropfen in einem Meer vorstellen: Es regnet selten neue Jugendkulturen, aber innerhalb des Meeres mischt sich alles unaufhörlich miteinander. Immer wieder erfasst eine große (Medien-)Welle eine Jugendkultur, die dann für eine kurze Zeit alle anderen zu dominieren scheint wie Techno in den 1990er Jahren und derzeit Hip-Hop. Doch die Küste naht, und auch die größte Welle zerschellt. Das Wasser verdampft dabei jedoch nicht, sondern es fließt wieder ins offene Meer zurück - zersprengt in viele kleine Jugendkulturen, verwandt und doch verschieden."[2] Typisch ist auch der Wechsel: heute Punk, in der nächsten Saison Gothic, ein Jahr später vielleicht Skinhead oder Skateboarder. Oder gleich Punk *und* Jesus Freak, Skateboarder *und* Hip-Hopper.

Die Erwachsenenwelt steht dem oft verständnislos gegenüber, dabei machen die Jugendlichen genau das, was die Gesellschaft von Ihnen erwartet: Die Pubertät und Jugendphase dient dazu, die eigene Identität zu entwickeln; das geschieht erst mal durch Abgrenzung von der Erwachsenenwelt – und erst dann kann sich das Individuum in die Gesellschaft integrieren. Wie beginnt das? Womit beschäftigen sich die

[1]   Farin, Klaus 2010: Jugendkulturen heute http://www.bpb.de/apuz/32643/jugendkulturen-heute-essay S. 2
[2]   ebenda S. 3

bis zu 12-Jährigen? Die aktuelle Studie „Kinder + Medien, Computer + Internet" des Medienpädagogischen Forschungsverbunds Südwest gibt Aufschluss:

Liebste Freizeitaktivitäten 2010
bis zu drei Nennungen

Aktivität	Mädchen	Jungen
Freunde treffen	53	51
Draußen spielen	42	44
Fernsehen	33	31
PC-/Konsolen-/Onlinespiele	19	41
Sport treiben	11	29
Internet	14	17
Familie/Eltern	17	11
Drinnen spielen	12	11
Computer (offline)	7	12
Buch	15	6
Mit Tier beschäftigen	14	5
Musik hören	12	6
Handy nutzen	8	6
Jugendgruppe	4	7
Malen/Zeichnen/Basteln	9	2

■ Mädchen   Jungen

Quelle: mpfs 2011,KIM-Studie 2010. www.mpfs.de, Grafik 7

Es ist ein Zerrbild, wenn wir annehmen, die Kinder vereinsamen in ihrem Zimmer, sie verblöden hinter dem Computer. Sie leben vielmehr einen ausgewogenen Mix an Drinnen- und Draußen-Aktivitäten, sie haben Vorlieben, aber nicht nur eine und das Wichtigste sind Freunde – mit Abstand für beide Geschlechter und alle Altersgruppen – viele Freunde. Freunde sind oft wichtiger als die Familie, in der die Familienmitglieder auch eher ihren eigenen Interessen nachgehen als gemeinsamen.

Unsere Fremdbilder sind also selten zutreffend: „Die zentrale Botschaft heutiger Jugendkulturen scheint zu sein: Wenn Du glaubst, mich mit einem Blick einschätzen zu können, täuschst Du Dich gewaltig. Oder andersherum: Wer wissen möchte, was sich hinter dem bunten oder auch schwarzen Outfit verbirgt, muss schlicht mit dem Objekt der Begierde reden."[3]

---

[3]   Farin 2010, S. 3

Anforderungen an die Medienpädagogik

Für die Medienpädagogik, die sozusagen die schulische und außerschulische Klammer im Prozess der Medienbildung ausfüllt, heißt das, die Kinder und Jugendlichen bei den drei wesentlichen Entwicklungsaufgaben zu unterstützen:

- Identität

- soziale Integration

- Selbstbestimmung

2. Medien-Mensch

Mit der Medienentwicklung der letzten 50 Jahre hat sich eine schleichende aber revolutionäre Umkehrung der Sozialisationsinstanzen vollzogen. Noch vor 50 Jahren war die Familie die klar dominierende Sozialisationsinstanz, gefolgt von der Schule; die Freunde waren die Nachbarskinder und Medien – waren das Röhrenradio im Wohnzimmer und Kinofilme. Mit allen neu hinzu kommenden Medien – Fernsehen, Video, DVD, Computer, Internet – wurden die Nutzungszeiten addiert; reduziert wurden Arbeitszeiten und Zeiten für Kochen und Haushalt. Und ohne dass es beabsichtigt war, sind heute bei Kindern und Jugendlichen die Medien und die Peergroup, die Freunde die wichtigsten Sozialisationsinstanzen. Am meisten verloren hat nicht die Schule, sondern die Familie. Soll und darf das so bleiben? Was ist möglich? Die weitere Entwicklung wird im Folgenden aufgezeigt und am Schluss zu einem Lösungsansatz geführt.

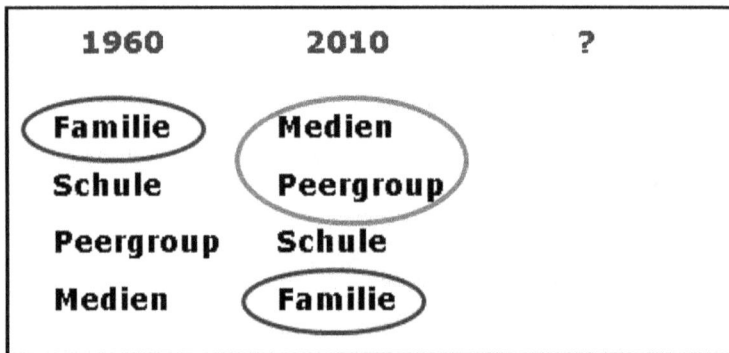

Grafik 2: Staufer

Entstehungsbedingungen von Communitys

Die mediale Adäquanz dieser Entwicklung unter Einbeziehung der technologischen Entwicklung sind Soziale Netzwerke. Sie basieren einmal auf den gesellschaftlichen Rahmenbedingungen des 21. Jh.:

- Individualisierung
- Globalisierung
- Mediatisierung
- Kommerzialisierung

Die zweite Ursache ist die Tatsache, dass Soziale Netzwerke mit ihren vielfältigen Funktionen in hohem Maße die technische Entsprechung der Bedürfnisbefriedigung von Kommunikation und Selbstpräsentation darstellen.

Die Kritik an der jugendlichen Mediennutzung setzt oft den unzulässigen Vergleich einer Welt ohne Medien mit einer heilen Welt gleich, weil diejenigen, die diesen Vergleich führen, beide Welten kennen und in der neuen Medienwelt häufig orientierungslos sind. Dabei übersieht diese Kritikergeneration, dass sie – ohne Absicht – gerade die gesellschaftlichen Voraussetzungen geschaffen haben. Die Kinder und Jugendlichen dagegen wissen sich sehr wohl in dieser Medienwelt zu orientieren und sie für ihre Zwecke zu nutzen.

Früher bestand die Gesellschaft – nicht ohne Konflikte – aus einem kleinen eng verbundenen Beziehungsgeflecht mit vielfachen Gemeinsamkeiten. Verbunden war damit eine hohe Alltagsstabilität.

Früher: **Alltagsstabilität**

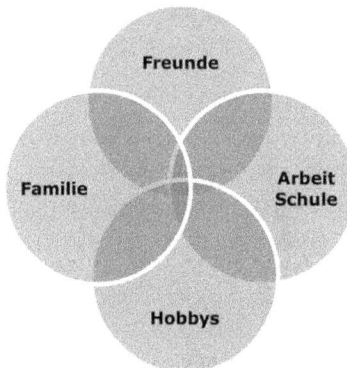

Grafik 3: Staufer

Heute zerfällt die Gesellschaft in „Felder" sozialer Welten (Strauss), die nach eigenen Regeln funktionieren.

Heute: **Soziale Welten mit eigenen Regeln**[4]

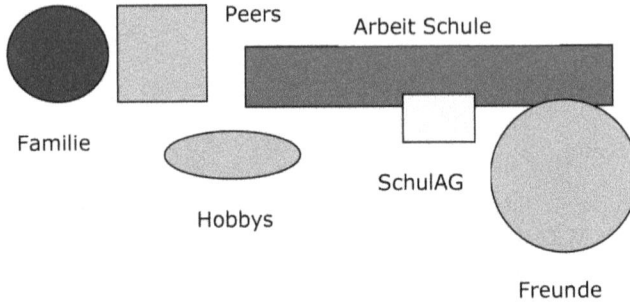

Grafik 4: Staufer

Diese sozialen Welten mit eigenen Regeln, mit eigener Logik sind an verschiedenen Orten, haben verschiedene Mitglieder und sind durch Medien und Verkehrsmittel verbunden. Selbst Schule zerfällt in Kurse, Schienen, Lerngruppen, AGs anstelle des alten Klassenverbunds. Die Grafik belegt damit auch, dass Jugendliche heute ca. sieben Identitäten entwickeln; d.h. jeweils eine andere, je nach der Community, in der sie sich gerade bewegen. Viele Erwachsene sind mit dieser Entwicklung überfordert. Stress entsteht im Versuch, täglich durch hektische Aktivitäten die entschwundene Stabilität von Zeit und Raum (vergeblich) wieder herzustellen.

Für Kinder und Jugendliche jedoch ist dies die selbstverständliche und nicht hinterfragte Basis ihres Handelns, die Welt in die sie hineingeboren wurden. Sie entwickeln darin eine neue Qualität, ihren individuellen Weg zu gehen, ihre gesellschaftliche Aufgabe zu erfüllen zur Identitätsentwicklung, Integration und Selbstbestimmung:

- Mediennutzung dient nicht mehr nur dazu, um den Alltag zu verstehen
- Alltag und Welt werden auf die Medienangebote und das Wissen daraus bezogen: Die Medien werden einerseits ein Teil des Ichs (persönliches Handy)!
- Und andererseits die Integration des Ichs in die Medien: Avatare, E-Mail-Adresse, Identitätskonstruktionen, Profile, Gewohnheiten

Den Wandel vom gemeinsamen Familientelefon zum persönlichen Handy sehen Erwachsene nur als technologischen Wandel und als Fluch oder Segen der Erreichbarkeit und Bequemlichkeit. Für Jugendliche ist die Telefonfunktion nebensächlich, das Handy ist Selbst-Präsentation, Adressbuch, Dokumentation und Mitteilen von Inhal-

---

[4]   Vgl. Hartmann, Maren; Hepp, Andreas (Hrsg.) (2010): Die Mediatisierung der Alltagswelt. Festschrift zu Ehren von Friedrich Krotz. Wiesbaden

ten mit Freunden, Kommunikationsmittel, Fotoapparat zum Teilen und Festhalten von Gemeinsamkeiten, Tagebuch.

Zwei Perspektiven auf Jugend

Daher sei die Frage gestellt, wie verhalten sich die Erziehenden gegenüber den Kindern? Begegnen sie ihnen mit Unterstützung und gewähren sie den Freiraum zur Selbständigkeit oder beherrschen – wie gerade festgestellt – eher Zerrbilder das Verhältnis der Generationen? Die Gesellschaft will eine Jugend, die sie fortsetzt: heißt Integration Die Jugend will eine Gesellschaft, die auch ihre Handschrift trägt: heißt Identität

Drei Massenmedien sollen zur Analyse dienen, den schwierigen Weg zu beleuchten wie die Generationen den gemeinsamen Umgang lernen müssen: Musik, Soziale Netzwerke und Computerspiele.

Musik als Teil der Identitätsfindung: „Musik ist für fast alle Jugendlichen so ziemlich das Wichtigste auf der Welt. So ist auch die Mehrzahl der Jugendkulturen, von denen heute die Rede ist, musikorientiert: Techno, Heavy Metal, Punk, Gothics, Indies; auch Skinheads gäbe es nicht ohne Punk, Reggae und Ska; selbst für die Angehörigen der Boarderszenen, eigentlich ja eine Sportkultur, spielt Musik eine identitätsstiftende Rolle. Dabei geht es nie nur um Melodie und Rhythmus, sondern immer auch um Geschichte, Politik und grundlegende Einstellungen zur Gesellschaft, die nicht nur die Texte und Titel der Songs vermitteln, sondern auch die Interviews, Kleidermarken, nonverbalen Gesten und Rituale der jeweiligen Künstlerinnen und Künstler. Musik ist für viele Jugendliche ein bedeutender Teil der Identitätsfindung."[5] Ausgehend von der Beschreibung von Klaus Farin wenden wir uns einer der größten und umstrittensten Jugendkulturen zu, dem Hip-Hop.

3. Mensch im Hip-Hop

Hip-Hop bezeichnet sowohl eine Musikrichtung, als auch eine Jugendkultur mit den Elementen:

- Rap (Musik)
- DJing: scratching, mixing
- Breakdance und
- Graffiti

  spezifischer Mode

  Einstellungen und Ideologien

---

[5] Farin, Klaus, Jugendkulturen heute http://www.bpb.de/apuz/32643/jugendkulturen-heute-essay S. 3

Hip-Hop ist heute eine Jugendkultur zwischen Porno- und Gewalt-Rap und einer multikulturellen kreativen globalen Bewegung. Seine Ursprünge liegen in den Bandenkriegen der Bronx in den 60ern. Battle-Rap heißt: Streit wird nicht mit Schlägereien oder Waffengewalt sondern mit Wortgefechten ausgetragen. Die Begriffe werden übernommen, aber sie bekommen übertragene Bedeutung: Battle, Gangsta-Rap, haten, fight, disrespect, tight, Nigger, gang/crew etc. Einer der Gründerväter ist DJ Afrika Bambaataa, Gründer der „Zulu Nation", einer religiösen Vereinigung, die für Gleichberechtigung und Bildungschancen für Schwarze eintritt und zu Drogenverzicht und zu verantwortungsvollem Leben aufruft!

Hip-Hop in Deutschland: eine kreative, multikulturelle und integrative Jugendkultur

Aus diesen Ursprüngen hat sich in Deutschland Hip-Hop zu einer kreativen, multikulturellen und integrativen Jugendkultur entwickelt. Die Vielfalt und die Qualitäten des Hip-Hop werden durch „Szenestars" – wie Sido und Bushido – verdeckt, mit ihrer Inszenierung als „Gangster aus deutschen Großstadtghettos"[6], die von Jugendmedien gefördert, ein völlig unangemessenes Bild eines gewalthaltigen und frauenfeindlichen Hip-Hop in den Vordergrund spielen. Doch dieser Randbereich einer Subkultur steht an der Spitze der Charts, über ihn wird berichtet, er füllt derzeit die größten Hallen und bleibt in Köpfen haften.

Als „Porno- und Battle-Rap" entzweit er die Generationen und beschäftigt er den Jugendschutz. Beispiel: „Ein Fick ist ein Fick" auf der CD „Dr. Sex" von „Frauenarzt", 2007, indiziert durch die Bundesprüfstelle für jugendgefährdende Medien mit Entscheidung vom 31.10.2007[7]. Unter dem Deckmantel von Hip-Hop-Kultur lässt sich Pornographie an ein ganz neues Publikum verkaufen. „Wir haben jahrelang Sex benutzt, um Musik zu verkaufen", sagt Camille Evans, die Herausgeberin des Porno-Rap-Magazin „Fish'n Grits", „nun benutzen wir die Musik, um Sex zu verkaufen." Oder wie es Specter von „Aggro" Berlin noch deutlicher ausdrückt: Mit Porno-Rap „aus Scheiße Gold machen".[8]

Entscheidender ist jedoch der Einfluss von „Porno- und Gewalt-Rap" auf die Jugendkultur. Der Jugendschutz sieht hier die Entwicklung von Kindern und Jugendlichen zu einer eigenständigen und gemeinschaftsfähigen Persönlichkeit gefährdet, wenn der Porno-Rapper seine „Schlampe", seine „Bitch" als willfähriges Sexobjekt behandelt.

Nach einer Befragung von Herschelmann in der Hauptschule Oldenburg geben Schüler Gangsta-Rap als Lieblingsmusik an:

---

[6] Peters, Thomas: Hip-Hop, 2005. In: www.jugendszenen.com

[7] Weitere Informationen zu den indizierten Hip-Hop-CDs in: BPjM-Thema (2008): Hip-Hop-Musik in der Spruchpraxis der Bundesprüfstelle für jugendgefährdende Medien (BPjM) - Rechtliche Bewertung und medienpädagogischer Umgang www.bundespruefstelle.de/bpjm/publikationen.html

[8] Fischer, Jonathan, Macht der Macker - Wie sich die Pornographie im Hip-Hop ausbreitet. Neue Zürcher Zeitung 22.2.2007

| | 2006 | 2007 | 2008 |
	(n=219)	(n=187)	(n=179)
12-jährige befragte Jungen:	38 %	53 %	**63 %**
13-jährige befragte Jungen:	38 %	**56 %**	44 %
14-jährige befragte Jungen:	**57 %**	35 %	45 %
15-jährige befragte Jungen:	**53 %**	33 %	17 %

Quelle: Herschelmann, Kinderschutzzentrum Oldenburg 2008

Die Befragung belegt eindrucksvoll, dass über die Hälfte des jeweiligen Jahrgangs „Porno-Rap" massenhaft konsumieren und dass in wenigen Jahren die Hörer immer jünger werden. „Porno-Rap" ist inzwischen bei 12-jährigen Kindern zum Massenphänomen geworden, ist von der Jugend- in die Kinderszene gesickert und damit erlangt natürlich der Jugendmedienschutz noch größere Bedeutung. 104 von 1299 indizierten Tonträgern (2012) sind Hip-Hop-CDs – an zweiter Stelle nach Rechtsrock.[9] D.h., sie dürfen Kindern und Jugendlichen nicht zugänglich gemacht werden. Indizierungsgründe sind:

- frauenverachtend
- pornographisch
- extrem Gewalt verherrlichend
- Drogen verherrlichend
- schwulenfeindlich
- ausländerfeindlich und rassistisch

Die Szene verteidigt sich:

- Ist ironisch gemeint, erkennbar überspitzt
- Übertreibungen als Stilmittel im Battle-Text
- Schilderung unseres Alltags auf der Straße
- Halten der Gesellschaft den Spiegel vor
- Slang, der übersetzt werden muss

Die derbe und verletzende Wortwahl mag zwar durchaus eine Szenesprache darstellen, auszugehen ist aber von der Mehrheit, die nicht Szenemitglieder sind und die Codes nicht entschlüsseln können. Auch wenn etliche „Porno- und Battle-Rap-CDs" indiziert oder gar beschlagnahmt sind, so sind die Inhalte dennoch nicht aus der Welt.

---

[9]   Stand 31.8.2012, vgl. Statistik auf www.bundespruefstelle.de

Wie wirkt „Porno-Rap" auf Jugendliche

Wie immer in menschlichen Bezugssystemen gibt es jedoch keine einfachen Wenn-Dann-Beziehungen. Niemand wird zum Gangster wegen Gangsta-Rap. Hip-Hop entspricht einer Lebenseinstellung, befriedigt Bedürfnisse. Musik kann Gefühle verstärken, Hip-Hop ist nicht die Ursache, sondern Seismograf! Gefährdet Porno-Rap Kinder und Jugendliche? 100 % der Jungs in soz. Brennpunkten haben Porno-Rap auf dem Handy, d.h. er gefährdet eine bestimmte Klientel.

Wenn:

- biographisch Bedürfnisse, z.B. Macht, Hass, Frustrationen auszuleben, entstanden sind,

- Interesse an Sexualität besteht, aber keine realen Erfahrungen möglich sind,

- Die Fähigkeit zur Empathie wenig entwickelt wurde,

- Kommunikations- und Beziehungskompetenzen fehlen,

- Orientierung an traditioneller Männlichkeit vorhanden ist,

$$\Downarrow$$

Dann: kann „Porno-Rap" sexuelle Gewalt auslösen oder unterstützen

Je weniger Gewalthandlungen Kinder durch die Eltern erleben, desto geringer ist die Gewaltakzeptanz. Hinzu kommt die realitätsstiftende Kraft der Worte, wenn Worte wie Liebe, Freundschaft nicht benützt werden. „Porno- und Gangsta-Rap", der esoterische Randbereich einer Subkultur ist daher deutlich zu bearbeiten oder zu indizieren. Eltern stellt sich daher die Frage: Soll ich meinem Kind Hip-Hop-Musik verbieten?

Antwort: Nein! Musik hat für Jugendliche neben dem aktiven Musizieren eine wichtige Funktion des Moodmanaging, der Unterstützung der eigenen Gefühle durch Musik. Die Frage müsste daher nicht lauten: Hip-Hop Ja oder Nein, sondern eher: Welche Art von Hip-Hop?

Was bedeutet Hip-Hop für Jugendliche? Hip-Hop ist für die Aktiven und die Sympathisanten nicht einfach Musik, sondern damit verbunden ist ein Geflecht von Lebensäußerungen, das den Rückhalt in der Peergroup ausmacht.

Mögliche Funktionen der Jugendkultur Hip-Hop

- Gruppenzugehörigkeit herstellen

- Anerkennung/Halt suchen

- Provozieren/Grenzen überschreiten

- Abgrenzen von Erwachsenen

- Männlichkeit darstellen

- Kompensieren
- Identifizieren/Orientierung
- Diaspora-Erfahrung spiegeln
- Spaß haben
- Gefühle abreagieren

Hip-Hop – und nicht „Porno- und Gewalt-Rap" – ist eine der größten globalen Jugendkulturen und eine der wenigen mit denen sich Jugendliche von der Erwachsenenwelt abgrenzen können. Neben Freunden spielen Vorbilder (Stars) bei Kindern und Jugendlichen für die Identitätsentwicklung die größte Rolle. Nicht unerheblich sind gerade bei Kindern und Jugendlichen mit niederem Bildungsstand falsche und echte Vorbilder. Bushido oder Samy Deluxe? Die Massenmedien feiern falsche Vorbilder. Bushido, dessen CDs überwiegend jugendgefährdend und indiziert sind, bekommt beste Sendezeiten und wird mit Preisen überhäuft[10], wodurch auch sein frauendiskriminierendes, gewaltbetontes Menschenbild propagiert wird. Dabei können positive Vorbilder mehr erreichen als alle, die sich um die Jugendlichen aus dem Hip-Hop-Milieu bemühen.

Aktive Medienarbeit

Das zentrale Anliegen medienpädagogischer Arbeit mit Hip-Hop ist es,

- Reflexionsprozesse bei Jugendlichen anzustoßen,
- ihr Unrechtsbewusstsein zu entwickeln,
- sie für Ursachen von Diskriminierung und Gewalt zu sensibilisieren und
- ihnen positive, kreative und aktive Zugänge zu den Medien zu erschließen.

Jugendliche können zwar geschickt mit den neuen Medien umgehen, häufig fehlt es ihnen aber noch an Wert- und Normmaßstäben, um die Inhalte angemessen einzuschätzen und eine eigene wertorientierte Position entwickeln zu können. Dabei gibt es genügend positive Vorbilder:

Der Rapper Samy Deluxe geht mit Jugendlichen auf Deutschlandreise: „Dis wo ich herkomm". Samy Deluxe ist Mitbegründer des Projekts „Crossover – Integration durch Kommunikation". Ziel der Initiatoren ist es, etwas gegen die wachsenden Grenzen zwischen Kindern unterschiedlicher Schulformen und unterschiedlicher sozialer und kultureller Herkunft zu unternehmen. Zum Beispiel durch gemeinsamen Unterricht, der den Jugendlichen Eigeninitiative, Teamgeist und Kommunikation vermittelt. Das ZDF hat am 5.10.2009 eine 30-Minuten Sendung der „Deutschlandreise" gesendet.

---

[10] „Echo"-Preisträger 2008, MTV Europe Music Award, Goldener BRAVO-Otto, „Comet 2008" - „Bester Künstler"

Zwei Drittel aller Kinder und Jugendlichen eifern Vorbildern und Idolen nach. Vorbilder, die ihre Wirkung auf Jugendliche richtig einschätzen und einsetzen, dienen zur Orientierung – nicht zur Identifikation – und können klare Botschaften vermitteln: die Botschaft „Frauenerniedrigung ist grundsätzlich nicht gut", nicht nur im Jugendschutz. Smudo von „ Die Fantastischen Vier", die Sportfreunde Stiller, Jan Delay unterstützen die Kampagne „Laut Gegen Nazis". Aufgabe der Eltern ist es, Fäkalsprache klar zu kommentieren.

Hip-Hop selbst ist eine kreative, multikulturelle, integrative globale Jugendkultur. Wenn man Hip-Hop nicht aus der Risikoperspektive und mit Abwehrhaltung betrachtet, dann leistet diese Jugendkultur, der sich drei Millionen Jugendliche in Deutschland zurechnen, viel zur Sozialisation und Integration.

Was leistet Hip-Hop zur Integration?

Hip-Hop spricht stark die sonst schwer erreichbaren Zielgruppen an:

- Migranten
- bildungsferne Jugendliche
- Jugendliche mit riskanter Mediennutzung

In seiner Vielfalt begeistert Hip-Hop viele Jugendliche, auch die, die sich in der deutschen Sprache noch nicht gut ausdrücken können. Hip-Hop schafft Anknüpfungspunkte zur Integration durch Sprache, Musik, Tanz, Skaten, Rappen, Musiktechnik und lokale Identifikation. Die Vielzahl der Projekte lässt sich hier nicht aufzählen, vom lokalen Projekt bis zur „HipHOPERa".

Die Hip-Hop-Kultur ist eine glokale Kultur. Sie ist global verbreitet und besteht aus einer Vielzahl differenter lokaler Kulturen. Ein Beweis für die Authentizität eines Hip-Hoppers ist die Verbundenheit mit dem Heimatort. Bei Auftritten und in Battles gilt es, die eigene Crew und Heimatstadt zu repräsentieren. Dies ist aber zugleich die Chance, dass Migrantenkinder und -Jugendliche über diese Identifikation das Gefühl entwickeln hier zuhause zu sein.

„Im Zentrum der Anforderungen für eine gelingende Lebensbewältigung stehen die Fähigkeiten zur Selbstorganisation, zur Verknüpfung von Ansprüchen auf ein gutes und authentisches Leben mit den gegebenen Ressourcen und letztlich die innere Selbstschöpfung von Lebenssinn."[11]

Musik als Sprachrohr für gesellschaftskritische Themen, um auf soziale Probleme, wie z.B. Ausländerfeindlichkeit oder Chancenlosigkeit hinzuweisen. Viel zu wenig werden diese Chancen genutzt. Die Gründe mögen auch in dem oben geschilderten Missverhältnis der medialen Präsenz der richtigen Vorbilder liegen.

---

[11] Keupp in: Theunert 2009, S. 63

Anerkennungskultur entwickeln

Respekt ist ein Schlüsselwort in der Hip-Hop-Szene. Jugendliche vermissen Respekt.

- „Noch nie waren so viele Jugendliche kreativ engagiert wie heute." […]
- „Noch nie war die Erwachsenenwelt derart desinteressiert an der Kreativität ihrer 'Kinder'."
- „Respekt ist nicht zufällig ein Schlüsselwort fast aller Jugendkulturen. Respekt, Anerkennung ist das, was Jugendliche am meisten vermissen, vor allem von Seiten der Erwachsenen. Viele Erwachsene, klagen Jugendliche, sehen Respekt offenbar als Einbahnstraße an. Sie verlangen von Jugendlichen, was sie selbst nicht zu gewähren bereit sind."
- „Gute Leistungen in der Schule werden belohnt, dass der eigene Sohn aber auch ein exzellenter Hardcore-Gitarrist ist, die Tochter eine vielbesuchte Emo-Homepage gestaltet, interessiert zumeist nicht - es sei denn, um es zu problematisieren: Bleibt da eigentlich noch genug Zeit für die Schule? Musst du immer so extrem herumlaufen, deine Lehrer finden das bestimmt nicht gut ...".[12]

Hip-Hop im Unterricht

Back to the roots. Der Ursprung des Hip-Hop, die Idee, einen sozialen positiven Gegenpol zu Ganggewalt, Kriminalität und Drogenkonsum zu schaffen, bei dem sich in Wettkämpfen die Besten ihres Fachs (DJs, Rapper, Tänzer, Writer) gegenüberstehen, um dann den Gewinner in Respekt zu akzeptieren, bietet etliche Ansätze zur Umsetzung im Unterricht:

- Deutsch: Hip-Hop-Songtexte als Einstieg in die Lyrik der Moderne
- Musikunterricht: Wie entsteht ein Hip-Hop-Song? Wie kommt der Text zur Melodie und welche modernen Elemente, wie z.B. Turntables oder Samples braucht man dazu? Welche Rolle spielen hierbei Remixes?
- Religions-/Ethikunterricht: Was bedeutet „Respect" ganz praktisch? Nächstenliebe im Alltag bzw. das Vermitteln von Werten im Allgemeinen. Subkultur und Kultur mit Musik, Lyrik und Ethik
- Schule hätte die Chance, Kontakt zur lokalen Kultur und Szene herzustellen. Ausgegrenzte, die diesen Status kultivieren, sind auch Künstler. Sie als „Experten" in die Schule einzuladen, wäre eine Bereicherung für den Unterricht und eine Erfahrung für die Hip-Hopper, dass sie bei ihren Stärken ernst genommen werden.

---

[12] Vgl. Farin 2010, S. 5

- „Rap for Q-Rage": Projekt von Schule ohne Rassismus – Schule mit Courage. Beispiel: Wettbewerb „Rap for Q-Rage", knapp 200 Hip-Hop-Teilnehmer, SOR-SMC produziert mit den Preisträgern die CD Willkommen im Kiez - „Rap for Q-rage, Vol. III".[13]

All diese Aspekte seien aber vor allem den vielen Kreativen in der außerschulischen Bildungs- und Jugendarbeit als Beispiel und Begründung zugedacht: Für die Sensibilisierung und Zustimmung lokaler Gremien, Gemeinderäte, Amtsleiter und Bürgermeister zu interkulturellen Medienprojekten. Vielerorts wird die mangelnde Integration der Jugendlichen beklagt. Die Förderung von Hip-Hop-Projekten ist ein Weg dahin.

4. Kinder und Jugendliche in Sozialen Netzwerken

Den Zuwachs der Nutzerzahlen in Sozialen Netzwerken und die Verfrühungstendenzen verdeutlichen folgende Grafik

① **Web-2.0-Nutzung 2012 nach Geschlecht und Alter**
zumindest selten genutzt, in %

	Gesamt	Männer	Frauen	14-19 J.	20-29 J.	30-39 J.	40-49 J.	50-59 J.	ab 60 J.
Wikipedia	72	75	70	96	87	78	74	56	49
Videoportale (z.B. YouTube)	59	65	52	90	85	76	54	39	16
private Netzwerke u. Communitys*	43	43	42	88	74	56	25	23	10
berufliche Netzwerke u. Communitys*	8	9	7	1	14	16	6	4	2
Weblogs	7	8	5	12	11	8	4	4	2
Twitter	4	4	4	5	8	4	3	2	0
Netzwerke insgesamt	45	47	44	88	75	61	29	24	11

* Nutzung unter eigenem Profil.
Basis: Deutschsprachige Onlinenutzer ab 14 Jahren (n=1 566).

Quelle : ARD/ZDF Online-Studie 2012, S. 381

Von der deutschen Plattform schülerVZ zu facebook

Wie konsequent Kinder und Jugendliche ihre Medienkompetenz nutzen, wie brutal dies auch als Markt-Auslese wirkt, zeigt der Umstieg von schülerVZ zu Facebook. 6,8 Millionen Jugendliche (12-21 J.) leben in Deutschland. Millionen nutzen nach den Sommerferien 2011 Facebook: Nutzer bis 17 Jahren 6,6 Millionen. Und es ist der Umstieg von deutschem Recht auf angelsächsisches Recht.

schülerVZ:[14] 2010 über 5,8 Millionen Mitglieder, das größte deutsche Onlinenetzwerk für Schüler *ab 12 Jahren.* 2012 weniger als 1 Million

- Gegr. Feb. 2007, Besitzer: Medienkonzern Holtzbrinck

- 700.000 neue Bilder täglich, ges.330 Mill.

- 200 neue Gruppen/Tag, ges. 5.000.000

---

13   www.schule-ohne-rassismus.org/rap-2009-g1.html 19.10.2010

14   Quellen: schülerVZ, Ref.Öff. 6.5.2010; www.mediaculture-online.de 27.4.2011; Wikipedia/Neumann-Braun 7.12.2010; eigene Recherchen 10.5.2011

- 3.000 Beschwerdemeldungen/Tag, die alle bearbeitet werden
- Jugendschutz lt. TEST 4/2010 „Sehr gut"

facebook:[15] 800 Millionen Nutzer weltweit, (Nov. 2011) Deutschland 18 Mill.; Jugendliche *bis 17 J.* 6,6 Mill. circa 50 Prozent von ihnen loggen sich täglich ein

- Gegr. Feb. 2004, Besitzer: facebook Inc. Mark Zuckerberg
- 80 Prozent der User leben außerhalb der USA
- 250 Millionen neue Bilder täglich
- 3 Milliarden/Monat 2 Milliarden Beiträge/Tag geliked oder kommentiert
- 900 Millionen Seiten, Gruppen, Veranstaltungen und Community-Seiten
- Über 7 Millionen Apps und Webseiten sind verbunden
- Über die Hälfte aller User nutzen Facebook über Smartphones
- Steht mittlerweile in mehr als 70 Sprachen zur Verfügung 300.000 Nutzer halfen mit, das Netzwerk zu übersetzen
- Der durchschnittliche Facebook-Nutzer hat 130 Freunde und ist mit 80 Community-Seiten, Gruppen und Veranstaltungen verbunden
- Jugendschutz lt. TEST 4/2010 „mangelhaft"

Die Internetnutzung ist zu einem selbstverständlichen Teil der Lebensäußerungen von Kindern und Jugendlichen geworden. Sie geht einher mit immer größerer Selbstdarstellung im Netz. Soziale Netzwerke verlangen nach persönlichen Informationen. Jugendliche haben nach der JIM-Studie von 2010 auf 2011 mehr Informationen in ihrem Profil eingestellt zu Hobbies 32 %/76 %, eigene Fotos 29 %/64 %, Fotos von Freunden 22 %/41 %, eigene E-Mail-Adresse 18 %/37 %.[16]

Jugendschutz.net nennt hierzu eine Reihe aktueller Probleme:

- Soziale Netzwerke: Privatsphäreeinstellungen nicht auf sicherstem Standard eingestellt
- Suchmaschinen – große Suchdienste für Kinder ungeeignet
- Jugendaffine Dienste müssen Fürsorgepflichten ernster nehmen (spickmich)
- Videoportale – Mängel bei Altersprüfung und Beschwerdemanagement
- Bloggs – Mängel bei Kontrolle und Beseitigung von Verstößen
- Podcast – beeinträchtigende Inhalte bei iTunes ohne ausreichenden Zugangsschutz
- Handys – Internetrisiken auf Smartphones[17]

---

[15] Quellen: Mark Zuckerberg Entwicklerkonferenz, www.mediaculture-online.de 27.4.2011; Wikipedia/ Neumann-Braun 7.12.2010; www.ichimnetz.de/2011/10/neu-auf-ichimnetzde/der-facebook-wahnsinn-in-zahlen-7641 04.10.2011; eigene Recherchen 10.5.2011

[16] mpfs 2011, JIM-Studie 2010 Hinterlegte persönliche Daten. www.mpfs.de

[17] Vgl. jugendschutz.net (2010): Jugendschutz im Internet. Ergebnisse der Recherchen und Kontrollen. Be-

Wirkungen der Nutzung des Social Web im Zeitverlauf

Die aktuellen Forschungsergebnisse des DFG-Projekts „Sozialisation im Social Web" werden auf dem Deutschen Präventionstag 2011 erstmals vorgestellt, während die beiden Autoren Sabine Trepte und Leonard Reinecke von der Hamburg Media School, Germany zeitgleich die Ergebnisse in den USA präsentieren.[18]

Zentrale Fragestellung des Projekts ist die Wirkung der Nutzung von Social Network Sites auf das Bedürfnis nach Privatsphäre und den Umgang mit privaten Daten im Internet. Viele Befragte haben bereits negative Erfahrungen im Social Web gemacht. 60 % berichten, dass ihr Foto ungefragt online gestellt wurde, 10 %, dass aggressive oder feindselige Nachrichten auf ihrem Profil hinterlassen wurden. Trotz negativer Erfahrungen schätzt die Mehrheit der User das Risiko im Social Web relativ gering ein; die Risikowahrnehmung nimmt im Zeitverlauf ab.

Fazit der Studie von Trepte und Reinecke: Das Social Web verstärkt und „belohnt" die Bereitschaft zur Selbstoffenbarung. Trotz eines nennenswerten Anteils negativer Erfahrungen sinkt die Risikoeinschätzung und steigt die Preisgabe privater Informationen über die Zeit!

Die Ergebnisse verdeutlichen die Wichtigkeit des Schutzes der Privatsphäre im Social Web. Eine spezifische Medienkompetenz für das Social Web ist erst im Aufbau. Dies verlangt nach öffentlichem Diskurs, gezielter Aufklärung und einem verantwortungsvollen Umgang der Netzwerkbetreiber insbesondere mit jungen Nutzern.

Für die jungen Internetnutzer heißt dies: „Als Jugendlicher hast du medial alle Möglichkeiten, dich auszutoben, [...] aber gleichzeitig musst du selbst deine Grenzen im Hinblick auf später erkennen, damit dich die jugendlichen Medienrepräsentationen nicht zu einer Zeit einholen, wo sie dir negativ aber sozial verbindlich ausgelegt werden. Du bist früh aufgefordert, die Kontrolle über deine eigene biografische Erzählung zu behalten."[19]

Die Kontrolle behalten über die „eigene biografische Erzählung" ist ein treffender Ausdruck für den Langzeitaspekt und für die Spannungsfelder beim Bewegen in einem scheinbar multimedialen Schlaraffenland.

richt 2009.S. 6-16. URL: www.jugendschutz.net/pdf/bericht2009.pdf 20.4.2011

[18] Trepte, Sabine; Reinecke, Leonard (2011): Privacy Online. Perspectives on Privacy and Self-Disclosure in the Social Web. Heidelberg.

[19] Böhnisch, Lothar (2009): Jugend heute. In: Theunert H. (Hrsg.) Jugend – Medien – Identität. Identitätsarbeit Jugendlicher mit und in Medien. Interdisziplinäre Diskurse Band 4, München 2009, S. 33.

Spannungsfelder: ICH – Medien

Identitätsentwicklung und Gruppenzugehörigkeit

Preisgabe persönlicher Daten   Kontrollverlust über Daten

Suche nach selbstbestimmten Freiräumen

eigene Inszenierungsformen   mediale Themensetzung

Selbstdarstellung

multimediales „Schlaraffenland"   unklare Grenzen und Regelungen

Nach den aufgezeigten Problembereichen und Aufgaben, die sich hieraus insbesondere dem Jugendschutz stellen, nach den ambivalenten und paradoxen Ergebnissen aktueller Forschung sei nun auf eine unerwartete Entwicklung verwiesen, die sich aus der Mediennutzung von Hauptschülern ergibt. Hauptschüler, die Benachteiligten in der Jugendmedienkultur, haben – ohne Unterstützung von Schule und Eltern! – meist über Peersozialisation bewundernswert aufgeschlossen, wie Wagner in „Medienhandeln in Hauptschulmilieus" belegt.[20] Mehr noch: Hauptschüler agieren in Sozialen Netzwerken auf Augenhöhe mit allen Gleichaltrigen! Und das heißt: Die aktive Nutzung von Computer, Internet, Handy und Spielen zur Information, beruflicher Orientierung und Pflege sozialer Kontakte ist wie keine andere Aktivität geeignet, den gesellschaftlichen und digitalen Graben zu überwinden.

Wie kann man Kinder bei Ihren ersten Schritten begleiten, bei ihrer Orientierung im Netz unterstützen? Wie verhindere ich, dass ein Kind Opfer wird?

Von "SCHAU HIN! Was Deine Kinder machen", über "Internet-ABC" bis "klicksafe" bieten dutzende empfehlenswerte Plattformen mit Kinder-, Eltern- und Pädagogen-Angebot von niederschwellig bis wissenschaftlich für alle Nutzer ein Netz an Informationen.

Am Beispiel „Aktivierung der Privacy-Option" sei belegt: Wenig Daten im Netz – wenig Angriffsfläche.

---

[20]   Vgl. Wagner 2008, S. 74-90

Online-Communities: Privacy-Option aktiviert

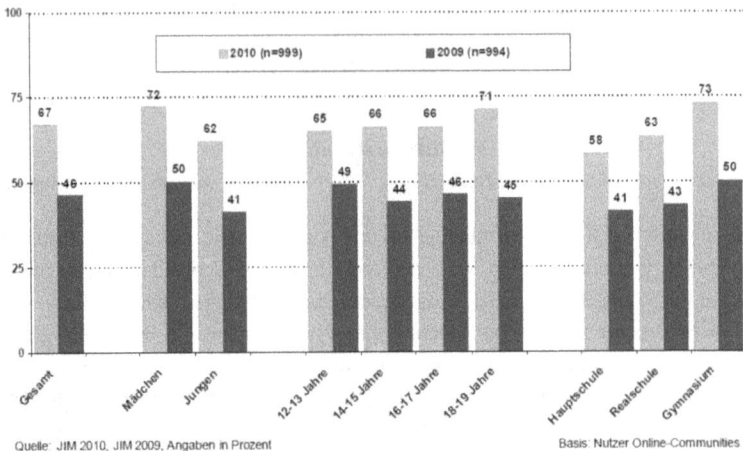

Quelle: JIM 2010, JIM 2009, Angaben in Prozent   Basis: Nutzer Online-Communities

Quelle: mpfs 2011,JIM-Studie 2010. www.mpfs.de S. 45

Diese Grafik mit der deutlichen Zunahme der Aktivierung der Privacy-Option ist die Dokumentation einer Erfolgsgeschichte zum Schutz der Privatsphäre: 2009 haben sich ca. 50 Institutionen zusammengetan und sich auf dieses bedeutende Problem und dessen Bearbeitung verständigt. Unter dem Slogan „Watch yor web" haben alle gemeinsam ihre jeweiligen Ressourcen, Websites, Angebote für Elternabende, Angebote für Schüler, Infomaterial, etc. genutzt und gemeinsam die neue Plattform für Jugendliche beworben www.watchyourweb.de, die über Hilfetools und vor allem mit Videoclips zum Schutz der Privatsphäre sensibilisiert hat. Es hat sich gezeigt: Medienkompetenzförderung ist sinnvoll. Vernetzt und als konzertierte Aktion ist in kurzer Zeit viel zu erreichen! Die Nutzung der Privacy-Option steigt in einem Jahr von 46 % auf 67 % aller jugendlichen User an.

Zusammenfassend stellt sich Jugendkultur in Sozialen Netzwerken dar als Remythisierung der Gemeinschaft über Kommunikation, freiwillige Teilnahme, gemeinsame Intention, auf Tauschprinzip beruhenden Beziehungen, hohen Grad an Aktivität, permanente Beziehungsarbeit und Selbstreflexion nach dem Motto: „Ich poste, also bin ich".

5. Mensch in Computerspielen … und schuf den Menschen zu seinem Bilde

… denn die Figuren in Computerspielen werden immer menschenähnlicher. Wenn inzwischen über 25 % aller Deutschen[21] Computerspieler sind, wenn die erste Spielergeneration selbst Kinder hat, dann kann dieses Thema nicht nur unter Risikoaspekt betrachtet werden:

---

[21]   Veröffentlicht zur Messe „clash of realities", Köln 2010

- Überwindung der Langeweile

- Gemeinschaftserfahrung

- Computer-Kompetenzerwerb

- Stärkung des Selbstwertgefühls

- Wechselwirkung Spiel – Lebensumstände kann ungünstig werden

Computerspiele sind für viele Jugendliche vor allem attraktiv – immer noch – zum Abbau von Langeweile, schon wegen der leichten Erreichbarkeit. Auch der Reiz virtueller Gewalt, die Herausforderung „(virtueller) Tod oder Leben", vertreibt Langeweile. Die Frust-Erfolg-Spirale und das Flow-Erlebnis sind Elemente, die das Spiel über die Zeitdauer interessant halten in einer Balance zwischen Lust und Frust, Unter- und Überforderung.

Gemeinschaft online erleben

Computerspielen heißt für viele Spieler Gemeinschaft online erleben: in Gruppen, Gilden, Clans, Allianzen, Stämmen. Spielen erfährt eine Erweiterung um einen zweiten Produktbestandteil „Plattform für soziale Prozesse". Spielorientierte Kommunikation erweitert sich zum sozialen Miteinander mit differenzierten Strukturen:

- Clans: z.B. Counter Strike (Spiele mit Mehrspieler-Modus)

- Gilden: z.B. World of Warcraft (Online-Rollenspiele, MMORPG)

- Allianzen, Stämme: z.B. Ogame, Die Stämme (Strategie-Browserspiele)

Freunde sind so wichtig wie Familie. Jugendliche haben hundert und mehr Freunde bei Facebook oder Xing aber auch im Browserspiel, bei World of Warcraft. Soziale Kommunikation ermöglicht, Rollen auszufüllen, Verantwortung zu übernehmen; ca. 50 % der Kommunikation beim Spielen ist nicht spielrelevant, sondern berührt alle Themen, die Jugendlichen wichtig sind. Es kann aber auch eine erhöhte Spielbindung z.B. durch den Gruppendruck der Gilde, des Stammes, des Clans entstehen. Das Spiel schläft nicht, wenn der Spieler schläft.

Die Chance zur Selbstdarstellung, Identitätsentwicklung u. Gruppenzugehörigkeit, erfolgreiche Suche nach selbstbestimmten Freiräumen, das ist die Faszination in „artificial tribes" , in künstlichen Stämmen. „Die Stämme" so heißt sogar eines der vielen Strategiespiele.

Liebste Computerspiele
- bis zu drei Nennungen -

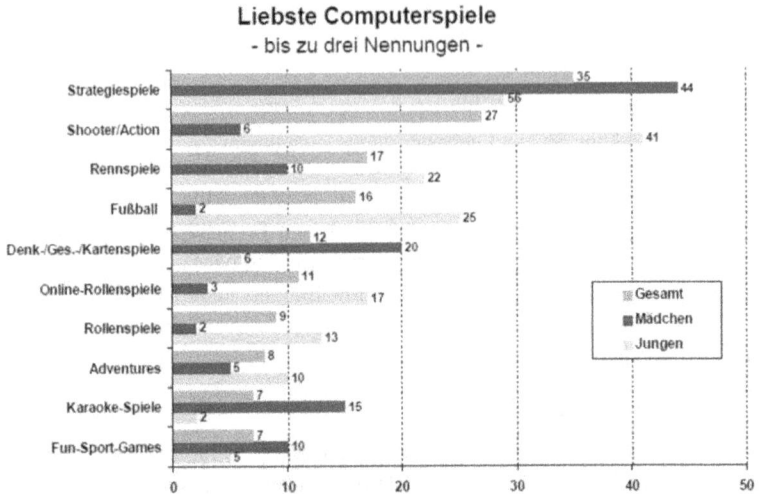

Strategiespiele — Gesamt 35, Mädchen 56, Jungen 44, 27
Shooter/Action — 6, 41
Rennspiele — 17, 10, 22
Fußball — 16, 2, 25
Denk-/Ges.-/Kartenspiele — 12, 6, 20
Online-Rollenspiele — 11, 3, 17
Rollenspiele — 9, 2, 13
Adventures — 8, 5, 10
Karaoke-Spiele — 7, 2, 15
Fun-Sport-Games — 7, 5, 10

Legende: Gesamt / Mädchen / Jungen

Skala: 0, 10, 20, 30, 40, 50

Quelle: JIM 2009, Angaben in Prozent   Basis: Nutzer PC-/Online-/Konsolenspielnutzung, n=969

Quelle: mpfs 2011,JIM-Studie 2010. www.mpfs.de S. 42

Neue Dimensionen der Attraktivität: Onlinespiele

Strategie-Browserspiele sind konstante Onlinewelten, insbesondere Online-Rollen-spiele (MMORPG) *Massively Multiplayer Online Role-Playing Game*. Größtes On-line-Rollenspiel: World of Warcraft mit weltweit über 12 Mllionen aktiven Spielern (Abos 2010):

- Mittelalterliche Fantasiewelt

- Monatliche Spielgebühr

- Hauptinhalt: Erledigen von Aufträgen, Kampf Spieler vs. Computerfigur oder vs. Spieler, Verbesserung der Spielfigur („Char")

- Kommunikation über Ingame-Chat und Sprachübertragungssysteme

- Spieler organisieren sich in „Gilden"

- Ziel des Spieles ist das Besserwerden des „Alter Ego" (Parallele zum eigenen Leben)

Die Grafik belegt, immer noch – innerhalb der ausgeglichenen Tätigkeiten am Com-puter – die herausragende Beschäftigung mit Computerspielen bei den Jungs.

Kinder und Computer zu Hause - Tätigkeiten 2010
- mind. einmal pro Woche -

Tätigkeit	Mädchen	Jungen
Computerspiele (alleine)	54	71
Arbeiten für die Schule	53	46
Computerspiele (mit anderen)	42	53
Texte/Wörter schreiben	51	39
Lernprogramm nutzen	43	42
Mit PC malen/zeichnen	23	14
Bilder/Videos bearbeiten (nur 10-13 Jahre)	17	17
Selbst Musik machen (nur 10-13 Jahre)	8	10

Quelle: KIM-Studie 2010   in Prozent   Basis: PC-Nutzer zu Hause, n=885

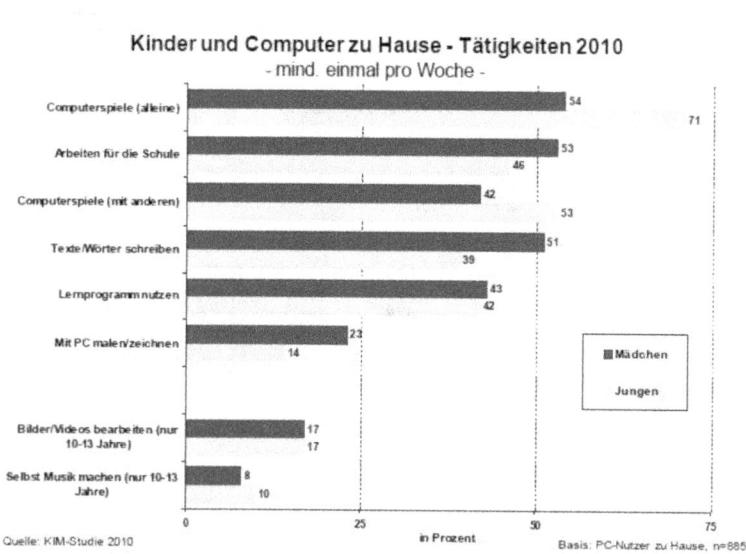

Quelle: mpfs 2011,KIM-Studie 2010. www.mpfs.de Grafik 25

Machen Computerspiele gewalttätig?

Virtuelle Gewalt kann sehr abstrakt, comicartig, aber auch detailreich und ausufernd sein. Virtuelle Gewalt kann im Wesentlichen durch die Spielfunktion begründet sein oder aber selbstzweckhaft zelebriert werden.

- *Kurzfristig* fördern gewalthaltige Computerspiele aggressive Kognitionen, Wahrnehmungen, Gemütszustände und Verhaltensweisen.

- *Langfristig* werden durch gewalthaltige Computerspiele aggressive Skripte geübt und besser zugänglich gemacht und wahrscheinlich deshalb im Alltag auch leichter abgerufen.

Die Ausbildung einer aggressiven Persönlichkeit und die Nutzung gewalthaltiger Computerspiele bedingen sich gegenseitig.[22]

Wie wirken Risiko- und Schutzfaktoren zusammen? Die Analyse der Wahrscheinlichkeit von Gewaltakten macht eindrucksvoll deutlich, dass einzelne Risikofaktoren (schwierige Lebensverhältnisse, Gewalt in der Familie, keine Anerkennung) relativ gut aufgefangen werden und erst bei vielfachem Zusammentreffen ein hohes Risiko entsteht.

---

[22] Vgl. die Zusammenfassung der Ergebnisse der Wirkungsforschung bei Hilpert 2011, S. 15ff

Predicting the Likelihood of T2 Fights from Number of Risk Factors Present

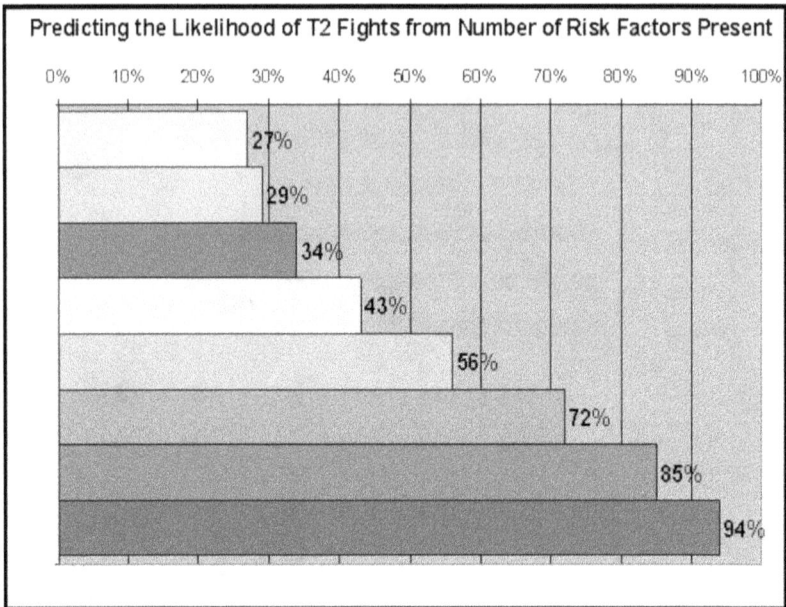

0%   10%   20%   30%   40%   50%   60%   70%   80%   90%   100%

27%

29%

34%

43%

56%

72%

85%

94%

Quelle: Anderson, Gentile, & Buckley, 2007

Nach heutigem kommunikationswissenschaftlichen und medienpsychologischen For-
schungsstand geht man davon aus, dass Aggression – und also auch offen ausgetragene Gewalt – ein komplexes Konstrukt ist, das von vielen Faktoren beeinflusst wird.
Jeder Faktor erhöht die Gewaltbereitschaft und somit die Wahrscheinlichkeit, dass es
zu ausgetragener Aggression kommt. Je größer die Auswirkung eines Faktors (seine
„Effektstärke"), desto bedeutender der Faktor. Die empirische Forschung zeigt damit,
dass gewalthaltige Computerspiele die Aggression schwach bis moderat erhöhen.[23]

Wer ist besonders gefährdet?

Kinder und Jugendliche

- … , die noch sehr jung sind (unter 11-12 Jahren),

- … mit exzessivem Computerspielkonsum,

- … mit starker Vorliebe für gewaltträchtige Spiele,

- … mit geringen sozialen Problemlösungsfähigkeiten,

- … mit Problemen bei der Gefühlsregulierung,

…, die in einer gewalttätigen Umgebung aufwachsen

---

[23] Bundeszentrale für politische Bildung. Debatte: Verbotene Spiele. Einstieg: Machen Computerspiele gewalttätig? Thilo Hartmann, 7.8.2007. URL: www.bpb.de/gesellschaft/medien/verbotene-spiele/63504/
einstieg-in-die-debatte?p=all S.2

Machen Computerspiele süchtig?

Attraktivität und Risiko liegen hier nah beieinander. Es ist daher auch nicht vorhersehbar, welches der über dreitausend Spiele, die jährlich in Deutschland auf den Markt kommen, ein hohes Suchtpotential in sich birgt:

- Die wesentlichen Ursachen für Sucht- und suchtähnlichem Verhalten sind in der einzelnen Person und ihren Lebensumständen begründet.

- Extensive Spielenutzung

  - kann (unproblematisch und sehr häufig) eine kurze Lebensphase umfassen,
  - kann über längere Zeit die verfügbare Lebenszeit stark in Anspruch nehmen,
  - kann aber auch zur Existenz bedrohenden Sucht werden.

- Es gibt Eigenschaften von (Online-)Computerspielen, die eine extensive Nutzung fördern und hohe Bindungskräfte erzeugen

- Es gibt verschiedene Ausprägungen extensiver, für den Einzelnen schädlicher Spielenutzung. Die Grenzen sind fließend.

Außerdem werden Computerspielen und dem Internet Probleme zugerechnet, die tatsächlich Probleme des gesellschaftlichen Wandels sind: Individualisierung, mehr Singles, keine gemeinsamen Mahlzeiten, keine Catch-all-Medien. Jugendliche sammeln daher nur die Information, die sie brauchen können. Junge Menschen können bei dem, womit sie sich konfrontiert sehen, immer weniger damit rechnen, für sie brauchbare Problemlösungen von Erwachsenen oder von der Schule zu bekommen.

Da stellt sich dann allerdings die Frage: Taugen die selbst gebastelten Konzepte der Ressourcenbeschaffung für die verbindliche soziale Welt?

Aufgabe der Medienpädagogik: Jugendliche unterstützen

Spiele sind nicht nur „Spiele":

- Erfolge (Geschicklichkeit, Taktik, soziale Interaktion) werden als persönliche Leistung erlebt (und sind es auch). Auf sie ist der Spieler stolz. Sie sind oft regelrecht erarbeitet.

- Virtuelle soziale Kontakte werden als wichtige soziale Bindungselemente erlebt.

- Die virtuelle Welt ist häufig eine wichtige Lebenswelt, bei „Süchtigen" die Wichtigste.

Anerkennung der virtuellen Erfahrungen und auf sie einzugehen, ist Bedingung erfolgreicher Kommunikation. Über den Leistungsgedanken bei der Schulbildung im Hinblick auf die berufliche Zukunft werden jedoch von vielen Eltern außerschulische Leistungen nicht honoriert, eher sogar missbilligt.

Mediennutzung als Risiko

Folgen übermäßigen Medienkonsums

- Versäumte Lebenszeit: Geringere Zeit, sportliche, musische Lebenserfahrungen und Sozialkompetenz zu erwerben.

- Schlechtere Schulleistung:

  - Zu wenig Zeit für schulisches Lernen

  - Massive emotionale Wirkung z.b. von Computerspielen gefährdet das schulisch Erlernte

- Verstärkung der negativen Einflüsse problematischer Medieninhalte

Mediennutzung als Chance

- Computerkompetenz wird erworben; zunehmend wichtig für den beruflichen und sozialen Erfolg!

- Auge-Hand-Koordination, Feinmotorik

- räumliches Vorstellungsvermögen

- zielorientiertes Handeln

- strategisches Denken, Lösen von Aufgaben

- Teamfähigkeit, soziale Kompetenz

Diese Zusammenhänge sind allerdings wenig empirisch untersucht, da Prävention eher aus der Risikosicht argumentiert und schulische Bildung und Computerspielen sich bisher eher in unauflösbarer Konkurrenz sehen.

6. Der kreative Medien-Mensch

Medien sind zunehmend hilfreiche Instrumente auf dem Weg zur Gewinnung von Identität und Identifikation. Selbstsozialisation und Peer-Sozialisation verdrängen die Medienerziehung durch die Eltern. Hier schwingt nicht Bedauern mit, die Erziehung zur Selbständigkeit läuft nur ganz anders ab als in herkömmlichen Bahnen. „Im Zentrum der Anforderungen für eine gelingende Lebensbewältigung stehen die Fähigkeiten zur Selbstorganisation, zur Verknüpfung von Ansprüchen auf ein gutes und authentisches Leben mit den gegebenen Ressourcen und letztlich die innere Selbstschöpfung von Lebenssinn."[24] Kinder machen sich selber stark.

---

[24] Keupp, Heiner: Identitätskonstruktionen in der spätmodernen Gesellschaft. In: Theunert 2009, S. 77

Die Realität sieht oft so aus wie die letzte Shell-Jugendstudie dramatisch belegt:

Was Jugendliche tun, wenn sie Schwierigkeiten oder große Probleme haben
Jugendliche im Alter von 12 bis 25 Jahren (Angaben in %)

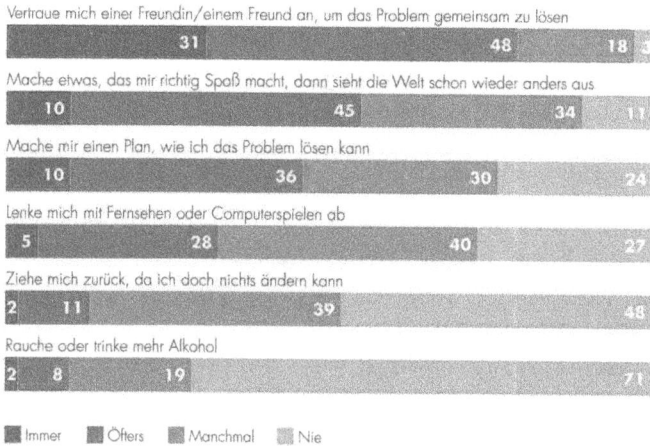

Vertraue mich einer Freundin/einem Freund an, um das Problem gemeinsam zu lösen

| 31 | 48 | 18 | 3 |

Mache etwas, das mir richtig Spaß macht, dann sieht die Welt schon wieder anders aus

| 10 | 45 | 34 | 11 |

Mache mir einen Plan, wie ich das Problem lösen kann

| 10 | 36 | 30 | 24 |

Lenke mich mit Fernsehen oder Computerspielen ab

| 5 | 28 | 40 | 27 |

Ziehe mich zurück, da ich doch nichts ändern kann

| 2 | 11 | 39 | 48 |

Rauche oder trinke mehr Alkohol

| 2 | 8 | 19 | 71 |

■ Immer ■ Öfters ■ Manchmal ▓ Nie

Quelle: 16. Shell-Jugendstudie 2010, downloads[25]

Jugendliche sehen sich mit ihren Problemen eher allein. Eltern kommen als Problemlösungsinstanz hier gar nicht mehr vor. Freunde übernehmen den Part der Eltern, sind aber mangels Kenntnis und Lebenserfahrung genauso überfordert oder hilflos, so dass es zu den genannten Ausweichreaktionen kommt. Pfadenhauer beschreibt dies so: „Denn junge Menschen können bei dem und mit dem, womit sie sich konfrontiert sehen, immer weniger damit rechnen, für sie brauchbare Problemlösungen von älteren bzw. erwachsenen Leuten zu bekommen. Sie sehen sich stattdessen darauf verwiesen, *eigene* Konzepte für Ressourcenbeschaffung, für die Nutzung von Konsumangeboten und kulturellen Optionen sowie für ihre Selbstverwirklichungs- und Lebenschancen im Allgemeinen zu entwickeln."[26]

Bisher wurde das Know-How von einer Generation an die nächste weiter gegeben; heute richtet der Enkel dem Großvater die Website ein.

---

[25] 16. Shell-Jugendstudie 2010. Eine pragmatische Generation behauptet sich. URL: www-static.shell.com/static/deu/downloads/youth_study_2010_difficulties.pdf 27.3.2011

[26] Pfadenhauer in: Theunert 2009, S. 45

Was können Lehrende/Eltern tun?

Interessieren Sie sich für die Medien der Kinder und Jugendlichen!

Ist das nicht zu banal? Tun dies Eltern nicht sowieso? Wenn Ja, dann ist es meist kein offenes Interesse, sondern der Versuch, in gute und schlechte Mediennutzung zu unterscheiden. Interesse heißt jedoch erst mal verstehen wollen, warum ein Computerspiel den Jungen gerade jetzt so fasziniert, welche Themen die Kommunikation von Mädchen heute bestimmen; heißt neugierig ohne aufdringlich zu sein, heißt sich von den Kindern als Experten ihre Medien erklären lassen ohne zu fragen, wofür das nützt. Wenn Jugendliche sich als Gesprächspartner akzeptiert sehen, geben sie auch wie Kinder ihre Gefühle preis und sind auch bereit über Probleme zu reden und Ratschläge anzunehmen, wo sie „normalerweise" cool reagieren und auf Abgrenzung bedacht sind.

Miteinander der Generationen

Wie wirken die vier großen Sozialisationsinstanzen zusammen? Wie schon eingangs in der Grafik 2 angedeutet, die Frage kann nicht damit beantwortet werden, den Zustand vor dem Auftreten der Medienwelt wieder herzustellen. Die Lösung kann nur in einem Gleichgewicht der Sozialisationsinstanzen bestehen.

Sozialisationsinstanzen im 21. Jahrhundert

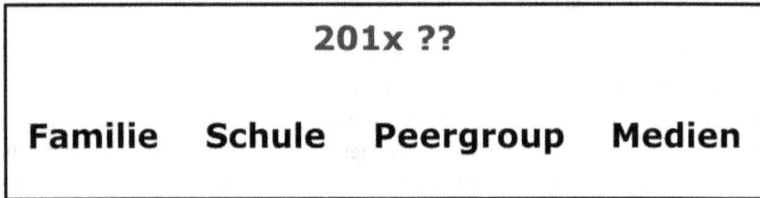

Grafik: Staufer

Dies ist kein Modell eines idealisierten Zustands, sondern der zu erreichende Normalzustand. Ein dominanter und prügelnder Elternteil ist für die Persönlichkeitsentwicklung genauso negativ wie übermäßiger Medienkonsum oder sich Verlieren in einer Jugendgang. Erziehungskunst besteht darin, dieses Gleichgewicht bei permanenter Veränderung der Einflussfaktoren ständig wieder neu zu erhalten. Böhnisch charakterisiert das Miteinander der Generationen: „Denn ‚Jugend' wird in Zukunft durch die Spannung und die Balance zwischen einer grenzenlosen Medienwelt und einer verbindlichen sozialen Welt definiert sein."[27]

---

[27]   Böhnisch, in: Theunert 2009, S. 34

Kinder stark machen und Jugendliche unterstützen heißt heute:

- Die Kinder sind „allein" im Internet, aber wir dürfen sie nicht alleine lassen!
- Den Kindern und Jugendlichen etwas bieten – nicht verbieten!
- „Vireales" Lernen ist ein partnerschaftlicher Lernprozess

Förderung der Selbstverantwortung der Jugendlichen

„Im … Hinblick auf die in Jugendszenen zunehmende Privatisierung von Mediendistribution und Eigenproduktion wären medienpädagogische Modelle zu reflektieren, die die Jugendlichen selbst in die Verantwortung nehmen und mit ihnen gemeinsame Wege entwickeln, die alltagspraktische Gewährleistung des Jugendmedienschutzes auch dann zu ermöglichen, wenn die Eltern keine Kontrolle ausüben (können)."[28]

Medienkompetenzerwerb erfolgt durch selbst-gesteuerten Umgang in digitalen Jugendkulturen

- Vom Schulen zum Gestalten von Lernumgebungen: Statt „Second Life" reale Erfahrungs- und Experimentier-Räume zur Verfügung stellen.
- Vom Belehren zum Begleiten beim Navigieren: Erfahrung, Regeln, Gesetze, Werte. Lehrer ist nicht länger Nadelöhr, sondern Moderator des Lernprozesses. Gesellschaftliches Probehandeln ohne Selbstgefährdung
- Echte Partizipation: Schüler bringen ihr mediales Know-how ein, Lehrende ihr Wissen und ihre Lebenserfahrung. Know-how der Schüler als Bereicherung in den „Unterricht" integrieren.
  - Selektionsprinzipien
  - Differenzierungskriterien
  - Glaubwürdigkeitsmaßstäbe

Das Problem ist die Generation, die mit der alten *und* der neuen Medienwelt aufgewachsen ist, die einerseits wehmütig der verlorenen Ordnung nachhängt und sich noch nicht entscheiden kann, was notwendig und wert ist, aus der alten in die neue Welt mitzunehmen.

Wir sind unsicher geworden, aber auch die neue Medien-Welt braucht Wertorientierung und funktioniert nach Regeln. Neu ist: Diese Regeln müssen gemeinsam ausgehandelt werden. Das ist eine Aufgabe aller Generationen.

---

[28] Theunert/Gebel 2007, S. 15

Literatur

Anderson, Craig A./Gentile, Douglas A./Buckley, Katherine E. (2007): Violent Video Game Effects on Children and Adolescents. Theory, Research, and Public Policy. New York: Oxford University Press.

Böhnisch, Lothar (2009): Jugend heute. In: Theunert 2009, S. 27-34.

Busemann, Katrin; Gscheidle, Christoph (2012): Ergebnisse der ARD/ZDF-Onlinestudie 2012. Web 2.0: Habitualisierung der Social Communitys. München. S. 380-390. URL: http://www.ard-zdf-onlinestudie.de/fileadmin/Online12/0708-2012_Busemann_Gscheidle.pdf 16.7.2012

Farin, Klaus (2010): Jugendkulturen heute. In: Aus Politik und Zeitgeschichte (APuZ 27/2010) Jugendkulturen. http://www.bpb.de/apuz/32643/jugendkulturen-heute-essay 5 Seiten

Farin, Klaus; Neubauer, Hendrik (2001)(Hrsg.): Artificial Tribes – Jugendliche Stammeskulturen in Deutschland. Berlin. Neuauflage (2011): Perspectives on Privacy and Self-Disclosure in the Social Web. Heidelberg

Hartmann, Maren; Hepp, Andreas (Hrsg.) (2010): Die Mediatisierung der Alltagswelt. Festschrift zu Ehren von Friedrich Krotz. Wiesbaden

Hilpert, Wolfram (2011): Computerspiele. Reiz und Risiken virtueller Spiel- und Lebenswelten. Bonn. URL: http://www.bundespruefstelle.de/bpjm/redaktion/PDF-Anlagen/computerspiele-reizundrisiken-2011,property=pdf,bereich=bpjm,sprache=de,rwb=true.pdf 10.5.2011

Jörissen, Benjamin; Marotzki, Winfried (2010): Medienbildung in der digitalen Jugendkultur. In: Hugger, Kai-Uwe (Hrsg.): Digitale Jugendkulturen. Wiesbaden. S. 103-117.

jugendschutz.net (2010)(Hrsg.): Jugendschutz im Internet. Ergebnisse der Recherchen und Kontrollen. Bericht 2009. URL: http://www.jugendschutz.net/pdf/bericht2009.pdf 20.4.2011

Keupp, Heiner: Identitätskonstruktionen in der spätmodernen Gesellschaft. In: Theunert 2009, S. 52-77

Medienpädagogischer Forschungsverbund Südwest (Hrsg.) (2011): KIM-Studie 2010, Kinder + Medien Computer + Internet. Stuttgart. Basisuntersuchung zum Medienumgang 6 – 13-Jähriger in D.

Medienpädagogischer Forschungsverbund Südwest (Hrsg.) JIM-Studie 2010, Jugend, Information, (Multi-) Media. Basisuntersuchung zum Medienumgang 12-19-Jähriger in D. http://www.mpfs.de

Pfadenhauer, Michaela: Identitätsbildung in juvenilen Geselligkeiten? in: Theunert 2009, S. 35-51

Shell Deutschland Holding (Hrsg.) (2010): 16. Shell Jugendstudie. Jugend 2010. Konzeption: Albert/Hurrelmann/Quenzel/TNS Infratest. Frankfurt/Main

Theunert, Helga (2009) (Hrsg.): Jugend – Medien – Identität. Identitätsarbeit Jugendlicher mit und in Medien. Interdisziplinäre Diskurse, Band 4. München

Theunert, Helga; Gebel, Christa (2007): Fokuspunkte und Optimierungshinweise zum Jugendmedienschutz aus der alltagspraktischen Perspektive. Zusammenfassende Reflexion und Interpretation der Ergebnisse der JFF-Teilstudie. München. JFF – Institut für Medienpädagogik in Forschung und Praxis. URL: http://www.jff.de/dateien/JFF_JMS_Kurzfassung.pdf 20.4.2011

Trepte, Sabine; Reinecke, Leonard (2011): Privacy Online. Perspectives on Privacy and Self-Disclosure in the Social Web. Heidelberg

Jürgen Stock

International Cybercrime: Results from the Annual International Forum[1]

Ziel dieses Beitrag ist es, zu den Erkenntnissen und Ergebnissen des 5. Annual International Forum unter dem Titel "International Cybercrime Occurrence Development and Prevention" im Rahmen des 16. Deutschen Präventionstages in Oldenburg zu berichten. Das zweitägige Forum zeichnete sich durch höchst aktuelle, interessante Vorträge und Diskussionen sowie einen intensiven Austausch der anwesenden Experten aus.

Insgesamt sechs Vorträge im Rahmen des zweitägigen Forums konnten erste Antworten zu folgenden Fragen geben:

1. Wie stellt sich die aktuelle Lage des Phänomens Cybercrime dar?
2. Welche Trends und Entwicklungen zeichnen sich ab?
3. Welche Gegenmaßnahmen müssen getroffen werden, um Cybercrime effektiv zu bekämpfen?

So vielfältig sich das Phänomen Cybercrime zeigt, so unterschiedlich waren die Blickwinkel, aus denen das Phänomen beleuchtet wurde. Den Experten ist es gelungen, sozialwissenschaftliche, rechtliche, wirtschaftliche und kriminalwissenschaftliche Aspekte darzustellen.

Die Perspektive der Sicherheitsbehörden vertraten zwei Mitarbeiter des Bundeskriminalamtes, Helmut Ujen und Mirko Manske. Sie skizzierten die kriminalistische Phänomenologie, soweit diese im BKA wahrgenommen wird.

Frank Ackermann vom Eco-Verband der Deutschen Internetindustrie hat uns mit Blick auf Bekämpfungsmaßnahmen und die Kooperation der Wirtschaft mit Sicherheitsbehörden interessante Ansätze der Wirtschaft vermittelt. Der Media-Consultant Frank Tentler informierte zu Strukturen und Funktionsweisen sozialer Netzwerke, möglichen Gefahren sowie zu erwartenden Entwicklungen in diesem Bereich.

Aus der Perspektive der EU-Kommission, der politischen Ebene, legte Marc Arno Hartwig Möglichkeiten von Gegenmaßnahmen angesichts der geschilderten Gefahren dar. Abschließend berichteten Cornelia Schild vom Bundesamt für Sicherheit in der Informationstechnik und Sven Karge vom Eco-Verband von einem erfolgreich gestarteten Public Private Partnership im Bereich der Bekämpfung von Botnetzen.

---

[1] Geringfügig überarbeitete Version des am 31.05.11 in Oldenburg gehaltenen Vortrags.

„Sich im Internet bewegen ist so ähnlich wie Schlittschuhlaufen auf Natureis: Manchmal weiß man nicht, wie dünn bzw. dick das Eis ist. An manchen Stellen ist das Eis dünn und Schlittschuhlaufen gefährlich, Spaß macht Schlittschuhlaufen dennoch." Mit dieser Aussage beschrieb ein Teilnehmer sehr treffend Reiz und Risiken des Internets.

Das Internet ist ein Motor gesellschaftlicher und wirtschaftlicher Entwicklung, es ist ein Medium, das vernetzt, beschleunigt und vereinfacht. Für eine Vielzahl tagtäglicher Abläufe ist es mittlerweile unverzichtbar. Gleichzeitig müssen wir uns der Gefahren, wie sie von technischen Störungen und Cyberkriminalität ausgehen, bewusst sein. Mit den Möglichkeiten der digitalen Welt, wachsen auch die ihr innewohnenden Gefahren.

1. Lage

1.1. Positive Aspekte des Internet – soziale und wirtschaftliche Potentiale

Das Internet bietet ein enormes Potential für soziale und wirtschaftliche Entwicklungen auf nationaler und internationaler Ebene. Immer mehr Menschen haben in Deutschland Zugang zum Internet, wobei nicht nur die Jüngeren an dieser Entwicklung teilhaben, auch die Älteren, das heißt die über 60-Jährigen bewegen sich immerhin zu fast 40 % regelmäßig im Internet.[2]

Das Internet ist, da besteht keinerlei Zweifel, ein wichtiges Element der heutigen Gesellschaft: Aus Beruf, Bildung, Handel, Dienstleistung, aber auch sozialen Kontakten und hier insbesondere sozialen Netzwerken ist es nicht mehr wegzudenken. Wir alle nutzen das Internet für Prozesse wie Online-Banking, die Steuererklärung, die beim Finanzamt bevorzugt per Internet abgegeben wird, die Kfz-Anmeldung und dergleichen mehr. Durch die Mobilität der hierfür notwendigen Geräte, nicht zuletzt durch die zunehmende Verbreitung von Smartphones, kann das Internet von nahezu allen Orten, zu jeder Zeit genutzt werden. Das heißt: Der Zugang zum World Wide Web ist überall möglich, eine Bindung beispielsweise an Öffnungszeiten entfällt.

Neue Kommunikationsformen können heutzutage leicht etabliert werden; das Knüpfen und Halten von Kontakten wird zumindest technisch immer einfacher. Bei diesen Entwicklungen handelt es sich um weltweite Entwicklungen. Sie alle kennen Schaubilder, die den Anteil der Internetnutzer an der Bevölkerung in den einzelnen Ländern der Welt zeigen. Europa und die USA erscheinen dabei sehr hell, die Nutzung des Internets ist hier weit verbreitet. Doch auch auf dem afrikanischen Kontinent nimmt die Zahl der Nutzer deutlich zu.

Das ist die „helle Seite" des Internet, die Facette, die uns das Leben vereinfacht und Spaß macht.

---

[2] Bundesverband Digitale Wirtschaft: Im dritten Quartal 2010 waren 73,4% der deutschsprachigen Wohnbevölkerung in Deutschland ab 14 Jahren im Netz. Die 14- bis 39-Jährigen sind mit Anteilen deutlich über 90% nahezu vollständig im Internet präsent, bei den 40- bis 49-Jährigen sind es 86,3%, bei den 50- bis 59-Jährigen sind es 73,2%, bei den über 60-Jährigen mit 36,2% noch mehr als ein Drittel.

1.2. Gefahren des Internet – Die polizeiliche Lage

Der Schwerpunkt der Diskussionen im Forum lag jedoch auf der „dunklen Seite" des Internet, den, wie es ein Teilnehmer nannte, „Portalen der Bedrohung". Gefahren drohen in allen Bereichen: Soziale Medien, Online-Banking, Geodaten, e-Commerce. IT-Sicherheit ist häufig, so konstatierten die Referenten, nicht Teil der Ursprungsarchitektur, sondern muss zu einem späteren Zeitpunkt aufwendig und teuer nachgerüstet werden.

Cybercrime umfasst zum Teil klassische Deliktsformen, die sich lediglich im Internet duplizieren. Das Internet ist zum einen also ein neues Tatmittel. Zum anderen haben wir es mit neuartigen Kriminalitätsphänomenen zu tun, die es bisher in dieser Form nicht gab. Von den Experten wurde insbesondere der fehlende Überblick zu diesen neuen Phänomenen beklagt.

In diesem Zusammenhang ist nach Meinung der Experten fraglich, inwieweit die durch die polizeiliche Kriminalstatistik ausgewiesenen Zahlen valide sind. Stehen hinter den Zahlen möglicherweise Wirtschaftsunternehmen mit ihren spezifischen Interessen? Wie hoch ist die Dunkelziffer einzuschätzen? Die Experten des Forums äußerten hinsichtlich der Nutzbarkeit dieser kriminalstatistischen Daten Skepsis.

Cybercrime ist in der polizeilichen Kriminalstatistik einer der Wachstumsbereiche der Kriminalität. In vielen anderen Bereichen, auch bei der Zahl der Straftaten insgesamt, verzeichnen wir rückläufige Zahlen. Die Steigerungsrate im Bereich Cybercrime beträgt dagegen allein zwischen 2009 und 2010 rund 20 %. Auch hinsichtlich der durch Cybercrime verursachten Schäden sind Anstiege mit zum Teil 50 % - 60 % festzustellen. Das sind besorgniserregende Zahlen.

Bei den geschilderten Zahlen handelt es sich jedoch allein um das Hellfeld. Wie viele Delikte landen nicht bei den Strafverfolgungsbehörden, etwa weil private Geschädigte es gar nicht merken, dass ihr Rechner mittlerweile Teil eines weltweit agierenden Botnetzes ist? Wie groß ist die Zahl der Unternehmen, die einen Angriff zwar bemerken, aber aus Angst vor Imageschäden davon absehen, bei den Strafverfolgungsbehörden Strafanzeige zu erstatten?

Fest steht: Die Täter 2.0 kommen aus allen klassischen Deliktsbereichen, die polizeilicherseits und justiziell bekannt sind. Es handelt sich um Straftaten der Organisierten Kriminalität, des Terrorismus, Kinderpornografie, Wirtschaftsspionage, Betrug, bis hin zu Staatsschutz- und, Korruptionsdelikten. Im Internet findet sich alles wieder – neu sind allerdings einige Facetten, die auch die Teilnehmerinnen und Teilnehmer des Forums nachdenklich stimmten. Phänomene wie der Diebstahl digitaler Identitäten, mit denen die Täter im World Wide Web auf Einkaufstour gehen und erhebliche Schäden anrichten können, sind bedrohlich. Auch die Möglichkeit der Erstellung von digitalen Klonen, sozusagen von Parallel-Identitäten, weist ein enormes Schadenspotential auf.

Das gilt auch für die Entwicklungen im Bereich Pishing. Sie alle kennen dieses Phänomen, viele haben schon einmal so genannte Phishing-Mails erhalten: Was vor ein
paar Jahren noch relativ plump anfing, ist mittlerweile durch entsprechendes Social
Engineering der Täter professioneller geworden. Trojaner fängt man sich heute durch
sog. „Drive-by-Infection" ein. Bei einer vermeintlich nicht kompromittierten Webseite, wie beispielsweise der Webseite des Bundeskriminalamtes oder des Bundesamtes
für Sicherheit und Informationstechnik, könnte es sich um eine – kaum von der echten
zu unterscheidende – gefälschte Seite handeln, über die beim Abrufen der Inhalte ein
Trojaner auf den eigenen Rechner gespielt wird.

Auch klassische Deliktsbereiche wie Erpressung, Schutzgelderpressung, Lösegelder-
pressung, spielen sich heute im Internet ab. Es gibt, wenn wir den Terminus fortführen,
eine Mafia 2.0, die nicht mehr irgendwo eine Bank überfällt, sondern heute mit den
Möglichkeiten des Internet auf Unternehmen zugeht und diese mit Spam-Attacken
bedroht. Wenn die derart bedrohten Unternehmen die Drohungen nicht ernst nehmen,
werden die Server überlastet. Die Nicht-Erreichbarkeit der Unternehmen aufgrund
der Überlastung ihrer Server kann erhebliche Verluste verursachen. Entsprechende
Fälle haben gezeigt, dass hinter der Bedrohung ein realer Schaden steht, der ein Unternehmen, manchmal sogar kleinere Staaten, vor erhebliche Probleme stellen kann.

Ein Thema der Zukunft, darauf haben die Experten nachdrücklich hingewiesen, sind
mobile Endgeräte. Viele Menschen verfügen bereits über solche Endgeräte, die immer mehr Funktionen in sich vereinen. Die Konsequenz ist, dass mobile Endgeräte in
Zukunft vermehrt Ziel von Attacken beispielsweise durch Botnetze sein werden. Dies
ist sicherlich ein Bereich, der unter Präventionsgesichtspunkten in Zukunft im Focus
stehen sollte.

Inzwischen hat sich eine Underground Economy entwickelt, eine breitgefächerte
Produkt-Palette krimineller Angebote im Netz. Mit relativ geringem finanziellen Aufwand können digitale Identitäten, Kreditkartendaten, Trojaner oder ganze Botnetze
erworben und auf dieser Basis mit relativ begrenzten IT-Kenntnissen erhebliche Schäden angerichtet werden.

Mit der Formulierung „That has been our depression day" beschrieb ein Teilnehmer
treffend den ersten Tag des 5. Annual International Forum. Was kann oder muss im
Bereich der Prävention gemacht werden, greifen die Instrumente, die wir haben? Wo
können wir ansetzen, wenn der eigene Rechner zu einer potenziellen Bedrohung werden kann? Dies waren die Fragen, mit denen wir in den zweiten Tag starteten.

2. Gegenmaßnahmen – Akteure und Methoden

Im Mittelpunkt der Diskussionen zu Akteuren und Methoden von Gegenmaßnahmen
standen die Fragen: Welche Gegenmaßnahmen im Bereich der Prävention können wir
anbieten? Welche Akteure und Methoden sind bislang involviert? Nahezu alle Refe-

renten waren der Auffassung – und dies ist meines Erachtens eine wichtige Botschaft, die von dem diesjährigen Präventionstag ausgeht – dass wir uns einerseits national und international über eine große Zahl verschiedenster Initiativen freuen können. In der Entwicklung von Gegenmaßnahmen gegen Cybercrime sind viele Akteure sehr engagiert. Es gibt jedoch auch Bereiche, in denen von den Experten noch erheblicher Aufholbedarf gesehen wird. So müssen wir beispielsweise im Bereich „Awareness", also der technologischen und bewußtseinsbezogenen IT-Sicherheit, schleunigst Gegenmaßnahmen ergreifen. Die Schere zwischen der Entwicklung im Bereich Cybercrime und dem, was wir dieser Entwicklung entgegensetzen, darf nicht noch weiter auseinandergehen.

2.1. Sicherheitsbehörden

Seit März dieses Jahres verfolgt die Bundesregierung eine gemeinsame Cyber-Sicherheitsstrategie. Die Sicherheitsbehörden übernehmen dabei ihre klassischen Aufgaben der Strafverfolgung und Gefahrenabwehr. Mitarbeiter aus verschiedenen Arbeitsfeldern, wie Wissenschaftler, Techniker, Polizisten und andere Experten arbeiten in den Sicherheitsbehörden tagtäglich zusammen. Im Bereich der klassischen polizeilichen Repression steht die Polizei und auch die Justiz unter anderem vor der Herausforderung, Lösungen zu finden, wie Spuren im Netz so gesichert werden können, dass sie hinterher im Strafprozess verwertbar sind. Eine weitere Herausforderung sind die großen Datenmengen, die es im Zuge von Ermittlungsverfahren auszuwerten gilt.

Die Experten im Forum wiesen auf die Notwendigkeit hin, sich intensiv mit künftig zu erwartenden Entwicklungen zu befassen. Aufgrund der der Cybercrime inhärenten Dynamik sind wir gut beraten, mit Methoden wie der Szenariotechnik zu verfolgen, welche künftigen Entwicklungen zu erwarten sind. Hierzu gehört auch, ein funktionierendes Monitoring zu betreiben. Vom beklagten „Hinterher-hecheln" müssen wir zum „Vorausschauend-tätig-werden" kommen. Beispiele neuerer Entwicklungen sind moderne Bezahlsysteme, wie Web-Money oder U-Cash, wobei auch eher (noch) futuristisch anmutende Themen wie in der Entwicklung begriffene „digitale Tarnkappen", mit denen man kriminelles Tun verschleiern kann, von den Experten vorgestellt wurden.

2.2. Wirtschaft und Verbände

Wirtschaft und Verbände wiesen auf die verschiedenen Plattformen und Kooperationsformen, die zur Prävention bislang etabliert sind, hin. Hierbei handelt es sich zum einen um Aktivitäten der Wirtschaft auf ihren eigenen Aktionsfelder, zum anderen sind Beispiele genannt worden, in denen Präventionsprogramme anderer Akteure, etwa von Schulen insbesondere im kommunalen Bereich, von Wirtschaftsunternehmen und Verbänden unterstützt werden.

2.3. User/Nutzer

Auch der Nutzer selbst ist gefragt und muss sich als zentrales Element der Sicherheitsstruktur verstehen. Die „Awareness", die Sensibilität gegenüber den Gefahren des Internet muss gestärkt werden. Vor dem Hintergrund, dass auch eine installierte Antiviren-Software keine hundertprozentige Sicherheit bietet, sondern immer nur einen Teil der aktuell auf dem Markt befindlichen Viren identifizieren kann, kommt dem Nutzer eine besondere Verantwortung zu.

2.4. Privat-Public-Partnership

Das Thema Public Private Partnership wurde anhand eines aktuellen Beispiels, dem Anti-Botnetz-Beratungszentrum, vorgestellt. Das Anti-Botnetz-Beratungszentrum ist eine Kooperation zwischen BSI (Bundesamt für Sicherheit und Informationstechnik) und dem Eco-Verband. In diese enge Kooperation sind auch Internet-Service-Provider und Hersteller von Anti-Viren-Software eingebunden. Das Bemerkenswerte an diesem Konzept ist, dass es sich nicht nur um ein strategisches Beratungsgremium handelt, sondern den von einer Botnetz-Attacke betroffenen Unternehmen ebenso wie Einzelpersonen eine konkrete Beratung angeboten wird. Die Experten versicherten, zur Not gingen die Mitarbeiter des Callcenter mit dem Anrufer Punkt für Punkt einen Arbeitsplan durch, um am Ende den für die Einbindung des Rechners in das Botnetz verantwortlichen Trojaner wieder vom Rechner zu entfernen.

3. Fazit

Wie bereits mehrfach angedeutet, bleiben in dem dynamischen Bereich der Cybercrime viele Aspekte bisher offen. Die Phänomenkenntnisse sind teilweise nicht sehr fundiert, ein Bewusstsein für die drohenden Gefahren muss gestärkt werden. Welche Schlüsse können aus den Vorträgen und Diskussionen insbesondere für die Prävention gezogen werden?

3.1. Ausbau bestehender Kooperationen

Zahlreiche Akteure sind bereits in dem Feld der Prävention von Cybercrime aktiv. Bereits bestehende Kooperationen müssen weiter ausgebaut und gestärkt werden. Gerade im Bereich der Prävention gibt es noch Optimierungspotential.

3.2. Mit der Entwicklungsdynamik Schritt halten

Die Entwicklungsdynamik des Internet und damit auch der Cybercrime wird sich nach Auffassung der Experten nicht abschwächen. Frau Prof. Potja führte treffend aus, dass früher bei Innovationen im Bereich der Technik viel Zeit blieb, um über Problemlösungen nachzudenken. Die Experten im Forum waren sich einig, dass diese Zeit heute nicht mehr zur Verfügung steht. Wir müssen schneller reagieren und verstärkt präventiv tätig werden.

3.3. Stärkung der Forschungsaktivitäten

Forschungsaktivitäten im Bereich Cybercrime müssen forciert werden. Die Phäno-menologiekenntnisse zu dem, was im Internet passiert, sind auszuweiten. Es ist ein Aufgabenfeld der klassischen Kriminologie, mehr über Erscheinungsformen und das quantitative Ausmaß von Cybercrime zu erfahren. Auch die Aufhellung des Dunkel-felds zählt zur klassischen sozialwissenschaftlichen Forschung und ist ein Bereich, der angegangen werden muss. Auf der anderen Seite ist die technologiebezogene Forschung zu Vermeidung von Tatgelegenheiten im Internet, insbesondere zur IT-Sicherheit zu verbessern. Nur so können wir nähere Erkenntnisse zu Risiken sowie Tat-, Opfer- und Täterstrukturen erlangen.

3.4. Bekämpfung des Cybercrime als gesamtgesellschaftliche Aufgabe

Die Bekämpfung von Cybercrime ist eine gesamtgesellschaftliche Aufgabe. Mit ihren Vorträgen verdeutlichten die Experten, dass Cybercrime ein klassisches Querschnitts-thema ist. In der Konsequenz heißt das: Wir müssen ressortübergreifende Strategien ent-wickeln, jeder muss seinen Teil der Verantwortung in der präventiven Wertschöpfungs-kette vom privaten User über Unternehmen und über staatliche Akteure annehmen.

3.5. Intensivierung des gesellschaftlichen Diskurses

Der gesellschaftliche Diskurs über das Internet, was dort passieren soll und was dort nicht passieren soll, muss nach Auffassung der Experten intensiver geführt werden.

„Don't be stupid", das ist die simple Formel der Prävention. Aber ist das ausreichend oder benötigen wir mehr Reglementierung? Welches Maß an Freiheit soll es im Netz geben? Welche Rolle kommt den einzelnen Akteuren zu? Reicht eine reine Netzethik, die sozusagen von den Usern selbst entwickelt wird oder brauchen wir mehr staat-liche Regulierung? Das World Wide Web ist einerseits weltumspannend. Doch be-reits der Blick auf die europäischen Staaten zeigt, die Bewertung, inwieweit der Staat eingreifen sollte, fällt zum Teil höchst unterschiedlich aus. Die Diskussion über das Zugangserschwerungsgesetz, das in Deutschland eingeführt und wieder aufgehoben wurde, verdeutlicht exemplarisch die Problematik.

3.6. Stärkung der Medienkompetenz

Die Medienkompetenz muss im Sinne eines universellen Präventionsansatzes quer durch die Gesellschaft weiter ausgebaut und gefördert werden. Aufklärung und Prä-vention muss bei Kindern in dem Moment beginnen, in dem sie das erste Mal ein Gerät in die Hand nehmen, das mit dem Internet verbunden ist. In diesem Moment muss spezifische Erziehung und Awareness-Produktion ansetzen.

3.7. Neue Kooperationsformen zwischen privaten und öffentlichen Akteuren

Wir müssen neue Kooperationsformen zwischen privaten und öffentlichen Akteuren erproben, auf nationaler wie auf internationaler Ebene. Es gibt lokal, national, international eine Menge an bereits bestehenden oder sich derzeit entwickelnden Kooperationsformen. Diese müssen weiter erprobt und ausgebaut und nach Möglichkeit in einigen Fällen auch wissenschaftlich begleitet werden, damit wir definieren können, wie diese Netzwerke effektiv zu organisieren sind.

3.8. Ausbau individueller Hilfsangebote

Nach Überzeugung der Experten müssen die individuellen Hilfsangebote ausgebaut werden. Das Botnetz-Beratungszentrum als gemeinsame Aktion einer Behörde und eines Verbandes ist ein gutes Beispiel hierfür. Es wurde im Forum mit der polizeilichen Einbruchsberatung verglichen. Das heißt klassische Kriminalitätsfelder, in denen die Polizei einen großen Beratungsapparat aufgebaut hat, müssen, so die Experten, auf den Bereich Cybercrime ausgeweitet werden. Es bedarf einer staatlichen Stelle, bei der man anrufen und sich beraten lassen kann.

3.9. Anpassung der Präventionsmethodik

Unsere Präventionsmethodik muss angepasst werden. Die Präventionsakteure brauchen ein neues spezifisches Social Engineering, sie müssen wissen, wie sie die entsprechenden Zielgruppen erreichen. „Listen, Learn and Lead" sind die Schlagworte – also zuhören, lernen und am Ende die Führung im Sinne von Präventionsaktivitäten übernehmen. Insoweit haben wir einen Punkt des Beitrages von Wiebke Steffen gestern etwas in Frage gestellt: Ob die Methoden der analogen Welt auf die digitale übertragbar sind. Nach dem Ergebnis unseres Forums ist das fraglich, was in der Konsequenz bedeutet, dass ein spezifisches Instrumentarium entwickelt werden muss.

3.10. Zurverfügungstellung von Ressourcen

Für Gegenmaßnahmen und Prävention müssen genügend Ressourcen zur Verfügung gestellt werden. Das ist nicht überraschend, letztlich ist es einer der angenehmen Nebeneffekte von Public Private Partnership, dass die Wirtschaft sich finanziell mit engagiert und gemeinsam Kooperationen auf die Beine gestellt werden, mit Hilfe derer Trainings und Schulungsmaßnahmen finanziert werden können.

Soweit die wesentlichen Erkenntnisse aus dem 5. Annual International Forum des 16. Deutschen Präventionstages.

Ich will die Gelegenheit nutzen, von dieser Stelle aus allen Referenten herzlich für die sehr guten Vorträge und den Diskutanten für die Beiträge in den Diskussionsrunden zu danken. Vielen Dank für ein informatives und zielorientiertes Forum.

Autoren

Prof. Dr. Günter Dörr
Landesinstitut für Präventives Handeln, St. Ingbert

Dr. Reiner Fageth
CEWE COLOR AG & Co. OHG, Oldenburg

Bernd Fuchs
Polizeidirektion Heidelberg

Michaela Goecke
Bundeszentrale für gesundheitliche Aufklärung (BZgA), Köln

Dr. Stephan Humer
Universität der Künste Berlin

Jan Janssen
Bischof der Evangelisch-Lutherischen Kirche Oldenburg

Leo Keidel
Polizeidirektion Waiblingen

Prof. Dr. Ilsu Kim
Korean Institute of Criminology (KIC)

Ursula Kluge
Aktion Jugendschutz Baden Württemberg, Stuttgart

Kerstin Koletschka
Wildwasser Oldenburg e. V.

Gerd Koop
Präventionsrat Oldenburg (PRO)

Claudia Kuttner
Universität Leipzig

Dr. Olaf Lobermeier
proVal - Gesellschaft für sozialwissenschaftliche Analyse, Beratung und Evaluation,
Hannover

Erich Marks
Deutscher Präventionstag, Hannover

David McAllister
Niedersächsischer Ministerpräsident

Karla Schmitz
Deutscher Präventionstag, Hannover

Christian Schwägerl
Freier Wissenschaftsjournalist, Berlin

Prof. Dr. Gerd Schwandner
Oberbürgermeister der Stadt Oldenburg

Walter Staufer
Bundesprüfstelle für jugendgefährdende Medien, Bonn

Dr. Wiebke Steffen
Deutscher Präventionstag, Heiligenberg (Baden) / München

Prof. Dr. Jürgen Stock
Bundeskriminalamt Wiesbaden

Dr. Rainer Strobl
proVal - Gesellschaft für sozialwissenschaftliche Analyse, Beratung und Evaluation, Hannover

Heike Troue
Deutschland sicher im Netz e. V., Berlin